歴史としての高成長

東アジアの経験

武田晴人・林采成 編

まえがき

　トランプ政権が登場して以来、中国に対するアメリカの対立の構図が浮き彫りにされている。中でも、経済面では貿易戦争が注目されているが、東アジアという視点から見れば、アメリカとの経済摩擦は半世紀前高成長を続けて経済大国になった日本との間で既に発生していたものである。日米両国が自由民主主義と市場経済という価値を共にしているため、軍事・外交の面で対立が生じることはなかったものの、貿易協定がアメリカのイニシアティブの下で要請され、これがついには日米構造協議にも繋がり、日本経済に対して大きな影響を及ぼしたということは周知の事実である。このような経済関係の組み直しはかつて被援助国であった韓国や台湾についてもアメリカの要請によって行われている。当然、対外経済関係の再編成は東アジアが世界経済から見て主要な軸となったからであろうが、これほど東アジアのプレゼンスが高まったのは20世紀後半から21世紀初頭にかけての高成長の結果であることはいうまでもない。

　アメリカが是正を求めているのが貿易赤字に止まらず、相手国における経済構造までに及んでいる理由の一つは、アメリカにとって常に「アンフェア」なものとして認識されるべき政府による積極的な経済介入があったからであろう。これは東アジアの経済政策の大きな特徴の一つといえる。補助金、減免税、低利融資といった基本的政策手段が広範囲に施行されただけでなく、長期計画の実施、先端技術の導入、外資誘致への環境造成、公企業による新産業の育成などといった経済政策が多岐にわたって展開されたのである。これらの政策手段を用いて、東アジアは内外の経済資源を動員し、経済成長を促した。これらの戦略は市場経済を否定するものではなく、市場あるいはその成立を前提に実行され、長期的には民間企業の成長をもたらしている。もちろん、成長率の屈折を経験している中国では基幹部門における国有企業に対する共産党の領導が強調され、経済の左傾化が進む可能性がまったくないとは言えない。とはいうものの、権威主義体制が強化されても、1950年代後半から70年代前半にかけての左翼的狂気への退行はもはやないだろう。

　このような高成長の歴史性に着目し、本書は戦後日本・台湾・韓国・中国から

なる東アジアの高度経済成長を経済史的に実証してその比較を試みたものである。そのため、それぞれの国の研究者らが集まり、国際共同研究チームを組織し、これらの四ヵ国について高成長の初期条件が異なっていたことに注目しつつも、産業政策・貿易政策・税制・設備投資・生産性・長期計画といった同じ視点から検討し、さらに相互関係にも注意を払おうとした。それによって、自国史のみに基づく歴史認識の限界を乗り越え、継起的に発生するそれぞれの高度成長から東アジア高度成長史の全体像を構築することができる。東アジアの国家間緊張が高まる中、四ヵ国間の対立というより、経済協力ないし相互補完を通じてより大きな経済成果を実現してきたことが多くの史実の発掘を通じて得られる教訓でもあろう。

　　　　2019 年 11 月 4 日　　　　　　　　　編者の一人として　林采成

目　次

まえがき……………………………………………………………………………i

序　章　東アジア高成長史の意義………………………林采成…1

第一部　高成長と経済政策

第1章　日本の高成長と産業政策………………………武田晴人…25

第2章　台湾の高成長と経済政策………………………湊照宏…63

第3章　韓国の経済政策と圧縮成長………………………林采成…99

第4章　中国の産業貿易政策と高成長………………………張紅詠…125

第二部　産業政策と産業発展

第5章　日本における産業政策の役割
　　　　──機械工業と電子工業──………………………河村徳士…157

第6章　台湾経済の体制転換と輸出振興
　　　　──1946年から1960年代まで──　………………呉聡敏…193

第7章　台湾合成繊維産業の発展と産業政策………………………湊照宏…223

第8章　韓国の産業構造変化・産業発展・産業政策 ………呂寅満…251

第9章　韓国石油化学産業の形成と展開
　　　　——政府と外資と財閥—— ……………………………林采成…285

第10章　中国の産業政策と企業成長
　　　　——鉄鋼業からのエビデンス—— ……………………張紅詠…323

終　章　日本の経験からみた東アジア高成長 ………………武田晴人…343

あとがき …………………………………………………………………365
索引 ………………………………………………………………………371

序 章

東アジア高成長史の意義

林采成

1. 問題の所在

　本書の課題は、戦後日本・台湾・韓国・中国からなる東アジアの高度経済成長を経済史的に実証してその国際比較を試みることである。東アジアは1950年代半ばから1970年代初頭まで高度成長を成し遂げた日本経済をはじめ、工業化に基づいて年平均10%前後の高い成長を経験し、開発途上国から先進国ないし中進国となった。冷戦の傍らで長期間にわたる「高度成長」あるいは「圧縮成長」を経験したのである。このような工業化に基づく高成長を、隣接する国々が、時間差を置きながら成し遂げたのは人類史上、これまでのところ、東アジアに限られている[1]。これらの現象を解釈するため、既存研究は新古典派的成長論や開発経済論から分析を試みてきた。しかし、本書ではそうした古い枠組みを突破し成長史をより克明に描き出すために、一次資料から個別経済事象を最大限組み上げ実証を積み上げる、という経済史的手法を取ることを選んだ。それぞれの高度成長メカニズムを明らかにし、さらにその結果の比較を試みることによって、私たちはより実態に近い成長史を提示することができるだろう。

　東アジア地域は世界経済においてどのような特徴を持つのかについて表1の経済成長率の観点から考察してみると、1913年から1950年にかけて他の地域に比べて低い−0.4%の成長を記録している。これはもちろん日中戦争、太平洋戦争、中国内戦、朝鮮戦争といった戦争が勃発したからである。この頃は、欧米の先進諸国だけでなく南米、アフリカでも東アジアより高い経済成長を記録した。とは

---

[1]　日本の戦後史を考察する際、「高度成長期」という時期区分が通例として使われるが、東アジアの経済発展における共通する特定の局面を明示的に示すため、「高度成長」ないし「高成長経済」という表現をし、経済発展の一局面の特徴を捉えることにする。

表1　人口一人当り GDP 増加率、1913-99 年　　　（単位：年率％）

	1913-50	1950-99	1950-73	1973-90	1990-99
Japan	0.9	4.9	*8.1*	3.0	0.9
China	− 0.6	4.2	2.9	4.8	*6.4*
Hong Kong	n.a.	4.6	*5.2*	*5.4*	1.7
Malaysia	1.5	3.2	2.2	4.2	4.0
Singapore	1.5	4.9	4.4	*5.3*	*5.7*
South Korea	− 0.4	*6.0*	5.8	6.8	4.8
Taiwan	0.6	*5.9*	6.7	*5.3*	*5.3*
Thailand	− 0.1	4.3	3.7	*5.5*	3.6
7 Country Average	− 0.4	4.4	3.4	*5.1*	5.8
Bangladesh	− 0.2	0.9	− 0.4	1.5	3.0
Burma	− 1.5	2.0	2.0	1.1	3.8
India	− 0.2	2.2	1.4	2.6	3.7
Indonesia	− 0.2	2.7	2.6	3.1	2.1
Nepal	n.a.	1.4	1.0	1.5	1.9
Pakistan	− 0.2	2.3	1.7	3.1	2.3
Philippines	0.0	1.6	2.7	0.7	0.5
Sri Lanka	0.3	2.6	1.9	3.0	3.9
8 Country Average	− 0.3	2.2	1.7	2.5	3.0
15 Resurgent Asia	− 0.3	3.4	2.5	3.9	4.6
Other Asia	1.8	2.3 a	4.1	0.4	1.1 b
Latin America	1.4	1.7	2.5	0.7	1.4
Africa	1.0	1.0 a	2.1	0.1	− 0.2 b
Eastern Europe & former USSR	1.5	1.1 a	3.5	0.7	− 4.8 b
Western Europe	0.8	2.9 a	4.1	1.9	1.4 b
United States	1.6	2.2	2.5	2.0	2.1

資料：Angus Maddison, *The World Economy*, OECD, 2006, p.143.
注：a) 1950-98；b) 1990-98.

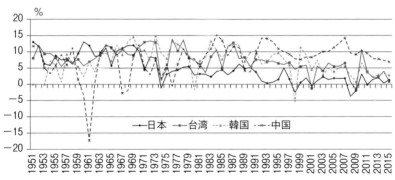

図1　東アジア四ヵ国の経済成長率

資料：各国政府統計など。

いうものの、戦後には東アジアが、他の地域にくらべて格段に高い成長率を示すことになる。これを1950–73年、1973–90年、90–99年に分けてみると、1950–73年には日本が最も高い経済成長を成し遂げており、台湾、韓国、香港もともに高成長を示した。また、第一次オイルショックが発生した1973年以降には日本が安定成長を示したのに対し、韓国、台湾、タイなどは依然として成長を続け、シンガポール、香港も高成長の軌道に進入した。1990–99年にはアジア通貨危機が発生したものの、中国が改革解放後最も高い成長率を記録している。これらの高成長国の中で香港、シンガポールは都市国家であり、広範囲の農村部を抱えている日本、韓国、台湾とは異なっているので単純には比較できない。またタイとマレーシアは他の東南アジアや西アジアに比較して高い成長を成し遂げたとはいえ、日本、台湾、韓国より成長率がやや低かった。

このような点を勘案して、日本、台湾、韓国、中国という東アジア四ヵ国を取り上げてみれば、日本が1950年代から1970年代初頭にかけて年率10%程度の高い成長率を記録し、これにやや遅れて台湾が1950年代末より伸びはじめ、2回にわたるオイルショックにもかかわらず、その高い成長ぶりを示した。韓国はむしろ1960年代に入ってから伸びはじめ、政治危機とともに発生した第2次オイルショックの影響を受けて景気が後退したものの、1990年代前半までその成長力を維持した。

これに比べて中国は全く異なる特徴を示している。1970年代までは他国では見られない経済成長の急上昇と急降下を繰り返しながら、全体としては成長を遂げてきた。社会主義計画経済の特性から経済運営が国家権力によって牛耳られた

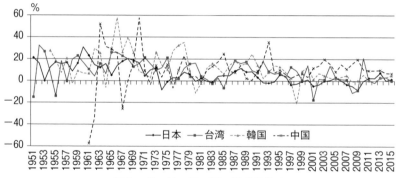

図2 東アジア四ヵ国の設備投資率
資料：各国政府統計など。
注：総固定資本を基準とする。

が、左派が大躍進運動や文化大革命を展開して経済運営の権限を握ると、景気後退が避けられなくなり、逆に物的インセンティヴを重視する右派が登場して内部の権力を掌握すると、中国経済は伸びていった。その後、改革開放が実施されてからは1989年の政治危機があったにもかかわらず、堅調な成長をなし遂げて、そのGDP規模は日本を追い抜いてアメリカに次ぐ第二の経済大国になった。とはいえ、中国もやがて成長率が鈍化し、最近になってかろうじて6％台の成長率を達成している。日本や台湾は2010年代にいたって経済成長率1％台を記録し、韓国は3台％をかろうじて維持している。こうして高成長は東アジア四ヵ国にとってすでに歴史的現象になったのである。

このような成長率をさらに上回って劇的な変化を示しているのが、設備投資率の推移である。図2でみられるように、高度成長の初期段階には四ヵ国とも高い設備投資率を示したが、次第に低下しはじめた。日本の場合、1980年代以降には10％を超えることがあまりなく、1990年代になるとマイナスを記録する年も多くなり、資本形成が滞った。台湾においては高成長が収束した1990年代にも設備投資が伸び続けたが、2010年代になると5％を超えることはもはやなくなった。韓国の場合、1966年に57.7％の設備投資率を示し、その後下がったものの、依然として高い増加率を示した。もちろん、外貨通貨危機が発生して1998年には-21％を記録し、それまでの高い設備投資とそれ以降の低い設備投資が対照的となったとはいえ、5％台の設備投資は維持できている。これに比べて中国は改革開放後、時期的変動にもかかわらず堅調な増加率を示したが、2010年代に

表2　先進諸国と東アジアの開発途上国の経済成長源泉

	資本	労働	TFP	産出
1950–73 年				
フランス	1.6	0.3	3.1	5.0
イタリア	1.6	0.2	3.2	5.0
日　　本	3.1	2.5	3.6	9.2
イギリス	1.6	0.2	1.2	3.0
西ドイツ	2.2	0.5	3.3	6.0
1960–94 年				
中　国（1960–94）	2.3	1.9	2.6	6.8
中　国（1984–94）	4.0	2.1	4.6	10.7
香　　港	2.8	1.9	2.4	7.3
インドネシア	2.9	1.9	0.8	5.6
韓　　国	4.3	2.5	1.5	8.3
マレーシア	3.4	2.5	0.9	6.8
フィリピン	2.1	2.1	− 0.4	3.8
シンガポール	4.4	2.2	1.5	8.1
台　　湾	4.1	2.4	2.0	8.5
タ　　イ	3.7	2.0	1.8	7.5

資料：Nicholas Crafts, 'East Asian Growth Before after the Crisis,' IMF Working Paper WP/98/137, September 1998.

なると下がらざるを得なかった。もちろん、再び高い増加率を記録する可能性はあるが、高成長期のような資本蓄積は不可能だろう。このような設備投資の変動からわかるように、東アジア四ヵ国の高度成長を支えるのに資本形成は重要であったといえる。

　表2に注目すれば、東アジアの高成長の源泉も先進諸国とは異なっている。1950年から1973年にかけて相対的に高い成長を成し遂げたフランス、イタリア、日本、西ドイツの場合、全要素生産性（TFP：Total Factor Productivity）の上昇が最大の成長要因であるのに対し、1960年から1994年にかけての東アジアの高成長においては要素投入量、特に資本の急増が経済成長の主な要因であったことがわかる[2]。とりわけ、韓国や台湾は資本と労働の投入量の増加がそれぞれTFPの上昇より大きかった。この点で、要素投入量の増加が高成長の要因であって、TFPの上昇によるものではないことから、アジアの経済成長は長くは続かないため、

序章　東アジア高成長史の意義　5

東アジアの奇跡は「幻想」であるという Krugman（1994）の指摘はアジア通貨危機後に反響を呼び起こした[3]。とはいえ、要素投入量の増加とともに TFP も増加し、アジア通貨危機を乗り越えて西欧諸国並み以上の成長を成し遂げており、とりわけ中国の場合、TFP の増加が著しかったことに注意しなければならない。TFP に関する実証分析が試みられ、東アジア諸国における技術進歩が進められてきたという意見が強くなり、同地域の後発国でもグローバル的な企業が続々と登場すると、「幻想」というレッテルは剥がれている。また先進諸国の中でも日本の場合、資本や労働の投入量の増加が他のヨーロッパ諸国に比べて高かったという事実も無視できない。ところで、このような生産要素の投入量の急増が技術進歩の可能性も保ちながら、なぜ可能であったのだろうかという疑問が湧いてくるだろう。

　東アジア諸国といっても、後発の三ヵ国と日本との間には高成長が始まる初期条件が異なっており、高成長のスパンにも相違がある。産業構造においても、日本は戦時中の遅れをキャッチアップする形で重化学工業化を進め、特に機械工業化に力を入れることになったのに対し、台湾や韓国は軽工業を育成したあと、重化学工業への産業構造の高度化を図ったのである。一方、中国は軍事戦略の観点から軍需工業の育成を先行させたため、軽工業から重化学工業への工業化の進行と異なり、むしろ軍需中心の経済から民需中心の経済へ、なおかつ統制経済から市場経済へと経済体制の移行を図りながら、高成長を成し遂げた。相違点はそれだけでなく、国民一人当り所得水準が異なることから、高度成長の進行と大衆消費社会の登場にはギャップが生じることとなった。後発の三ヵ国では、資源配分がまず企業部門の成長、即ち資本形成に回され、それが後に家計部門にも流れ込み、耐久消費財の購入を可能とするほど国民一人当たり所得が向上するまでタイムラグが生じた。さらに、所得分配から見れば、日本、台湾、韓国の場合、高成長が所得分配の改善を伴ったのに対し、中国では高成長と共に、海岸と内陸、都市と農村、社会階層間の格差がむしろ拡大した。「先富論」の趣旨をよく反映しながら、社会主義・共産主義の基本理念とはずいぶん離れた経済の実態を作り出したのである[4]。

　日本で企業側の設備投資が可能であったのは「投資が投資を呼ぶ」というメカ

2　全要素生産性は、労働、資本などといった複数の生産要素が投入される場合、これらの要素投入量と産出量との比率を示す。

3　Paul Krugman, 'Competitiveness- A Dangerous Obsession,' *Foreign Affairs*, March/April 1994, pp.28-44.

4　牛欣芳・汪清溪『談先富』遼寧人民出版社、1985 年。

ニズムで説明されがちであるが、後発国で投資の主体がまだ確立しない場合、どのようなことになるのだろうか。市場の論理が作用するところから、説明されるというより、多くの新規産業は市場の外側から人為的に作らなければならない。実際には民間企業ではない公企業がそれを担当するか、あるいは新しい技術を吸収し民間企業が新しい産業分野に進出できるような「人工培養」という制度的環境作りが必要とされる。欧米諸国とのギャップを埋めるのに役立つ存在が政府であった。アメリカからはたびたびアンフェアであると批判されたが、政府の経済政策が深くかつ広範囲に施されたことは周知の通りである。後発国が中進国ないし先進国並みの経済力を持ち始めたところ、「東アジアの奇跡」を実現する要因として政府の介入が注目されるに至ったのである。

2. 先行研究

その一方、東アジアの高成長を歴史的に認識するのはやや時間を必要とした。戦後マルクス主義系譜をもつ従属理論（dependency theory）が登場し、世界経済におけるある種の格差社会が提示され、そこから抜け出すのはなかなか難しいと説明している[5]。これに対して、NIEs の登場を踏まえて中進資本主義論が中村哲などによって提示され、経済成長の可能性が描かれた。ルイスモデルとも呼ばれる二重経済発展モデル（Dual Sector model）は伝統部門と近代部門からなる経済を想定して、開発途上国における労働供給源としての農村の役割を重視している[6]。もちろん、開発計画学では新古典派的アプローチが主流となっており、なかでもCharles Wolf や Edward Chen などは市場機能を重視し、マクロ経済の安定化、人的資源の蓄積、効率的金融システムの構築、価格の歪みの限定、海外技術の導入といった基礎的政策以上の政策的介入が行われていないことから、とりわけ東

5　第三世界の低開発は先進国との経済関係によって規定されるものであって、第三世界において資本形成などといった経済近代化が進められても、それは先進国の経済構造に従属して展開されるという低開発の開発に過ぎないと見ている。Paul Alexander Baran, *The Political Economy of Growth*, Monthly Review Press, 1957；Andre Gunder Frank, *Latin America, Underdevelopment or Revolution: Essays on the Development of Underdevelopment and the Immediate Enemy*, Monthly Review Press, 1969；Andre Gunder Frank, *Dependent Accumulation and Underdevelopment* Macmillan, 1978.

6　W. A. Lewis, *The Theory of Economic Growth*, Allen & Unwin, 1955.

アジアの高成長が可能であったと見ている[7]。これに対し、東アジア諸国の経済成長を目にして、Howard Pack、Larry E. Westphal、Alice H. Amsden、Robert Wade らは修正主義（Revisionism）の見解を提示した[8]。政府主導型開発モデルを採択し、東アジア諸国の政府がむしろ市場を誘導することで経済開発に成功したという意見を提示した。

　新古典派的アプローチと修正主義的アプローチに対して、世界銀行（1994）は「物的・人的資本の急激な蓄積と生産性の向上」によって「高成長率の達成と不平等度の是正における東アジア諸国の成功」ができたと見て「公共政策と経済成長の関係」を検討し、「経済政策は、蓄積、配分および生産性の向上という3つの中心的機能を達成することに貢献し」、「市場志向的な政策」が広く採用されたと指摘している[9]。「より介入的な政策」の成功は「コンテストを作りだすことによって、協調の利益と競争規律を結び付けなければならない」と見ている。このように「機能的アプローチ」を採択する中、市場補完的アプローチを重視し、新古典派的枠組みのなかで東アジアのサクセス・ストーリーを説明したのである。さらに、HPAEs（High-Performing Asian Economies）のなかでも北東部に位置している日本、韓国、台湾が新古典派的原則に忠実であったため、東南アジアのタイ、マレーシア、インドネシアより経済成果が優ったと見ている[10]。

　青木・金・奥野編（1997）は「市場友好的見解（market-friendly view）」と「開発志向国家的見解（developmental-state view）」＝「修正主義」を対比しながら、「政府は民間のコーディネーションの失敗を是正するために外生的に経済システムに付けられる経済主体」であると見て、「市場と政府の二分法」を拒否し、比較制

7　Charles Wolf, Jr., *Markets or governments : choosing between imperfect alternatives*, MIT Press, 1988 ; Edward K.Y. Chen, *Hyper-growth in Asian economies : a comparative study of Hong Kong, Japan, Korea, Singapore and Taiwan*, Macmillan, 1979.

8　Alice H. Amsden, *Asia's next giant : South Korea and late industrialization*, Oxford University Press, 1989 ; Robert Wade, *Governing the market : economic theory and the role of government in East Asian industrialization*, Princeton University Press, 1990（ロバート・ウェード著・長尾伸一外訳『東アジア資本主義の政治経済学──輸出立国と市場誘導政策』同文舘出版、2000 年）; Larry E. Westphal, 'Industrial Policy in an Export-Propelled Economy : Lessons from South Korea's Experience,' *Journal of Economic Perspectives*, Vol.4, No.3, Summer 1990, pp.41–59 ; Pack, Howard, 'Industrialization and trade', in Chenery, H. B. and Srinivasan, T. N., *Handbook of Development Economics*, Amsterdam : North Holland, 1988.

9　世界銀行著・白鳥正喜監訳・海外経済協力基金開発問題研究所訳『東アジアの奇跡──経済成長と政府の役割』東洋経済新報社、1994 年。

10　西口清勝『現代東アジア経済の展開──「奇跡」、危機、地域協力』青木書店、2004 年、49 頁。

度分析を行っている[11]。コーディネーション問題に対して企業組織、取引団体、金融仲介、労働者・農民組織、事業慣行などといった多種の民間制度が利用されており、政府の役割は資源配分への直接介入ではなく制度発展の促進とそれとの相互関係であると見ている。ここで、市場制度を如何に解釈するかについては議論の余地があると思われるが、開発途上国・低開発国における政府の役割は、企業を中心とする市場制度の確立した先進諸国におけるそれより大規模かつ広範囲のものであり、多様な経路を通じて資源配分に介入したことは確かである。もちろん、政府の権限が強い権威主義国家が必ずしも優れた経済パフォーマンスを来すわけではない。太井辰幸（2003）の計量分析によれば、1960年代から1980年代にかけての「高成長国グループは最も権威主義的な体制ではなく、また最も民主的な体制でもなかった」と結論付けている[12]。

　さらに、東アジアの経済的勃興を一国史的に理解せずに、先進国と開発途上国との関連の中で理解しようとした研究として雁行型経済発展論（Akamatsu 1962）と組立型工業化論（服部2007）がある[13]が、開発経済論のなかでも政治体制を念頭に入れてよりシステム的に認識しようとしたのが末廣昭（2000）である。すなわち、イデオロギー（開発主義）、担い手（政府、企業、生産労働者と技術者）、制度・組織（技術形成、労働市場、教育制度）といった3つの側面からアジア経済のパターンを分析し、キャッチアップ型工業化論と名づけたのである[14]。後発工業国はガーセェンクロンの提示した「後発性の利得」（the advantage of backwardness）を利用し、「先進国の所得水準との格差を縮め」たという説明である。さらに、中国の高成長や技術革新の進行に伴ってキャッチアップが加速度的に進行して技術面でも後発企業が先行企業を追い抜くことができるという「キャッチアップの前倒し」が進んでいる現状を踏まえて、末廣昭（2014）はキャッチアップ型工業化論を見直している[15]。

　以上のような開発経済論からの分析が進んできたのに対し、一次資料を用いる

11　青木昌彦・金瀅基・奥野（藤原）正寛編・白鳥正喜監訳『東アジアの経済発展と政府の役割—比較制度分析アプローチ』日本経済新聞社、1997年。

12　太井辰幸『アジア経済発展の軌跡—政治制度と産業政策の役割』文真堂、2003年。

13　Kaname Akamatsu, 'A Historical Pattern of Economic Growth in Developing Countries,' The Institute of Asian Economic Affairs, *The Developing Economies*, Preliminary Issue No. 1, March —August 1962, pp.3–25；服部民夫『東アジア経済の発展と日本—組立型工業化と貿易関係』東京大学出版会、2007年。

14　末廣昭『キャッチアップ型工業化論—アジア経済の軌跡と展望』名古屋大学出版会、2000年。

15　末廣昭『新興アジア経済論—キャッチアップを超えて』岩波書店、2014年。

歴史的観点から丹念に東アジア諸国の高成長メカニズムを明らかにし、さらに国際比較を試みた研究はあまり見当たらない。堀和生（2008・2009）によって、戦前から戦後にかけて「東アジア資本主義史」の検討と高度成長の歴史的起源の考察が試みられているとはいえ、経済史的には高度成長それ自体が取り上げられ、本格的分析が行われる試みは始まったばかりである[16]。その中で、堀和生（2016）は「東アジアの高度成長は、国内的事情の異なる日本、台湾、韓国において国境を越えて継起的におこった経済現象であった」ことを強調し、この現象を理解するためにも「より広域の変動を同時に分析する必要がある」と指摘している[17]。とりわけ、戦後アメリカの規定力を重視し、経済援助・借款を通じて経済開発を促すだけでなく各国の経済政策の意思決定をめぐってもアメリカは影響力を行使し、さらに東アジア諸国への輸出市場を自ら提供したのである（林采成 2016）[18]。『東アジア高度成長の歴史的起源』の各章の個別産業分析を通じては日本からの技術移転や資本参加が描かれ、日本、台湾、韓国の三ヵ国の「高度成長の連関性」が強調されている。

　さらに、東アジアの高成長については比較史的分析の余地はあるものの、研究史の一般状況は、ようやく日本について高度成長に対する歴史的アプローチが着手されたにすぎない。これらの研究に先立って早くも香西泰（1981）は戦後復興期の生産増加が既存資本ストックの稼動率の向上によって得られた反面、1955年以降には設備投資の増加によって高成長を牽引する役割を果たしたと見ている[19]。この過程で海外からの最新技術が導入されるなど技術革新が実現され、これが産業金融組織へのインパクトをもたらしており、同時にエネルギー革命に伴って石油など廉価の天然資源が導入され、これが高成長を支える要因となったのである。このような説明は Harrod-Domar Model や Solow Model の発想に繋がるものであり、サプライサイドの投資拡大と技術革新を重視している。これに対し、吉川洋（1997）は世帯数の増加が耐久消費財への需要拡大をもたらし、高度成長を可能としたというデマンドサイドの要因を重視している[20]。

　以上のような一般経済学者の既存研究に対して、経済史的分析を試みたのが原

16　堀和生『東アジア資本主義史論Ⅰ─形成・構造・展開』ミネルヴァ書房、2009 年；堀和生編著『東アジア資本主義史論Ⅱ─構造と特質』ミネルヴァ書房、2008 年。

17　堀和生編著『東アジア高度成長の歴史的起源』京都大学学術出版会、2016 年。

18　林采成「アメリカの戦後構想と東アジア」同上書。

19　香西泰『高度成長の時代─現代日本経済史ノート』日本評論社、1981 年。

20　吉川洋『高度成長─日本を変えた 6000 日』読売新聞社、1997 年。

朗編（2010、2012）である[21]。市場経済と制度設計という観点から戦後統制が解除されて以来、日本経済が世界秩序に編入される過程でどのように対応したのかを分析した。具体的には産業合理化政策による企業投資活動の促進、産業構造の高度化に向けての産業調整政策、産業合理化の促進、輸出入取引法と輸出入カルテルなどの対応、繊維産業の高度化、石油化学工業などの投資調整が分析された。その結果、素材部門の低価格かつ安定的な大量生産を基礎として多様な産業が発達したことが指摘されている。対外的には日本と、東アジアとの関係の再構築（中国と北朝鮮を除く）が検討された。それ以外にも消費水準の向上と高度化に相応しい物流機能の向上や商業形態の高度化・多様化、これを担当するマーケティング能力を有する製品企画、開発、製造、販売機構の整備、流通部門内部の摩擦回避、高度化対策に対する分析が試みられた。

　さらに、日本の高度成長についてより体系的な説明をしているのが武田晴人編（2011）である[22]。既存の発展経路に対して少し広い選択の幅を想定しながら、変化の道筋を説明し、「段階的な遷移」を提示している。戦時期および復興期の設備投資が遅れたため、先進国との技術格差が拡大し、潜在的投資需要が形成されている状況の下で、1950年代後半に貯蓄率が向上し、銀行の資金制約が緩和され、投資拡大が一挙に急上昇した。また、政治面での1955年体制に相まって春闘に象徴される協調的労使関係が模索されたと見ている。サプライサイドでは個々の産業部門において生産性が向上すると同時に、産業部門間においても生産性の低い部門から生産性の高い部門へと資源移動が行われる一方で、デマンドサイドにおいては大衆消費社会という家計部門の消費行動があらわれたと把握している。この点で、世帯数が耐久消費財の需要拡大をもたらしたと見ている吉川洋（1997）とは違って、武田は自動車消費でみられるように誇示消費による需要拡大もあったことにも注目している。

　一方、韓国でも新古典派的分析の枠組みをもって高成長に関する議論が行われてきた。例えば、渡辺利夫・金昌男（1996）は韓国政府が「1960年代の中頃まで工業化戦略の中心を輸入代替政策におき」「複雑な保護主義的政策体系」を構築したが、「韓国政府は輸入代替工業化のゆきづまりを察知する」と、「一連の保護政策をくつがえす『市場自由化政策』を果敢に試み」「輸出志向型工業化政策の

21　原朗編『高度成長始動期の日本経済』日本経済評論社、2010年；原朗編『高度成長展開期の日本経済』日本経済評論社、2012年。
22　武田晴人編『高度成長期の日本経済—高成長実現の条件は何か』有斐閣、2011年。

序章　東アジア高成長史の意義　｜　11

下で後発性利益を豊富に享受しながら、高度の経済成長実績を実現することができ」、さらに重化学工業化政策が実施された[23]。こうした開発経済論からの研究に対し、高成長を歴史的観点から考察しようとする努力が始まった。その中で、化学繊維産業の発展に関する李相哲（1997）、重化学工業化に関する朴永九の分析（2008、2012、2015）などは注目に値する[24]。また、朴正煕政権のリーダーシップが強調される中、初期に内資動員に失敗した後、アメリカのイニシアティヴの下に外資中心の資金調達と輸出ドライヴ政策が経済開発を導いたという木宮正史（2008）の研究は極めて重要である[25]。このような論旨は朴泰均（2008）の経済開発計画研究に繋がっており、ひいては共同研究が試みられ、孔提郁・趙錫坤（2005）が出された[26]。これらの研究とはその趣旨を異にするものの、李炳天（2003）は「朴正煕体制」を戦前日本の「超国家主義」が冷戦体制下の韓国バージョンとして復活したものと把握し、後発国がキャッチアップ型工業化を達成するのに必要な普遍的要素を持つと指摘している[27]。

　台湾においても、高成長に関する経済学、とくに開発経済学的観点から主に分析されている（林鐘雄1987、文馨瑩1990、袁穎生1998、陳正茂2003）[28]。その反面、経済史的アプローチで説明されたのは数少ない。その中でも、台湾経済の戦後再編過程を経済史的観点から分析したのが劉進慶（1975）である[29]。戦後日本人の資産を接収して国家資本が成立し、さらに大陸からも資本が流入し、社会経済構造の再編が生じたと見て、「公業過程」と「私業過程」を通じて零細農と低賃金労働を底辺として官商金融資本の支配構造が形成されたが、これは台湾経済が対

23　渡辺利夫・金昌男『韓国経済発展論』勁草書房、1996年。

24　李相哲「韓国化学繊維産業의 展開過程（1961~1979）：産業政策의 一研究」ソウル大学校大学院博士学位論文、1997年；朴永九『韓国重化学工業化研究 総説』海南、2008年；朴永九『韓国의 重化学工業化：過程과 内容』海南、2012年；朴永九『韓国의 重化学工業化 工業別研究：1960-1970年代 韓国工業化의 記録』海南、2015年。

25　木宮正史『朴正煕政府의 選択：1960年代 輸出志向型工業化와 冷戦体制』2008年、후마니타스（←高麗大学校大学院博士学位論、1991年）。

26　朴泰均『原型과 変容：韓国経済開発計画의 起源』ソウル大学校出版部、2007年（←ソウル大学校大学院博士学位論文、2001年）；孔提郁・趙錫坤『1950-1960年代 韓国型発展모델의 原型과 ユ変容過程：内部動員型 成長모델의 後退와 外部依存型 成長모델의 形成』한울아카데미、2005年。

27　李炳天『開発独裁와 朴正煕時代：우리 時代의 政治経済의 起源』創批、2003年。

28　林鐘雄『臺灣経済発展四十年』自立晩報、1987年；文馨瑩『経済奇蹟의 背後：臺灣美援経験의 政経分析（1951-1965）』自立晩報、1990年；袁穎生『光復前後의 臺灣経済』聯経出版、1998年；陳正茂『台灣経済発展史』新文京開発出版、2003年。

29　劉進慶『戦後台湾経済分析—1945年から1965年まで』東京大学出版会、1975年。

12

外的に日米への従属経済へと再編される過程であったと把握した。このような認識は従属理論が投影されたものである。しかしながら、台湾の NIES 化が進行し、先進国並みの経済水準に達したことから、台湾の高成長に対する評価は変わらざるを得なかった。劉進慶（2003）は台湾の産業政策を検討し、1950 年代には官営独占体制下の輸入代替産業育成政策が実施されたが、1960 年代になるとそれが民営企業を中心とする輸出志向型工業化政策に変わり、後には重化学工業化政策（1970 年代）や産業高度化政策（1980 年代）への政策転換があったと指摘した[30]。その中で台湾の政府は「税制特典、財政補助、融資支援、技術協力など」といった政策手段を通じて「産業間資源配分への介入」を追求したと指摘し、官民二重構造の中で「民営企業が段階を追って発展し、ついに官営独占を崩し、民営企業主導への構造的変容を遂げていった」と評価している。

　韓国、台湾両国の高成長の進展方式はやや異なっているものの、「民活」「市場自由化」を重視しており、経済の高成長が続くにつれ、高度成長メカニズムの中でも変化が生じていたことを示している。「体制移行」の側面であるが、これが克明にあらわれたのが中国である。鄧小平の主導下で改革開放とともに、市場経済への移行が実施され、社会主義市場経済が確立し、人民公社の解体、国有企業の改革、経済技術開発区の設置などが実施され、経済主体としての民間企業体制が確立したのである[31]。丸川知雄編（2000）は第 1 期の計画経済期の産業育成政策、第 2 期の計画・市場経済期の産業育成政策、第 3 期の市場経済期の産業育成政策という時期区分の上、第 1 期には供給不足の解消のため、「直接の数量と価格のコントロール」という政策手段に基づく「重工業偏重から軽工業への転換」が目指されたが、第 2 期は第 1 期と第 3 期の「過渡期」にあたり、交通インフラ、石炭、石油、鉄鋼に重点が置かれ、企業の合併・再編や外資の導入などによる市場経済化が進められたと見ている[32]。第 3 期には国際競争力を有する企業の育成が目指され、企業集団化、銀行改革、国有企業改革、税制の優遇などの財政支援が政策手段として講じられた。さらに、「産業政策とは市場経済が未発達でまだ十分な機能を発揮できない時代や産業において、大きな役割を果たしたものである」と指摘している。

　東アジアの経済発展をめぐる資本主義論争において、Hundt and Uttam(2017)

30　劉進慶「産業組織と産業政策」劉進慶・朝元照雄編著『台湾の産業政策』勁草書房、2003 年。

31　蕭国亮・隋福民編『中華人民共和国経済史（1949–2010）』北京大学出版社、2011 年。

32　丸川知雄編『移行期中国の産業政策』日本貿易振興会アジア経済研究所、2000 年、62–64 頁。

によれば、中国は人口大国でありながら、その次なる人口大国のインドとは異なって、改革開放後、日本、台湾、韓国などといったアジア開発モデルを追従し、労働集約的・輸出振興型大量生産体制を構築していると指摘されている[33]。共産党を中心とする国家権力は社会との関係を再設定することによって社会経済秩序に対して構造的変化をもたらし、産業発展を促したのである。その反面、インドではカースト制度とそれを支える経済構造がそれを改革しようとする国家権力に対抗している。その結果、人口大国にもかかわらず、資本や知識集約型経済成長が試みられ、過剰労働力という大量の失業者を抱えている。これはまさに中国の労働力不足とは対照的現象である。こうした考察は、中国が社会主義的市場経済として表現されるように国家秩序や社会的価値、人口構成、対米関係、人口構成などといった諸点で、他の三国とは相違性を示しながらも、世界経済史の展開の中では多くの類似性を共有していることをあらわしている。

3. 研究課題

　以上のような既存研究からわかるように、経済史的観点からは東アジア諸国の高成長についての歴史的分析は各国で始まったばかりである。これらの国民経済レベルでの分析を総括しながら、市場メカニズムによる資源配分を通じて経済成長が促されるというよりは、市場経済を前提としつつも、経済への幅広い国家の介入主義を通じて産業育成と経済成長を促すというその共通点を抉り出すとともに、それぞれの高成長前の工業化水準や社会経済構造そして国家政策のあり方から由来する特徴を比較検討する必要がある。こうして、新たに経済史的観点から見ることで、今までには見えていなかった東アジア成長の実像を明らかにしたい。そのため、本書では、日本を東アジアにおける高成長の first mover として捉え、高度経済成長メカニズムの比較を試みるとともに、高度成長の中での市場と政府の役割を明確にし、高成長の理解を図ることにする。

　武田晴人編（2011）によれば、日本における高成長は産業構造の機械工業化を伴いながら、「投資が投資を呼ぶ」状況となり、企業部門においては投資需要の

33　David Hundt and Jitendra Uttam, ed., *Varieties of Capitalism in Asia : Beyond the Developmental State*, Palgrave Macmillan, 2017.

持続的拡大をもたらし、同時に雇用創出を作り出して家計部門における耐久消費財の購入が可能となった[34]。その中、1960年代中頃を経過すれば、好景気になると国内需要の拡大に伴って海外からの輸入が増えて海外保有高の低下が懸念され緊縮対策をとらざるを得ないという国際収支天井問題が貿易黒字の定着によって解除され、いざなぎ景気という長期繁栄が展開された（林采成 2011）。同時に労働力不足問題が深刻になり、賃金上昇が相継ぎ、それ自体が家計部門での大衆消費社会の基盤にもなりつつあった。これが1960年代後半に耐久消費財生産を高成長メカニズムの基盤に完全に組み込んだことはいうまでもない。もちろん、このような日本の実態をそのまま台湾、韓国、中国に当てはめることは難しいと思う。例えば、日本を除く3つの地域ないし国は外需の拡大に大きく依存しており、資金調達においても台湾と韓国の場合、内部条件が整えられず、援助・借款の役割が大きくなり、中国では直接投資の位置づけも他の地域ないし国とは異なる。

　アメリカからの経済援助に注目すれば、台湾は1960年代中頃まで経済援助が行われており、韓国ではそれが1980年代初頭まで続いた。とりわけ、韓国は慢性的貿易赤字問題を抱えており、それが1980年代後半から1990年代前半にかけて貿易の黒字傾向にようやく転換できるようになった。この点で、国家レベルでの貧困から抜け出して自立経済を達成するという「経済開発」は高成長によって達成され、1980年代後半に繁栄をもたらしたのである。政策当局側は「完全雇用」（日本）と「自立経済」（台湾・韓国）という目標を定め、それを達成したが、高成長はさらにその目標を越えて、進行したのである。中国の場合でも、資本主義諸国家に立ち遅れている社会主義計画経済を見直し、工業、農業、国防、科学技術という四つの近代化が実施され、共産党という権威主義的政権の下で市場経済へ進入を成し遂げ、多国籍企業の投資を受けて最先端技術を吸収し、30年以上の高成長を実現したのである。

　これらの地域における政府の役割が資本蓄積と産業構造の変化において大きかったこともファクトである。政府によって経済計画が実施され、中長期にわたる経済ビジョンを示し、経済主体にとって誘導要因として働き、その実現のため、中央銀行はもとより、投資銀行による低利子の長期投資、事実上投資銀行としての役割を果たした商業銀行による選択的融資、インフラなどへの財政投融資の撒布、外部からの投資財や原材料の導入を保障する外貨の割当等々といった広範囲

34　前掲『高度成長期の日本経済』。

序章　東アジア高成長史の意義　│　15

の政策手段が施された。それに加えて、窓口指導や行政指導が実施され、市場メカニズムの作動へ影響力を行使したのである。後発の三ヵ国においては政府の輸出志向型工業化政策が高成長を促したことについて一致している（劉進慶編2003、渡辺利夫・金昌男1996、林毅夫2012)[35]。もちろん、我々の問題意識は東アジアの高度成長が市場経済を基盤としたことを否定していない。日本の場合、ドッジラインを経てから市場メカニズムが資源配分の基本となり、後には貿易および資本の自由化が実現された。また、1990年代以降、日本の研究者の手によって民間企業の旺盛な設備投資の様子が明らかにされ、政策効果は限定的なものに修正された[36]。台湾や韓国でも、国有企業の民営化、私的企業の成長、とくに韓国では財閥の形成があった。

　とはいうものの、Anglo-Saxon型と呼ばれる英米の市場経済とは異なる資源配分メカニズムが作動したことも見逃すことはできない。経済史的に見て、「市場の失敗」≒「政府の成功」あるいは「政府の失敗」≒「市場の成功」と規定し、一概に市場と政府を相反するものとして捉えるのは歴史的リアリズムを失うことになる。この点から、東アジア高成長比較史の第一歩として日本、台湾、韓国、中国といった国々おける政府の通商産業政策を重視し、その政策が如何なる条件でどのような実態として展開されたのかを検討してみる必要がある。実際に政府の役割は資本蓄積と産業構造の変化において大きなものであった。この点で、政経癒着は進行し、Crony capitalismと批判されることもあったが、とりわけ、植民地経験を持ち戦後アメリカの経済援助に頼って高成長の軌道へ進入した台湾や韓国において、そうした傾向は強かった[37]。政府は投資資金の配分、援助プロジェクト、外資の誘致、人材の育成、技術の実施などといった広範囲にわたる経済活動に携わっていた。四ヵ国の間には戦後経済の初期条件や政治体制とのかかわりなどで見られる格差から、政府の市場介入、その結果としての産業育成と経済成長が異なるものになっていたことは言うまでもない。

35　林毅夫著・劉徳強訳『北京大学 中国経済講義』東洋経済新報社、2012年。

36　本書第5章「はじめに」を参照されたい。

37　Helen Hughes, "Crony Capitalism and the East Asian Currency and Financial 'Crises'," *Policy*, Spring 1999；David C. Kang, *Crony Capitalism : Corruption and Development in South Korea and the Philippines*, Cambridge University Press, 2002；Minxin Pei, *China's Crony Capitalism : The Dynamics of Regime Decay*, Harvard University Press, 2016.

4. 本書の構成

　このような各国についての実証研究をまとめて高度成長メカニズムの実態を分析して市場への政策的介入が如何なるものであり、それが持つ相互関連性を明らかにするのは喫緊の課題であることから、本書は以下のような構成を持つ。

　まず、第一部では、東アジア諸国の高度経済成長メカニズムを明らかにする。

　第1章（武田晴人）は、高成長経済への転換期に展開した産業政策が、エネルギー、鉄鋼などの基礎素材の供給を潤沢かつ安価で供給するために、重点的な資金配分によって技術の導入を伴う設備投資を促したことを明らかにした。中でも、石油化学や電子工業などの新産業の育成や機械工業の振興を通して産業構造の柱を築き上げ、産業構造の高度化を実現する上で重要な役割を果たした。それだけでなく、産業基盤となるインフラの整備や新技術開発では政府の資金が積極的な役割を果たしていた。このような産業政策は、貿易や為替の自由化という世界経済の基本的な方向に沿うために、その実現までの短時間に日本産業の国際競争力を引き上げることが求められたのである。政策的保護は恒久的な措置ではなく時限的なものであり、この政策的な枠組みにせき立てられるように民間企業の活発な投資行動が展開したことが高成長に結びついたといってよい。同時に注目すべきなのは、強い成長志向を示す経済計画のもとで、時限的な政策措置が次々と打ち出される一方で、政府は経済構造の変容に伴って新しい政策課題を見出し、これに積極的に取り組んでいくことになった。そして、この過程で政府の経済過程への関与は間接化し、補完的な役割を果たすようになった。その中で進んだ機械工業化は、大規模な雇用吸収力を発揮した組立機械生産が生産現場での生産性の上昇の成果の大部分を賃金支払に充てることによって、勤労者の豊かな生活基盤を作り出す役割を果たしていたことを意味した。

　第2章（湊照宏）は台湾経済高成長期の前半期（1960～1970年代）における需要構造の推移を概観し、当該期に成長した産業に関する政策について検討を加えた。当該期の需要構造は、外需拡大が雇用吸収を促して民間消費を拡大した一方で、外需拡大が設備投資も促進して機械輸入を増加させていた。そのため、台湾政府による輸出産業に対する設備投資誘因の付与については、法人税減免のほか、機械輸入関税の免除・分納制などが加わった。台湾政府は機械産業の育成も目指してはいたものの、成長を主導する輸出産業の設備投資に不利益が生じる事態は

避けていた。国際競争力が高い労働集約的産業と国際競争力が低い資本集約的産業とが併存する産業構造から生じた台湾政府の経済政策であった。

第3章（林采成）は韓国経済の高度成長を東アジアの文脈から認識し、このような高度成長が可能であった内外要因を分析するものである。冷戦体制の下で北朝鮮の脅威に対抗するため、韓国政府は戦略的資源配分を通じて経済成長の加速化を図った。とりわけ軍事政権の登場後、国内の豊富な労働力を活用しながら、海外からの資本調達を得て高度成長経路へ進入した。経済企画院から定期的に長期開発計画が提示されたため、これを展望として財閥を中心とする企業側は事業計画を立てて設備投資を敢行した。設備投資は短期的収益性を無視することもあったが、それが可能であった背景には政府からの手厚い支援策が講じられており、資金面では「護送船団方式」の金融システムが構築され、内資だけでなく外資も調達されたことがある。成長の中で生じる諸問題については大統領の参加の上、月間経済動向報告会議や輸出振興拡大会議が開かれ、官民間の調整が行われた。さらに、労働賃金も上昇し始め、耐久消費財が普及した。とはいうものの、高度成長という実態と「大衆消費社会」の渡来には時間的なずれが存在し、高度成長に遅れた形で家訃の耐久消費財の購入が実現された。これがグローバリゼーションに適した外需依存型経済成長戦略とともに、長期間にわたる高度成長を可能とした要因の一つであった。

第4章（張紅詠）は、1978年改革開放以降、中国政府が経済・産業を発展するために実施した重要な産業政策・貿易政策とその効果を考察するものである。具体的には、国有企業改革、イノベーション、経済特区・外資政策、加工貿易・WTO加盟に伴う貿易自由化などの制度・政策の変化が産業・企業の生産性、貿易投資に及ぼす影響に焦点を当てる。これらの産業貿易政策とその効果はどのようなものなのかを把握しておくことは、これまでの中国の経済成長および中国政府が経済成長に果たした役割を理解するために、そして今後の中国の産業貿易政策を考える上で極めて重要である。結論から言えば、中国政府による産業貿易政策が全体として産業企業の生産性向上、貿易投資の拡大に大きく貢献した。まず、1990年代の国有企業改革によって国有企業の経済効率が改善し、私営企業部門も大きく成長した。それからイノベーション政策が産業横断的なファンダメンタルズの向上に寄与し、特許申請件数の増加にも正の効果を有する。また、経済特区・外資・加工貿易の政策が投資、雇用、技術移転、生産、輸出に大いに貢献した。最後に、WTO加盟による貿易自由化が中国市場や産業の活性化につながり、輸入

競争や参入退出によって産業内の資源配分の改善、産業企業の生産性向上に大きく貢献しただけでなく、輸出環境も大きく改善され、貿易投資の拡大にも大きな効果をもたらした。

　第二部においては、高成長の中での市場と政府の役割を考察する。

　第5章（河村徳士）は、日本の産業政策をとりあげる。本章では、機械工業と電子工業とを対象として、1956年制定の「機械工業振興臨時措置法」（以下、「機振法」）および1957年制定の「電子工業振興臨時措置法」（以下、「電振法」）の役割を考察する。政策的な金融を介して中小企業を中心とした部品加工を含めた機械工業の設備を更新させ、基礎的な機械工業の品質向上および価格低下に貢献した機振法の役割は、すでに研究史上指摘されてきており、ここでは海外の技術を導入する際に政府がその選択に前向きな関与をしたことを追加的に論じた。資金提供だけではなく技術的な選択においても政策の果たした役割は大きく、日本の機械工業が発展する基礎を提供したといえるだろう。電振法の役割はこれまで研究史上、語られることはほとんどなかった。企業の技術開発と合理化努力が電気機械、産業機械、家電などの製品を世に送り出したことが重視されたためであった。このことは重要な見方ではあったが、電子工業の発展が部品や材料レベルからの技術開発・合理化努力にも影響されたことを想起すれば、電振法の役割を看過するわけにもいかない。電振法は、機振法と同様に政策的な金融を利用した設備更新を目的の一つとしたが、最終製品、部品のみならず材料をも支援対象としたうえ、試験研究にも補助金の道筋をつけた点に特徴があった。本章では、電振法の制定以降、試験研究にかかわる補助金が電子工業関係に多額に振り向けられるようになり、企業と大学とが連携しながら海外技術の国産化および自前の技術開発を繰り返した様子を実証し、こうした補助金の意義を強調した。ここでも補助金の支給を介した技術選択に関する政策の役割が、国際比較の視点において重視できることが考慮されている。

　第6章（呉聡敏）は紡織業を事例にして1950年代末期の政策転換がいかにして輸出拡大と高成長経済を招いたのかについて分析する。終戦によって国民政府が台湾を接収してから経済統制が実施されたため、1940年代後半は悪性インフレーションが生じる。1949年末に国民政府が台湾に撤退して以後も経済統制は継続され、1950年代の経済成長率は停滞した。しかし、1950年代末に統制が徐々に解除され、紡織業は輸出志向型工業化政策の下で高成長を開始することができた。言い換えれば、国民経済がより早期に統制を撤廃して為替レート切り下げな

序章　東アジア高成長史の意義 | 19

どの改革を実施していれば、台湾経済の高成長はより早期に始まっていただろう。

第7章（湊照宏）は高成長前半期に該当する台湾合繊産業の萌芽・発展期における政策に検討を加えた。萌芽期においては、政府が成功モデルを提示し、その成功を見て民営企業が外資から技術を導入しつつ続々と新規参入するという、デモンストレーション効果が生じていた。産業の特定性は無かったが、外資導入関連法規の整備や免税措置などで投資を奨励していたことも、設備投資ラッシュにつながった。韓国・日本との比較で留意すべき点は、確立期に参入抑制的な政策が採用されていないことである。この背景としては、まず、外貨制約が無かった点が挙げられる。次に、当初から合繊製品の販売先として、国内市場のみではなく国外市場も想定されていたことが挙げられる。輸入代替と同時に輸出振興を図る政策が展開されたのであり、国外市場における競争力については、「奨励投資条例」で大型投資に対する誘因を付与することで、国際競争力を参入企業に獲得させる政策であった。

第8章（呂寅満）は産業発展に与えた産業政策の影響を、時期別に代表的な産業を事例として取り上げて分析する。1960～80年代半ばまでの韓国における高度成長は国家主導・対外志向的成長という特徴を有していた。その間、韓国の産業構造では重化学工業を中心とする第二次産業の急速な比重拡大が見られた。それには、経済政策とくに特定産業の保護・育成を目的に資源を集中的に配分してその波及効果によって経済成長をもたらせようとした産業政策の影響が大きかったと一般的にみとめられてきた。1960年代は輸出軽工業の繊維、70年代は重化学工業の造船、80年代前半は合理化政策対象だった自動車産業を分析した。その結果、産業政策の役割は時期別・産業別に異なり、また、民間に比べた場合の情報能力の差によって産業への影響力にも差がみられることが判明した。

第9章（林采成）は開発途上国であった韓国における石油化学産業が如何なる内外的な条件の下で育成され、一つの産業として確立したのかを検討し、その高度経済成長史上の意味合いを問うている。石油化学産業が国家主導によって育成されたが、初期費用をリスクテイカーとしての国家が負担しながら、各種政策手段を通じて事業の確立を見て、財閥への払下げを実現した。とはいえ、事前的計画がそのまま実現されず、政策的介入は状況対応的に行われた。その事業者の選定をめぐってオイルメジャー、外国政府（米・日）、財閥、国営企業、政府機関が競争・協力し、その中で2回にわたるオイルショックが発生し、事業展開の複雑性を増したことから見て、石油化学工業の育成は既存研究のように外資の資金

力と技術力を一方的に利用するような歴史像ではなかったのである。

　第10章（張紅詠）は、中国鉄鋼業における産業政策と産業発展・企業成長との関係を考察したものである。改革開放後、鉄鋼の生産量が急速に拡大し、生産性も大きく上昇した結果、いま中国が世界第一位の鉄鋼生産国となった。鉄鋼業は基幹産業として中国の経済成長に大いに貢献したと考えられるが、鉄鋼業における産業政策が有効だったのか、鉄鋼業の発展をどのように寄与していたのか、途上国の経済発展にとってどのようなインプリケーションがあるのか政策的にも学術的にも重要なテーマである。そこで、中国鉄鋼業企業の個票データ（1998～2007年）を用いて国有企業改革、外資導入、補助金、政策融資・減免税を同時に取り上げてこれらの政策が企業成長（生産性向上など）への効果を定量的に分析した。分析結果から、国有企業改革、外資導入を通じて産業・企業の生産性が大きく上昇したこと、生産補助金が生産性、新製品開発、輸出などに正の効果を有すること、減免税が生産性の向上に寄与したが、政策融資が負の効果をもたらすことが明らかになった。1990年代後半から2000年代後半までの鉄鋼業における産業政策は全体として企業成長に効果があったものとして大いに評価するべきである。

　以上のような分析の上、終章（武田晴人）は日本の経験から台湾、韓国、中国の産業政策を比較し、高成長メカニズム、企業と政府の関係などで確認できる東アジアならでの特徴を検出し、各国政策間の影響を検討する。東アジアの高成長を考察し、機械工業化を機軸として長期間の成長を成し遂げた日本と異なって、台湾と韓国はその条件において軽工業を中心に成長モメンタムを掴んでおり、さらに援助を含めた広い意味での外資の導入を必要とした。さらに中国は軍需産業を中心とする計画経済から民需産業中心の市場経済への移行を図りながら、政府の強力な介入を伴っている。こうした初期条件、経済政策の目標、産業政策の役割などによってそれぞれの高成長メカニズムが異なっていることを総括する。さらに冷戦体制下の分断国家状態がもたらす政治構造が、日本を除く国々にとって大衆消費社会形成に制約要因になったことも指摘されている。

　こうした東アジアの固有の高度成長は18世紀以降の長いスパンにわたって活発な企業行動に基づく市場経済が経済規模の拡張をもたらし、経済成長を成し遂げた西欧経済圏と全く異なっているだけでなく、アメリカなどの先進国からの多額の援助にもかかわらず、高度成長が実現できなかった他のアジア・アフリカ・南米経済圏とも大きな相違点を示している。これらの経済圏とは前近代より規定

される歴史的前提が異なることも当然想定できるだろうが、東アジアにおいては輸入代替工業化に止まらず、グローバル的視点から輸出振興工業化政策が事後的に決定され、その実行力が政府と企業によって維持されたというべきであろう。つまり、世界経済の拡大に対する強い主体的関わりを持つことで、東アジアは高成長経済を実現できたのである。

第一部

高成長と経済政策

第1章

日本の高成長と産業政策

武田晴人

はじめに

1945年8月の敗戦から10年あまりの経済復興期、日本人は日本が「経済大国」に成長を遂げるとは夢想することもできなかった。戦争による被害からの回復を目指す投資が必要であるだけでなく、人口の急増（復員とベビーブーム）による消費需要の増加などの一方で、供給不足による物価上昇が経済を根底からむしばんでいた[1]。ドッジラインを契機として市場経済を基盤とする経済構造へと移行することにも多大な困難が伴い、産業の競争力の不足による貿易収支の赤字基調は、外貨不足をアメリカからの援助や朝鮮特需などによってようやく収支を償う状態であった。

それゆえ、1952年に独立を達成したばかりの日本経済は、生産・貿易・物価などの諸指標が横這いを続け不振を極めていた。戦前水準（1934～36年を100）と比べると、鉱工業生産の回復にもかかわらず、日本の貿易量は大幅な落込みを記録したままで、とくに輸出水準の回復の遅れが大きく、著しく不均等な回復ぶりだった[2]。

産業の国際競争力を高めていくためには外国技術の導入や海外の安価な資源・エネルギーの輸入なども必要であった。それには外貨が必要であり、外貨の枯渇を防ぐために厳しい外貨管理が要請されていたが、あまりに厳しい輸入制限は、国内物価の上昇を招き、経済発展の障害になるおそれがあるというジレンマに直面していた。それだけではなく、国際社会への復帰にともなって日本は、講和に

---

1 戦後復興期の経済状況については武田晴人編『日本経済の戦後復興』有斐閣、2007年を参照。
2 経済安定本部『年次経済報告』1952年度、14頁。

25

際して無賠償原則に反対した国々に対する賠償問題が残り、アメリカからの援助の返済、外債処理、防衛力漸増の責任を果たさなければならなくなっていた。これらの負担は、外貨が乏しく、輸出貿易の伸び悩みという弱点を抱えた日本経済にとっては、容易に担いうるものではなかった。

　こうした問題を解決しながら、真の意味での経済自立を達成するためには、特需や援助抜きの国際収支の安定が不可欠の条件であり、それも拡大均衡を実現し得るような輸出拡大による外貨収支の改善を基盤にする必要があった。従って、実現すべき目標は、第一義的には輸出拡大であり、さまざまな形で輸出拡大を制約している条件を改善する輸出振興策が必要であった。しかし、それだけでなく根本的には産業の国際競争力を強化する必要があった。戦前型の繊維を中心とする輸出拡大は、戦後の日本がおかれた国際的な政治経済の枠組みの中では再現できる情勢にはなかったから、輸出競争力の増大のためには戦前とは異なる輸出産業の育成が必要であった。産業の競争力の強化は、たとえ輸出産業化が当面は見込めない産業に対しても、国内市場における自給率上昇＝輸入代替に期待するかたちでも要請されていた。貿易収支の改善を目標とする産業の国際競争力の強化のためには労働生産性の上昇が不可欠であった。しかし、それが雇用の削減につながるとすれば、社会不安を増大させることから、労働生産性の上昇と雇用拡大との２つを同時に達成することが必要であり、そのためには、経済規模を大幅に拡大していく以外にはなかった。こうして、経済自立のためには、輸出振興の基盤となる産業の競争力向上を通して経済成長を追求することが主要な政策課題となった。これが経済自立を目指していた、高度経済成長期前夜の日本経済が抱えた克服すべき課題であった。

　しかし、現実的には、国際収支の正常化をしばらくは棚上げにし、特需収入によって国際収支が均衡し得る当分の間、「これを有効に活用して、経済の質的、内容的充実を図り」、経済自立・安定を実現していくための基盤作りに全力をあげる必要があった。このような考え方は、別の角度から見れば、「特需収入が続く期間内」という時限付で政策成果を着実にあげなければ、経済発展への機会を失うことを意味していた。その後の貿易自由化に際しても同様に、産業政策は限られた期間に成果を上げることを求められ、これらの政策介入をうける企業も国際競争力を向上させることを迫られていた。産業政策はこのような制約と特徴の下に展開した。

　本章では、以上のような特徴を持つ産業政策を中心に、それが日本の高成長の

26 ｜ 第一部　高成長と経済政策

実現にどのような役割を果たしたのかを検討する。そのために、まず経済政策の推移を概観したあと、産業合理化政策、輸出振興政策などの具体像を示すとともに、その時代的な変化を明らかにし、産業政策が産業発展にどのような効果を持ったかを論じることとしたい。

1. 経済政策の特質

経済計画の意義

まず、マクロ的な経済政策をとりあげてみよう。活発な設備投資を誘導し、資本蓄積を促進するとともに、国民経済レベルでの分配面での格差拡大を抑制して、大衆消費社会を出現させるうえで不可欠な役割を政府が果たしたからである。

1950年代後半に政府が立案した経済自立計画、長期経済計画、所得倍増計画は、経済政策の基本的な方向を示した。個々の産業の育成政策、貿易政策などは、計画が示す目標を手がかりとして立案された。

この一連の計画の性格を決定づけたのは経済自立五ヵ年計画であった。鳩山一郎内閣は自らの政策の独自性を示すために「完全雇用の実現」を計画策定の基本方針とすることを要請した[3]。すなわち、1960年を目標年次として57年までの前半3年間で、正常貿易による国際収支の均衡（経済自立）を実現し、後半3年間に経済の拡大発展によって完全雇用の達成を図るという目標をこの計画は掲げた。完全雇用という雇用問題を重視したことに経済自立計画の新しさがあった。

この計画立案に関して、雇用拡大の可能性を疑問視し、計画が期待するほど第二次産業に雇用吸収力を想定できないと批判した通産省は、過去の雇用吸収の弾力性からみて、第二次産業部門に大幅な雇用吸収を期待し、労働生産性の上昇を抑えることは不合理であり、生産性の上昇がある程度進展することを考慮すれば雇用拡大には限界があると判断していた。

このような批判もあって完全雇用という内閣の設定した目標は、部分的に修正されたが、その結果、経済自立計画は雇用拡大と生産性向上とを両立させるため

3　通商産業政策史編纂委員会編『通商産業政策史』第5巻、通商産業調査会、1989年、20-28頁、および第3章1節（宮田満執筆）参照。

に成長志向の強い将来像を描くことになった。その実現には強力な政策的バックアップが必要であったから、経済自立計画は政策立案の指針としての役割を果たすことになった。

このような指針としての役割は、自立計画が超過達成されるなかでまとめられた岸信介内閣の新長期経済計画、そして池田勇人内閣の所得倍増計画にも引き継がれた。計画が想定する成長率は順に5%、6.5%、7.2%と引き上げられた。この中で、新長期経済計画では、「将来輸出産業の中心となるとみられる機械、金属、化学工業を主体とした重化学工業部門の生産増強に重点が置かれ」、「経済自立」から「より高い、安定した経済成長の実現」へと計画目標が転換した。所得倍増計画では、雇用拡大が続き人手不足経済への転換が視野に入るなかで、もはや「完全雇用」は計画目標として強調されなくなった。想定を超えた経済成長が雇用問題への懸念を払拭したからであった。

他方で、企業の活発な投資行動が経済成長の主因であるとの認識に基づいて、それを支えるような枠組みが強調されることになった。産業発展への直接的な関与から発展の制約要因となる産業インフラの整備などに重心が移された（後述）。他方で、協調的な労使関係が形成されるとともに成長の果実を労使が分け合うことの重要性が強調されるようになり、雇用の量的な確保が達成されるなかで、その質的な改善＝賃金などの労働条件の改善も進められることになった。

景気変動の平準化

国際収支面で不安を抱えていた高成長への移行期の日本経済は短期間に成長と調整（好況と不況）の波を繰返した。実質経済成長率は一貫して5～10%の水準を示していたが、鉱工業生産や設備投資の伸び率は振幅の大きい変化をみせ、物価上昇や生産拡大がみられた好況期には貿易収支の赤字幅も大きかった。そのため、「成長率循環」と評されたように、高い成長率の時期と成長率が押さえ込まれる調整期とが交互に繰返し生じ、調整期には失業増加や中小企業を中心とした企業倒産の増大などの深刻な問題を生みだした[4]。

成長率循環の理由は、経済成長のスピードが国際収支の制約（外貨保有額の制約）によって繰返しブレーキをかけられたからであった。つまり、この時期の経済運営は、国際収支の天井をできるだけ高めるために長期的には輸出の振興とそ

---

4 同前。

のための企業合理化等による国際競争力の強化に最大の力点を置きつつ、短期的には国際収支の動向に細心の注意を払いながら景気の過熱や不況にストップ・アンド・ゴーの対応策を施していた。そのために金融引締政策が、公定歩合の引き上げ、日銀の窓口規制などを介して実施され、財政投融資などの実施時期の繰延などの財政面からの需要調整が行われた。これに連動して通産省は、貿易為替の管理を通して景気過熱に対して輸入抑制を図り、あるいは設備投資の調整に努めた。

　1965年の証券不況に際して実施された赤字国債の発行による景気刺激策を除くと、財政金融政策は景気循環を平準化するための政策に止まった。外貨制約が解除されるのは1967年以降のことであり、高成長期のマクロ経済政策は金利水準の引き上げに努めたことを除けば、経済成長を促進するというよりは、その振幅を小さくすることに主眼があった。このような政策介入は経済活動の安定性をもたらすことによって企業の積極的な行動を引き出すうえで重要な舞台を提供した。市場の暴走の制御は計算可能性を高めることで経済成長の持続性を高めた。

財政運営と金融行政

　他方で、経済成長に伴う税収の増加が政府支出の増加を可能にしていたから、この自然増収分は、個人・法人に対する直接税負担を軽減することで消費や投資の拡大に貢献するとともに、道路・港湾・鉄道・エネルギー供給など経済のインフラへの公共投資拡大に向けられることで日本経済の成長基盤を高めることに使われた[5]。

　しかし、全般的に見ると、財政政策は経済成長の恩恵にあずかり、税の自然増収によって生じる追加財源を配分するものであった。1961年に国民健康保険法が改正され、国民皆保険体制が確立されたのも、こうした財政収支の余裕が可能にした。実質的な所得の再配分に関わる所得減税によって勤労者が受けた恩恵に加えて、消費者価格と生産者価格の価格差をつけて設定する二重米価制の下で両者の乖離が広がっていくなかで、財政による補塡が拡大したことも、分配面での財政の役割としては有効であった。生産費を基準としながらも勤労者の賃金上昇を考慮した生産者米価の引き上げが農村の所得上昇を下支えし、消費者米価の抑

　5　こうした国際収支安定対策の実施は、調整期の摩擦的な問題を随伴し、これへの対策をも必要としたことは、中小企業問題や繊維・石炭などの衰退産業部門の産業調整政策が必要となったことに示されており、そうした政策にはそれなりの財政支出を必要とすることになった。

制が勤労者の生活費上昇を抑えたからである。また、租税特別措置法などに基づいた企業減税が広範囲に実施され、企業の資本蓄積を促進した。財政政策の展開は、経済計画において描かれた将来像の実現に合致する限り、経済関係省庁の新規の政策立案の財政的裏付けを与え、各省庁が要求する予算に対する配分の権限を握る大蔵省の影響力を強大なものにした。

大蔵省の金融政策に対する関与は、日本銀行に対して長期的に低金利への誘導を求めた産業企業の投資環境を改善するとともに、金融システムの安定性を重視して金融業に対する政策介入を強める方向にあった[6]。銀行業に対する金利規制は、都市銀行、地方銀行、相互銀行など銀行種別に設定された。それは金融機関の経営力に応じて金利面で中小零細金融機関を優遇するものであった[7]。銀行行動への規制は、支店の設置に対する制限など多方面に及び、「護送船団方式」と呼ばれる政策体系を作り出した。その範囲は、明治以来続いていた保険行政はもとより、1965年の証券恐慌を契機に証券業界にも及び、大蔵省の強い監視下に金融関係企業を置くことになった。それは独占禁止法が規定した競争的産業秩序とは異質の、競争を抑制し、金融システムの安定性を優先する行政に終始した。

財政投融資計画と日本開発銀行

財政金融政策において経済成長に積極的に関与したのは、第二の財政とよばれた財政投融資計画に基づく資金供給であった。戦後復興期の復興金融金庫の業務を継承した日本開発銀行などの政府金融機関や金融債の発行を認められ長期資金供給の担い手と位置づけられた日本興業銀行、長期信用銀行などが設備投資資金を供給した[8]。

1950年代前半には、民間貯蓄の低水準もあって、民間企業の投資資金は内部資金に限定され、財政投融資を原資とする政府資金が重点産業に配分されることで、産業合理化に必要な資金が供給された。とくに日本開発銀行の融資活動は政

6　大蔵省が岸内閣期に日本銀行法改正を提起し、大蔵省による日本銀行に対する影響力を強化しようとしたことは、このような政策運営の企図が制度変更を必要とするまで差し迫っていると考えられていたからであった。法改正の企図は実現しなかったが、池田内閣期には低金利を求める池田首相の意向を日本銀行は受け入れるなど、政府の政策への同調性を高めた。この問題については、武田晴人『高度成長』岩波新書、2008年を参照。

7　保険業を例にとれば、商品性が高いと想定される保険商品に関して、大蔵省は中小の保険企業に先行して発売させるなどの保護措置をとっていた。

8　宇沢弘文・武田晴人編『日本の政策金融』東京大学出版会、2009年、参照。

策手段として有用であった。

　設備資金供給において中核的な役割を担った日本開発銀行は、1953～54年に新設された農林漁業金融公庫、中小企業金融公庫に農林漁業・中小企業貸付をそれぞれ移管する一方で、電力、海運を中心に鉄鋼、石炭を加えた4つの基礎産業向け融資によって業務を拡張していった。それは、重点融資によって基礎産業の合理化を促しただけでなく、それを先導役として対象分野へ市中資金を動員する役割も果たした。中心課題となっていた4つの重点産業に対する資金確保については、市中銀行側でも51年7月に設置された融資自主規制委員会において開銀の基本計画を参考基準に相互調整が図られたほか、53年の第九次以降の計画造船に対しては、運輸省、大蔵省、開銀、全国銀行協会連合会が協議のうえで開銀融資比率を決定し、融資条件も主として幹事銀行と開銀との密接な協議によって決定された。また、53年度からは国際復興開発銀行（IBRD）からの電力借款について、開銀が直接借入人となって電力会社に転貸し、政府が開銀債務を保証するという方式での外資貸付業務が加わった。

　こうして1951年度以降拡大を続けた財政投融資は、54年度の緊縮財政への転換に伴って大幅な圧縮がはかられるとともに従来の生産能力拡大・有効需要増大ではなく景気変動に対する調整を主たる機能とするようになった。民間都市銀行の預金増加を背景に、開銀融資及び財政投融資については「量的補完から質的補完への移行」の必要性が強く主張されるようになったからであった。こうして57年からは開銀は、基幹産業向けの合理化・近代化資金の供給を維持しつつ、国内設備資金供給における比重を低下させ、海運・石炭向け融資を除くと質的補完機能を強めた。他方で、地方開発、中小鋼船建造、石油化学、原子力発電、産業関連等の新しい融資分野が数多く登場し、開銀融資は、機振法や電振法等の重要産業育成、その他の産業助成や公共投資に関連する各種の政策目標実現のための重要な手段として位置づけられ、その対象を多様化していった。それは、低利資金を供給することによって企業の金利負担を軽減し、民間金融機関融資の呼び水となって長期資金供給における都市銀行の積極的な融資行動を支えた。

時限付保護措置

　政府の役割は、以上の設備資金供給における政府資金の比重低下に見られるように、経済状況に応じて柔軟に変化していった。そうしたなかで、外国資本の輸入、技術の導入などについての政策は、高成長の前半期を中心に国際競争力が不

十分な国内産業の保護的な措置として重要であった。ただし、このような政策推進は、開発経済学などで後発工業国の工業化戦略として定式化された「輸出指向工業化」と「輸入代替工業化」という捉え方で整理できるものではなかった。そのどちらかに力点があったわけではなく、そのいずれもが外貨制約の緩和に貢献すると考えられる限り政策としては正当化されていた。産業政策の対象は、特定産業に固定化されることはなかった。

　これらの競争力強化を目標とする政策は、戦後の国際経済体制のもとで正常で対等な経済関係を築くことを将来像として描いていた。それ故に、いずれは貿易為替の管理は自由化に向かうこと、資本移動の自由が認められる時代に到達することが想定され、そうした状況でも競争しうる産業となることが求められていた。その意味で外資規制や外貨管理による規制は、日本経済が自立するまでの期限付のものであった。

　外資導入については、「外資に関する法律」に基づいて厳しい全面的統制が当初は採用されていた。その意味は、厳しい規制によって外国資本の日本市場進出（直接投資）を阻み、国内企業に十分なビジネスチャンスを与えたことであった。従って外資による株式投資比率が比較的高かった石油精製や化学工業を除いて、ほとんどの分野では本格的な直接投資は展開しなかった。しかし、同時にこのような形で与えられた産業への保護は、IMF・GATT を中心とする世界経済のもとで進展する自由化措置によって、いずれは廃止されるものであった。それは、恒久的な保護ではなかったから、保護が実効性をもつ間に当該産業分野に国際競争力培養を強制する期限つきの保護政策だった。

　外資導入政策が果たしたもう１つの重要な側面は、優良な外資の積極的な導入であり、そのための世銀・EXIM からの外資借款の推進であった。外資導入の中で最大の比重を占めた世銀、EXIM 借款は、鉄鋼 42.9%、電力 41.6%、公共事業 13.9%、自動車、造船等機械工業 1.5% の順となっており、鉄鋼、電力で全体の８割強に達した。これらの産業企業にとって多くの場合、外資は対象工事額の３〜４割をカバーしたといわれた[9]。それは資本蓄積基盤の薄い日本にとって重要な

9　世銀の借款供与に関連してさまざまな問題も発生した。例えば、鉄鋼業では 1955 年度の八幡製鉄、日本鋼管の借款に際して財務構造改善計画の提出が求められ、また再三の交渉の結果 56 年 12 月に 2,000 万ドルの世銀借款を成立させた川崎製鉄は、その際世銀の厳しい財務規制を受け入れることになった。さらに、電力業では料金改定が問題となった。政府が電力会社の資本蓄積を保証し、財務状況を好転させる措置をとることを世銀が借款成立の前提として強く要求したからであった。

32 ｜ 第一部　高成長と経済政策

資金を提供した。

時限性のある保護措置としては、外貨割当も同様の性格を持った。輸入貿易管理制度に基づく外貨割当制度は、国際収支の均衡を維持する目的の制度であり、景気循環に応じて国際収支の安定を図るために重要な役割を果たしていた。それだけでなく、外貨割当は、戦後復興期の数量統制、価格統制に比べれば緩やかな統制手段であるとはいえ、数量統制に近い強力な産業統制手段となった。しかし、それらの政策介入も永続性を持つものではなく、過渡的で時限付の措置であったことは強調されてよい。

中小企業への助成

企業規模でみた中小企業が欧米諸国に比べて多数存在し、その生産性の低さや技術水準の立ち後れは、日本経済の構造的な弱さを象徴するものと考えられていた。そのため、高成長の開始とともに輸出不振や大企業の生産過剰が表面化するなかで、下請発注の減少や下請代金の支払遅延などから多くの中小企業が経営困難に陥るなどの問題が生じた。景気の上昇期にはビジネスチャンスも広がり、中小規模の企業にも大企業への成長のチャンスが大きく開かれていた反面で、その経営基盤の弱さから多産多死ともいうべき経営状態を生み出していた[10]。

このような事情を背景に問題を提起したのが、1957年度の経済白書であった。この白書は、「わが国雇用構造においては一方に近代的大企業、他方に前近代的な労使関係に立つ小企業および家族経営による零細企業と農業が両極に対立し、中間の比重が著しく少ない」という「二重構造」の問題を提起し、「日本経済の最終目標である完全雇用とは、単に完全失業者の数を減らすことではなく、経済の近代化と成長のうちに二重構造の解消を図ることである」と主張した[11]。

これらの中小企業は、機械工業振興臨時措置法が近代化・合理化を推進したように（第5章参照）、産業発展の鍵を握るという意味で政策対象となる一方で、社会政策的な観点から保護助成の対象となった。そこでは、中小企業の劣悪な労働条件改善の必要性が提起され、また下請け関係にある中小企業に対して親企業が優越した経済的地位を利用して不公正な取引慣行を強要しているなどの問題の解

10　通商産業政策史編纂委員会編『通商産業政策史』第6巻、通商産業調査会、1990年、第5章第2節（沢井実執筆）参照。

11　詳しくは、通商産業政策史編纂委員会編『通商産業政策史』第7巻、通商産業調査会、1991年、第6章第1節（植田浩史執筆）参照。以下の引用は同書7-8頁。

決を図ることが必要だと考えられた。

　そのためさまざまな角度からの対策が講じられた。1950年代前半には中小企業の組織化（中小企業等協同組合法、中小企業安定法、中小企業団体法）が推進され、企業経営の近代化の諸措置が採られるとともに、中小企業振興資金助成法による各種の補助が拡充された。しかし、そうした施策の効果には限界もあったために、引き続き追加的な措置が政策手段を拡張しながら推進された。

　これらの中小企業政策は、企業経営の近代化・合理化を通して経営基盤を強化することを狙いとしていたが、そうした施策を介して大企業部門とは異なる雇用条件にある多数の労働者や自営業者の生活を保証する側面を持っていた。その意味では、これらの政策は産業政策であると同時に社会政策、社会的な弱者への補助政策として、経済成長期の発展のゆがみを補整する役割を果たしていた。

2. 重要産業の合理化と新産業の育成

産業の合理化

　経済自立を実現し、高度成長への扉を開けた原動力となったのは、国内の設備投資であった。経済運営の基本的な目標の1つであった輸出拡大を可能にした根本条件は、日本産業が厳しい海外市場条件のなかで、競争に打ち克ちうるような国際競争力を備えたことであった。それは、産業・企業の近代化・合理化を目的とした積極的な投資によって実現された。

　日本の高成長は市場面からみると国内市場への依存度が高かった。1960年に通産省産業構造研究会の『貿易自由化と産業構造』は、輸出市場は1950年から58年まで国内市場とほぼ比例して拡大したが、「経済拡大への寄与の役割は国民総生産に対する比率でみると、1950〜54年の13%から、1954〜58年の5%に低下し」、「戦前と比べると、総需要のうち輸出の占める割合は1934〜36年の20%から12%に低下した」と報告している[12]。輸出に代わって牽引力となった国内市場の拡大は「投資が投資を呼ぶ」といわれたように、設備投資が意欲的に展開される内部循環的な拡大が成長の原動力であった。

12　通産省産業構造研究会編『貿易自由化と産業構造』東洋経済新報社、1960年、4-5頁。

こうした投資主導型の経済成長は、資本蓄積が不十分ななかで、合理化投資の推進のために政府が資金を重点的に基幹産業に投入し、民間投資を誘導していった結果つくり出された。他方、このような重点的な資金配分のために、1950年代前半には「実力を超えた消費」に対してこれを抑制し、家計部門に対して貯蓄を奨励する方策もとられた。個人消費支出の拡大が経済成長に貢献するとの認識は希薄であり、むしろその反対であった。経済の実態面からみても、国内市場の拡大が重要であったとはいえ、それは主として投資需要に関連するものであり、消費需要の寄与は小さかった。こうして、50年代末にかけて「わが国では諸外国に比べて消費や個人住宅などの個人の生活面よりも優先してより多くの設備をこしらえている」と評価されたような経済構造ができあがっていった[13]。

独占禁止法と産業秩序

　産業合理化のための政策手段は、1949年に制定された独占禁止法によって枠をはめられていた[14]。カルテルなどの共同行為が厳格に禁止されていたことが、合理化のための企業間の協調実現に立ちはだかっていた。そのため占領政策の見直しが始められるとともに独占禁止法の改正が模索された。朝鮮戦争ブームが終息するとともに、各部門における過剰設備が顕在化し企業間の共同行為の必要性を強めるとともに、輸出振興のための協調的な企業行動を促すことが産業政策上の課題として浮上したからであった。

　これに対して行政指導により事実上の共同行為を承認し、独禁法の適用除外法の制定が進められた。具体的には、輸出部門や中小企業に対する独禁法の適用除外立法として輸出取引法と特定中小企業の安定に関する臨時措置法が制定され、過剰設備を抱えて調整が困難になっていた繊維産業に対する勧告操短によって不況の克服が図られた。

　しかし、勧告操短を当初は黙認していた公正取引委員会（公取委）は、景気回復期にも継続することは「独禁法の精神に違反し望ましくない」との立場をとった。それはカルテル規制の大幅な緩和を求める通産省や経済界と公取委の意見の対立を生んだ。その結果、産業界の関心がもっとも高かったカルテルについては、まず合理化カルテル、ついで不況カルテルの認可要件を緩和する法改正が実現し

13　経済企画庁『年次経済報告』1959年度、35頁。
14　前掲『通商産業政策史』第5巻、第2章参照。

第1章　日本の高成長と産業政策　｜　35

たが、1957年からの不況局面で再び経済界から強まった独占禁止法改正の要望は実現しなかった。

通産省は、改正案の国会再提出見送りが明らかとなった1959年2月から現行法を前提とした産業政策の方向を模索し始め、必要な産業上の調整は各産業の個別指導の徹底によって適正誘導を行うとの方針を示すとともに、過剰設備の発生を防止するための投資調整を金融機関の協力を得て実施する方向へと転換した。この方向は、1960年代前半には貿易自由化、資本自由化を視野に入れた産業競争力強化のための特別法の立案に通産省が努めることにつながった。しかし、特定産業振興臨時措置法にまとめられるこの政策構想は、実現することはなかった[15]。

この間、適用除外立法では、輸出取引法（輸出入取引法）や中小企業安定法の制定・改正が進められた。また、臨時措置法の名称をもつ時限的性格を与えられた業種別事業法が次々に制定された。このうち肥料、石炭、繊維などに関する特別法は、産業としては成熟化したこれらの産業部門に対する構造調整を追求し、その実現のために独禁法の適用除外を規定したものとなった。他方、機械工業振興臨時措置法や電子工業振興臨時措置法では、成長期待産業の合理化・育成に必要な共同行為を認めることとした。こうして、独禁法の適用除外範囲の拡大が進み、独禁法に基づく不況・合理化カルテルの認可が極めて少数であったのとは対照的に、これらの立法に基づくカルテルが累年増加した。

産業合理化審議会の活動

この時期の主要な政策課題であった産業合理化の推進役を担い、きめ細かな具体策の検討を続けたのが産業合理化審議会（産合審）であった[16]。

産合審は1952年7月に「我国産業の合理化方策について」と題する第二次答申を発表し、企業の資本蓄積の促進、企業の所要資金の確保、貸出金利の引き下げ、機械設備等に対する輸入税減免の適用範囲の拡大、独禁法の改正などの方策を提言した。さらに、53年9月に「我国産業の合理化方策に関する答申」（第三次答申）によって産業合理化の基本方針として、①企業内部の合理化の推進、②産業構造の合理化の促進、③産業組織の合理化の促進、④産業関連施設の整備、⑤中小企業の組織化、の5点を明らかにした[17]。

15　特振法については、呂寅満「1960年代前半の産業政策」武田晴人編『高度成長期の日本経済』有斐閣、2011年参照。

16　産業合理化審議会の活動については、前掲『通商産業政策史』第6巻、第5章第1節参照。

1953 年 3 月に成立した企業合理化促進法は合理化促進措置として、第 1 に技術向上のための補助金交付、国有機械設備貸与、試験研究用機械設備等の短期償却、試験研究用機械設備等に対する固定資産税免除、第 2 に機械設備等の近代化のために、近代的機械設備等の特別償却、近代的機械設備等に対する固定資産税の減免を規定し、このほかに産業関連施設の整備、原単位の改善、中小企業診断を促すこととした。

　こうした措置のうち鉱工業技術の試験研究に対しては、企業合理化促進法成立以前にも行政措置によって実施されていた 3 種類の補助金を一括した鉱工業技術試験研究補助金制度が正式に発足した。この補助金交付の実績は、1953～60 年度の累計で、工業化試験 18 億円（206 件）、応用研究 17 億円（1,248 件）、機械設備等試作 8 億円（149 件）、工作機械等試作 3 億円（69 件）と総額約 46 億円に達し、これに見合う民間負担と合わせると約 196 億円の試験研究費が投下された[18]。

　また、1957 年の改組後に新設された産合審産業資金部会は、重要産業の設備投資、資金需給調整に重要な役割を果たした。同部会は、全国銀行協会連合会の資金調整委員会等が供給者側の立場に立って資金を調整しているのに対して需要者側として意見をまとめて大蔵省の金融機関資金審議会の検討に反映させる役割を担った。そのため、対象となった各業種では各企業が設備計画、資金計画等を提出してまず業界内の自主調整を行い、調整が困難な時には通産省が仲介し、各業界の計画が資金部会で検討された。重要なことは、このような資金調整を通じて産業構造の高度化に必要な重要産業への資金の重点的な投入が促進され、また、設備投資規模や設備基準の確定をめぐって、需給見通し、設備能力、操業度、合理化の必要性等の観点から活発な審議が行われ、過剰投資の抑制や近代化投資の推進という観点から投資の適正化が図られたことであった[19]。

17　このほか最も活発な活動を展開した部会の一つであった管理部会は、予算統制、標準原価計算制度、コントローラー制度等の体系的管理会計手法の導入に道を拓き、さらに、「経営方針遂行のための利益計画」や「事業部制による利益管理」を提言した（同前）。

18　前掲、『通商産業政策史』第 7 巻、第 7 章第 1 節参照。

19　このほか、1953 年の改組によって新設された産業関連施設部会が工業用水確保の問題や工鉱業廃液の処理問題等を検討し、社会資本の充実という新しい政策課題に取り組み、55 年 9 月に発足した商業部会の議論を基礎に百貨店法が制定された。また、産業合理化審議会の活動に関連して、その後産業の国際競争力の向上に貢献したものに生産性向上運動も重要な役割を果たした（同前）。

第 1 章　日本の高成長と産業政策　| 37

鉄鋼業の合理化と公開販売制

鉄鋼業は産業合理化の最重点産業であった[20]。1954年でも平炉鋼塊の原価はアメリカや西ドイツなどと比べて2割以上割高であった[21]。しかも、高成長に伴う鉄鋼需要の増大に供給が追いつかず鉄鋼業も隘路産業化するなどの問題が生じた。そのため、基礎産業として価格の安定によって需要産業の発展の基盤を提供することが期待されていた鉄鋼業は、この時期激しい価格の乱高下に脅かされた[22]。

このような状況が発生した背景には、通産省が過剰設備の発生を警戒して鉄源の転換による銑鋼一貫化方針に踏み切れなかったからであった[23]。そこで高鉄価問題解決のために、くず鉄価格の安定化を図ることを目的に通産省は1955年末には「くず鉄カルテル」を合理化カルテルの一つとして設置することとした。

この後、1956年からは第二次合理化計画の策定が進められ、銑鉄増産のための高炉増設とくず鉄節約につながる新しい技術体系の転炉の新設、圧延工程を連続化するストリップ・ミルの増設による圧延部門の拡張を中心とした計画案がまとめられた。また、鉄鋼価格の不安定さに対処するために、58年6月には鉄鋼各社が販売内容を公開して過当競争を防ぎ、価格の安定化を図る目的で「公開販売制」が開始された。

一方、第二次合理化計画は当初から実績が計画を上回るという事態が生じ、目標値は計画改訂の度に上方修正された。必要な設備投資は巨額となり、その充足のために日本開発銀行の低利資金が活用され、民間都市銀行による協調融資の呼び水としての役割を果たした。

この巨額の投資によって、高炉建設が臨海地帯の新規立地において重点的に推進され、鉄鋼業の能力と能率を大幅に向上した。労働生産性の向上は、1950〜58年に銑鉄で3.8倍、製鋼で2.6倍、普通圧延鋼材で3.1倍の上昇であった[24]。その結果、第二次合理化計画が一段落する61年には、銑鉄コストを例にとると、日本とアメリカ、西ドイツとの差異はほとんどなくなった。

以上のように、第二次合理化計画の実施によって日本鉄鋼業はアメリカ、ヨーロッパと比較しても遜色の無い生産設備を備え、コスト面でも国際競争力を持つ

20　鉄鋼業の合理化については、前掲『通商産業政策史』第6巻、第5章第3節参照。

21　前掲『貿易自由化と産業構造』103頁。

22　価格の変動係数の比較については、前掲『貿易自由化と産業構造』81頁参照。

23　川崎製鉄の高炉増設計画に対して通産省・日銀が資金上での特別の斡旋はできないといった具体的な対応策を打ち出したのは、このような政策スタンスが反映していた。

24　有沢広巳編『現代日本産業講座』第2巻、岩波書店、1959年、77頁。

ようになった。その間にあって、通産省は設備輸入、外資導入、鉄鉱石の海外開発などきめこまかい政策対応によって鉄鋼メーカーの投資行動を援助し、長期需給計画の策定を基礎に鉄鋼業の将来像を打ち出し、個別企業の利害に基づく多様性に富んだ諸計画に一定の方向性を与えた。特に、鉄源対策として鉄鉱石への転換と高炉、転炉の建設を積極的に進める方針を打ち出したことは、日本鉄鋼業の国際競争力を高めるうえで極めて効果的であった。

エネルギー産業の合理化

　経済復興の進展の中で、電力不足に象徴されるエネルギー供給の逼迫はぜひとも解決しなければならない重要な政策課題であった[25]。しかし、当初のエネルギー政策は、外貨制約から国内資源である石炭産業を重視する方針をとったことから紆余曲折を経ることになった。石油資源への転換は、重油がエネルギー源としての経済性、管理面で有利であったことに加えて、金属精錬などの多様な分野で製品品質の向上が見込まれた。従って、コスト引下げ・国際競争力の向上を目標としていた産業界にとって重油への転換に大きなメリットがあることが明らかになっていた。

　しかし、当初は重油輸入を産業合理化の観点から尊重していた通産省は、1953年に外貨の制約を考慮して合理化により高炭価問題を克服する方針へ転じた。それが重油消費規制と石炭鉱業合理化臨時措置法の制定という「炭主油従」政策であった。重油ボイラーの設置を制限して消費を抑制しつつ、5年間の限時法であった合理化法に基づく石炭鉱業の合理化計画・合理化目標が定められ、合理化工事資金が確保された。生産能率の向上によって競争力の改善が重要であったことは、重油などの輸入エネルギー源に対抗できることが、エネルギーの安定的かつ安価な供給には不可欠な条件だったからであった。

　この計画は中期的には目標を達成することはできず、再三にわたり改訂を余儀なくされることになった。そのため通産省は1959～60年にかけて石炭鉱業の合理化政策を徹底する方向を模索する一方で、エネルギー供給源を輸入原油へと転換することになった。

　この間、電力供給の不足のために通産省は電力使用制限と割当制を採用して需

25　前掲『通商産業政策史』第7巻、第8章参照。また、石炭政策については、丁振聲「高度経済成長期の石炭産業調整政策」『社会経済史学』72巻2号、2006年；佐脇紀代志「政策の長期継続に関する要因分析」東京大学先端公共政策研究会シリーズ、No.1、2007年も参照。

給調整を図りながら、日本開発銀行の重点的な低利資金融資によって開発資金を確保して電源開発を急いでいた。電源開発に関して重要なことは、それまでの水力中心の開発方針が行き詰まったことであった。すなわち、1950 年代前半の大容量貯水池式水力発電所による電源開発は、補償問題が深刻化したうえに大容量の水力発電所の適地が見出しにくくなっていた。そのため、九電力会社は、50 年代後半には火力開発に力点を置く「火主水従」の電源開発に転換した。この転換は、火力発電の燃料として適している輸入石油への依存度を高めるものであった。外貨制約から転換に消極的であった通産省も、50 年代末には経済性の観点から火主水従・油主炭従への転換を受け入れることになった[26]。

こうしたエネルギー供給構造の変化と合理化の進展は、電力不足の解消だけでなく、火力の熱効率の向上、電力損失率の減少、設備の自動化・機械化による生産性の向上などの合理化成果をあげた。

成熟産業の合理化

石炭産業と同様に産業発展の推進力を失いつつあった産業部門に肥料工業[27]と繊維工業があった。これらの産業部門の合理化には、それぞれ固有の問題があった。

繊維工業を例にとると[28]、戦後復興期には重要輸出産業として急成長が促され、活発な設備投資のもとで生産能力も激増し、生産の上位集中度が低下して市場構造も競争的になった。しかも、新設機械は在来のものに比べて高能率のものであったから、「新々紡」とよばれた戦後新規参入した後発紡績会社の競争力が強く、生産性も高かったために錘数の増加以上に実質的な生産力を増加させていた。しかし、1951 年下期からの海外需要の減少や朝鮮戦争ブームの終焉とともに、繊維工業は強い設備過剰圧力に直面した。そのため通産省は勧告操短を実施し、「適正稼働を確保するため今後の綿花輸入弗資金の割当に際し適当な措置をとる」と外貨割当制度の運用によって間接的に強制力を付与した。

この勧告操短の実効を期するための外貨割当は、この時期には製品の輸出実績

---

26 エネルギー革命については、橘川武郎『日本電力業発展のダイナミズム』名古屋大学出版会、2004 年および、小堀聡「エネルギー供給体制と需要構造」前掲武田晴人編『高度成長期の日本経済』参照。

27 山崎澄江「硫安産業」武田晴人編『戦後復興期の企業行動』有斐閣、2008 年参照。

28 渡邊純子「綿工業」武田晴人編同前参照。

40 | 第一部　高成長と経済政策

を加味して原料購入に要する外貨を割り当てることによって輸出振興策としても機能していた。しかし、この方法は、当面の国際収支対策としては輸出努力を引き出すうえでそれなりの貢献を示したが、その反面で紡績会社が原綿割当量の増大を目指して採算ラインを下回る安値での輸出契約を獲得するなどの事態を招き、日本からの安値綿布の集中豪雨型輸出が国際的な非難を呼ぶなどの弊害も大きく、輸出数量規制が必要となった。しかも、操短勧告では過剰設備の処理が進まなかったことから、1956年には繊維工業設備臨時措置法が制定され、過剰設備処理の強制措置や共同行為の独禁法適用除外などを含めた措置がとられることになった。しかし、この繊維工業に対する産業調整は、この産業では中小企業が多く、各地域の経済に占める枢要な地位のために、保守政権の選挙基盤との関係もあって徹底を欠くこととなり、このあとも長く続けられることになった。

石油化学工業の育成

高成長の源泉の一つは、高付加価値の新産業が重点的に育成されたことであった。その代表例が石油化学であり、自動車、電子工業であった。それらは、政策的な助成の重要な対象となった。

1950年代半ばに化学工業は有機化学中心への転換が石油化学工業の成長によって実現していった。この産業は激しい技術導入競争を伴って新規参入を図る企業が続出するなかで、新産業としての保護育成が図られた[29]。1955年7月に通産省は、生産能力の最低規模と化学工業製品の需給見通しに基づいて「石油化学工業の育成対策」を省議決定した。

第一期の企業化計画に対して、通産省は当初から国際競争力を持つ企業規模を想定しており、設備過剰をもたらさないよう国内需要に見合った企業化計画にすることと、外貨支払を伴う技術導入の許可に際して、確実性の高い技術を精選することが必要と考えていた。育成のための各種の保護的な措置が講じられるとしても、国際競争力を損なうような小規模の企業化は論外であった。貿易の自由化が世界の趨勢であり、経済の開放体制への移行によっても耐えうる競争力を持つことが、各社の計画に要請されていた。

しかし、石油化学工業の発展は通産省の危惧とは裏腹に急激なものであった。もちろんその急成長には、税制上の優遇措置、原油の特別割当などの種々の育成

29　前掲『通商産業政策史』第6巻、第5章第4節参照。

第1章　日本の高成長と産業政策　41

策が効果を発揮し、日本開発銀行の融資が市中金融機関融資の誘い水となるなど政策助成が貢献していた。その結果、石油化学製品の国産化による外貨節約額は57〜59年に累計1億300万ドルと推定され、価格の低下や品質の改善などを通して日本経済の成長に寄与した。

　石油化学工業の急成長はさらに新規参入計画を呼び起こすことになり、1959年からは「石油化学工業への殺到」と言われる現象が再び生じた。そのため、通産省は計画認可の新たな基準を打ち出す必要に迫られ、さらに拡張する投資計画に対する調整に追われることになった。ただし、こうした調整は、生産規模などの必要要件を満たすことを基準としていたから、現実には民間企業の投資意欲を抑制することはできなかった[30]。その反面で、企業側は一連の許認可のなかで通産省が過剰設備発生に警戒的であり、これに対して不況カルテル・合理化カルテルなどの措置をとってきた経験を睨みながら、この政府の態度をいわば「セーフティーネット」、つまり過剰化したときには政府による調整を期待して強気の計画を維持していた面があった。

機械工業と電子工業の育成

　機械工業は、組立加工部門も部品製造も共通した技術水準の低さや、その結果としての組込み部品の低品質、割高なコスト、不十分な企業蓄積からくる設備更新の遅れ・設備機械の老朽化が問題と考えられていた。機械の陳腐化、老朽化が著しい工作機械設備の改善のため、1952年度に工作機械輸入補助金が採用されたのはそのためであった[31]。

　このような措置が実施されるなかで、新鋭機械の導入が品質・性能・生産性の面で著しい改善効果があることも明らかになり、機械工業が抱える問題点を解決する施策が模索されることになった。その結果、1956年に機械工業振興臨時措置法が制定された。この法律は5年間の限時立法で、その目的を機械工業の合理

30　化学工業分野における投資調整では、合成ゴム事業の企業化計画でも試みられた。天然ゴム価格が上昇した1955年に石油化学方式による合成ゴムの国産化計画が提起され、これに対して通産省は合成ゴムの需要の将来性を考慮して過剰投資を避けるために1社による企業化を進めるという慎重な態度をとったことも同様の特徴をもった。しかし、国策会社案に対して、日本ゼオンは独自の企業化に熱意を燃やしたため、最終的には、同社の計画も認可された。ここでも、政策的な介入は限定的な範囲に止まった（同前）。

31　機械工業及び電子工業の振興政策については、前掲『通商産業政策史』第6巻、第5章第5節を参照。機振法については、尾高煌之助・松島茂編著『幻の産業政策機振法』日本経済新聞出版社、2013年がある。

42　第一部　高成長と経済政策

化促進におき、適用対象業種を定め、その特定機械の性能または品質・生産費などの合理化目標に沿って各種の助成措置を行い、また必要な資金を確保すること、共同行為の実施に関する指示を認めること、生産技術の向上のための基準を公表することなどを内容とするものであった。

詳細は第5章に譲るが、この機振法に基づく具体的な施策では、合理化基本計画による目標設定や設備投資に関する財政資金の投入などが積極的に実行され、多くの対象業種で生産コスト低下の目標が達成された。こうした成果から機械工業振興に関する法的措置は、時限を延長して実施されることになった。

電子工業では、ラジオ、テレビという民生用機器の生産が始まっていたが、将来有望と見られていたテレビの生産を例にとると、1952年度末現在で、生産を計画している企業も含めるとメーカーの数は60数社という膨大な数に達し、多数企業が乱立しながら小規模な生産を開始したばかりであった。しかも製品価格は勤労者世帯の平均月収の6倍に近い水準と極めて高く、産業としての発展への道はまだ険しかった。これに対して、電子工業振興臨時措置法が57年6月に公布され、電子工業振興基本計画に基づいて試験研究の促進、工業化の助成、合理化の推進など、事業分野の発展の程度に応じて対象を3種に分けて、試験研究段階の分野までを対象とする政策助成が実施された。

電子工業振興計画の目標値は、当時としてはかなり期待が込められたものであったが、1959年には36.1%も目標を超過達成して、計画期間を3年残して最終目標の78.1%が達成された。これを踏まえて、「電子計算機、工業計器等を中心とした産業用エレクトロニクス」を中心に据えた新たな政策が推進されたることになった。

3. 輸出振興と貿易為替管理の緩和

国際経済社会への復帰　GATT加盟問題

外貨制約に苛まれていた日本にとって輸出振興政策は最重点政策課題であり、各産業の合理化政策も国際競争力強化による輸入代替、輸出振興を意図するものであった。

こうした施策の前提として、日米通商関係の再建、GATTへの加入、そして

賠償問題の解決が課題となった[32]。アメリカとの通商航海条約の締結は他国との条約等のモデルとなると考えられたが、その交渉ではアメリカ側が「投資保護」を目的に内国民待遇を要求したことが争点となった。最終的には公益事業、造船業、航空輸送、水上運送、銀行の預金、信託業務、土地その他の天然資源の開発については内国民待遇が制限されたほか、導入外資の国内再投資や為替管理、輸出入制限などについて日本側の主張が取り入れられ、時限的に直接投資や為替取引についての制限的な措置が認められることになった。

1952年5月の独立直後にIMFへの加盟が認められた一方で、GATTへの加入は難航した。日本は最恵国待遇を供与され、原則として相手国の恣意的差別的な輸出入制限等を免れ得ることなど、GATT加入に大きな利益を見いだしていた。日本が国際経済社会の正式な一員として認められるという象徴的な意味以上にGATTへの加入は輸出拡大を課題としていた日本にとって是非とも実現しなければならないものであった。それは、第二次大戦前の日本の繊維製品のダンピング輸出に激しい反感をもつ英連邦諸国が対日貿易に対して警戒的であったことを背景としていた。正式加盟は55年9月となったが、それでも対日差別の撤廃にはつながらなかった。GATT第35条の規定を援用して、日本にGATT規定を適用することを拒否した国がイギリス、フランスなど14ヵ国あったからである。GATT加入の意義を減殺する対日差別を撤回させるための交渉が経済外交上の大きな課題となり、秩序ある輸出を実現することで解決が図られた。

この輸出秩序の確立のために、業者の自主的努力によって輸出組合を組織し、国内業界の輸出取引秩序を確立し長期的な視野にたって輸出の振興を図ることとなり、すでにふれたように1952年8月に独占禁止法等の適用を除外する輸出取引法が制定された。同法は、通産大臣の認可を受けて、輸出取引における価格、品質その他の取引条件又は数量について協定を認めるものであった。さらに、1953年には新たに輸入取引についても一定の条件の下に共同行為を認める改正法が成立し、その名称も「輸出入取引法」と改められた。この輸出入取引法は、輸出業者間だけでなく生産業者・販売業者を含めた共同行為を認めるように適用範囲を拡張した[33]。しかし、この改正によっても輸出関係協定数はわずか4件認められたに過ぎなかったため、その後も55年、57年と数次の改正が重ねられ、その結果、輸出入取引法に基づく協定数は飛躍的に増加して65年には200件にも達し、

32　前掲『通商産業政策』第6巻、第4章参照。

44　第一部　高成長と経済政策

独禁法適用除外カルテルの中でも、「中小企業団体の組織に関する法律」に基づくものに次いで多い分野となった。

外国為替管理の整備

外国為替及び外国貿易管理法を基礎に、外貨準備の不充分さと国際金融状勢の不安定さによって厳しい為替管理が行われていた。しかし、西欧の通貨の交換性が次第に回復され、日本の外貨準備も改善されるにつれて、厳格な為替集中制度による管理は順次緩和の方向へ向った。こうして1950年代末には、為替の集中管理に基づく独立直後の外国為替制度は、貿易為替の自由化という世界的な趨勢に対応して改革されていった。

この間、輸入貿易の管理は広範かつ厳格なものであった。具体的には通貨群別に外国為替予算が作成され、これに従って輸入が承認された。外貨資金割当制は、産業発展に必要な行政的な指導を外貨割当、輸入承認を通して実現する手段を通産省に与えた。これが国内産業に対する調整的な介入、産業政策の重要な手段となっていた。

しかし、輸入規制は1954年下期から外貨資金自動割当制が新設されることで大きく緩和された。この結果、自動承認制及び自動割当制の予算規模は、60年下期には1,550百万ドルとなり、貿易の自由化率は44％に上昇した。このような推移は、外国為替管理が極めて重要な政策手段であったと同時に、それが世界貿易への対等な参画を目標とする限り、経過的な措置（時限付保護措置）であり、いずれは自由化の方向に向かうべきものであるとの認識が共有されていたことを基盤としていた。

33　この間、1954年度予算編成に絡んで吉田首相の指示のもとに通産省は年間20億ドルの輸出計画を立案し、その具体化のために政府は輸出振興実施機関として内閣に輸出会議（最高輸出会議）を設置した。また、輸出振興策としては日本貿易振興会（JETRO）の設立による市場開拓や、プラント輸出の振興や輸出保険制度の拡充、輸出品検査制度及び輸出デザイン（1959年）法の制定が実現をみた。このうちデザイン法は、輸出品デザインの模倣を防止し、輸出貿易の健全な発達を図ることを目的とするものであった。このほか、日本輸出入銀行（1950年設立）は、プラント輸出などの長期の輸出金融を担い、法改正を伴いながら52年には輸入金融にも業務を拡大するとともに、1950年代後半には、アラスカ・パルプ、ミナス製鉄所あるいはビルマの肥料工場などの大規模投資の具体化に貢献することになった（同前）。

4. 政策基調と政策手段の変化

通商産業政策の重点変化と政策手段の間接化

占領政策を見直しながら、特需抜きの経済自立へのスタートをきってから、わずか7年ほどで日本経済は世界的な貿易自由化の趨勢に対応して開放体制への移行をみずからの目標にするまでに変貌をとげた。1960年に貿易為替自由化計画大綱が閣議決定されることとなり、開放体制への移行は、予想をはるかにこえた高成長によって現実化した。そのため通産政策の目標も徐々に変化し、当初の基幹産業の合理化・国際競争力の重視から、新産業の育成や産業基盤の充実、あるいは経済協力の推進などの新しい問題を取り込み、政策対象となる分野を次第に広げていった。産業公害対策や消費者行政への取り組みの開始などが、こうした新しい課題を象徴していた。

このような目標の変化は、政策手段にも微妙な変化をもたらした。例えば、企業の合理化について、従来のような直接的な合理化投資資金の融資や計画化という方法ではなく、間接的な助成に力点を置いた施策が強調されることになった[34]。具体的には、①工鉱業技術の振興、②工鉱業地帯の整備拡充、③生産性向上運動の展開、④企業の資本蓄積促進と社債市場の育成、金融機関経営の合理化等による金利の引下、などであった。同様の傾向は、貿易通商面でもみられ、貿易為替の自由化に対応して振興政策の手段を金融面などの間接的な手法に変えざるをえないと認識するようになった。

1960年の所得倍増計画では、個別の産業部門に対する政策介入ではなく、産業発展に必要なインフラの整備に政策の重点、財源配分の重点を置くことが鮮明になった[35]。このような転換をより明確に認識させた契機は、1950年代後半に景気過熱による経済的な隘路が問題化し、鉄道などの輸送力不足が顕在化したからであった。工業用水の不足、産業用港湾の未整備なども問題とされた。それらは、活発な設備投資の結果であったが、民間投資では充足できなかった。

1950年代後半に高成長がスタートすると、外貨制約は残っていたとはいえ、

34　前掲『通商産業政策史』第5巻、第1章、第3節参照。
35　武田晴人『所得倍増計画を読み解く』日本経済評論社、2014年参照。

経済成長の原動力が設備の近代化・合理化に向けての企業の投資意欲であり、急拡大を見せる国内需要にあることが明白となった。この投資に必要な投資財の供給がボトルネックにぶつかり、鉄鋼価格の上昇を介して機械製品の価格の急騰をもたらした。こうした事態から知られる限り、ボトルネックを除去し企業の積極的な投資を可能とするような経済環境を整備することによって、設備の近代化・合理化を促しコストを引下げて輸出拡大にも貢献し得るような産業の競争力を培養することも可能であり、十分考慮に値するものであった。つまり、輸出拡大を目標に政策の体系化を図るのではなく、産業の合理化を実現しうる環境を作り出すことによって、結果的に輸出拡大を可能とするという投資主導の経済成長が考えられるようになりつつあった。

このような変化は、その大枠においては、国際収支の制約という条件の下で、日本の経済成長を実現していくためには、その制約条件の解除こそ重要であるという限りで同質のものであったが、独立当初の政策が輸出第一主義と評されたのに対して、投資主導型の成長政策への転換の条件が成熟しつつあったという点で注目に値するものだった。こうして広い意味での産業基盤整備政策の必要性を認識させ、陸運・港湾能力などの輸送力の増強、工業用水、工業立地等についての施策が推進されることになった。

こうして1956年の工業用水法、58年の工業用水道事業法、59年の工業立地法（61年改正）、特定港湾施設整備特別法、61年の低開発地域工業開発法、62年の新産業都市建設促進法などが次々と制定され、産業の基盤整備が進められた。とくに新産業都市建設などの大規模な工業開発拠点の建設は、結果的には太平洋ベルト地帯とよばれる広域の工業地域の形成を促し、臨海地区の大規模な工業立地を可能にするものであった。

誘導的行政論の登場

こうした変化に関連して、通産政策の見直しが通産省内では着手されていた。1959年度予算編成に向けて作成された「政策遂行の基本理念」という文書では、「資本主義のメカニズムを生かした"誘導"的行政」という考え方が提示された[36]。すなわち、「内外の経済状勢から示唆される政策的課題は、自由主義、資本主義を基調とする産業経済の動向に対して、その自動的な発展を政策がいかに有効に

---

36 前掲『通商産業政策史』第5巻、第1章、第3節参照。

助長し、その生産過剰というような構造的矛盾を政策がいかに適切に解消してゆくかということに尽きるように思われる。言いかえれば、行政がどのように産業なり経済なりを誘導してゆくかという課題が与えられているのであって、外に貿易の自由化の潮流があり、内に産業界の自主調整というようなことが叫ばれている現在において、政策遂行の基本的理念は、このような資本主義のメカニズムを生かした「誘導」的行政という言葉の中に集約されていると言えよう」との主張であった。成長のための方策としては、「資本主義発展のメカニズムを生かした形において漸新な誘導行政が展開」さるべきだと主張するものであり、政府の役割としては「技術面に於て各産業の先端をいく産業部門あるいは広範な関連需要の喚起に有力な産業部門を戦略的部門として選択し、これに関連産業発展のための先導的役割を現しめる」という方策が提示されていた。

　貿易為替の自由化への対応が課題となる一方で、経済界は適用除外立法などで政府の権限が強まることには警戒的で、「政府からの自由」を求めるようになっていた。"誘導"的行政という立場は、こうした批判的な空気に対応したものであった。貿易為替の自由化の進展は通産政策の手段として枢要の位置を占めてきた外資、外貨管理を無力化させるものであった。従って、自由化の進展は、通産行政にこれに代る新しい政策手法を要請していた。ここに"誘導"的行政という立場が提唱される根拠の1つがあった。この場合、その基本理念が「資本主義のメカニズムを生かす」ことを重視していることは、それだけ日本の産業企業の成長への期待と信頼とが芽生え、「通商や産業に対する現行の規制が安易な産業保護に堕していないかどうか再検討し、その規制の自由化が、長期的観点よりする本質的な意味での産業の振興に役立つのではないかということを、この際真剣に検討すべきである」という通産省の新しい考え方を象徴していた。こうして政策的な関与が広範囲に及ぶ産業政策の時代は、ゆっくりとだが確実に方向転換を遂げていくことになった。

新しい政策課題の登場

　産業基盤の整備に加えて、その後、より広い視野で政策課題が認識されていくようになっていった。1957年の経済白書が二重構造問題を提起したのもその例であり、その結果、通産政策のなかで中小企業政策の重要性が一段と増した。しかし、それ以上に重要な点は、これまでにない全く新しい課題が登場したことであった。

例えば、1957年には産業基盤整備に関連して、工業用水などの産業立地政策とともに、「工業排水による水質汚濁が種々の障害を生じている」ことが指摘され、工場廃水問題を焦点として産業公害対策が通産政策の課題として指摘されるようになった。その結果、58年には工場排水等規制法が制定された。このことは、高度成長期に顕在化していく公害問題への対応策の検討の開始を示し、新しい政策課題が経済発展とともに登場してきたことを表現していた。この面では、さらに62年にはばい煙の排出の規制に関する法律が制定され、公害問題への取り組みが次第に拡張されることになった。

消費者行政の検討が始められたことも新しい課題への対応を示していた。1957年に通産省企業局は58年度の重要施策の1つとして、「従来の産業行政においては、生産面からの施策に重点がおかれ、消費乃至需要の面からの施策については比較的軽視されているので、この際、産業合理化の一環として、消費経済の改善合理化を推進することとし、このため消費者行政推進のための体制を整備するとともに、消費者のための商品検査機関の設立、品質表示制度の拡大等の措置を講ずる」と消費・需要面からの施策の実施を提唱した。これまでの「行政はややもすると生産業者の立場からの観点が強く作用してきたことは否定できない」と自省し、「経済の復興過程においてはそれも又相当の理由があったと」はいえ、「作れば売れる時代から売れるものを作るという方向に転じつつある今日、経済の発展のためには消費乃至需要面に対する配慮を欠くことはできない」、そして「消費の内容を高めることが産業構造を高度化し、そして輸出振興をもたらすものであると考えられる」と、新しい課題への取組みに意欲をみせていた[37]。

もちろん、公害問題についての通産省の姿勢は、政府部内では「産業発展と公害規制との調和」を主張するという点で産業寄りのスタンスをとっていたが、これに対して国民の健康維持に関心を払う厚生省の取り組みや公害反対住民運動によって昂じる政治的圧力が強まった。そうした中で通商産業政策は産業の利益を第一とするスタンスは変わらなかったが、産業発展の新しい課題への対処策を模索するようになったことは注目すべき変化であった。

37　前掲『通商産業政策史』第5巻、第1章、第3節9項を参照。

第1章　日本の高成長と産業政策　49

5 産業政策の効果

重化学工業化の進展

　次に経済政策・産業政策の効果をまず経済構造の変化に焦点を当てて、産業構造の重化学工業化、貿易構造の高度化、企業間競争のあり方から確認しておこう。

　経済発展をもたらした産業構造の変化は、戦前の繊維工業中心の産業貿易構造を再建することではなく、機械、金属など重工業製品の競争力強化によって切り開かれた。そのために企業の合理化、競争力強化のための技術導入が促され、高炭価などエネルギー供給の不安や外国資源の輸入依存に対処するために、豊富な労働力を背景にしながら資源節約的な設備投資が活発化した。このような設備投資主導型の経済成長は、当然のことながら投資財生産の拡大をもたらし、重化学工業の発展を通して先進国型の産業構造を定着させていった。産業別国内純生産の構成比でみると、農林水産業の比重は、1950年の26.0%から60年には14.9%に低下し、製造業を中心とする鉱工業の比重が急増した。製造業の内部では、機械工業の急成長によって重工業部門のウエートが高まり、繊維・食品などが相対的に低下した。すなわち、重化学工業の比率は、出荷額ベースで55年の42%台から60年には55%前後に上昇し、反対に繊維産業は50年の23.2%から60年に12.3%と急減し、60年ころには日本は先進国と同質の産業構造を備えるようになっていった[38]。

　このような産業構造の変化は、産業間の不均衡な発展に基づいていた。とくに1955〜60年には機械工業の拡大のテンポが著しく、5年間に約4倍の伸び率を示し、製造工業全体の2.3倍強を大きく上回った。それだけでなくこの時期には、綿や石炭などの成熟産業化した部門が存在する一方、家電製品や自動車のような急速な成長を示す新部門も登場するなど産業間の差異も目立っていた。こうした産業構造の変化が、低生産性部門から高生産性部門へ、あるいは加工度や付加価値生産性の低い分野から高い分野への重心の移動によって実現された結果、日本経済全体の生産性が上昇し、高度成長が実現した。

　それは、産業の近代化・合理化をめざす技術革新投資が、「投資が投資を呼ぶ」

38　前掲『貿易自由化と産業構造』10頁。

かたちで鉄鋼・機械など投資財生産部門の発展を刺激し、しかも、合成繊維(1953年4月)・合成樹脂（55年6月）・石油化学（55年7月）・合成ゴム（59年7月）などの育成策や、機械工業振興臨時措置法（56年6月）、国民車育成要綱案（55年5月）などを通して新興産業の発展が政策面から促進された結果であった。また、労働力の供給が豊富で、産業構造の変化に対して雇用面での転換が比較的順調に進んだこともこの発展を支えた。実質賃金は上昇傾向にあったが、近代化による生産性上昇が重化学工業部門で高かったために、労働力市場の変化は経済成長の制約要因とはならなかった。さらに新興重化学工業の発展には、家電・乗用車などを典型とする耐久消費財の需要増大が寄与した点も大きく、この時期の終りごろからは、「消費革命」といわれるような経済の新しい条件が経済成長と経済構造の変化に重要な役割を果すようになっていった。

貿易構造の高度化

　貿易面では輸出入とも急増して、1959年には52年の2.1倍を超える水準に達し、世界貿易に占める日本の輸出シェアは53年の1.5% から60年には3.6% に上昇した。輸出の伸長は、機械機器類を中心とする重工業品の増加によってもたらされた。輸出品中の重化学工業品比率は、53年の29.5% から60年には43.5%へと上昇した。品目別でみると、55年には第1位であった綿織物は、58年には船舶にその座を譲り、同様に重要輸出品であった鉄鋼の輸出構成比はむしろ低下した。また、機械機器類も55年に船舶・ミシン・繊維機械・鉄道車両・双眼鏡の上位5品目で機械類の78% を占めていたが、60年には船舶・ラジオ・オートバイ・乗用自動車・テレビの上位5品目で48% を占めるにすぎなくなった。このように鉄鋼・船舶などにかたよっていた重工業品輸出は、機械類の躍進によって多様化していった。機械工業の急成長はこの輸出拡大によっても支えられていた。

　輸出貿易の変化をもたらした要因は、重化学工業製品の国際競争力が著しく強化されたからであった。これに対して、綿織物などでは生産性の上昇が小さく、賃金コストが漸増する傾向にあったため国際競争力が低下し、また発展途上国の進出もあって、輸出の拡大は鈍化する傾向にあった。

　しかし、輸出面での限界もまだ十分に克服されてはいなかった。貿易構造の重化学工業化は、まだ先進欧米諸国の水準に立ち遅れており、また、国内産業構造の重化学工業化とのギャップも依然として存在した。1958年を基準とすると日

本の輸出構成の重化学工業化率は 39.5％ で、アメリカの 51.3％、西ドイツの 75.8％、イギリスの 63.0％ と大きく下回っていた[39]。

企業間競争の展開

産業・貿易構造の以上のような変化をもたらした主役は、強い成長志向を保って激しい競争を続ける企業であった。戦後の経済民主化のなかで一段と若返った経営陣のもとで、激しい労働争議を乗り切った有力な企業は、1955 年ころに定着する春闘方式の賃上げ交渉や労働運動の展開に対応しながら、旺盛な投資による拡張に意欲的であった。生産を拡大し、売上げを増大させるために新しい分野への進出がたえず計画され、実行された。

成長し拡大する経済のなかで、立ち止まることはそのまま自らの地位の低下を意味していたから、遅れないためには、他社よりも一歩でも先に行く計画を立てる必要があった[40]。新興産業が登場するなどビジネスチャンスは確実に広がっていたから、そうした分野に新規参入し経営の多角化をはかることにも意欲的であった。大規模な合理化計画案や設備投資主導の成長は、このような企業行動の結果であった。

それは財閥解体によって作りだされた競争的な市場に企業が積極的に対応したことを意味していた[41]。1950 年代前半には、政府金融機関などの長期資金供給は、電力・鉄鋼・石炭などの重点産業に集中的に投資されていたために、一般民間企業では設備投資資金の調達に困難が伴ったが、55 年以降になると貯蓄率の上昇に伴う銀行預金の増加などを背景に民間銀行の融資態度が積極化し、メインバンクシステムと呼ばれる企業金融体制のもとで、都市銀行間の協調融資によって設備資金が供給されるようになった。

こうした金融システムと重なりあうようにして、この時期には戦前の三大財閥系の企業が株式の持ち合いを進め、あるいは役員の派遣を通してそれぞれ企業集団を形成していった[42]。旧三大財閥系の集団化が先行して進む一方で、第一銀行、

---

39 前掲『貿易自由化と産業構造』19 頁。

40 例えば鉄鋼メーカー間で他社が独占する特殊品種に乗り出す「独占品種のつぶし合い」が発生した（中村隆英『日本経済 その成長と構造 第 3 版』東京大学出版会、1992 年、177 頁）。

41 集中排除措置前後の競争構造の変化については過大評価を避けなければならない。この点については、武田晴人「競争構造」前掲武田晴人編『日本経済の戦後復興』参照。

42 企業集団については、橋本寿朗・武田晴人編『日本経済の発展と企業集団』東京大学出版会、1992 年参照。

三和銀行、富士銀行を中核とする企業集団も徐々に結集力を強め、1960年代後半の資本自由化が目前に迫った時期には集団としての存在感を明確化した。その結果、各産業における寡占間の競争の激化とは対照的に、全体としての資本集中度は上位100社の資本金を基準とすると、1953年の32.1％から64年には39.4％と早いテンポで高まっていった[43]。企業集団の中核に位置した巨大企業の経済全体への影響力は一貫して増大し、大企業体制の足場が固まり、経営体制の安定は積極的な企業行動を促すものとなった。

中間財の価格低下

　激しい企業間競争は、政策的な関与によって促されながら、産業の国際競争力を高めていくことになった。この点を次に検証しておこう。

　機械工業振興臨時措置法や電子工業振興臨時措置法などによる技術向上・合理化の推進、鉄鋼業の合理化計画やエネルギー源の転換、新産業の育成などの総合的な成果は、すでにふれた産業構造や貿易構造の高度化に表現されている。もちろん、そのすべてが政策的な関与の効果ということはできない。国際競争力の強化の源泉は、各企業が生産の現場においてコストを削減するための努力を惜しまず、技術を導入して生産性を高め、資源のロスなどを抑制するなどの工夫を重ねてきたからであった。

　すでに個別的な政策課題への措置に関連して可能な限り言及したように、設備の近代化・合理化は、生産性の向上、品質の改善、価格の低下などの成果を生んだ。それらは設備資金への助成措置、合理化設備に対する租税特別措置などによって促されたことも疑いないところであろう。例えば、機械工業振興臨時措置法は、対象品目の品質の向上（互換性の向上を含む）、価格の低下によって完成機械製品の国際競争力の強化に貢献した[44]。こうしたコストの低下は、自動車工業の自立のみならず国際競争力の強化に寄与した。それは自動車だけでなく他の完成品機械の価格競争力を改善させたと推定できる。

　こうした事実を踏まえながら、高成長の実現が組立機械工業の発展に牽引されたことを考慮して、産業政策が機械生産を中心とした産業発展にどのように貢献

43　中村秀一郎・杉岡碩夫・竹中一雄『日本産業と寡占体制』新評論、1966年、14頁。

44　国立国会図書館調査立法考査局『わが国自動車工業の史的展開』、1978年、212頁。同様の推計は、尾高・松島編著、前掲書85頁のグラフ、さらには前掲『日本開発銀行史』186頁などに記述されている。

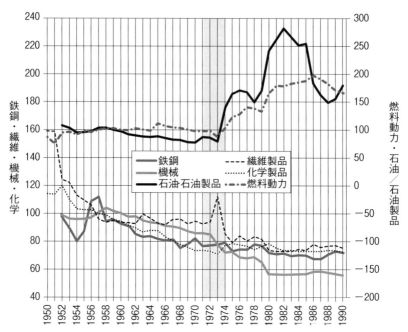

図1 相対価格指数の変化 各年度卸売物価平均価格比
資料：『本邦経済統計』各年所載の産業別の物価指数を基礎として産業別の卸売物価指数（1955-60年＝100）を算出し、総合指数を基準に各分野別の相対価格指数系列に転換した。

したのかを検証してみよう。言うまでもないことだが、上述のような部品価格の低下は、機械工業に対する合理化計画などの直接的な政策措置にすべてを帰することは適切ではない。産業政策が鉄鋼やエネルギーなどの豊富で低廉な供給を目指して展開されたことは、鉄鋼を主たる素材として加工する機械工業部門にとってコスト面で貢献したことも見逃すべきではないからである。具体的には造船用鋼材供給、自動車用薄板供給などでは、長期の相対取引を前提としながら、安定的に高品質の素材が低価格で供給され続けた[45]。

この点は、産業別の製品価格指数の推移からも確認することができる。卸売物価の総合指数の推移を基準に各産業部門の製品価格指数を相対価格指数として図

45　金容度「鉄鋼業」、韓載香「自動車工業」による。いずれも前掲武田晴人編『高度成長期の日本経済』所収。

1に示した[46]。基準となっている卸売物価の動向は、1970年代初めまできわめて安定的で、1952〜72年に97.2から113.4までわずか15ポイントの上昇にとどまっており、卸売物価の安定が高成長の基盤にあったことが確認できる。この推移を基準に見ると、電力料金で代表される「燃料動力」の価格推移は、第一次石油危機を契機に上昇に転じるとはいえ、それまでほぼ卸売物価の水準に従い、相対価格指数は100前後を推移していた。大規模な電源設備の建設による償却負担の増加にもかかわらず、エネルギー価格の上昇が抑制されていたとみることができよう[47]。

　これ以上の成果が見られたのが素材価格であった。鉄鋼価格は高成長期を通して（スエズ動乱の影響があった1957年前後を除き）低下傾向にあり、機械価格の低下テンポよりも10ポイント程度下回り続けた。同じくプラスチックなどの素材を提供した化学工業の製品も低水準を記録し続けた。石油・石油製品を含めて鉄鋼・化学製品などの素材の相対価格指数は、1950年代後半の平均に比べて20ポイントほど低下していた。これらの分野では鉄鋼合理化計画や石油化学工業育成計画などに先導されて、大型高炉や石油コンビナートなどの大規模設備・装置建設が実現し、規模の経済性を発揮して各部門が輸出産業へと成長を遂げるとともに、それらを原材料とする産業発展を可能にする条件が作り出された。前述の機振法による主要部品のコスト低下が1960〜65年に30%ほどであったことと対比すると、同じ期間の鉄鋼卸売価格の低下率はおおよそ10%であった[48]。従って、鋼材を主原料とする部品については、コスト低下の3分の1程度が材料価格の低下によって説明できる可能性があることが示唆されている。基礎資材価格の低下をもたらした産業政策の効果はこのような形で機械生産にも影響を与えた。

　これに対して機械の相対価格は、鉄鋼などに比べると相対的に高い水準を維持しながらも低下し続けていた。原材料価格や購入部品価格の低下に比べて機械価格が相対的に割高の水準を維持しながら低下したことは、この時期の機械生産に

46　データは、日本銀行調査局『本邦経済統計』および『経済統計年報』による。

47　電力料金の水準が維持されたことの基盤には、図1の石油・石油製品価格が下落していることからもわかるように、輸入原油の価格が国際石油市場における傾向的下落に規定されて安価となったことに加えて、大型石油タンカーの建造などによる輸送コストの低下によって日本着価格が引き下げられたことなどが大きな意味を持ったこともあった。この点については、小堀聡「エネルギー供給体制と需要構造」、祖父江利衛「造船業」（ともに前掲武田晴人編『高度成長期の日本経済』所収）を参照されたい。

48　前掲日本銀行調査局『本邦経済統計』所載の鉄鋼の卸売価格指数推移から算出。

第1章　日本の高成長と産業政策　55

おける組立加工部門の生産性上昇などに素材生産とは異なる制約があったことを示唆する。なお付言すれば、その後の推移において特徴的なのは、素材価格が石油危機を挟んだ1980年代に下げ止まったのに対して、機械の相対価格はさらに一段の低下を記録したことであった。

　このような価格の動向は、産業間の利益率の大きな格差が存在しない限り、それぞれの産業におけるコストの動向を反映していた。一貫して相対的に安価な水準を記録した素材の供給条件が機械などの完成品の生産にとってコスト面で有利に働いたのは、そうした成果があったからである。機械工業化の進展は、このように基礎素材を供給する部門の合理化＝コスト低下の成果を、部品価格の低下を通して間接的に、材料購入を介して直接的に、分与されることによって可能となったというべきであり、基盤的な産業部門で展開した産業政策の複合的な効果による成果であった。

機械工業における生産性の上昇

　もちろん、素材価格の低下だけが機械工業の競争力の源泉ではない。機械工業振興臨時措置法による合理化の効果として見出されているように、機械工業における生産性の上昇にも注目すべきであろう。しかし、機振法が対象としたのが主として部品工業であったことを考慮すると、それが自動車などの完成品メーカーの競争力の強化にどのようにつながるかは、それ自体として解明すべき論点となる。これまでの研究では、部品の品質向上や価格低下は、当然のことのように完成品価格に移転されてコスト低下に結びついたと想定されてきた。そのことは誤りではないが、しかし、正確な把握ではない。

　日本開発銀行（日本政策投資銀行）の調査によって[49]、製造業における有力大企業の付加価値生産性の推移などを示すと、図2のようになる。付加価値生産性（従業員一人あたり付加価値額の名目値）は多少の曲折を伴いながら堅調な増加を続けている。実数で見ると、1960年の110万円／人・年から70年には296万円となり、その後1980年に804万円、1990年に1210万円となった。この間、1960～70年の高成長期に付加価値に占める人件費比率（労働分配率）が40％強の水準で安定していたことは、この間の生産性の上昇が、60年代後半には年率で10％をこ

49　日本政策投資銀行編『"財務データ"でみる産業の40年―1960年度～2000年度』2002年による。集計対象となっている企業数は、1960年代が566社、1970年代が1328社、1980年代が1508社である。

56　第一部　高成長と経済政策

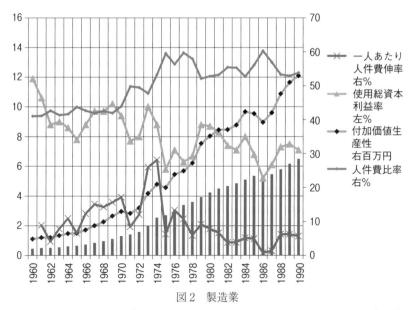

図 2　製造業

資料：日本政策投資銀行『財務データでみる産業の 40 年』2002 年より作成。各数値は原統計の定義によるが、「付加価値」は、営業利益＋人件費＋賃借料＋（製造原価及び販売費一般管理費中の）租税公課＋特許使用料＋減価償却費の合計値。「付加価値生産性」は従業員一人あたりの名目値。「人件費比率」は付加価値に占める人件費比率。

えるようになった一人あたり人件費の増加を吸収し、労働コストの上昇を抑制していたことを明らかにしている。こうした動向の意味は、1970 年代には石油危機とそれに先行した賃金の大幅な引き上げの結果として労働分配率が上昇し、使用総資本利益率が大きく低下することで様変わりしたことと対比すると明瞭であろう。そして、その後 1980 年代に賃金上昇が抑制されるようになっても 1970 年代前半に生じた労働分配率の上昇は不可逆的な変化として定着した。

さて、このような製造業の一般的な動向に対して、機械工業の代表的な存在としての自動車工業（完成品メーカー 9〜10 社）でも（図 3）、比較的順調な付加価値生産性の上昇が見出される。その推移は、1960 年の 161 万円／人・年から 70 年には 319 万円となり、その後 1980 年に 864 万円、1990 年に 1266 万円となった。製造業全体に比べればやや高い水準の実数であるが、期間中の増加比率を見ると、1960〜70 年には製造業 2.69 倍に対して自動車 1.98 倍、1970〜80 年にはそれぞれ 2.71 倍と 2.70 倍、1980–90 年 1.50 倍、1.46 倍であった。従って、自動車メーカー

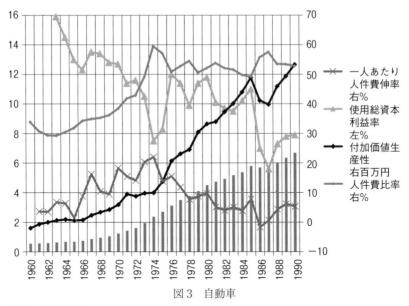

図3　自動車

資料：図2に同じ。

（アッセンブラー）において際だって高い生産性の上昇が見られたわけではなく、1960年代には自動車の加工組立部門の生産性の上昇は製造業の平均水準に比べても大きく劣っていた。機械価格の低下幅が素材価格の低下幅より小さかったのはこのような事情を反映していたと考えられる。

　生産性の上昇率の低さを反映して、自動車メーカーでは60年代後半から労働分配率の上昇が明確化し、それと対照的に利益率が低下した。データは省略するが同様の労働分配率の上昇は、電気機械部門の大企業のデータにおいて、人件費比率が1960年の40.3％から70年には49.0％に上昇したことからも確認することができる[50]。機械生産では加工組立部門の生産性の上昇に限界があり、そのために生産の拡大にはより多くの追加的労働力投入を必要としていた。雇用吸収力の高さは機械工業のこのような特質に基づいていた。

　この特徴は、韓載香が主としてトヨタを対象として分析した自動車工業の研究によってすでに指摘されているところと整合的である[51]。韓の研究によれば、高

50　電気機械工業については、前掲武田晴人「日本の産業発展—高度成長期を中心に」（近刊）で明らかにしている。

成長期の自動車工業では、生産性の上昇は賃金水準の引き上げによって相殺され、労働コストの削減にはつながりにくかったことが明らかにされている。それは喧伝されているトヨタ生産方式における加工組立生産における生産性向上のための不断の努力が、それだけ大きな課題であったことを示している。と同時に、韓の研究が指摘しているように、自動車の軽量化などによる材料の節約、ジャストインタイム（JIT）・システムによる部品在庫の節約がコスト削減策として重要な意義を持った。後者について付言すると、鋼材、ガラス、タイヤなどの材料は、一般的には大手供給者との長期の相対取引関係によって提供され、その価格の低下とともに原材料在庫額の圧縮につながったが、量的削減には限界があった。これに対して、部品等については、JIT によってアッセンブラーが保有する在庫量が圧縮されることによって資金コストを低下させる重要な要素となった。これらは企業の自発的な取り組みによるものであったとはいえ、品質が向上し互換性が保証されるようになった部品生産の改善がこのような JIT を実現する基礎的な条件であった[52]。

　機振法が対象とした部品生産企業と完成品生産との差異は、その代表的な企業の財務状態からも知ることができる。表1はデータに不連続な点があるなど厳密な比較が可能なものではないが、両者の差異を知る手がかりを得ることはできる。同表によると、完成品メーカーと部品生産企業の財務状態では、第1に自己資本比率においては両者に差異は認められないものの、固定資産比率においては完成品メーカーが 10% ポイントほど低かった。従って、完成品メーカーでは自己資本で固定資産をほぼカバーできていたのに対して、部品メーカーではギャップが生じていた。第2に、資金運用（調達と使途）では、資金の使途は8割以上が「有形固定資本」に向けたものであり、この点では同水準であったが、調達との関係では異なっていた。すなわち、長期資金として利用可能な調達資金のうち、多額の減価償却を基礎とする内部留保が完成品メーカーでは有形固定資本投資と同水準にあり、増資や社債及び借入金で調達された資金の相当部分が運転資金に充当

51　韓載香前掲「自動車工業」を参照。なお自動車工業の産業発展については、あわせて武田晴人「自動車工業」武田晴人編『日本産業発展のダイナミズム』東京大学出版会、1994 年も参照。

52　品質の高い部品の安定供給が保証されるような部品生産企業の成長がなくしては、部品在庫の極小化をもたらす JIT の実行は難しかったことを考慮すれば、機振法の政策効果の意義はより明確になるだろう。それに加えて高い互換性が保証されるような部品供給が組立作業を相対的に簡明なものとし、いわゆる「幅の広い熟練」や柔軟な生産体制の構築を目指す「トヨタ生産方式」の基盤にも不可欠であったことも明らかであろう。

第 1 章　日本の高成長と産業政策　59

表1　自動車工業における主要財務指標　　　　　　　（単位　％）

自動車工業（完成品）	10 社			10 社		
	1957–59	1960–62	1963–65	1963–65	1966–68	1969–72
固定資産比率	26.9	32.5	31.9	31.9	35.4	37.5
自己資本比率	28.6	32.4	31.0	30.9	28.9	28.1
資金調達	144.7	129.1	142.7	146.5	115.1	112.3
内部資金	72.5	65.4	86.1	79.8	78.6	94.0
うち減価償却	39.6	33.1	46.9	61.8	49.1	60.5
増資	31.2	36.0	16.8	17.2	1.6	2.9
社債借入金	41.0	27.8	39.9	45.1	34.6	14.8
その他固定資産				4.4	0.3	0.6
資金使途	100.0	100.0	100.0	100.0	100.0	100.0
有形固定資本	85.9	83.0	80.2	78.9	84.2	75.9
投資	12.6	16.1	18.1	20.0	14.7	22.8
無形固定資産・繰延資産	1.5	0.9	1.6	1.1	1.2	1.2
運転資金増減	44.7	29.1	43.2	46.5	15.3	12.3
社債・長期借入金返済				30.4	45.7	41.9

自動車部品工業	9 社			43 社		
	1957–59	1960–62	1963–65	1963–65	1966–68	1969–72
固定資産比率	41.8	48.4	49.8	41.1	42.4	43.6
自己資本比率	37.1	32.6	31.1	31.2	28.1	25.2
資金調達	99.7	109.1	109.8	125.9	100.6	107.5
内部資金	53.7	59.7	73.0	72.4	73.1	84.4
うち減価償却	29.9	36.5	44.4	49.2	46.6	54.1
増資	27.2	22.2	12.9	21.6	4.0	5.7
社債借入金	18.8	27.3	23.9	31.5	23.4	17.0
その他固定資産				0.4	0.0	0.4
資金使途	100.0	100.0	100.0	100.0	100.0	100.0
有形固定資本	85.3	82.4	92.8	85.8	88.6	84.1
投資	11.6	16.1	6.5	12.6	10.6	15.1
無形固定資産・繰延資産	3.1	1.5	0.7	1.6	0.8	0.8
運転資金増減	△ 0.3	9.5	9.8	26.0	0.6	7.4
社債・長期借入金返済				44.9	39.0	39.9

出典：日本開発銀行設備投資研究所編『主要産業経営指標便覧』昭和 32-41 年度、同『経営指標ハンドブック（産業別編）』1973 年版より計算方法を統一して作成。それぞれの最下段にある「社債・長期借入金返済」は 1963 年以降に表示されているに過ぎないために、それ以前と合わせるために、後半期の計算では算出の外数としてある。各欄の数値は資金の使途の総額を 100 とする構成比率。

される関係にあった[53]。これに対して部品メーカーでは、1963〜65年の43社データを除くと運転資金に充当される資金は少なく、基本的には長期資金の調達は内部資金をも含めて固定的な投資に向けられていた。そのような実態からみると、部品メーカーでは設備資金の調達が金融市場の条件に依存し、基盤が脆弱であったと推測される。

　以上の財務状態の差異は、設備投資を促すうえで金融的な支援がより必要であったのが部品生産部門であったことを示している。どのような実態把握に基づいていたかは判然としないが、機振法が部品生産における合理化計画を推進し、そのために政策的な融資を準備したことは、対象企業の財務面から脆弱さを補完しうるものであったことになる。これに対して、完成品メーカーでは設備資金の調達が内部資金などでほとんど賄いうる状態であったことから見れば、仮に何らかの政策スキームで完成品メーカーに融資制度を準備したとしても、その実効性は乏しかったということになる。むしろ完成品メーカーでは、調達された長期資金を運転資金に充当していたことからも明らかなように、流動資産の増加に見合う資金負担が重かった。完成品の在庫が重要な要素であったこと、それに関わる割賦販売などの資金負担なども考慮に入れなければならないが、部品在庫の削減が持っている意味は、このような財務的な特徴からも知ることができる。このような形で機振法が推進した部品生産の合理化は企業経営の実態にまで影響を与え、とくに完成品メーカーの競争力の改善につながることになった。繰り返しになるが、こうした効果を機振法の立案者たちがあらかじめ想定していたとする根拠はない。むしろ、政策担当者たちが限定された視点で取り組んだ産業発展を促すためのマイクロなレベルでの政策措置が、その構想力をこえて経済発展に重要な役割を果たしうることを視野に入れることが政策評価には必要ではないかと考えられる。

53　なお、表1に示されているのは、社債・借入金は「純増分」が資金使途の総額に対する比率であり、社債・借入金の返済のための調達を加えると実際の調達額は異なることになる。具体的に自動車工業1963〜65年の後半期のデータで説明すると、この時期には30.4（返済を除く資金の使途額合計を100として）の返済が行われているために、調達側では社債・借入金は45.1ではなく75.5となり、調達総額も146.5ではなく176.9となる。

おわりに

　高成長経済への転換期に展開した産業政策は、エネルギー、鉄鋼などの基礎素材の供給を潤沢かつ安価で供給するために、重点的な資金配分によって技術の導入を伴う設備投資を促した。また、石油化学や電子工業などの新産業の育成や機械工業の振興を通して産業構造の柱を築き上げ、産業構造の高度化を実現するうえで重要な役割を果たした。それだけでなく、産業基盤となるインフラの整備や新技術開発では政府の資金が積極的な役割を果たしていた。

　こうして次第に多面的な政策課題に取り組むことになった産業政策は、貿易や為替の自由化という世界経済の基本的な方向に沿うために、その実現までの短時間に日本産業の国際競争力を引き上げることが求められていた。政策的保護は恒久的な措置ではなく時限的なものであり、この政策的な枠組みにせき立てられるように民間企業の活発な投資行動が展開したことが高成長に結びついたといってよい。同時に注目すべきなのは、強い成長志向をもつ経済計画のもとで、時限的な政策措置を次々と打ち出す一方で、政府は経済構造の変容に伴って新しい政策課題を見出し、これに積極的に取り組んだことであった。そして、この過程で政府の経済過程への関与は間接化し、補完的な役割を果たすようになった。

　この間、産業構造の機械工業化という構造変化に即してみると、機械生産のコストは、合理化効果による素材価格の低下によって下支えされながら、部品生産などの生産性の上昇、品質の向上によって確実に改善され、競争力の強化が進展した。ただし、前節で見たように最終製品の組み立て工程では、労働集約的な性格が強いという特性もあって生産性の上昇は、賃金上昇を吸収することによって労働コストの上昇を抑えるに止まった。組み立て工程での企業の利益は、金融コストの削減などの企業の努力による側面が大きかった。そのことは、機械工業化が進展するなかで、大規模な雇用吸収力を発揮した組立機械生産が生産現場での生産性の上昇の成果の大部分を賃金支払に充てることによって、勤労者の豊かな生活基盤を作り出す役割を果たしていたことを意味した。

第2章

台湾の高成長と経済政策

湊照宏

はじめに

　1950年代末の輸入代替工業化から輸出指向工業化への政策転換により、台湾経済は1960年代から急成長を遂げ、民営中小企業・外資企業・公営大企業を担い手とする工業化が急速に進展した[1]。その過程において物価は安定しており、雇用吸収によって失業率は低下し、所得格差も是正されたことから、NIEsの優等生と称された[2]。こうした台湾経済の高成長に対する先行研究においては、その資源配分メカニズムをめぐって市場主導仮説と政府主導仮説との間で論争が展開されてきた。先行研究の整理に依拠すると[3]、バラッサなどの市場主導仮説論者は、1950年代末の為替レート単一化・切り下げ（実勢化）などの政策転換が減じられていた輸出誘因を改善し、市場メカニズムが機能したことによる輸出主導成長を主張した。それに対して、ウェイドなどの政府主導仮説論者は、市場主導仮説が積極的に検討しなかった投資に注目し、政府による直接投資の受け入れに対する種々の条件設定や税制の優遇措置を評価したうえで、石油化学や鉄鋼といった中間財産業が公営企業によって担われたことを重視して、政策介入に高成長の原因を求めた[4]。

　本章は、以上の二つの仮説を需要構造の変化に注目しながら検討することを目

1　谷浦孝雄「工業化論序説」谷浦孝雄編『台湾の工業化―国際加工基地の形成』アジア経済研究所、1988年。

2　隅谷三喜男・劉進慶・涂照彦『台湾の経済―典型NIESの光と影』東京大学出版会、1992年。

3　服部民夫・佐藤幸人「韓国・台湾比較研究の課題と仮説」服部民夫・佐藤幸人編『韓国・台湾の発展メカニズム』アジア経済研究所、1996年。

4　Robert Wade, *Governing the Market : Economic Theory and the Role of Government in East Asian Industrialization*, Princeton University Press, New Jersey, 1990.

的とする。まず、高成長期の産業構造、需要構造といったマクロ経済の推移を概観したうえで、実質GDP成長率に対する寄与度の推移を検討し、輸出とともに、民間消費や固定資本形成といった内需の動きにも留意する（第1節）。次に、民間消費の実質GDP成長率に対する寄与度の内訳を検討し、大衆消費社会の確立を所得分配や就業者構造の推移と関連付けて理解することを試みる（第2節）。続いて、政府主導仮説が着目した固定資本形成についても、その実質GDP成長率に対する寄与度の内訳について検証し、設備投資の基軸を検出する（第3節）。最後に、主要産業と判断される、紡織業、化合繊製造業、電子機器製造業の発展に影響を与えた政策について考察を加える（第4節）。以上の検討作業から、市場主導仮説が結果として重視した外需拡大と、政府主導仮説が重要性を提起した固定資本形成や民間消費といった内需拡大との整合的理解を試みる。

1. マクロ概観

経済成長率の推移

　図1に示される実質GDP成長率の推移を確認すると、年率二桁成長は1964年から始まり、1974年の石油危機で大きく落ち込みながらも、78年まで続いている。1980年代および1990年代も高成長期は続く。しかし、1980年代は年率二桁成長の時期（1984、86-87年）はあるものの不安定であり、当時は貯蓄過剰に対する投資不足が問題視されていた[5]。また、1980年代以降の高成長には中国の改革開放の影響も強くなることから、さしあたり本章の分析対象期は1960年代および1970年代を高成長前半期として設定する。

　失業率については、1960年代前半まで6%台であったが、1960年代後半に3%台まで急速に低下した。こうした急激な雇用吸収は高成長前半期台湾経済の一つの特徴である。1971年には完全雇用を達成し[6]、石油危機時に当たる1975年に失業率は一時的に4%近くに上昇するものの、1970年代末にかけて2%台で低位安定している。

5　谷浦孝雄「市場構造の転換」谷浦孝雄編、前掲書、1988年、214-223頁。
6　Shirley W. Y. Kuo, *The Taiwan Economy in Transition*, Westview Press, 1983, p.61.

64 ｜ 第一部　高成長と経済政策

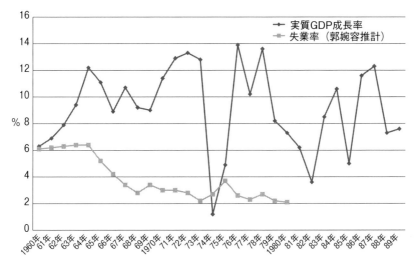

図1　台湾の実質GDP成長率（1986年価格）と失業率
資料：実質GDP成長率は行政院主計処『中華民国台湾地区国民所得』1990年、17頁。1960年と1961年は37頁より算出。失業率はShirley W. Y. Kuo, *The Taiwan Economy in Transition*, Westview Press, 1983, p.57.

産業構造の高度化

　1960年から1980年にかけての産業構造の変化について、表1に示される名目GDP（生産面）の構成比から確認してみよう。第1次産業が28.5%から7.7%に急減した一方で、第2次産業は26.9%から45.8%に増加しており、とりわけ製造業が19.1%から36.0%に急増していた。

　その製造業について、1960年から1980年にかけての名目付加価値額の構成推移を表2で確認すると、食品が26.4%から6.5%に、飲料・煙草が15.1%から5.8%に急減している。その一方で、化学材料・製品が5.5%から12.9%に、電子機器が1.8%から12.0%に急増したことがわかる[7]。また、紡織が11.9%から9.3%へと高い比重を維持しており、衣類・服飾品を加えて繊維製品と括れば、その比重も14.6%から14.8%へと高い比重を維持していたことに留意しておきたい。

7　1980年までプラスチック製品は化学材料・化学製品に含まれている。1981年の比重は化学材料5.8%、化学製品1.3%、プラスチック製品5.4%であった。

表1　名目GDP（生産面）の構成比　　　　　　　　　　単位：%

	1960 年	1965 年	1970 年	1975 年	1980 年
農林水産牧畜業	28.5	23.6	15.5	12.7	7.7
礦業・土石採取業	2.2	1.9	1.4	1.2	1.0
製造業	19.1	22.3	29.2	30.9	36.0
水道電気ガス業	1.7	2.1	2.4	2.6	2.5
建設業	3.9	4.0	3.9	5.3	6.3
商業（卸小売業・飲食旅行業）	15.4	15.8	14.5	13.2	13.2
運輸倉庫・通信業	4.7	5.4	6.0	6.0	6.0
金融保険不動産・商工サービス業	9.0	9.2	9.8	10.5	12.7
政府サービス生産者	10.7	10.2	11.5	10.5	9.7
その他サービス	3.6	3.1	3.6	4.5	4.6
銀行サービス費（控除）	1.6	1.5	2.2	3.0	4.8
輸入税	2.9	4.0	4.6	5.7	5.2
合計	100	100	100	100	100

資料：行政院主計処『中華民国台湾地区国民所得』1990 年、16 頁。

表2　製造業付加価値（名目）の構成比（%）　　　　単位：%

	1960 年	1965 年	1970 年	1975 年	1980 年
食品	26.4	20.9	14.1	9.3	6.5
飲料・煙草	15.1	11.4	8.9	7.5	5.8
紡織	11.9	12.1	11.5	10.4	9.3
衣類・服飾品	2.7	2.9	4.4	4.6	5.5
皮革、毛皮・その製品	0.3	0.2	0.4	1.1	1.7
木材製品・非金属家具	4.3	4.3	4.3	3.8	2.9
製紙、紙製品・印刷出版	7.2	5.4	4.3	4.2	4.6
化学材料・化学製品	5.5	10.4	10.8	13.0	12.9
石油・石炭製品	4.5	7.2	10.7	7.6	6.8
ゴム製品	1.0	1.0	0.9	1.2	1.4
非金属鉱物製品	7.2	6.5	4.7	4.6	4.6
一次金属	4.4	3.0	2.9	4.0	6.5
金属製品	1.5	1.9	2.0	2.3	3.9
機械設備	1.7	3.0	2.8	3.4	2.9
電気・電子機器	1.8	4.1	9.5	10.6	12.0
輸送用機械	3.2	4.4	4.4	6.4	5.9
その他の工業製品	1.3	1.4	3.5	5.9	6.9
合計	100	100	100	100	100

資料：行政院主計処『中華民国台湾地区国民所得』1990 年、60-71 頁。

表3　名目GDP（支出側）の構成比　　　　　　単位：%

	1960年	1965年	1970年	1975年	1980年
民間最終消費支出	68.1	62.2	56.3	56.6	51.5
政府最終消費支出	19.3	23.3	18.3	17.9	15.9
総固定資本形成	16.6	12.7	21.6	26.7	30.6
在庫品増加	3.6	3.8	3.9	− 0.6	3.2
輸出	11.5	15.0	30.3	34.8	52.5
輸入（控除）	19.0	17.1	30.4	35.4	53.8
合計	100	100	100	100	100

資料：行政院主計処『中華民国台湾地区国民所得』1990年、30–35頁。

高い貿易依存度

　次に、1960年から1980年にかけての名目GDP（支出側）の構成比が示されている表3を利用して、需要構造の変化について概観してみよう。民間最終消費支出は68.1%から51.5%に、政府最終消費支出も19.3%から15.9%に低減している一方で、総固定資本形成は16.6%から30.6%に増加している。そして、輸出は11.5%から52.5%へ、輸入は19.0%から53.8%へと大幅に増加しており、貿易依存度の高い高成長であったことがあらためて確認される。

　表4には輸出額および商品別構成比が示されている。特に1960年後半からの輸出額の急増ぶりが確認される。輸出先は1966年までは日本向けが最大であったが、1967年以降は米国向けが最大となっていることから、輸出主導の高成長に対する米国市場の重要性がうかがえる。植民地期以来の基幹商品であった砂糖の比重が急減した一方で、繊維製品の比重が増加している。1970年代に入ってからは電子機器の比重が急増しつつも、繊維製品が最大の比重を維持している。

　最大の輸出商品であった繊維製品の素材においては、1960年代に綿製品から化合繊製品（特に合繊製品）への転換が進んでいた[8]。紡織製品輸出額の素材別構成比をみると、1962年に69.5%を占めていた綿製品は、1968年には38.1%に落ち、1972年には16.6%にまで低落した一方で、1962年に9.2%であった合繊製品は1968年に42.9%に上昇し、1972年には74.6%にまで上昇していた[9]。

　1978年の繊維製品輸出額28億1200万ドルのうち、42%にあたる11億8900

8　佐藤幸人「韓国、台湾の繊維輸出と貿易摩擦」林俊昭編『アジアの工業化Ⅱ　貿易摩擦への対応』アジア経済研究所、1988年、121–122頁。

9　黄維翰「台湾之棉紡織工業」『台湾銀行季刊』第26巻第1期、1975年、312–313頁。

表4　輸出額の商品別構成比　　　　　　単位：%

	1960 年	1966 年	1972 年	1978 年
バナナ	3.7	9.0	1.0	0.1
米	3.0	5.6	0.1	0.4
缶詰	4.9	10.4	4.1	2.0
砂糖	43.9	9.9	2.8	0.5
茶	3.7	1.9	0.5	0.2
水産物	0.1	0.6	1.8	2.1
繊維製品	14.0	17.7	27.3	23.6
合板	1.2	6.2	4.6	2.6
木材、木製品	0.2	3.2	3.6	4.5
セメント	0.6	3.5	0.5	0.3
石油精製製品	0.6	0.6	0.4	2.0
ガラス、ガラス製品	0.6	0.6	0.5	0.5
ゴム製品	0.1	0.7	0.9	1.3
プラスチック製品	–	–	2.3	6.5
化学製品	4.9	4.1	1.2	2.7
一次金属	3.7	3.9	3.3	2.5
金属製品	0.6	1.7	1.9	4.0
機械	0.2	2.2	1.8	3.5
電気・電子機器	0.6	4.9	17.8	16.6
その他	13.4	13.8	23.7	23.9
合計（100 万ドル）	164	536	2,988	12,687

資料：Council For Economic Planning and Development, *Taiwan Statistical Data Book 1984*, pp.214–215.

万ドルが、メリヤス・クロセ編物といったニット製品であり、そのほとんどが化合繊製であった[10]。さらに、13% にあたる 3 億 6400 万ドルが化合繊 F（フィラメント）およびその織物、11% にあたる 3 億 1900 万ドルが化合繊 S（ステープル）およびその織物であり[11]、繊維製品輸出のうち化合繊製品がかなりの比重を占めていたことがわかる。また、同年の繊維製品輸出先は米国 32%、香港 13%、日本 10% となっている[12]。こうした状況から、1960 年代後半から輸出商品におけ

10　交流協会『台湾における繊維産業の現状と展望　市場動向調査シリーズ No.85』1981 年、13-14 頁。

11　交流協会、前掲調査書、1981 年、14 頁。

68 ｜ 第一部　高成長と経済政策

る繊維製品の高い比重が維持された原因は、米国向け化合繊製品輸出の伸びによるものであったことがわかる。米国との貿易摩擦は生じていたものの、1971年に結ばれた二国間協定では、基準クォータと化合繊製品については 7.5% の伸びが認められたことにより[13]、輸出伸長につながったと理解される。

また、1977年に輸出された電子機器製品の品目についてみると、輸出額 12 億7300万ドルのうち、ラジオ（電気蓄音機付き含む）が 22% にあたる 2 億 8000 万ドルであり、次いで白黒テレビが 17% にあたる 2 億 1100 万ドル、カラーテレビが 5% にあたる 6200 万ドルとなっている[14]。電子機器製品の輸出先は米国が 52% と最大であり、ラジオ・テレビなどの大衆消費性電子機器に限れば、輸出先の70% 以上が米国であった[15]。

表5にあるように輸入品については、機械、部品を含む電子機器、化学製品、鋼材が中心で、日本・米国からが多かった。1969 年から 1972 年の対日本輸入の上位品目は、化合繊、鉄鋼シート、テレビ部品、ラジオ部品、紡織機械などであった[16]。1970 年代半ば以降は、以上の輸入品に加えて中東産原油が増加した。

以上の貿易構造は総じて日本に対する巨額の貿易赤字、米国に対する巨額の貿易黒字という関係に集約されるが、その関係は「貿易トライアングル」と称された[17]。日本から機械などの資本財と、化合繊や電子機器部品といった中間財を輸入し、それを低賃金労働力で加工して米国へ化合繊製品や電子機器製品を輸出するというパターンで、台湾の経済成長は持続したと理解されている。その過程において、赤字基調にあった貿易収支は 1971 年以降に黒字に転じるものの、対日本貿易赤字は問題視された。第7章で述べるように、化合繊については民営企業の参入によって輸入代替が進展し、鉄鋼については公営企業の銑鋼一貫工場が建設されて国内供給量が増加していく。しかし、電子機器については国産化率向上などで貿易赤字解消が図られるものの、その構造は容易には変わらなかった。1978年の電子部品輸入額の構成比は、テレビ部品 18.2%、電子管（カラーテレビ用陰極射線管など）16.2%、録音機部品 15.7%、トランジスタ 13.5%、集積回路 7.1% といった内訳で、日本からの輸入が最も多く、米国からの輸入が次いでいた[18]。

12　交流協会、前掲調査書、1981 年、15 頁。
13　佐藤幸人、注 8 掲論文、1988 年、125 頁。
14　交流協会、前掲調査書、1981 年、16 頁。
15　交流協会、前掲調査書、1981 年、17 頁。
16　「日台貿易関係の分析」『交流協会ニュース』12 号、1973 年 12 月。
17　凃照彦『土着と近代のニックス・アセアン─相克と共棲の経済社会』御茶の水書房、1987 年。

第 2 章　台湾の高成長と経済政策 ｜ 69

表5　商品別輸入額の構成比　　　　単位：%

	1960 年	1966 年	1972 年	1978 年
小麦	6.7	4.8	2.0	0.8
トウモロコシ	0.0	0.6	3.2	2.4
大豆	4.7	3.2	3.8	2.2
棉花	7.4	7.4	3.5	2.9
原油	6.4	6.4	6.8	14.4
木材	1.3	3.4	4.3	3.5
乳製品	0.7	1.0	0.9	0.8
繊維製品	2.0	2.9	4.1	1.9
紙・パルプ	1.3	1.6	1.2	1.1
ゴム製品	1.7	0.3	0.3	0.2
医薬品	2.7	1.8	1.1	1.0
化学肥料	7.4	0.8	0.2	0.4
化学製品	6.7	11.1	12.3	10.4
鉄鋼	9.4	10.6	6.8	7.0
機械	15.5	12.5	10.8	10.7
電気・電子機器	5.4	6.9	15.9	11.9
輸送機械	6.4	10.1	3.7	4.9
その他	14.5	14.5	19.0	23.4
合計（100万ドル）	297	622	2,514	11,027

資料：Council For Economic Planning and Development, *Taiwan Statistical Data Book 1984*, pp.224–225.
注：1972 年以降の輸送機械は船舶を除外。

　貿易依存度の高い高成長についてはよく知られているが、表6を利用して実質 GDP 成長率に対する寄与度を確認すると、内需の重要性もみえてくる。輸出が最大項目となるのは 1970 年以降である一方で、民間最終消費支出は高成長前半期を通じて安定的であり、1960 年代においては最大の寄与度を示している。また、政府主導仮説が着目した設備投資を含む総固定資本形成は 1960 年代後半から安定的に推移しており、石油危機時の 1975 年の景気回復においては、民間消費と総固定資本形成といった内需が支えていた。以上から、高成長前半期の台湾経済を輸出拡大のみで説明するのではなく、内需拡大との整合的理解が必要であ

18　交流協会『台湾における電子部品工業　市場動向調査シリーズ No.103』1984 年、87-88 頁。

表6 実質 GDP 成長率（1986 年価格）に対する寄与度

	1960–64 年平均	1965–69 年平均	1970–74 年平均	1975–79 年平均
民間最終消費支出	5.1	5.1	4.2	4.6
政府最終消費支出	1.3	2.0	0.7	1.7
総固定資本形成	1.3	2.9	3.1	2.5
在庫品増加	0.4	0.1	1.6	− 0.6
輸出	2.0	3.5	6.1	6.0
輸入（控除）	1.7	3.8	6.3	4.1
合計（実質 GDP 成長率）	8.5	9.8	10.3	10.1

資料：行政院主計処『中華民国台湾地区国民所得』1990 年、36-41 頁より算出。

ることがわかる。その際は、総固定資本形成のみでなく民間消費の拡大についても検討しなければならない[19]。

2. 雇用吸収と大衆消費社会

民間最終消費の構成比と寄与度

　表7には、1960 年から 1980 年にかけての民間最終消費支出（名目）の構成比の推移が示されている。食品が 52.9% から 34.0% へと低減した一方で、家賃・水道が 10.5%（1961 年）から 12.0% へ微増し、冷蔵庫・洗濯機・掃除機の購入費が含まれる家具設備が 0.9%（1961 年）から 3.3% へ増加し、ラジオ・テレビの購入費が含まれる教養娯楽が 5.1% から 12.4% へ、オートバイ・自動車の購入費が含まれる交通通信が 1.7% から 7.8% へと大幅に増加している。

　家具設備、教養娯楽、交通通信の比重増加の背景として、中・高所得層による冷蔵庫・洗濯機・ラジオ・テレビ・オートバイといった耐久消費財の購入が増加したことが推測される。主要な耐久消費財の普及率については表8に示されており、1970 年代に入ってまず冷蔵庫が普及し始め、続いてオートバイ・洗濯機、さらにはカラーテレビ、電話機が普及し始めたことが確認される。乗用車の普及

19　表6における政府最終消費支出の寄与度は相対的に低いため、検討対象外とする。

第 2 章　台湾の高成長と経済政策　| 71

表7　民間最終消費支出（名目）の構成比　　　　　　単位：%

	1960 年	1965 年	1970 年	1975 年	1980 年
食品	52.9	48.4	42.4	43.8	34.0
飲料	3.1	2.7	3.8	3.8	4.5
煙草	4.8	4.9	4.7	3.5	2.9
衣類	5.4	5.6	5.2	5.2	5.3
光熱	4.5	4.1	4.0	3.6	4.2
家賃および水道		10.6	11.8	11.5	12.0
家具設備	12.7	1.3	2.8	3.1	3.3
家計管理		2.0	2.1	2.0	2.1
医療および保健	3.3	4.3	4.2	4.3	4.6
教養娯楽	5.1	5.9	7.9	8.4	12.4
交通通信	1.7	2.9	3.4	4.3	7.8
その他	6.5	7.2	7.7	6.7	7.1
合計	100	100	100	100	100

資料：行政院主計処『中華民国台湾地区国民所得』1990 年、18 頁。

表8　主要耐久消費財の普及率　　　　　　単位：%

	カラーテレビ	冷蔵庫	電話機	エアコン	ビデオ録画機	ラジカセ	洗濯機	乗用車	オートバイ
1964 年	n.a.	1.7	1.5	n.a.	n.a.	n.a.	n.a.	n.a.	2.9
1968 年	n.a.	10.4	2.4	0.5	n.a.	n.a.	1.7	n.a.	11.2
1972 年	n.a.	38.7	8.7	n.a.	n.a.	n.a.	16.7	n.a.	29.6
1976 年	23.5	74.2	22.1	3.6	n.a.	n.a.	38.6	1.5	44.6
1980 年	69.3	92.3	51.1	14.4	1.5	42.4	64.7	5.1	63.5

資料：行政院主計処編『中華民国台湾地区八十三年家庭収支調査報告』1995 年、34 頁。

は 1980 年代後半以降まで待たなければならないが、オートバイによるモータリゼーションが進展していたことが分かる。後述するように、こうした耐久消費財の国内市場は高率関税で保護されており、基本的には外資企業（特に日本企業）との提携で技術を導入した台湾企業によって供給された。

　民間最終消費支出の実質 GDP 成長率に対する寄与度の内訳については表 9 に示される。表 8 で比重を上げていた家賃・水道、教養娯楽が安定して寄与し、交通通信は 1970 年代後半に高くなっている。石油危機にあたる 1974–75 年に輸出

表9　民間最終消費支出の寄与度の内訳　　　　　　　　単位：%

	1960-64 年平均	1965-69 年平均	1970-74 年平均	1975-79 年平均
食品	2.0	1.6	1.6	0.9
飲料	0.0	0.2	0.2	0.3
煙草	0.0	0.2	0.1	0.1
衣類	0.2	0.2	0.2	0.2
光熱	0.1	0.1	0.2	0.2
家賃および水道	0.7	0.5	0.8	0.5
家具設備	0.1	0.2	0.1	0.2
家計管理	0.3	0.2	0.2	0.1
医療および保健	0.4	0.2	0.3	0.3
教養娯楽	0.4	0.6	0.8	0.9
交通通信	0.2	0.3	0.3	0.5
その他	0.6	0.6	0.3	0.2
合計	5.1	5.1	5.0	4.6

資料：行政院主計処『中華民国台湾地区国民所得』1990 年、108-113 頁より算出。
注：1960-64 年平均に記される家賃および水道・家具設備・家計管理の数値は 1962-64 年平均。
　　合計の数値に影響しなかったため、そのまま掲載。

の寄与度が低落した時期に、民間消費が景気を支えた一つの大きな要因は教養娯楽支出であった。実際に、後述するように、カラーテレビの輸出量は減少していたものの内販量は増加し続けていた[20]。

　ここで検討が必要なのは、表7で民間最終消費支出における比重を下げていた食品が、表9では寄与度が常に高いことである。この背景には、所得格差の是正があったと推測される。食品消費支出の所得弾力性は1以下であるが、中・高所得層よりも低所得層の方が高いため[21]、低所得層への分配増加が低所得層による食品消費支出の増加につながったはずである。また、前述した耐久消費財の普及を可能にした背景にも、労働分配率の上昇や中所得層への分配増加があったことが推測されるため、その点について次項で検討を加えることとする。

20　交流協会『台湾の電子製品をめぐる工業貿易政策の現状と展望』1978 年、9 頁。
21　張漢裕「台湾経済成長中家庭所得分配及消費支出的差距変化」(『台湾銀行季刊』第 29 巻第 4 期、1978 年)。

第 2 章　台湾の高成長と経済政策 ｜ 73

格差の是正

台湾経済は 1968 年にルイス的転換点を迎え[22]、1960 年代に徐々に高くなっていた実質賃金は、完全雇用を達成した 1971 年以後急速に上昇するようになった[23]。1966 年から 1978 年にかけての国民所得名目値が示される表10を利用して労働分配率（要素費用表示）の推移をみると、49.8% から 63.8% に上昇している。特に 1960 年代後半に急速に高まっていることが確認される。

次に、1966 年から 1978 年にかけての所得分配比の推移が示される表11を利用して所得格差の是正についてみてみよう。可処分所得の五分位階級における所得分配比の推移をみると[24]、特に 1960 年代後半に低所得層への分配増加と高所得層への分配減少が進展しており、それにともなってジニ係数が低下していたことが確認される。以上の格差是正期間における農家と非農家の一戸平均可処分所得について比較してみると、非農家が農家を上回っており、その差額は 1960 年代後半に拡大しつつあったが、1970 年代以降は縮小傾向に転じている。

さらに、表12を利用して 1966 年から 1978 年にかけての農家一戸平均所得（名目）の構成比をみると、非農業所得の比率が一貫して上昇しており、このことは 1970 年代以降の農家と非農家の所得差額縮小に関係していたと推測される。なぜなら、この時期における台湾の工場は都市部だけでなく農村部にも散在する傾向があったため[25]、農村から都市へ移動する労働者がいる一方で、農村に滞在したまま製造業に従事する労働者も多く[26]、農家の兼業は比較的容易であったと推測される。兼業農家の増加による農家所得の増加は、1970 年代後半における農家への耐久消費財の普及をもたらした。カラーテレビの普及率は 1975 年に 6% であったが 80 年には 60% に高まり、同様に洗濯機は 9% から 38% に、冷蔵庫は 40% から 90% に、電話は 4% から 24% に高まっており、オートバイの普及率は 1980 年に 76% に達している[27]。

22　工業化過程の進行で、農村部から都市部へ低賃金労働力として供給され続けた余剰労働力が不足に転じること。

23　Kuo、前掲書、1983 年、77 頁。

24　各家計の可処分所得を低い方から順に並べ、家計数全体の 20% ずつの階級を構成し、最も所得が少ない階級から順に第Ⅰ、第Ⅱ、第Ⅲ、第Ⅳ、第Ⅴ五分位階級と称する。

25　今岡日出紀「台湾の農村工業化―そのパターンと決定要因」山田三郎編『アジアの農村工業』アジア経済研究所、1986 年。

26　石田浩「農業生産構造の変化と工業化―工業化に果たした農業の役割」谷浦孝雄編、前掲書、1988 年、63-64 頁。

27　石田浩、前掲論文、1988 年、71-72 頁。

表 10　名目国民所得（要素費用表示）の構成比

単位：％

	1966 年	1970 年	1974 年	1978 年
雇用者報酬	49.7	57.7	62.8	63.8
企業所得	41.1	31.5	26.2	23.5
財産所得	9.1	10.8	10.9	12.6
国民所得（億元）	722	1,134	2,826	5,640

資料：行政院主計処『中華民国台湾地区八十三年家庭収支調査報告』
　　　1995 年、16 頁。

表 11　五分位階級の所得分配比と一戸平均可処分所得

所得分配比（％）	1966 年	1970 年	1974 年	1978 年
Ⅰ　Lowest 20%	7.9	8.4	8.8	8.9
Ⅱ　Second 20%	12.5	13.3	13.5	13.7
Ⅲ　Third 20%	16.2	17.1	17.0	17.5
Ⅳ　Fourth 20%	22.0	22.5	22.1	22.7
Ⅴ　Highest 20%	41.5	38.7	38.6	37.2
ジニ係数（可処分所得）	0.32	0.29	0.29	0.29
一戸平均可処分所得				
農家一戸平均（A）	30,424	32,994	79,027	129,362
非農家一戸平均（B）	32,717	49,177	101,638	163,717
A／B（％）	93.0	67.1	77.8	79.0

資料：行政院主計処『中華民国台湾地区八十三年家庭収支調査報告』1995
　　　年、17-20 頁。

表 12　農家一戸平均所得（名目）の構成比　　単位：％

	1966 年	1970 年	1974 年	1978 年
農家一戸平均所得（元）	32,320	35,439	82,980	142,291
農業所得	66.0	48.7	48.1	28.8
非農業所得	34.1	51.3	51.9	71.2

資料：行政院主計処『中華民国台湾地区八十三年家庭収支調査報告』1995
　　　年、19-20 頁。

第 2 章　台湾の高成長と経済政策　75

表 13　就業者構造の推移（年平均）　　　　　　　　　　単位：%

	1966 年	1972 年	1978 年
農林水産牧畜業	43.4	33.0	24.9
工業	23.4	32.1	39.3
礦業および土石採取業	1.6	1.7	1.0
製造業	17.3	24.1	30.4
水道電気ガス業	0.8	0.7	0.4
建設	3.7	5.6	7.5
サービス業	33.2	34.9	35.8
商業	12.0	13.4	14.8
運輸倉庫（76 年以降は運輸倉庫・通信業）	4.8	5.2	5.5
金融保険（76 年以降＋不動産・商工サービス業）	n.a.	1.8	1.8
サービス業（76 年以降は公共行政社会・個人サービス業）	15.2	14.5	13.7
その他	1.2	n.a.	n.a.
合計（千人）	3,722	4,948	6,228

資料：1975 年以前は行政院主計処『中華民国六十五年労工統計年報』1977 年、46-47 頁、50 頁。
　　　1976 年以降は行政院主計処『中華民国七十六年労工統計年報』1987 年、14-15 頁、20 頁。

就業者構造の変化

　非農業所得の増加は、農業以外の就業機会が増加していたことを意味する。この点について、1966 年から 1978 年にかけての就業者構造の変化を表 13 で確認すると、第 1 次産業の比重が 43.4% から 24.9% に減少した一方で、第 2 次産業の比重は 23.4% から 39.3% に増加している。とりわけ製造業の比重は 17.3% から 30.4% に急増している。

　1960 年から 1978 年にかけての製造業被雇用者の増加については表 14 に示される。1960 年に 33 万人であった製造業被雇用者は 1978 年に 184 万人を超えた。構成比をみると、食品が 17.9% から 5.7% に、非金属鉱物製品が 10% から 4.6% に急減する一方で、プラスチック製品が 1.6% から 9.3% に、電子機器が 2.8% から 14.9% に急増している。こうした激しい変動の中で、紡織は 19.2% から 17.1% へと高い比重を占め続けており、最大の雇用吸収産業としての地位を維持している。1960 年代前半に 27% であった製造業被雇用者の増加率は、1960 年代後半に 78.9% に跳ね上がった。この急激な雇用吸収が失業率の低下をもたらしていた（前掲図1）。1960 年代後半の増加率 78.9% に対する寄与度では、紡織が

表 14　製造業被雇用者の構成比と増加率　　　　　　　単位：%

	1960 年	1966 年	1972 年	1978 年
食品	17.9	18.1	8.8	5.7
飲料・煙草	3.4	2.3	1.1	0.8
紡織	19.2	17.9	18.9	17.1
衣類・服飾品	3.8	2.7	6.8	5.6
皮革、毛皮・その製品	0.3	0.2	0.9	2.2
木材製品・非金属家具	7.4	6.4	6.7	5.5
製紙、紙製品・印刷出版	5.6	5.5	4.2	3.6
化学材料	2.5	3.7	2.7	2.6
化学製品	3.6	2.9	2.4	2.3
石油・石炭製品	1.3	1.2	0.6	0.5
ゴム製品	1.7	1.8	2.1	2.3
プラスチック製品	1.6	3.7	7.4	9.3
非金属鉱物製品	10.0	8.0	5.0	4.6
一次金属	3.0	2.9	2.6	2.9
金属製品	4.2	4.1	3.7	6.1
機械設備	4.1	5.5	4.7	4.1
電気・電子機器	2.8	5.3	13.0	14.9
輸送用機械	5.1	5.5	3.4	4.4
精密器械	0.1	0.2	0.5	1.3
その他工業製品	2.3	2.1	4.4	4.3
合計（千人）	331	513	1,273	1,845

		1960–64 年	1965–69 年	1970–74 年	1975–79 年
増加率		27.0	78.9	60.0	37.3
寄与度	紡織	2.9	16.2	12.6	2.3
	電気・電子機器	1.7	12.1	10.6	9.5

資料：行政院主計処『中華民国七十六年労工統計年報』1987 年、142-143 頁。

16.2%、電子機器が 12.1% という高さであった。1970 年代前半も製造業被雇用者の増加率は 60% と高く、それに対する寄与度は紡織が 12.6%、電子機器が 10.6% と突出していた。1970 年代後半の増加率は 37.3% に減速するものの、電子機器の寄与度は 9.6% と高く、電子機器への急激な雇用吸収は長期にわたっていたことが確認される。

製造業部門における労働移動率は高く、1974 年の年平均毎月入職率 4.4%、退職率 3.4% という高さで[28]、労働者は少しでも有利な条件を求め、業種を超えて労働市場を移動している。こうした開かれた労働市場で、結果的に紡織業と電子機器製造業で多くの雇用が吸収された。1978 年時の製造業被雇用者数上位三業種の内訳を確認すると[29]、紡織業被雇用者 31 万 6 千人に加え、衣類・服飾品製造業被雇用者は 10 万 4 千人であり、繊維製品関連業での雇用がいかに大きかったかがわかる。紡織業においては特にニット（11 万人）、綿紡織（9 万 2 千人）、化合繊紡織（6 万 5 千人）による雇用吸収が大きい。また電子機器製造業被雇用者 27 万 4 千人の内訳では、特に電子機器（8 万 8 千人）と電子部品（5 万 9 千人）での雇用吸収が大きかった。また、プラスチック製品製造業被雇用者 17 万 1 千人の内訳では、特に製靴業（6 万 9 千人）での雇用が大きかった。

　これらの雇用が大きかった業種は、前述した輸出増大を牽引した商品の製造業であり、輸出増大による雇用吸収があらためて確認されるが[30]、輸出主導成長の担い手が中小企業であった点もよく指摘されることである。1979 年時における紡織業・衣類・服飾品製造業・化合繊製造業に属する企業数を確認すると[31]、紡織企業数は 6573 社を数え、その 85% が 100 人未満の中小企業であった。衣類・服飾品製造業企業も 5170 社と多く、その 87.4% が 100 人未満の中小企業であった。その一方で、化合繊製造業は 19 社と相対的に少なく、そのうち 100 人以上の企業が 14 社を占め、1 社あたり平均従業員数は 917 人であった。電子機器製造業においては、1976 年時の企業数 2716 のうち、42.5% が 10 人未満、42.7% が 10 人以上 100 人未満の中小企業であった[32]。以上から、輸出を増大させていた繊維製品製造業の下流部門と電子機器製造業に属する多数の中小企業において、雇用吸収が進展していたことが確認できる。

　これまでみた所得分配および就業者構造と民間消費について整合的に理解すれば以下のようになろう。労働集約的輸出産業で不熟練低賃金労働の雇用吸収が進み、労働分配率が上昇する中で、低所得層への分配増加が進展して[33]、低所得層

28　梶原弘和「台湾の電機電子産業─産業組織変化と輸出拡大」谷浦妙子編『産業発展と産業組織の変化』アジア経済研究所、1994 年、255 頁。

29　行政院主計処『中華民国七十六年労工統計年報』1987 年、142-143 頁。

30　Kuo、前掲書、1983 年、157-162 頁。

31　交流協会『台湾における繊維産業の現状と展望　市場動向調査シリーズ No.85』1985 年、8 頁、10 頁。

32　梶原弘和、前掲論文、1994 年、251 頁。

の食費支出増加につながった。このことは、実質 GDP 成長率に対する食費消費支出の高い寄与度に反映されている。また、製造業被雇用者の増加にともなう非農業所得の増加は、都市居住者の増加をともなって家賃支出の増加につながった。さらに、所得格差の是正により、中所得層による所得弾力性 1 以上の項目への消費支出が増加し、教養娯楽・交通通信支出が増加したと推測される。このことは中所得層における耐久消費財の普及とあわせて理解できる。例えば、交通通信支出の所得弾力性は 2 以上であり、五分位階級における下から 2 番目と 3 番目の中所得層の所得弾力性が高く、支出増加分のほとんどはオートバイ購入・維持費であった[34]。都市および農村におけるオートバイの普及が 1970 年代後半における交通通信支出の高い寄与度を招いたのであろう。

　総じて、紡織業や電子機器製造業などの発展による雇用吸収が、民間消費の拡大につながっていたと考えられるが、同時に進行した賃金の上昇は輸出産業の国際競争力を弱化させたはずである。国際競争力を維持するには、賃金の上昇を生産性の上昇によって相殺しなければならず、機械設備投資が必要となる。次節では、この点を意識しつつ、総固定資本形成について検討を加えてみる。

3. 設備投資の進展

総固定資本形成の構成比と寄与度

　1960 年から 1980 年にかけての総固定資本形成名目値の構成比については、表 15 よりその推移が確認される。資本財別では機械設備が、産業別では製造業が最大の比重を占め、特に 1960 年代後半から 1970 年代中頃まで比重が高まっている。投資主体別では民営企業が最大比重を占めてはいるが、政府・公営企業の比重は無視できず、1970 年代後半は政府・公営企業が上昇傾向にある。

　1970 年代後半における政府・公営企業の上昇傾向については、1973 年にスローガンとして掲げられ、1974-79 年でほぼその目的が達成された十大建設事業との関連が想起される。それは、重化学工業部門（銑鋼一貫製鉄所、大規模造船所、大

33　隅谷三喜男「台湾経済の体質—発展の内在的要因」隅谷三喜男・劉進慶・涂照彦、前掲書、1992年。

34　張漢裕、前掲論文、1978 年。

表 15　総固定資本形成（名目）の構成比（％）

	1960 年	1965 年	1970 年	1975 年	1980 年
資本財別					
住宅	13.6	9.7	9.3	10.2	14.2
非住宅建築物	20.2	18.9	14.9	11.7	16.9
その他の構築物	19.4	21.7	14.2	18.9	15.3
土地改良、耕地・果樹園の開発	0.3	0.4	0.2	0.3	0.3
輸送機械	9.8	10.2	14.9	9.5	9.7
機械設備	36.5	36.7	46.3	49.3	43.6
種畜、役畜および乳牛など	0.1	0.1	0.1	0.1	0.1
合計	100	100	100	100	100
産業別					
農林水産牧畜業	15.0	14.6	6.7	3.6	3.0
礦業および土石採取業	2.1	0.7	0.7	1.6	0.5
製造業	23.5	29.8	36.1	39.0	29.2
水道電気ガス業	10.9	9.3	9.5	10.7	15.2
建設業	0.3	0.5	1.6	1.9	2.0
商業（卸小売業・飲食旅行業）	3.7	5.5	3.8	2.8	4.5
運輸倉庫および通信業	14.9	12.8	14.6	10.8	12.7
金融保険不動産・商工サービス業	14.6	11.9	10.6	13.1	16.2
社会サービス・個人サービス業	1.0	2.1	2.7	1.7	1.8
政府サービス生産者	13.9	12.6	13.4	16.8	14.7
対家計民間非営利サービス生産者	0.1	0.2	0.3	0.2	0.2
合計	100	100	100	100	100
投資主体別					
民営企業	52.5	66.3	56.9	45.7	51.0
公営事業	33.5	20.9	29.4	40.3	34.1
政府	13.9	12.6	13.4	13.9	14.7
対家計民間非営利サービス生産者	0.1	0.2	0.3	0.2	0.2
合計	100	100	100	100	100

資料：行政院主計処『中華民国台湾地区国民所得』1980 年、114-121 頁より算出。

規模石油化学コンビナート）の新規建設、原子力発電所建設、港湾（台中、蘇澳）整備、南北高速道路建設、鉄道電化、北回り鉄道敷設、国際空港建設という内容であった。投資総額は53億ドルに達し、そのうち海外借款が38％を占め、残りの62％は政府投資や、中国鋼鉄公司、中国造船公司、中国石油公司、台湾電力公司などの公営企業が負担した[35]。

　ただし、十大建設の諸計画のほとんどは石油危機発生前から実施は決定されており、重化学工業部門の新規建設については民営企業の協力を得る計画であった[36]。アジア経済研究所のアジア経済動向データベース「重要日誌」で確認すると[37]、銑鋼一貫製鉄所の建設については1970年5月に行政院で合弁計画案が承認され、1971年11月にオーストリア国営 Voest 社との合弁で中国鋼鉄公司が発足している。その後、合弁契約は破棄されたが、1973年8月に US スチール技術会社との技術提携が成立した。大規模造船所の建設については1970年12月に経済部が決定済みであり、原子力発電所の建設についても1969年2月に行政院で承認済みで、1970年11月に着工している。台中港については、1971年2月には台中港工程局が設置され、1972年9月に台湾省交通処長が1973年11月より着工する旨を発表している。南北高速道路の建設についても、1970年2月に最終案は決定済みで、同年4月に内湖・揚梅間工費としてアジア開発銀行と1800万ドル借款の契約が成立し、1971年8月に着工している。鉄道電化については、1970年9月に台湾省鉄路局が西部幹線電化を含む鉄路輸送力拡充10年計画をまとめており、1971年7月に鉄路局長が1973年より幹線電化に着手することを省議会で発言し、8月に行政院は鉄道幹線電化計画6500万ドル借款案を承認している。桃園国際空港の建設も1969年5月に決定済みで、1971年8月に民航局長が設計は完了済みであることを発言している。以上をふまえると、1970年頃に実施が決定された諸投資計画を、国際関係における孤立や石油危機による景気後退で危機感を強めた政府が、難局を打開するためにスローガン化し、1970年代末にかけて政府・公営企業によって大型投資が遂行されたというのが実情であろう。

　総固定資本形成の実質 GDP 成長率に対する寄与度の内訳は表16に示される。資本財別では1960年代後半から1970年代前半にかけて機械設備が高まっていた

35　笹本武治「工業化の展開過程」谷浦孝雄編、前掲書、1988年、26頁。
36　佐藤幸人「台湾の経済発展における政府と民間企業」服部民夫・佐藤幸人編、前掲書、1996年、96-101頁。
37　http://www.ide.go.jp/Japanese/Research/Region/Asia/Db/taiwan.html

第2章　台湾の高成長と経済政策　｜　81

表16　総固定資本形成の寄与度の内訳（%）

	1960-64 年平均	1965-69 年平均	1970-74 年平均	1975-79 年平均
総固定資本形成の実質 GDP 成長率に対する寄与度	1.3	2.9	3.1	2.5
資本財別				
住宅	0.1	0.4	0.3	0.6
非住宅建築物	0.4	0.5	0.1	0.5
その他の構築物	0.4	0.3	0.4	0.6
土地改良、耕地・果樹園の開発	0.0	0.0	0.0	0.0
輸送機械	0.1	0.4	0.4	0.2
機械設備	0.2	1.2	1.9	0.8
種畜、役畜・乳牛など	0.0	0.0	0.0	0.0
産業別				
農林水産牧畜業	0.2	0.1	0.2	0.0
礦業・土石採取業	0.0	0.0	0.1	0.0
製造業	0.5	1.0	1.3	0.2
水道電気ガス業	−0.1	0.3	0.7	0.2
建設業	0.0	0.1	0.0	0.1
商業（卸小売業・飲食旅行業）	0.1	0.2	0.0	0.1
運輸倉庫・通信業	0.2	0.5	0.1	0.6
金融保険不動産・商工サービス業	0.2	0.4	0.3	0.7
社会サービス・個人サービス業	0.1	0.0	0.1	0.0
政府サービス生産者	0.2	0.3	0.3	0.6
対家計民間非営利サービス生産者	0.0	0.0	0.0	0.0
投資主体別				
民営企業	0.9	1.7	1.7	1.1
公営事業	0.1	0.9	1.0	0.8
政府	0.2	0.3	0.3	0.6
対家計民間非営利サービス生産者	0.0	0.0	0.0	0.0

資料：行政院主計処『中華民国台湾地区国民所得』1980 年、122-133 頁より算出。

ことがわかる。1970年代後半における機械設備の寄与度の低下は、1976–77年の寄与度マイナスが響いており、この時期は住宅やその他の構築物への投資が下支えしていた。産業別でも1960年代後半から1970年代前半にかけて製造業が高まっている。1970年代後半における製造業の寄与度低下は、1976–78年の寄与度マイナスが影響しており、その時期は運輸倉庫・通信業、金融保険不動産・商工サービス業、水道電気ガス業の設備投資が下支えしていた。投資主体別でみると、民営企業が安定的に寄与しており、公営企業の寄与度は1960年代後半以降に高まっている。公営企業の寄与度は1970年代後半に低下するが、それをカバーするように政府の寄与度が高くなっている。

　総じて、総固定資本形成が高成長に寄与した時期は1960年代後半から1970年代前半であり、製造業による機械設備投資が基軸であった。機械設備投資が旺盛であった具体的業種については表17から確認される。機械設備投資が伸び始める1966年末時においては、公営の製糖、化学肥料、石油製品、民営の綿糸・綿布、セメント、パルプ・紙製品といった業種の機械設備資産が多い。1971年末時の製造業保有機械設備資産額からその間の伸びをみると、製糖、化学肥料が伸び悩む一方で、紡織、化合繊、プラスチック製品、セメント、石油精製が伸びている。その傾向は1976年末時においても継続しており、それらに加えて電子機器も伸びている。とりわけ、民営の綿・化合繊紡織業、化学工業（化合繊、プラスチック製品）、公営の石油精製業で機械設備投資額が高かったといえよう。

　第1節で確認したように、高成長期においては紡織、化学、電子機器を中心として製造業付加価値額が急増し、第2節でみたように、その過程で紡織業と電子機器製造業への急激な雇用吸収が生じていた。そして本節で確認したように、総固定資本形成においては、紡織（綿・化合繊紡織）と化学（化合繊、プラスチック製品）、石油精製の機械設備投資が旺盛であった。以下では、高成長前半期の主要産業として、さしあたり紡織業・電子機器製造業にしぼり、これらの産業の発展に関与した政策を次節で検証する。石油精製については、公営中国石油公司の第一ナフサ分解工場（年産5万4千トン）が1968年に完成したほか、1972年に完成する北部石油化学コンビナート、1975年に竣工する第二ナフサ分解工場（年産23万トン）、1978年に竣工する第三ナフサ分解工場（年産53万トン）の建設が設備投資の伸びにつながっていたと推測される。この点については合繊製造業の発展を検討した第7章で論及する。

表17　製造業の機械設備資産（百万元）

1966年末時

公営	10,259
製糖	3,406
酒・煙草	563
化学肥料	2,473
石油製品	2,096
その他	1,721
民営	15,290
化合繊	937
化合繊製品	734
綿糸・綿布	2,716
パルプ・紙製品	1,025
化学肥料	762
プラスチック製品	966
セメント	1,529
その他	6,621
合計	25,549

1971年末時

食品・飲料・煙草	5,304
うち製糖	1,831
紡織・衣類・皮革	16,609
うち綿紡織	6,243
毛紡織	1,092
化合繊紡織	5,093
ニット	1,353
製材・木材製品	2,005
うち合板	1,297
製紙・紙製品・印刷	2,631
うち紙・ボール紙	1,219
化学・石油・石炭・ゴム製品	18,794
うち石油・石炭	2,274
化学肥料	1,703
合成樹脂・プラスチック	6,009
化合繊	4,355
石油精製	2,102
プラスチック製品	
非金属鉱物製品	4,203
うちセメント	2,777
一次金属	2,097
うち鉄鋼	1,032
金属製品・機械設備	7,074
うち機械設備	1,095
通信機器	1,639
その他	703
合計	59,420

1976年末時

食品	18,779
飲料・煙草	4,944
紡織	74,952
うち綿紡織	23,878
化合繊紡織	36,760
衣類・服飾品	2,376
皮革・毛皮製品	748
製材・木材製品・非金属家具	5,368
製紙・紙製品・印刷出版	9,977
化学材料	38,190
うち化合繊	14,051
化学製品	3,462
石油・石炭製品	18,704
うち石油製品	18,009
ゴム製品	2,206
プラスチック製品	11,663
非金属鉱物製品	15,442
うちセメント	11,328
一次金属	7,402
金属製品	6,049
機械設備	5,910
電気・電子機器	12,736
輸送用機械	9,883
精密機器	772
その他	2,026
合計	251,589

資料：行政院国際経済合作発展委員会『中華民国五十五年　台湾省第三次工商業普査抽様複査報告（第一輯）』1970年、132–135頁；行政院閩地区工商業普査委員会編『中華民国六十年　台閩地区工商業普査報告　第三冊　製造業（台湾地区）』1973年、214–235頁；行政院台閩地区工商業普査委員会編『中華民国六十五年　台閩地区工商業普査報告　第二巻第一冊　製造業』1978年、250–281頁。

注：具体的業種については、1966年は保有機械設備額10億元以上、1971年は保有機械設備額5億元以上、1976年は保有機械設備額100億元以上の業種のみ記入。

4. 主要産業の発展と政策

紡織業

　台湾経済の高成長期においては補助金や政策金融（輸出金融以外）は積極的には実施されなかったと考えられている[38]。ただし、紡織業の発展に関する政策要因としては第一に公営銀行による融資があげられる。台湾銀行による調査によれば、1960年代半ばにおける紡織業者の自己資本比率は20％台であり、必要資金の多くを銀行からの融資に頼り、全銀行の対紡織業融資のうち台湾銀行のそれは4割以上を占めた[39]。外貨管理については、形式的には1961年より中央銀行の外為集中管理となっていたが、実質的には外為指定銀行の保有外貨は台湾銀行へ集中預託されており[40]、貿易依存度の高い紡織業者に対する融資を台湾銀行が中心となって担うことは必然的であった。原料貸付・運転資金貸付（主に輸出貸付）を中心とする台湾銀行の対紡織業融資額は1957–67年に少なくとも累計475億元に達した[41]。1970年代に入ると台湾銀行にかわって中央銀行がその役割を担うようになる。ただし、中小企業は公営銀行からの貸出対象とならず、相対的高金利の民間貸借市場（親戚・知人間の貸借、先日付け小切手による貸借、企業預金、民間互助会、割賦販売金融会社、貯蓄互助会、リース会社）に頼らざるを得なかったことが指摘されている[42]。

　第二に、第6章で述べられるように、1950年代半ばに導入されていた輸入税払い戻し制が紡織業者の不利益を除去していた。1950年代末の為替レート単一化にともなう元切り下げが輸出促進効果をもたらしていたものの、原料棉花輸入価格は上昇しており、輸入関税の払い戻しは紡織業者の負担を軽減するもので

38　佐藤幸人、前掲論文、1996年、94頁。中長期資金を供給する専門銀行の整備が遅れ、中央銀行がその機能を果たす状況が続いたため、1975年の銀行法改正により専門銀行制度を整えたが、中長期資金の供給は不十分な状況が続いた（伊東和久「金融システムと資金調達」谷浦孝雄編、前掲書、1988年）。

39　ただし、調査対象企業は資本金100万元以上に限られ、カバー率は50〜70％と推測されている（『台湾経済金融月刊』第4巻第9期、1968年9月、13頁）。

40　平松健治「貿易、外国為替制度」植木三郎編『台湾の金融事情』アジア経済研究所、1969年。

41　凃照彦「台湾の『外資依存型』工業化方向—とくに対外貿易の展開に関連して」『アジア研究』第48巻第3号、1976年。

42　伊東和久、前掲論文、1988年。

あった。輸入税払い戻し制については 1955 年 7 月公布の「外銷品退還税捐辦法」（1968 年 12 月公布「外銷品沖退税捐辦法」に継承）によって輸出品の輸入原料に対して関税・物品税払い戻しが定められていた。1960 年代の輸入棉花関税は 12.5%（1970 年代は 16%）であり[43]、綿製品輸出による払い戻しは 1959–67 年の 9 年間に 13 億 2500 万元に達し、全産業における払い戻し 90 億 2200 万元の 14.7% を占めた[44]。

　第三に、設備投資に対しては 1960 年公布の「奨励投資条例」が大きな誘因になったといわれる。1961 年度より法人税の最高税率（所得 10 万元以上）は 25% から 18% に引き下げられたうえ、本条例第 5 条は新規創設企業または 30% 設備拡充増資企業を対象に法人税 5 年間免除を認めた。ただし「減免法人税奨励標準」への準則が前提で、そこでは総額 2 億 5000 万元以上という大規模投資が対象とされ、さらに紡織業や電子機器製造業などは基本的に年産量の 50% 以上の輸出が条件付けられた。また、第 18 条（1965 年修正第 23 条）では機械輸入に課せられる関税の分納が認められた。本条例に産業特定性はないが、1960 年代における紡織業の大型設備投資を加速させた効果を有したと推測される[45]。

電子機器製造業

　1960 年代の主要製品は、米国 General Instrument 社によって生産が開始されたトランジスタラジオと、東芝、松下電器、三洋電機などの進出によって生産が開始された白黒テレビであり[46]、1970 年代の主要製品はそれにカラーテレビ、テープレコーダー、電子卓上計算機（電卓）が加わった。表 18 で各製品の生産量と販売量の推移が示されているが、テレビを中心にその推移を確認してみよう。

　白黒テレビについては、1968 年の内販量は輸出量を上回っていたが、1970 年代に入ると輸出量が内販量を大幅に上回るようになり、輸出の伸びに依拠して生産量が伸び続けた。石油危機時の 1974–75 年に白黒テレビ輸出量が減退したが、1976年以降は輸出量の回復とともに生産量も回復した。カラーテレビは 1969 年に生産が開始され、1972–73 年に輸出量が大幅に伸びた。石油危機時に輸出量は減退した

43　『総統府公報』掲載の「海関進口税則」を参照。

44　林邦充「台湾綿紡織工業発展之研究」『台湾銀行季刊』第 20 巻第 2 期、1967 年。

45　程杭生「奨励投資条例施行実績的分析」『行政院賦税改革委員会報告書 第三部 専題研究彙編（一）』1970 年。

46　梶原弘和、前掲論文、1994 年、246–248 頁。

86　｜　第一部　高成長と経済政策

表18　電子機器の生産と販売

	白黒テレビ 生産		輸出		内販		カラーテレビ 生産		輸出		内販		デジタルウォッチ 生産
	台	100万元	台	100万元	台	100万元	台	100万元	台	100万元	台	100万元	1000個
1968年	650,205		56,121		182,000								
1970年	1,225,689		677,658		372,200		28,436		22,736		5,700		
1972年	3,397,037		2,926,477		276,000		293,715		249,330		60,000		
1974年	3,617,751	8,594	3,491,149	7,242	278,037	1,506	418,453	4,739	273,474	1,723	132,717	2,676	1,800
1976年	3,326,432	7,426	3,383,430	6,941	172,922	710	523,614	7,354	238,784	1,553	261,838	5,355	

	トランジスタラジオ 生産		輸出		内販		テープレコーダー 生産	電卓 生産
	1000台	100万元	1000台	100万元	1000台	100万元	1000台	1000台
1970年	3,642		3,131		125		515	
1972年	6,085		5,073		148		1,053	56
1974年	12,946	5,811	11,783	5,506	822	311	2,204	534
1976年	6,848	4,265	7,040	4,221	98	68	3,040	2,255

資料：交流協会『台湾の電子製品をめぐる工業貿易政策の現状と展望』1978年、8-11頁。
注：空欄は不明。

が、1974年以降に内販量が大幅に伸び、1976年以降は米国向け輸出が好調となって回復した[47]。留意すべき点はカラーテレビの販売額であり、輸出台数が内販台数を上回っているにもかかわらず、内販額が輸出額を上回っていることである。これは高率関税で保護された国内市場でカラーテレビの販売単価が高かったことによる。米国への全量輸出を志向していた米国家電企業と異なり、日本家電企業は関税で保護された台湾市場の獲得を目的に進出するが、この点については後述する。

　このほか、1960年代から主力製品であったトランジスタラジオも、輸出に依拠して1973-74年に生産量が急増し、その後は輸出量が減少するものの単価の回復によって、カラーテレビよりも多額の外貨を稼いでいる。1968年に生産が開始されたテープレコーダーは1972年の内需拡大によって生産量が増加し、1973年以降は輸出拡大によって生産量が増加した[48]。1970年代後半になると、電卓とデジタルウォッチの生産量が急増し、1976年の電卓生産量のうち85%は輸出され、1976年のデジタルウォッチ生産量の96%が輸出されている[49]。

　こうした電子機器製造業の発展においては、第一に、積極的な外資導入策の成果が挙げられる[50]。1954年公布の「外国人投資条例」により、外資全額出資企業の創設（第4条）、投資元本の海外送金（ただし毎年度投資元本総額15%までに限定、第12条）、利益（配当金・利息）の年1回本国送金（第13条）、国内資本と同等待遇（第17条）などが認められていた。よって、前述した「奨励投資条例」に基づく税の減免も、年産量の50%以上の輸出などが条件づけられた「減免法人税奨励標準」に準則すれば、外資にも適用されることが保障された。さらに、前述した1962年公布の「技術提携条例」が、技術使用料の送金あるいは再投資を認め（第12条）、外資導入にともなう技術導入が法制度的に整った。

　表19は、1960年代および1970年代の華僑を除く外国人による対内投資額を4期に分けて示したものである。1960年代後半から外資導入額が急増しており、対中国国交正常化をめぐるニクソン・ショックに揺れた1970年代前半も巨額の外資を導入し得ている。業種別では電子機器製造業への投資が最も多く、地域別では米国と日本からの投資が大勢を占めた。表中資料によると、投資件数では日

47　交流協会、前掲調査書、1978年、9頁。
48　交流協会、前掲調査書、1978年、11頁。
49　交流協会、前掲調査書、1978年、12頁。
50　北村かよ子「多国籍企業の進出」谷浦孝雄編、前掲書、1988年。劉進慶「電子産業─産業高度化のフロンティア」谷浦孝雄編、前掲書、1988年。

表 19 対内投資の推移

外国人対内投資（業種別）　　　　　　　　　　　　　　　　単位：1000 ドル

	1960-64 年	1965-69 年	1970-74 年	1975-79 年
農林水産牧畜業	3	1,425	157	237
鉱業・土石採取業				
食品・飲料	1,635	2,967	2,414	4,238
紡織	1,743	4,121	18,322	7,601
衣類服飾業	98	6,760	4,578	3,892
皮革、毛皮・その製品	32	629	2,087	243
木材製品	38	367	3,269	1,559
製紙・印刷	27,545	1,226	1,190	1,984
化学品	125	33,639	58,897	103,310
ゴム製品	181	6,195	12,391	17,019
非金属鉱物製品	1,400	2,413	27,208	6,801
一次金属・金属製品	597	9,752	84,502	36,446
機械	3,360	8,714	95,027	35,227
電気・電子機器	8,253	138,976	264,088	317,841
建設	11	522	878	290
国際貿易	353	559	937	496
運輸	349	3,569	2,050	2,190
金融保険	359	459	35,327	11,329
サービス		4,027	12,208	20,586
その他		3,773	11,396	15,071
合計	46,082	230,093	636,926	586,360

外国人対内投資（地域別）

	1960-64 年	1965-69 年	1970-74 年	1975-79 年
香港	216	297	15,091	49,329
日本	6,399	52,709	132,158	178,937
米国	37,985	126,946	254,494	238,006
カナダ	7	1,050	46,961	25
英国		1,871	2,084	2,057
ドイツ		1,142	22,373	16,882
オランダ		20,894	29,511	64,828
その他	1,475	25,184	134,254	36,296
合計	46,082	230,093	636,926	586,360

資料：経済部投資審議委員会『中華民国 歴年 華僑及外国人投資 対外投資 対外技術
合作 対大陸間接投資 大陸産業技術引進 統計年報』1999 年、16-24 頁、30-38
頁。

本が最多であったことから、米国企業による大規模投資と比較して、日本企業の投資は中小規模であったことがわかる。このことは、全量輸出を志向する米国企業が全額単独出資する傾向にあったのに対し、現地市場を目指す日本企業の投資は現地企業との合弁形態が多かったことによる[51]。

　こうした電子機器製造業における外資の積極的な対台湾投資は、政府の外資導入策が功を奏したといえるが[52]、外資企業がおかれた当時の状況も作用した。まず、米国家電企業の対台湾投資は、以下のような米国市場における日本家電企業の優勢に対する対抗措置であった[53]。1960年代後半に米国の白黒テレビ市場で日本企業に急速にシェアを奪われた米国企業（RCA社など）は、組立および中間部品の製造工程を、低賃金を利用し得る海外（台湾・メキシコ）に移転させていった。また1960年代末から1970年代半ばにかけて、米国のカラーテレビ市場でも日本製小型機種のシェアが急速に拡大した。1968年に米国電子工業会は日本家電企業11社に対し、白黒・カラーテレビをダンピング輸出しているとして1921年アンチダンピング法に基づくダンピング税賦課を要求した。また、1976年には米国カラーテレビ産業保護委員会が、輸入急増による被害を受けているとして、1974年通商法201条に基づいてカラーテレビおよびその部品の輸入数量割当を要求した。前者は、課税算定方式をめぐって問題が長期化し、結局輸入業者が和解金を支払うことで1980年に合意が成立した。後者は日米政府間交渉によって1977年7月からの3年間にわたって日本側が対米輸出自主規制するという市場秩序維持協定によって決着した。こうした保護主義的運動に参加しなかったRCA社は、台湾にプリント基板などの組立工程を、メキシコでシャーシーなどの組立工程を、米国に最終組立工程を置くシステムを確立していた。結局、保護主義的運動の先頭に立っていたゼニス（Zenith）社も、1977年秋に台湾・メキシコにプリント基板・シャーシーなどの組立工程を置き、米国には最終組立工程のみを残す再編を行った。以上のように、米国家電企業による対台湾投資は、労働集約的工程を低賃金国に移転させ、最終組立工程は米国に残すという国際分業システムの形成過程において現れていた。

51　谷浦孝雄「アジアの工業化と直接投資」谷浦孝雄編『アジアの工業化と直接投資』アジア経済研究所、1989年。

52　1965年公布の「修正奨励投資条例」第23条では、電子機器製造業などの新規創設企業（3000万元以上）で国内未製造の機械を輸入する場合は、関税免除が認められている。

53　板垣博「カラーテレビ産業の対米進出」法政大学比較経済研究所・佐々木隆雄・絵所秀紀編『日本電子産業の海外進出』法政大学出版局、1987年。

表20　技術提携件数（1952-76 年）

	日本	米国	その他	計
食品・飲料品	26	6	2	34
紡織品	23	12	1	36
装飾品	6	4	1	11
木製品	2	0	1	3
製紙・紙製品	6	5	0	11
皮革製品	3	0	0	3
ゴム・プラスチック製品	46	4	3	53
化学品	112	39	28	179
非金属鉱物	31	6	4	41
一次金属・金属製品	112	20	10	142
機械	114	21	20	155
電気・電子機器	182	59	12	253
建築	13	1	1	15
サービス	11	5	1	17
その他	27	1	4	32
合計	714	183	88	985
うち 1959 年以前	34	11	3	48

出所：交流協会『外国企業との技術提携の有効な方法』
　　　交流協会、1979 年、26-27 頁。

　これに対して、日本家電企業の対台湾投資は、高率関税で保護された現地市場の確保を目的にして始まった。台湾に進出する米国家電企業は全額出資形態をとって全製品輸出を志向したのに対し、有力な日本家電企業は合弁形態をとって台湾市場での販売を志向した。このことは技術提携件数の差にも影響した。1963年から1978年までの間でテレビおよびその部品に関する外資との技術提携は66件あり、そのうち日本が39件、米国が21件であった[54]。カラーテレビに限ると、外資との技術提携は23件あり、そのうち日本が19件、米国が4件であり、時期は1970年と1975年に集中していた。こうした米国企業と日本企業の市場志向の差異から生じる技術提携件数の多寡は、カラーテレビに限らず、表20に示されるように、電子機器製造業の技術提携件数253のうち、日本が182件を占め、米

54　葉日崧「従産品的国際循環看台湾電視機産業之発展」『台湾銀行季刊』第 31 巻第 2 期、1980 年。

国は 59 件にとどまった。ただし、国内市場の飽和に直面するのは時間の問題であり、結局は日本企業も輸出戦略を余儀なくされたと推測される。

第二に、輸出加工区の設置も電子機器製造業の発展に寄与した。1965 年公布の「輸出加工区設置管理条例」は、輸出加工区における輸出品生産のための機械設備、原料・半製品の輸入関税を免除することを定めた（第 13 条）。さらに、輸出加工区内では部品の国産化率に関する義務が免除された。当時、電子部品は輸入許可品目に分類され、例えばカラーテレビやビデオテープレコーダーを製造する場合、経済部が定める国産化基準に基づいて国産品使用計画表を工業局に提出しなければならず、工業局は同表を確認して貿易局に通知し、貿易局はその国産品使用比率の範囲内で輸入許可証を発行することになっており、国産品使用計画表で内製または国内購入とされている項目については輸入申請することはできなかった[55]。それに対して、輸出加工区内でカラーテレビやビデオテープレコーダーを製造して輸出する場合は、その部品を国産化率にとらわれずに輸入することができ、しかも関税が免除された。

1965 年 6 月に「高雄輸出加工区設立認可輸出事業種類及優先順序」によって投資可能業種が優先順に二段階で定められ、最優先業種は、精密機械・計器、電子機器、光学製品、金属製品、プラスチック製品、機械、家具、手工芸品の 8 業種、続いて、電気器具、ゴム製品、化学製品、印刷品、糖菓子、化粧品、皮革の 7 業種、最後に、ニット・編み物（原料綿糸は除外）、衣類（原料綿布は除外）の 2 業種とされた。高雄に設置された輸出加工区は 1966 年からスタートし、その成功を受けて 1969 年には楠梓と台中に設置が決定され、両区も 1971 年よりスタートした。加工区内には、工場建設、投資審査、商業登記、物資輸出入認証などに関する事項を取り扱う輸出加工区管理処のほか、税関駐在支所、税務署、銀行、郵便局、電信局営業処、電力会社営業処、航空会社営業処、就職支援センターが設置されており、輸出入の認証、通関、外貨決済などの手続きをまとめて処理することができ、海外操業における頻雑さの簡素化が図られていた[56]。

表 21 には 1975 年時の輸出加工区への投資状況が示されており、区内への投資額のうち電子機器製造業が半分近くを占め、区内での雇用者の 4 割以上が同産業に従事した。区内への投資額のうち 6 割以上が外資によるものであり、その過半

55　交流協会、前掲調査書、1984 年、119 頁。

56　交流協会、前掲調査書、1978 年、40 頁。

92 ｜ 第一部　高成長と経済政策

表 21　1975 年 4 月時の輸出加工区

	高雄	楠梓	台中	合計
操業企業数（社）	143	82	38	263
うち電子機器	34	25	17	76
許可済投資額（千ドル）	65,239	64,739	30,185	160,163
うち外資	38,098	36,647	26,133	100,878
日本				55,887
米国				20,050
その他				24,941
実際投資額（千ドル）	53,308	36,400	17,975	107,682
うち電子機器	27,929	12,670	7,452	48,051
実際雇用人数（人）	38,470	11,845	7,050	57,365
うち電子機器	15,413	5,954	3,429	24,796

出所：交流協会『台湾の繊維産業　市場動向調査シリーズ No.39』1977 年、246
　　　–248 頁。

が日本企業であった。日本の電子機器製造企業にとって輸出加工区に進出するメリットとしては、テレビやラジオを組み立てて輸出する場合、国産化率に規制されずに輸入する部品の関税（1960 年代 15％、1971 年以降 33％）が免除され、台湾の低賃金労働力を使用し得たことがあげられる。1973 年時においても台湾の賃金水準は日本の 3 分の 1 から 4 分の 1 程度で、他の NIEs よりも低いという調査結果が出ていた[57]。さらに、1971 年のドル切り下げ時に円が切り上げられた一方で台湾元は据え置かれ、1973 年のドル切り下げ時にも台湾元は 5％ 切り上げにとどまり、台湾産品の対米国輸出は日本産品よりも相対的優位にあった[58]。円高が進捗する一方で、台湾元は 1978 年の変動相場制移行まで 1 ドル 40 元水準で安定していたため、米国市場に依存していた日本の電子機器製造企業は台湾を迂回して米国に輸出する戦略をとったと思われる。

　電子機器製造業の発展は輸出加工区内に限定されていたわけではない。外資投資総額に対する輸出加工区投資総額の比重は 1970 年の 13.5％ から 1980 年には 5.8％ に低下していることから[59]、量的にはむしろ加工区外で外資導入による電子

57　「台湾主要製造業の景気動向と当面の問題点（下）」『交流協会ニュース』33 号、1974 年 11 月。

58　交流協会『台湾の経済構造（資料編）』1974 年（郭婉容『匯率変動対台湾対外貿易與物価及影響及其対策』1973 年、第 1 章、第 4〜10 章、第 12 章の翻訳）、242–243 頁。

機器製造業は発展したと思われ、保税工場の果たした役割も大きかったと推測される。輸出加工区内外での取引需要も高まったようで、当初は輸出加工区内産品の国内販売は認められていなかったが、1975年10月以後は、工業局の許可を得れば税関の輸出入手続きを経て、年産量20%以下の範囲で国内販売も認められるようになった[60]。

第2節で指摘したように、1970年代半ばの電子機器製造企業のうち、85.2%が従業員100人未満の中小企業であった。先にみた電子機器製造業における日本企業と台湾企業との技術提携件数の多さから、日本企業から技術を導入し得た複数の台湾企業が成長し、さらにその技術が拡散する形で中小企業が叢生したと推測される。電子部品メーカーに限ると、その数は1970年代半ばに500社を越え、製品種類も200種近くに達した[61]。政府は電子工業6年発展計画（1976-81年）を策定して、各製品の目標生産量・輸出量を定めると同時に、国産化率の向上を目指した[62]。工業技術研究院金属工業研究所の調査によれば、1975年の需要に対する国内供給の比率をみると、コイル・変圧器は56.1%、コンデンサは43.6%、プリント基版は30.6%を占めたものの、テレビブラウン管は19.7%、抵抗器は17%、ICに至っては0.1%と低く、電子部品全体の国内供給率は12.1%と未だ低い状態にあった[63]。ただし、1970年代後半になると白黒テレビ用ブラウン管は、オランダ系の台湾飛利浦（Philips）電子工業公司、米国系の台湾克林登（Clinton）公司、現地企業大同公司の子会社でRCAと技術提携した中華映管公司などの生産によって国産化率はほぼ100%に達した[64]。カラーテレビ用ブラウン管も、1978年から台湾飛利浦電子工業、東芝と技術提携した中華映管公司が生産を開始し、国産化率は60%から90%に高まった[65]。デジタルウォッチの生産も、モジュール輸入の組立てから始まり、やがてモジュール生産も行うようになったが、ICは輸入に頼っていた[66]。資本集約度が高くリスクも高いICの製造について民営企業の参入は期待できなかったので、経済部所属の工業技術研究院に電子工業研

59　梶原弘和、前掲論文、1994年、248頁。
60　交流協会、前掲調査書、1978年、24-25頁。
61　交流協会、同上、1978年、22頁。
62　交流協会、同上、1978年、61-63頁。
63　交流協会、同上、1978年、24頁。
64　交流協会、同上、1978年、23頁。
65　交流協会、同上、1978年、9頁。
66　交流協会、同上、1978年、13頁。

第一部　高成長と経済政策

究開発センターが設立され、RCA との技術提携によって IC モデル工場を設立し、1978 年から正式に操業を開始して、デジタルウォッチ用や電子玩具制御用の IC を生産している[67]。

おわりに

　本章のまとめとして、図 2 を利用して、高成長期台湾経済の需要拡大および産業発展のメカニズムと政策要因との関係について整理しよう。台湾経済の高成長過程においては、紡織業、化学工業、電子機器製造業の発展効果が大きかった。労働集約的輸出産業（紡織業と電子機器製造業）における低賃金労働力の吸収→低・中所得層への分配増加→個人消費の拡大というように、外需拡大が内需拡大をもたらしていた。個人消費の拡大を招いた賃金の上昇は、労働集約的輸出産業の国際競争力を減じるものであったが、紡織業者は積極的に設備投資を行い、生産性の上昇でそれを相殺した。また、労働集約的輸出商品の生産のための中間財需要が、規模の経済が発生するまで拡大し、資本・技術集約的産業の振興が促され[68]、第 7 章で論じるように化合繊製造業や合繊原料製造業が輸入代替的に発展して、これらの産業も総固定資本形成を牽引した。ただし、紡織業や合繊製造業における設備投資の進展は機械輸入の増加をもたらし、実質的に投資が内需と結びついていたわけではなかった。

　これら主要産業の発展に関する政策としては、紡織業の設備投資には機械輸入関税分納・法人税免除という投資誘因や公営銀行からの融資が効いていた。また、第 7 章で述べる化合繊製造業の設備投資には、法人税免除・機械輸入関税分納による投資誘因のほか、保護関税や外資との技術提携促進策の効果があった。さらに、化合繊製造業の生産能力拡大に応じて合繊原料の輸入が急増したが、公営企業が合繊原料製造に参入することによって輸入代替が進展し、これは政府の十大建設事業の一部であった公営企業の設備拡張と連動していた。電子機器製造業の発展については輸出加工区での外資導入策が契機となっており、保護関税や外資との技術提携促進策が効果を発揮した。政府主導仮説が主張する通り、総固定資

67　交流協会、同上、1978 年、15 頁。
68　佐藤幸人「繊維産業―工業化の大黒柱」谷浦孝雄編、前掲書、1988 年、105-107 頁。

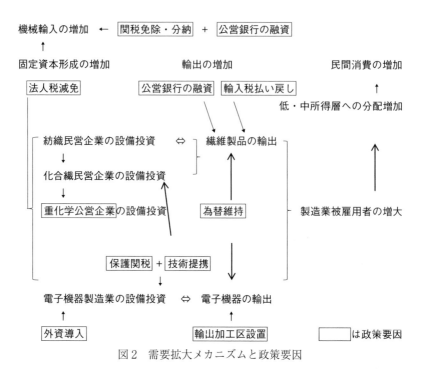

図2 需要拡大メカニズムと政策要因

本形成に関しては、政府・公営企業の設備投資のほか、不利益の除去や誘因付与といった制度面の整備で政府の果たした役割は大きく[69]、その動きに民営企業が反応して旺盛な設備投資意欲が発揮されたと理解できる。

輸出拡大については、市場主導仮説が主張するように、為替レート実勢化（切り下げ）や戻し税制度などで不利益が除去されることによって、そもそも比較優位にある労働集約的産業が国際競争力を発揮したと理解し得る[70]。繊維製品の輸出促進策としては公営銀行の融資、輸入税払い戻し制が、電子機器製品の輸出促進策としては輸出加工区の部品輸入税免除が挙げられ、全体的には対ドル為替レートの40元水準維持が効果を発揮した。

産業横断的に「投資が投資を呼ぶ」と称された高成長期の日本経済と比較した場合、貿易依存度が高い高成長期台湾経済の特徴としては、輸出が投資を促進し、

---

69 ただし、奨励投資条例が台湾の産業構造を大きく左右したとは考えにくい（佐藤幸人、前掲論文、1996年、93-96頁）。

70 Tein-Chen Chou, 'The Pattern and Strategy of Industrialization in Taiwan: Specialization and Offsetting Policy,' *The Developing Economies*, XXⅢ-2, 1985.

投資が輸出を拡大するという「輸出と投資の好循環」がみられ[71]、その過程で輸出産業の設備投資が機械輸入の増加に直結していた。その意味で、機械輸入にかかわる企業負担を減殺する政策措置（公営銀行による機械輸入に対する融資、機械輸入関税の分納制、輸出加工区での機械輸入関税に対する免除）により、輸出産業の設備投資が阻害されることはなかったといえる。また、技術導入については、電子機器製造業の事例にみられたように、経営権にこだわらずに外資を大胆に導入して技術導入が進展したことも特徴として指摘し得る。後者は、政府が外国投資家の少数所有を強く望んだ韓国の事例と比較しても際立っている。その際、進出する外資企業には活動領域を極力輸出に限定する制度を構築し、高率関税で保護した国内市場では、外資企業から技術を引き出し、現地企業がそれを習得する時間的余裕を与えていたことが指摘される。

71　佐藤幸人、前掲注 70 論文、1988 年、105-107 頁。

第 3 章

韓国の経済政策と圧縮成長

林采成

はじめに

本章の課題は 1960 年代から 30 年間以上にわたって展開された韓国経済の高度成長を東アジアの文脈から認識し、このような高度成長が可能であった内外要因を分析し、その特徴を明らかにすることである。

戦前朝鮮は、日本帝国圏の一部として前近代的経済システムから市場経済システムへ転換され、日中戦争後に戦時動員の一環として急速な植民地工業化を経験した。その上、米ソ両軍によって植民地支配から解放されたものの、冷戦体制の下に南北分断され、韓国は日本企業の大規模投資が行われた北朝鮮の鉱工業地帯から隔離され、さらに 20 ヶ国が参戦する「熱戦」としての朝鮮戦争が勃発すると、国富の相当部分を失った[1]。その後、アメリカからの経済援助を得て、1950 年代後半にはいちおう戦災復興を達成したとはいえ、韓国はもはや世界中の最貧国の一つに過ぎなかった。この国が 1960 年代半ばより急激な経済成長を成し遂げ、1990 年代には OECD に加入したことから、韓国の経済成長は「漢江の奇跡(Miracle on the Han River)」とも呼ばれている。

このように、最貧国の韓国が 1955 年以降の日本や 1950 年代末以降の台湾のように、年平均 10% 前後の高い成長を達成したのはなぜか、我々はその理由を問わなければならない。もちろん、その背景にはアメリカを中心とする西欧諸国や国交樹立後の日本からの経済協力があったことはいうまでもない。とはいうものの、アジア、アフリカ、南米の諸国でよく目睹するように、外部からの経済支援

1 　林采成「アメリカの戦後構想と東アジア」堀和生編『東アジア高度成長の歴史的起源』京都大学学術出版会、2016 年。

があったから、必ずしも高い成長が実現できるわけではない。市場経済の発達を保証してさらに促す制度的基盤作りとともに、皆無に等しい特定の産業部門では幼稚産業論の立場から政府の強力なコミットメントが前提にされなければならない。このような高度成長経路がどのように形成し、持続できたのだろうか。さらにこのメカニズムがある時点に至ってなぜ作動しなくなったのであろうか。

韓国側の高度成長については当時から注目され、経済成長論や開発経済論からその理解と解釈が試みられてきた[2]。とはいえ、それを歴史的現象として捉え、その条件と展開そして終息の観点から明らかにしようとする研究がなされるようになったのはごく最近のことである。即ち、1997年金融・外貨危機を経験したことから、韓国経済がなぜ危機に直面し、国際通貨基金（IMF）の経済改革プログラムを鵜呑みにせざるを得なかったのかについて新古典派的アプローチあるいは制度学的アプローチなどがなされた[3]が、その後韓国経済が安定成長、さらに低成長傾向を示すと、この現状とは対照的であった高度成長が、まるで「黄金時

2　原覚天『韓国経済の奇跡：高度経済成長と日韓経済協力』日韓国際問題研究所、1970年；金光錫・M. Roemer『成長과 構造転換』韓国開発研究院、1979年；金光錫・朴埈卿『韓国経済의 高度成長要因』韓国開発研究院、1979年；A. O. Krueguer『貿易・外援과 経済開発』韓国開発研究院、1980年；金迪教『韓国 経済発展』博英社、2012年；渡辺利夫・金昌男『韓国経済発展論』勁草書房、1996年；趙淳（深川博史監訳・藤川昇悟訳）『韓国経済発展のダイナミズム』法政大学出版局、2005年；高英先『韓国経済의 成長과 政府의 役割：過去、現在、未来』韓国開発研究院、2008年；Lee-Jay Cho and Yoon Hyung Kim ed., *Economic development in the Republic of Korea : a policy perspective*, East-West Center, 1991；Paul W. Kuznets, *Economic growth and structure in the Republic of Korea*, Yale University Press, 1977；Dirk Pilat, *The Economics of Rapid Growth : the Experience of Japan and Korea*, E. Elgar, 1994；Jang-Sup Shin, *The Economics of the Latecomers : Catching-up, Technology Transfer, and Institutions in Germany, Japan, and South Korea*, Routledge, 1996；Lawrence J. Lau, *Models of Development : a Comparative Study of Economic Growth in South Korea and Taiwan*, ICS Press, 1990；Edward K. Y. Chen, *Hyper-growth in Asian economies : a Comparative Study of Hong Kong, Japan, Korea, Singapore and Taiwan*, Macmillan, 1979.

3　Paul Krugman, 'What Happened to Asia?,' Ryuzo Sato, Rama V. Ramachandran, Kazuo Mino ed., *Global Competition and Integration*, Kluwer Academic Publishers, 1999；IMF, *Republic of Korea : Request for Stand-By-Arrangement*, Dec 3, 1997；Deputy Treasury Secretary Lawrence H. Summers to the overseas Development Council, 'Opportunities out of Crisis : Lessons from Asia,' March 19, 1998, RR-2309, The Office of Public Affairs；Sri-Ram Aiyer, 'Korean Structural Reforms in the Financial & Corporate Sectors,' 韓国経済研究院『IMF 経済危機1年半評価と課題』1999年；李鎮淳『韓国経済―危機と改革』21世紀ブックス、2003年；Joseph E. Stiglitz, *Globalization and its discontents*, W. W. Norton & Company, 2002；尹辰浩・劉哲奎編『構造調整의 政治経済学과 21世紀 韓国経済』풀빛、2000年；池尾和人・黄圭燦・飯島高雄『日韓経済システムの比較制度分析―経済発展と開発主義のわな』日本経済新聞社、2001年。

第一部　高成長と経済政策

代」のように回想され、メカニズムの解明が否応なしに試みられるようになったといえよう[4]。それまで経済通史の一部として高度成長期に関する分析が行われたことがなかったわけではないが、このような研究環境の変化にも刺激され、1960年代以降の高度成長に対する史的分析が試みられはじめた。

　これらの歴史研究において李炳天ら（2003）は、朴正熙開発独裁時代の両面性を考察し、経済開発の成功要因と開発体制の特徴を検討し、政治・社会的観点から開発独裁のネガティヴな側面について指摘した[5]。さらに、趙利済・Eckert編（2005）は、海外研究者の共同研究成果として制度、金融・財政、工業化、労働、国際政治といった複眼的視点から朴政権下で展開された韓国の近代化を分析した。金宝賢（2006）は、朴正熙政権期の「権力ブロックの民族主義」としての経済開発を把握し、これが資本主義の発展を加速化し、資本・賃労働関係を生み出すが、この関係によって権力ブロックの民族主義・開発主義が逆に規定される側面が強くなると指摘した。金光熙（2008）は、1960-70年代における韓国の経済開発の過程とその中での朴正熙の役割を考察し、独裁統治と近代化に対する歴史的評価を下している。こうした研究に対してグラムシのヘゲモニー論を韓国に適用し、朴正熙時代の政治経済体制を開発動員体制として捉えたのが曺喜昤（2010）である。

　一方、経済政策面で朴政権とアメリカとの対立ないし摩擦に注目したのが木宮正史（2008）であって、彼によれば、軍事クーデター後、「内包的工業化戦略」が実施されたものの、内資動員が計画通りにはいかず、その挫折が余儀なくされ、アメリカ側の提案に即した形で外資の積極的導入や輸出振興政策が展開された。これを李完範（2006）は経済開発計画の面で捉え、第一次計画の立案および実施を検討し、それをめぐる朴政権と米国の対立とその後の修正が実施される政策プロセスを分析した。姜光夏・李栄薫・崔相伍（2008）は高度成長期における韓国

4　朴正熙大統領の歴史的評価において過去独裁者として彼の経済開発の業績を「貶す」傾向が過去には強かったとすれば、2010年代に入り政治的地形も大きく変わることもあり、朴大統領の領導を「崇める」ような退行的な研究もあり、歴史的事実に基づいて語るべき経済史研究として両方とも警戒しなければならない。

5　木宮正史『朴正熙政府의 選択』후마니타스、2008年；李完範『朴正熙와 漢江의 奇跡：1次5箇年計画과 貿易立国』선인、2006年；李炳天編『開発独裁와 朴正熙時代：우리 時代의 政治経済的 起原』創比、2003年；趙利済・Carter J. Eckert編『韓国近代化、奇跡의 過程』月刊朝鮮社、2005年；金宝賢『朴正熙政権期 経済開発：民族主義와 発展』갈무리、2006年；金光熙『朴正熙와 開発独裁』선인、2008年；曺喜昤『動員된 近代化：朴正熙 開発動員体制의 政治社会的 二重性』후마니타스、2010年。

の経済開発を率いるテクノクラート達の組織としての経済企画院の成立とその役割、他の部署との関係などを明らかにしている[6]。

　一方、資本蓄積の主体たる財閥については姜明憲（1996）によって財閥の起原と成長メカニズムが検討されて以来、史的分析が加えられ、鄭章淵（2009）が韓国経済を「分断体制資本主義」として捉え、資本蓄積の主体たる財閥が軍事政府の経済政策の転換に伴ってどのように対応したのかを考察したのに対して、金YunTae（2012）は財閥の発展を国家との力関係で説明している[7]。さらに、資本蓄積のなかで中心的部門であった重化学工業化については、朴永九（2008、2012、2015）による長大な検討が行われ、重化学工業化の背景と目標、それをめぐる金融、財政、内外資、組織、教育、技術、労働政策とその歴史的実態が明らかにされており、さらに個別産業に関する分析が進行中である[8]。また朴基炷らもキャッチアップ理論に基づいて鉄鋼、造船、自動車、工作機械などといった重化学工業化の背景と政策、その成長のプロセス、人的資本の形成を分析し、その政策の評価と影響分析を試みた。

　とはいうものの、以上の先行研究は韓国経済を一つの「有機体」として捉えて高度成長経路へ韓国経済がどのように進入し、さらに実際の高度成長が如何に展開され、さらにその終息を迎えたのかを経済史的に一貫して考察していない。この点を考慮して、本章は以下の構成で論じる。第1節においては高度成長の条件としてボトルネックとなる資本不足が韓米両国の経済政策のなかで如何に解消されたのかを検討する。第2節では、資本蓄積が主体たる企業、とくに財閥側においてどのように展開されており、輸出ドライブ政策の歴史的意味が如何なるものであったのかを考察する。さらに韓国の場合、日本に比べてより長期間にわたって高度成長が持続できた理由が何かを探る。第3節においては、高度成長エンジンのパーツが如何に外され、危機的局面に陥り、低速の成長が余儀なくされたことを明らかにする。

6　李大根編著『새로운 韓国経済発展史：朝鮮後期에서 20世紀 高度成長까지』나남、2005年；姜光夏・李栄薫・崔相伍『韓国 高度成長期의 政策決定体系：経済企画院과 政策推進機構』韓国開発研究院、2008年。

7　姜明憲『財閥과 韓国経済』나남、1996年；鄭章淵『韓国財閥史の研究：分断体制資本主義と韓国財閥』日本経済評論社、2009年；김윤태『韓国의 財閥과 発展国家：高度成長과 独裁、支配階級의 形成』한울、2012年。

8　朴永九『韓国重化学工業化研究総説』海南、2008年；朴永九『韓国의 重化学工業化：過程과 内容』海南、2012年；朴永九『韓国의 重化学工業化 工業別研究：第1次金属工業』海南、2015年；朴基炷編著『韓国 重化学工業化와 社会의 変化』大韓民国歴史博物館、2014年。

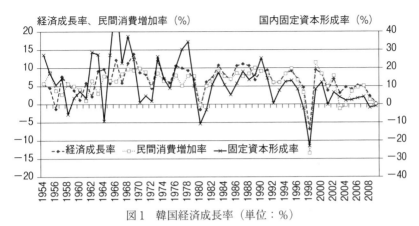

図1　韓国経済成長率（単位：%）

資料：韓国銀行『経済統計年報』各年度版；韓国銀行「経済統計システム」（https://ecos.bok.or.kr/）

1. 高度成長の経路への進入

　韓国経済の高度成長が実現できる歴史的条件を検討する前に、とりあえず歴史的事実として朝鮮戦争後の経済成長を観察してみよう。図1によれば、年間成長率が戦災復興期にあたる1954年から61年にかけて4.5％に過ぎなかったが、第一次経済開発五ヵ年計画が始まる1962年から韓国経済危機が発生する1997年までの36年にわたって8.5％を記録した。この36年とは韓国側が戦前日本の統治を受けた植民地期と全く同じ期間であったことに注意して置きたい。それが韓国社会全般を構造的に大きく変える動因をもたらしたことは言うまでもない。その期間中の1980年には朴正熙政権の崩壊とともに、第二次オイルショックの影響もあり、-1.5％を記録した。1997年の経済危機の翌年には経済成長率が-6.9％を記録したものの、その後回復し、2009年までは年平均5.4％であった。もちろん、経済危機の発生理由を検討することも大事である[9]が、本章はとりあえずその長い高成長を可能にした要素は何だったのか、さらにその高成長の起動はどのように可能であったのかについて注目する。

9　筆者は経済危機を境として韓国経済が循環的変動を経験するというよりは構造的に大きく変わったと見ている。

経済成長源泉がどこにあったのかを考察してみると、序章表2（5頁）のように、後発国ではおもに資本や労働のほうがTFPより大きく産出の増加に寄与し、なかでも投入要素として資本が重要であった。韓国は典型的なケースであって、産出8.3＝資本4.3＋労働2.5+TFP1.5であった。韓国はTFP向上を中心とした先進諸国と異なって生産要素を多く投入することによって高度成長を達成した（input driven growth）ことから、生産要素の確保が経済成長にとって重要であった[10]。農村においては、膨大な余剰労働力が存在しており、アメリカ軍政下で整備された学校教育が全国的に施された結果、次のような変化が起こった。学生数の増加（1952年→1965年）を見れば、小学校2,369,861人→4,941,345人、中学校291,648人→751,341人、人文系高等学校59,421人→254,095人、実業系高等学校74,463人→172,436人、高等教育機関34,089人→141,626人であった[11]。その後も学生が増加し、高学歴者も大きく増えたことはいうまでもないが、学校教育の普及は韓国成長にとって良質の低賃金労働者の供給を可能とし、高度成長経路を大きく支えた。なかでも初等学校教育が1960年代の経済開発段階で大きく寄与したことは周知の事実である。

この点を勘案すれば、資本ストック、さらに設備投資を可能とする資金調達が高度成長経路への進入にとってネックとなったことがわかる。当然、これには国内資金を動員するとともに、海外からの資金調達が必要とされた。図2をみれば、総投資のために必要な資金調達が貯蓄のみによって賄い切れず、常に海外貯蓄を必要とした。1970年代に入ると、国内貯蓄、なかでも民間貯蓄のシェアが大きくなったが、それまでは政府貯蓄も大きかったし、海外貯蓄でも「純移転」と表示される援助が大きかった。アメリカからの経済援助（図3）を中心とする海外貯蓄「純移転」は1950年代には圧倒的であった。1950年代にはアメリカの経済援助は東アジアを対象とするものが最も大きかったが、そのうちでも対韓援助が大きかった。経済援助を上回る規模で軍事援助が実施されたが、軍事援助を取除いても戦場となった韓国を中心とする経済援助が最も大きかった。

このような経済援助が同じ政策の下で一貫して実施されたわけではない。アメ

10　こうした成長方式は高度成長が終息した後の2000年代にも確認できる（신석하「韓国経済의（2000年代）生産性増加勢評価：成長会計分析方式　比較・分析」『韓国開発研究』36-2、2014年、137-174頁）。

11　金栄奉・N. F. McGinn・金信福・金基暎・D. R. Snodgras『韓国의　教育과　経済発展　1945-75』韓国開発研究院、1984年；김영화他『韓国의　教育과　国家発展（1945-1999）』韓国教育開発院、1997年。

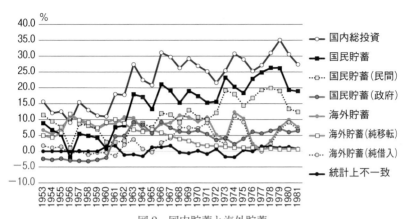

図2　国内貯蓄と海外貯蓄

資料：前掲『経済統計年報』；前掲「経済統計システム」。

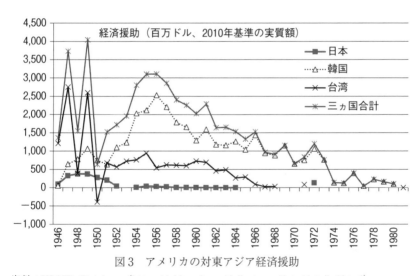

図3　アメリカの対東アジア経済援助

資料：USAID, Database (http://gbk.eads.usaidallnet.gov/data/detailed.html)。

リカの対外援助政策は1950年代後半より転換され始めた。その背景には冷戦体制における大きな変動が生じたことがある。ソ連の低開発諸国への政策はスターリンの死後、武装闘争からドラマティックな変化を成し遂げ、軍事的脅威より自由世界陣営の内部的不安定を狙う「隠密な膨張」（creeping expansion）や「平和攻勢」（Peace Offensive）を図っていた[12]。また、中国も彼らの目的が政治的手段

第3章　韓国の経済政策と圧縮成長 | 105

によって達成できる限り、軍事的行動より政治的行動を重視するようになった。

　政治体制別 GNP とその成長率に注目すれば、世界人口の 42.4％ が自由世界低開発国であり、これらの地域の GNP 比率は 15.2％ に過ぎず、その反面、自由世界先進国は少ない人口（23％）に比べて世界 GNP の 60.8％ を占めていた[13]。一人当り GNP（1959 年）は当然、自由世界先進国（1,457 ドル）が最も高いが、低開発国の場合、一人当り GNP（197 ドル）が低いだけでなく、経済成長率（1955–59 年の平均 2.2％）も低かった。共産圏（381 ドル）は自由世界先進国に比べて低い経済水準であったものの、その経済成長率（5.5％）は自由陣営先進国のそれ（1.9％）を大きく上回った。経済成果においては共産圏がむしろ優位に立ったのである。共産圏の高い経済成長率は共産主義の宣伝の素材となり、資本と技術を欠いている自由世界低開発国に社会主義計画経済の優秀性をアピールし、新生独立国にとって中国は急速な近代化を達成できる魅力的なモデルとなっていた[14]。

　これに対し、MIT の W. W. Rostow らはアメリカの対外経済政策を厳しく批判した。彼はインドシナの「1954 年危機」が軍事的・経済的なものではなく、政治的・心理的なものであったにもかかわらず、低開発国への援助が相互安全保障法（MSA）による軍事援助の一環として行われ、被援助国にとって巨大な軍費支出を強いることにより、経済開発を抑制していると指摘し、長期開発計画を通じて低開発国のテイクオフを誘導し、共産圏の戦略に対応することを提案した[15]。こうした批判もあり 1957 年より低開発国に対するアメリカの借款が前年の 4 億 8700 万ドルから約 20 億ドルへと増加した[16]。開発借款基金（DLF）の設置とともに、アメリカ輸出入銀行の借款提供認可が増加したからである。また、国際協力局（ICA）にも民間企業局が新設された。ついでケネディ政権が登場すると、ロ

12　NSC 5422, 'Tentative Guidelines under NSC 162/2 for FY 1956,' Jun. 14, 1954, *FRUS 1952–1954*, vol.2, part1, pp.647–668 ; NSC 5501, 'Basic National Security,' Jan 7, 1955, *FRUS 1955–1957*, vol.19, pp.24–38 ; NSC5602/1 (Basic National Security, 1955.3.15).

13　'Trends of Population and Gross National Product by Regional and Political Subdivisions,' OIR Report No.8506, August 18, 1961, Department of State, Bureau of Intelligence and Research, Official Use Only/NOFORN.

14　NSC 5913/1, 'U.S. Policy in the Far East,' Sep. 25, 1959, *FRUS 1958–60*, vol.16, pp.133–144.

15　W. W. Rostow, *An American Policy in Asia*, John Wiley & Sons, 1955 ; *A Proposal : Key to on Effective Foreign Policy*, Harper & Brothers, 1957（M. F. ミリカン・W. W. ロストウ著、前田寿夫訳『後進国開発計画の諸問題』日本外政学会、1958 年）。

16　'Foreign Lending Operations of US Government Agencies, 1951 through 1959,' OIR Report No.8367, October 24, 1960, Department of State, Bureau of Intelligence and Research, Official Use Only.

ストウ路線にそって相互安全保障法に代わる1961年対外援助法（Foreign Assistance Act of 1961）が制定された。それと相俟ってDLFやICAが国際開発局（USAID）へ統合され、他の先進国に対しても経済援助が要請された。国連には国際開発協会（IDA）が設立され、10年据置かつ償還期間35-40年の低利開発資金を供給し、また開発援助グループ（DAG→61年にDAC）を通じて開発援助に関する情報交換と開発調整が行われた。

　このような政策の転換によって、1950年代後半には韓国政府に対し、長期開発計画の作成がアメリカ政府から要請された[17]。1957年7月にはWalter C. DowlingとWilliam E. Warneがそれぞれ駐韓米大使と合同経済委員会の経済調整官に任命されて来韓すると、長期経済開発計画の必要性が具体的に言及された。これに対して、韓国側では産業開発委員会が設置され、七ヵ年経済開発計画（1958年8月）を作成し、アメリカとの協議に当り、さらにオレゴン大学教授団の支援を得て、1959年12月に経済開発三ヵ年計画を成案した。とはいうものの、この案は3・15不正選挙とその後の4・19革命によって李承晩政権が崩壊した後には廃案となり、1960年代の軍事政権の下で大幅の修正の上、経済開発五ヵ年計画として実施されることとなった。

　朴正煕らは国家再建最高会議を通じてクーデターの正当性を「祖国近代化」に求め、社会主義との体制競争に突入し、貧しい韓国と豊かな北朝鮮という南北構図を克服しなければならなかった。アメリカ側も経済開発を通じて労働集約的な工業化を推進して失業問題を解決し、3-5年内に強力でかつ安定した韓国政府を造り出すことを対韓政策の目標として想定していた。ところが、軍事政府側は第一次経済開発五ヵ年計画に際して「内包的工業化戦略」を行使し、そのための内資動員の一環として通貨改革を断行し、アメリカの反発を買った[18]。遂に通貨改革が失敗し、インフレが進行し、食糧危機が発生すると、アメリカの圧力を受け止めざるを得ず、より外資を利用して輸出主導型の補完計画を通じて五ヵ年計画の修正を図った。

　以上のような経緯によって韓国経済は海外からの借款に基づく高度成長経路への進入が可能となったのである。

17　林采成「1950年代韓国経済の復興と安定化：合同経済委員会を中心に」『歴史と経済』第231号、2016年4月。

18　前掲『朴正煕政府의 選択』。

2. 高度成長の展開と大衆消費社会の渡来

「開発年代」の高度成長を主導した国家機構は復興部をベースとして 1961 年に設立された経済企画院であった。企画・予算・調査評価の機能が有機的に連携されるように下部機構が編成され、長期計画を樹立し、予算編成や外資導入を管轄した。そのシンクタンクとして韓国開発研究院（KDI）が経済企画院を支えた。これによって作成された五ヵ年計画に基づいて中央部署の個別政策が実行され、さらに大統領主催の「月間経済動向報告会議」などによる調整が加えられた。もちろん、政策の失敗によって期待の効果が得られなかったり、内外の不確実性によって計画自体の修正が余儀なくされたりすることもあったが、計画は経済界への信号として機能した。但し、第一次と第二次計画が実行と目標達成に焦点を絞った実践計画（imperative plan）であったとすれば、第三次と第四次計画は誘導計画（indicative plan）であったことに留意しなければならない[19]。

　これらの計画によって 5 年間の政策の重点が予告されると、財閥を中心とする大企業は具体的な事業計画を設けて資本蓄積を図った。政府からは減免税、補助金、外貨割当、低利子の政策資金など手厚い保護が施され、財閥はさまざまな分野に跨る企業グループとして成長していった。1975 年に 46 財閥が GDP の 13.4％を占めており、これを製造業に限定すると 26.7％ に達した。農林漁業といった第一次産業が比重的に低下したことから、財閥の支配力はより拡大していった[20]。財閥系の大企業は紡績、製糖、製粉、セメントなどといった従来の軽工業だけでなく、石油化学、自動車、家電、造船、製鉄などのような新規の重化学産業にも進出し、主力企業として成長した。政府は外資導入法を整備して、海外からの資本投資および借款とそれに伴う先端技術の導入を促し、さらに個別産業に対しては振興法ないし育成法を設けて新産業の移植を図った[21]。労使関係では軍事政権

19　前掲『韓国高度成長期의 政策決定体系』83-84 頁。

20　部門別 GDP の構成（1975）を見れば、政府及びその他非営利団体 10％、公企業 9％、財閥企業 13％、その他民間企業 40％、農林漁業 28％、合計 100％ であった（司空壱・L. P. Jones『経済開発과 政府 및 企業家의 役割』韓国開発研究院、1981 年、296 頁）。2000 年代には財閥系企業の売上高が GDP に対して 100％ を超えている。

21　航空機製造事業法（→航空工業振興法）、繊維工業臨時措置法（→繊維工業近代化促進法）、機械工業振興法、造船工業振興法、電子工業振興法、鉄鋼工業育成法、非鉄金属製錬事業法、石油化学工業育成法。

が産業別組合あるいは韓国労働組合総連盟の結成に深く介入し、これらの労働組合を経済開発政策へ寄与させ、労働者の団結権が大きく制限されるなど権威主義的労使安定化が図られた[22]。

このような資本蓄積を資金面で支えるため、「護送船団方式」ともいえる政府主導型の金融システムが構築された。中央銀行たる韓国銀行が財務部から独立できず、むしろ統制下に置かれ、経済政策への協調が要請されており、一般銀行も1950年代に一時民営化されたこともあったが、再び国有化され、財務部と中央銀行からの指示を受けざるを得なかった。そのほか、韓国外換銀行、中小企業銀行、国民銀行、韓国住宅銀行、農業協同組合中央会、韓国産業銀行、韓国輸出入銀行、国民投資基金、韓国土地金庫、韓国開発金融といった特殊銀行ないし開発金融機関が設置された[23]。こうして中央集権的な金融機関の組織が整えられ、直接金融の資本市場の発達が捗らない中、国内資金を動員して企業側へ設備投資および運営資金を調達する役割を担当し、さらに借款に対する支払い保証をも特殊銀行だけでなく一般銀行も担当し、外資調達でも大企業を支えた。こうした資金配分において金利、金額に対する政府のチェックが入ったことは言うまでもない。

それにしても、プロジェクトの不安定性から、財閥が直接進出し難い場合には、政府自らが幼稚産業論の立場から公企業を設立し、新しい分野へ進出し、後にはこれを特定の財閥へ払下げる方法も講じられた。例えば、1960年12月末に公企業は34社であり、そのうち4分の3が旧日本企業であった「帰属企業」であったが、1972年末になると公企業数は非「帰属企業」の増加のため3倍以上に増加した[24]。

このような資本蓄積は比較優位論に基づいて輸出産業の選定と育成にリンクされて、それによって韓国経済は不足勝ちな外貨を確保し、それをもって資本財と共に、原材料を輸入し、高い経済成長を成し遂げたものであった。この構想が「輸出立国」としてトッププライオリティを得るのには既述のように「内包的工業化戦略」の失敗とアメリカ政府からの「助言」を経て、第一次開発計画への「補完計画」が作成されることを待たなければならなかった。為替レートの引上げが行われ、アメリカ政府が要請していた市場レートと公定レートとのギャップの縮小が実現され、これが輸出企業へのインセンティヴとして機能した[25]。1964年11

---

22 金三洙「朴正煕時代의 労働政策과 労使関係：'団結禁止'의 労働政策과 企業内 労使協議制」前掲『開発独裁와 朴正煕時代』183-212頁。

23 D. C. Cole・朴英哲『韓国의 金融発展 1945-80』韓国開発研究院、54-113頁。

24 前掲『経済開発과 政府 및 企業家의 役割』185頁。

表1　生産誘発・付加価値誘発の最終需要依存度（単位：%）

		1960	1963	1966	1970	1973
生産誘発	消費	84.1	82.0	72.8	65.5	56.9
	投資	11.7	13.3	16.6	21.8	17.6
	輸出	4.2	4.7	10.6	12.7	25.5
	計	100.0	100.0	100.0	100.0	100.0
付加価値誘発	消費	88.6	86.1	79.5	72.7	65.5
	投資	7.7	10.3	12.4	17.2	14.6
	輸出	3.7	3.6	8.1	10.1	19.9
	計	100.0	100.0	100.0	100.0	100.0

資料：韓国銀行「우리나라　経済成長과　貿易」韓国銀行編『調査月報』30-12、1976年12月。

月30日に韓国輸出が1億ドルを突破したあと、1965年2月より朴大統領自らが毎月「輸出振興拡大会議」を開き、中央部署の長官はもとより、与党、経済団体、金融機関、総合商事、研究機関などの100人以上が参加し、輸出計画と輸出支援政策を決定して輸出の展望とその拡大方案を論じ合った[26]。

　この輸出ドライブ政策がどのような効果をもたらしたのだろうか。韓国では外需の拡大に伴って輸出が伸び、これが国内の低物価および低賃金と相俟って、景気拡大をもたらしたのが典型的な景気循環の様相であった[27]。輸出はその増加によって当該産業部門の成長をきたすだけでなく、他部門に対する影響および誘発的波及効果を通じて最終的に他部門の成長をも同時に促した。表1の生産誘発および付加価値誘発の輸出依存度を見れば、消費依存度が年々下がるのに対し、輸出依存度が投資依存度とともに、増加し続け、1973年に至っては輸出のほうが投資依存度を上回っている。さらに、内需部門と輸出部門の中間投入比（1966年）を見れば、内需部門41.1%、輸出部門57.0%であって、輸出部門のほうで内需部門より生産の迂回化ないし技術構造の高度化が進み、より技術の進歩に寄与していた[28]。その後、輸出部門の場合、産業構成における製造業の比重が大きくな

25　1961年100ウォン：1ドル→1962年130ウォン：1ドル→64年256.3ウォン：1ドル→65年264ウォン：1ドル→66年271.3ウォン：1ドル→70年310.7ウォン：1ドル。

26　前掲『韓国 高度成長期의 政策決定体系』149-209頁。

27　崔潤宰「韓国의 景気循環과 通貨政策」韓国銀行金融経済研究所編『金融経済研究』43、1992年3月。

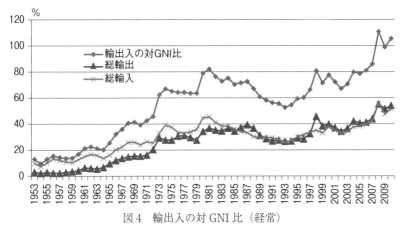

図 4　輸出入の対 GNI 比（経常）
資料：金洛年・朴基炷「対外貿易과 換率」金洛年・朴基炷・朴二沢・車明洙編著『韓国의　長期統計』海南、2018 年、1131-1196 頁。

るにつれ、技術構造の上昇が続いた。それと共に、図 4 のように貿易依存度が高くなる中、輸出による輸入充足度も 1962 年の 30.5％ から 1973 年には 90.7％ に達しており、その後 2 回にわたるオイルショックのため、それが落ちることもあったが、輸出拡大は経済成長に欠かせない外貨不足を緩和する機能を果たし、更なる借款の調達可能性を高めた。その決定的な効果が現われたのは 1980 年代に入ってからであって、貿易黒字が傾向的に定着した。

さらに、輸出は個別企業にとって狭隘な国内市場に代わり広大な海外市場を獲得することを意味し、規模の経済（economies of scale）を実現できる条件ともなる。とくに開発計画に基づく経済運営は将来的に膨大な需要を生み出す。そのため、財閥系大企業は計画に即した（場合にはそれを上回る形で）インフラの整備とプラントの建設そして製品造りに取り掛かった。このようにして、最初から外需を前提として軽工業化だけでなく、重化学工業化が推進することが可能であった。後掲の図 10 をみれば、製造業別付加価値構成における重化学工業の比重が拡大しつつ、1970 年代半ば以降には全製造業の過半を超えており、なかでも機械工業化が早いスピードで進んでいることが判明する。結果的に企業は市場の拡大に伴って資本蓄積を図らなければならなかった。むしろ計画に即して行動すること

28　内部部門と輸出部門の産業別中間投入比をみれば、農林水産業 22.2％、27.0％、鉱業 27.6％、27.8％、軽工業 67.2％、71.0％、重化学工業 69.2、69.3％、サービス及び建設業 32.6％、33.5％、その他 74.3％、73.8％ であった。「우리나라의 経済成長과 貿易」韓国銀行編『調査月報』30-12、1976 年 12 月。

によって銀行からの資金調達や外貨割当あるいは輸出支援を受ける確率が高くなったからである。

$$\text{Asset}_{it} = a_{it-1} + \beta_1 \text{ Sale}_{it-1} + \beta_2 \text{ Profit}_{it-1} + \beta_3 \text{ Debt}_{it-1} + \beta_4 \text{ ICRatio}_{it-1} + \gamma \text{ Asset}_{it-1} + \varepsilon_{it}$$

但し、Asset_{it}：産業 i の有形固定資産の増加率　→　企業投資
Sale_{it-1}：産業 i の前年度売上高増加率　→　成長性の敏感度
Profit_{it-1}：産業 i の前年度営業利益率　→　収益性の敏感度
Debt_{it-1}：産業 i の前年度負債比率　→　安定性の敏感度
ICRatio_{it-1}：　産業 i の前年度利子補償比率（＝営業利益／利子費用）
　　　　　　　　　　　　　　→　負債償還能率の敏感度
ε_{it}：誤差項
　　　t＝1964-97 年、i＝1-13 産業

　そこで、企業投資要因分析を行い、どのような要因によって企業投資が行われるのかを計量的に観察してみよう。上記のモデルは、企業投資たる有形固定資産を被説明変数とし、その説明変数として売上高、営業利益率、負債比率、利子補償比率を想定し、さらに統制要因として前年度有形固定資産を付け加えたものである。すべてのデータは韓国銀行『企業経営分析』各年度版を活用したが、1960年代から 70 年代前半にかけての統計は詳しく発表されておらず、13 産業しか長期系列を得られなかった。ほかにも、サービス業や不動産業も一応集計できたが、その集計基準が大きく変ったので、利用しないことにした。いずれにせよ、このモデルで推定される諸係数の符合は企業投資に対する成長性の敏感度（＋）、収益性の敏感度（＋）、安定性の敏感度（−）、負債償還能力（＋）と予測される。
　パネル回帰分析の結果によれば、成長性、収益性、負債償還能力が水準1% 内で有意であったものの、安定性、即ち負債比率は全く有意性を確認できなかった。但し、収益性の場合、符号が予測とは逆に（−）であった。OLS や Random Effect Model でも、統計的有意性を持たなかったとはいえ、符号はいちおう（−）であった。これらの結果から認められるのは、企業投資に際して個別企業は成長性を重視し、安全性を気にせず、償還能力さえあれば、外部資金を調達し、企業の収益性が悪化しても設備投資を行ったということである。その結果として現われたのが前掲の図 1 である。激しい上下変動はあったものの、1980 年代までは資本形成率が10% 以上を示し、時期によって 30% を超えることもあった。そのため、

112 ｜ 第一部　高成長と経済政策

表2　企業投資決定要因分析（Panel Least Squares）

	OLS	Fixed Effect	Random Effect
企業投資への成長性の敏感度（β_1）	0.653***(5.69)	0.683***(5.96)	0.653***(5.80)
企業投資への収益性の敏感度（β_2）	−0.405(−0.68)	−3.929***(−4.27)	−0.405(−0.70)
企業投資への安定性の敏感度（β_3）	−0.001(−0.21)	−0.001(−0.23)	−0.001(−0.22)
企業投資への負債償還能力の敏感度（β_4）	5.399**(2.19)	8.123***(3.13)	5.399**(2.23)
統制要因（前年度有形資産増加率）（γ）	0.131***(3.91)	0.136***(4.06)	0.131***(3.99)
定数項（α）	2.543(0.35)	28.264***(3.22)	2.543(0.36)
観測期間	1964-1997	1964-1997	1964-1997
観測数	336	336	336
R-squared	0.189	0.247	0.189
F-statistic	16.731	6.703	16.731
Durbin-Watson stat	1.217	1.339	1.217
Redundant Fixed Effects Tests　Cross-Section F (p-value)		2.238(0.0099)	
Cross-Section F chi-sqr(12) (p-value)		27.204(0.072)	
Hausman Test　chi-sqr (5) (p-value)			25.331(0.0001)

資料：韓国銀行『企業経営分析』各年度版。

注：1. 全産業の13業種は食料品加工業、繊維、衣類・皮革品加工業、製材・家具製造業、紙・印刷・出版、化学・エネルギー・ゴム・プラスティック、非金属・鉱物製品、一次金属、金属製品・機械、装備、電力業、建設業、卸小売、運輸・倉庫業、宿泊業であった。

2. 回帰係数の括弧内はt-Statistic。

3. OLS, Fixed Effect LS, Random Effects LS を行う上、Redundant Fixed Effects Tests と Hausman Test を行い、Fixed Effect Model を採用することにした。

4. *は有意水準10%、**は有意水準5%で、***は有意水準1%で有意である。

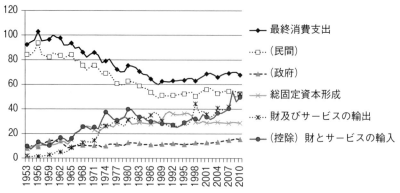

図5 GDEの支出構造（単位：％）

資料：前掲『経済統計年報』；前掲「経済統計システム」。

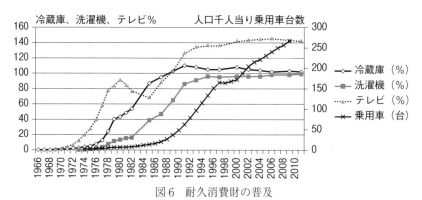

図6 耐久消費財の普及

資料：朴恵奎・朴琮熙「韓国消費耐久財의 製品寿命週期模型化에 関한 研究」蔚山大学校『研究論文集』16-2、1985年、387-404頁；장명철「家電機器普及率」『電気저널』236、1996年8月、15-17頁；韓国統計庁「統計로 본 大韓民国60年의 経済・社会像変化」2008年；韓国自動車工業協会『2010 韓国의 自動車産業』2010年。

GDEの構成（図5）でも、1956年には102.9％に達した最終消費支出（うち、民間93.6％、政府9.2％）が低下し続け、1991年には62.2％となった。その反面、総固定資本形成は同期間中10.4％から38.0％へと増加したのである。こうして韓国でも、他の東アジア諸国と同様に、高い投資率が高度成長をもたらす強力な要因であったことは確かである（図5）。

高度成長の結果、最終需要としての消費でも大きな変化が伴われた。都市民を中心とする生活水準の向上が生じ、図6のように耐久消費財が普及し、大衆消費

社会が到来したのである。ここで注意すべきなのは、高度成長が相当進行した1970年代にその消費が本格化し、80年代までに耐久消費財が普及したことである。即ち、日本では高度成長が始まった直後から家電を始め耐久消費財の購入が増えたのに対し、韓国ではその消費が遅れて実現されたのである。家電のなかでも洗濯機の普及がテレビや冷蔵庫に比べて大幅に遅れたのは女性の社会進出が比較的捗らなかったことを反映する。また、家計にとって高度成長の成果が長期間経過してから現われたことを意味する。その分、需要面での成長要因が長期間にわたって存在したともいえよう。金洛年（2012）によれば、1960年代以降、勤労所得の集中度は多少の起伏があったものの、1990年代半ばまで比較的低い水準で安定しており、1人当り勤労所得は上昇し続けた[29]。

　以上のように、政府主導下で輸出ドライブ政策が実施され、それを各種税制や金融面で支えられるようになると、財閥を中心とする企業側は短期的利益にこだわらず、積極的な事業展開を行った。そのなかで、労働分配率も上昇し、所得上昇に伴って大衆消費社会が到来したのである。というものの、こうした高度成長が永遠に続くわけにはいかない。次節では高度成長の経路においてどのような変化が発生したのかを検討してみよう。

3. 内外条件の変容と経済成長の減速

　高度成長期には産業別就業人口の構成において、農林水産業が低下する反面、鉱工業や社会間接資本及びその他サービス業が増加した。まず、経済成長が雇用機会に及ぼす効果を図るため、年間雇用・所得弾力性（＝就業者増加率／付加価値増加率）を測定すると、1964年から76年にかけて農林水産業0.245、鉱工業0.632、社会間接資本およびその他0.525、全産業では0.390であった[30]。ともあれ、韓国の雇用弾力性は日本のそれ（1955-60年0.177、60-65年0.130、65-70年0.122）より高い水準であって、これは全産業の資本集約度が低く、相対的に労働集約的生産部門が多いことから生じる現象である。

　産業別就業人口構成の変化要因として労働移動を考える必要がある。経済成長

29　金洛年「韓国의 所得不平等 1963-2010：勤労所得을 中心으로」『経済発展研究』18（2）、2012年、125-158頁。

30　「우리나라의 経済成長과 雇用」韓国銀行編『調査月報』31-8、1978年8月、23-37頁。

第3章　韓国の経済政策と圧縮成長　115

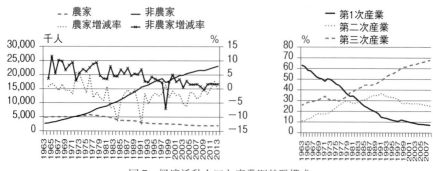

図7 経済活動人口と産業別就職構成
資料：韓国統計庁「国家統計포털」(http://kosis.kr/)。

に伴う都市化と非農林水産業部門の労働需要増大は低生産性部門である農林水産業から非農林水産業への労働移動をもたらした[31]。韓国銀行の推計によれば、一次産業は毎年労働力を流出したのに対し、非一次産業は大体移動労働力を吸収した。但し、1972年には異例として第三次から第1次への労働力還流現象が生じたが、これは農村セマウル運動と第三次部門の成長鈍化による現象であると判断できる[32]。一方、第一次産業から流出された労働力は1971年まで第三次産業の労働力吸収比重が多かったが、73年以降には第二次産業が労働力の大部分を吸収した。経済成長率の高かった1973年と76年には第二次産業が第一次産業だけでなく第三次産業からも労働力を吸収した。これは生産性の低い流通部門などサービス部門が韓国では異常に肥大化したことから生じる現象であったのだろう。

ところで、低賃金でなおかつ良質であった農村部からの労働力供給は無限に続けられるものではない。図7で非農家の増加率が1980年代末から90年代初にかけて急低下しており、その反面、農家の減少傾向が小さくなった。詳細は、農家

---

31 一次部門から非一次部門への移動は1964年99千人（うち、二次11千人、三次88千人）、1965年266千人（うち、二次123千人、三次143千人）、1966年61千人（うち、二次41千人、三次20千人）、1967年235千人（うち、二次170千人、三次65千人）、1968年252千人（うち、二次111千人、三次141千人）、1969年112千人（うち、二次28千人、三次84千人）、1970年79千人（うち、二次2千人、三次77千人）、1971年202千人（うち、二次-13千人、三次215千人）、1972年-231千人（うち、二次1千人、三次-232千人）、1973年71千人（うち、二次240千人、三次-169千人）、1974年208千人（うち、二次168千人、三次40千人）、1975年277千人（うち、二次160千人、三次117千人）、1976年157千人（うち、二次339千人、三次-182千人）であった。同前、23-37頁。
32 セマウル運動とは「新しい村運動」という意味をもち政府主導によって始まり、1970年代初頭に韓国農村の現代化を進めるのに大きく寄与した。

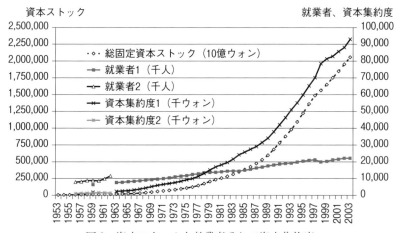

図8　資本ストックと就業者そして資本集約度

資料：車明洙「資本과 富」前掲『韓国의 長期統計』829-866頁；前掲「国家統計포털」。

注：資本ストックおよび資本集約度は2000年基準の実質額である。

の増加率は1970年初から1984年まで低下しつづけ、その後マイナスであるが、上昇し、再び1989-90年には低下する様相を示している。このような起伏は農家（≒農村）の遊休労働力が1980年中ごろから枯渇し始めたことを意味する。主として農村部たる「郡」から「市」への純転出の人口は1991年の35万2千人から1992年に19万8千人へと減少し、その後10万人となった。これは世帯数の増加率でも確認できる。全国の世帯数の増加率は1985-90年までは3%を超えていたが、それが1990-95年には3%程度に抑えられた。とりわけ、この現象は都市部において顕著であって、同期間中6%台から4%を下回るようになった。図8をみれば、第二次産業の就業構成が1990年代初にピークに達し、その後低下している[33]。このような特徴は日本の高度成長期にも確認できる現象であって、1975年頃にルイス転換点（Lewis Turning Point）を経由して労働市場は制限的労働供給の下に置かれていた[34]韓国経済は1980年代末から90年代初頭にかけてより厳しい労働供給源の枯渇問題に直面せざるを得なくなったのである。

33　姜斗龍『高度成長의 終了：日本의 經驗에 비추어 본 韓国経済의 減速成長転換』産業研究院、1998年、117-124頁。

34　Bai Moo-Ki 'The Turing Point in the Korean Economy,' *Developing Economies*, Institute of Developing Economies, Vol.20 (2), June 1982, pp.117-140；裵茂基「韓国 労働経済의 構造変化」ソウル大学校経済研究所『経済論集』vol.21 (4)、571-621頁。

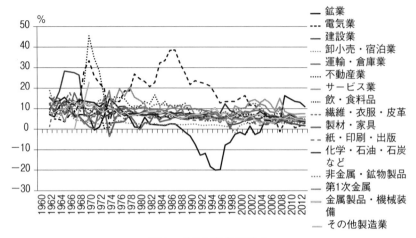

図9　産業別営業利益率

資料：前掲『企業経営分析』。
注：売上高利益率。

　このように、韓国経済が高度成長経路へ進入する条件の一つであった豊富な労働供給がもはや枯渇し、むしろ高度成長のネックとなり始めた。労働不足と賃金上昇に応じて企業側によって労働代替の設備投資が実施されたことはいうまでもない。図8の資本集約度に注目すれば、その傾きが1970年代後半と80年代後半の2回にわたって急になっていることがわかる。既述のように、韓国経済がルイス転換点の通過後農村労働力の供給源の枯渇を経験しながら、資本ストックの拡充を図って対応してきたのである。さらに、1980年代後半には労使関係において不可逆的な変化が生じた。朴大統領の暗殺（1979.10.26）[35]後、全斗煥を中心とする新軍部がクーデターを通じて登場し、権威主義を維持しようとしたが、これに対する国民の反発は強く、遂に1987年「6月抗争」によって政治民主化が実現されると、同年7月から8月にかけて2ヶ月間3千件余りの労働争議が一挙に発生した。こうして労働現場の民主化が実現される中、実質賃金の上昇が避けられず、労働節約型投資要因がより大きくなった。
　労働供給の増加率の低下はそれ自体が成長の鈍化要因にもなるが、それだけで

35　カーター大統領の米軍撤退の推進と人権問題の指摘をめぐって韓米両国が対立して、朴政権は自国防衛のため、原爆開発へと暴走し、遂に朴大統領の暗殺とともに崩壊した。

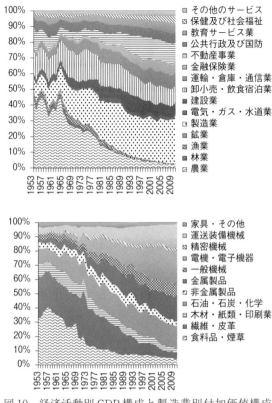

図10 経済活動別GDP構成と製造業別付加価値構成
(単位:%)

資料:金洛年「国民所得」前掲『韓国의 長期統計』721-786頁;前掲『経済統計年報』;前掲「経済統計システム」。

なく、資本の限界生産性、即ち利潤率の逓減をともなった。図9をみれば、鉱業や電機業などでは激しい上下起伏を示すが、製造業を中心として営業利益率は長期的に低下したことが確認できる。資料上、長期シリーズの総資産利益率は得られないが、製造業の場合、売上高の増加率と総資産の増加率が一部の期間を除いてほぼ同様の動きを示すことから、この営業利益率が総資産ないし総資本を基準とする利益率とほぼ類似した傾向を示すと判断できよう。資本の限界生産性、即ち利潤率の逓減は投資増加率を低下させる要因ともなり、図1のように、固定資本形成率が1990年代に入って低くなっており、この傾向は1997年経済危機を経てより著しくなった。

それに加えて、産業構成（図10）にも注目しなければならない。1960年代半ばから第一次産業が縮小し、その代わりに第二次や第三次産業がシェアを伸ばして来たが、1980年代後半からは第三次産業が拡大した。即ち、韓国でも産業構造のサービスが確認できる。前掲の図7でも第三次部門の就業構成は一貫して増加し続け、1980年代末から90年代初頭にかけて10%以内に縮まった第二次産業と第三次産業のギャップは40%にも拡大した。ところで、サービス業部門は製造業に比べて生産性が低いため、低生産性部門への経済資源の移動が余儀なくされ、それが韓国経済にとって経済成長の速度を低下させる要因として機能した。但し、製造業別付加価値構成で確認できるように、韓国の場合、産業構造の機械工業化は、1990年代に止まった日本とは違って進展中である。それによって、海外市場を前提とする付加価値の上昇と雇用拡大の可能性が残っている。

　以上のように、韓国経済は1980年代末から1990年代初にかけて政治民主化を背景として政府主導型経済運営がその限界を示し始め、権威主義的な経済運用がもはや不可能となった。国際的にも、東欧革命（1989-90）とソ連の崩壊に伴って、政府が経済計画を通じて政策目標を定めて中央政府に情報を集め、政策手段を開発・執行するという方式が難しくなった。全政権は「経済開発五ヵ年計画」を「経済社会発展五ヵ年計画」へ改称し、安定・能率・均衡を強調しており、公正取引委員会の設置（1981）を通じて反独占政策を導入する一方、重化学工業化宣言（1973）以来、過剰投資となっていた重化学工業部門に対する産業合理化政策を推進した。民主化以降には民間主導の経済運営を重視しながら、経済開放の加速化を図った。

　こうした市場志向は金泳三政権になると世界化戦略としてエスカレートし、金融自律化および市場開放計画（1993.6）が実施されるに至った。金融当局は銀行の自立経営を保障するため、銀行民営化を断行し、金融業への参入障壁を大幅緩和し、さらに海外からの外資調達も容易にした。それが国内過剰投資を引き起こす要因となったが、とりわけ総合金融会社は日本を始め国際金融市場より資金を短期で借入れて国内外企業へ長期で貸出す金融技法（playing the yield curve）を駆使し、利潤創出を図っていた。しかし、東南アジアで発生した通貨危機がこの総合金融会社を経由して韓国にも伝播され、個別企業の倒産危機に対して政府側が保障するという政府の失策と、救済金融を要請した韓国政府に対するIMFの過度な緊縮政策の要求によって経済危機が増幅された。これが経済主体にとって深いトラウマを残したのは当然のことであった。

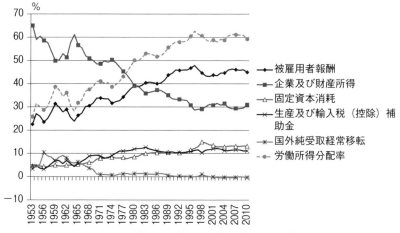

図 11　韓国の所得分配構造（単位：%）
資料：前掲『経済統計年報』；前掲「経済統計システム」。

　金融機関は、長期的観点から企業の設備投資を通じて企業価値を最大化する戦略より、短期的収益性を中心とする投資戦略を選好するようになり、企業の投資源となる間接資金調達機能が弱くなった。企業側も不確実な将来の収益性より生存のための安定性を優先し、確実な収益の展望が見えない限り、新規投資を控えるようになった。労働運動の高揚によって促された賃金上昇も耐久消費財の購買力になっていたが、遂に企業側の投資率の低下と共に、賃金の上昇率もやや逓減し始めざるを得なかった。図 11 のように、所得分配率も 90 年代半ば以降には固定し、被雇用者報酬や労働所得分配率はもはや上昇しなくなり、国民経済にとって新しい構造が定着したことを示す[36]。このように、家計や企業の両側から需要が増加するのに限界が生じ、これが最終的に成長動力の弱化をもたらし、高度成長は減速を余儀なくされたのである。

36　日本の場合でも労働分配率は、高度成長が終る 1970 年代前半まで上昇し、その水準が 1990 年代まで維持された。その後、労働分配率は再び上昇したが、2000 年代に入ると、低下し始めた（労働厚生省『労働経済の分析』2011 年度版、302 頁）。

おわりに

　冷戦体制の下に北朝鮮の脅威に対抗し、巨大な軍事力を維持しながら、体制競争のなかで勝利するため、韓国政府は戦略的資源配分を通じて経済成長の加速化を図った。軍事政権の登場後、経済計画をコアとする政府の経済コミットが進められると、韓国経済は国内の豊富な労働力を活用しながら、海外からの資本調達を得て高度成長経路へ進入した。

　経済企画院から定期的に長期開発計画が提示されたため、これを展望として財閥を中心とする企業側は事業計画を立てて設備投資を敢行した。既存研究ではあまり注目しないが、これには短期的収益性を無視するという要素もあった。それが可能であった背景には政府からの手厚い支援策が講じられており、資金面では「護送船団方式」の金融システムが構築され、内資だけでなく外資も調達されたからである。とりわけ、当初世界中最貧国の一つに過ぎなかっただけに、韓国の国内市場は極めて狭く、不足していた外貨を稼いで借款を受けるためにも、韓国経済はアメリカの圧力を受けて輸出振興政策を強力に展開した。政権維持のため、社会全般の民主化が抑圧される中、労働者の団結権などは大きく制約され、これが労使関係の権威主義的安定化をもたらし、財閥の資本蓄積に対して有利な条件を与えた。さらに、高成長の中で生じるさまざまな問題について朴大統領の参加の上、月間経済動向報告会議や輸出振興拡大会議が開かれ、ほぼリアルタイムで官民間の調整が行われた。

　その結果、年率 10% に近い急速な経済成長が可能となり、韓国経済は軽工業をリーディングインダストリとする工業化によって、農業中心の産業構造を脱皮し、1970 年代に入ると重化学工業化が進み、後に機械工業化が進んだ。それに伴い、労働賃金も上昇し始め、家計部門の収支安定化が実現され、耐久消費財の普及が行われた。とはいうものの、高成長の始点での所得水準がとても低かったことから、高成長という実態と「大衆消費社会」の到来には時間的格差が存在した。つまり、高成長に遅れた形で、家計での耐久消費財の購入が実現されたのである。労働市場がルイス転換点を通過する 1975 年ごろよりその様相が著しくなり、耐久消費財の普及は 1990 年代初まで続いた。これが外需依存型経済成長戦略とともに、日本に比べて長期間にわたる高度成長を可能としたことは既存研究に対して強調すべきであろう。

とはいうものの、1980 年代末から 90 年代前半にかけて労働供給源の枯渇、企業の利潤率の低下といった内部の成長制約が大きくなり、経済成長の減速化が懸念される中、民主化に伴って開発主義的レジームが解体され、市場中心の経済システムへの移行が進められた。要するに、公企業の民営化や反独占政策の推進、金融自律化、貿易・資本の自由化などが実施され、「官治」からの脱皮が模索されたのである。しかし、新しい経済システムへのディシプリンが確立しないうちに、外部からのショックを受けて、2 回にわたるオイルショックを遥かに上回る規模の経済危機に直面せざるを得なかった。

　こうして、新しいシステムを模索していた韓国経済は、1997 年の経済危機を契機として IMF の指令による経済改革が余儀なくされ、市場中心主義の経済構造へ移行した。相当の株式が外国人投資家に売られ、所有構造でも世界化されていた財閥系大企業はもはや長い期間にわたる成長よりは当期利益を重視しなければならなくなった。そのなかで、輸出ドライブ政策によって作られた輸出依存型の企業経営の体質はグローバリゼーションの下でより強化されたことになったのである。

第4章

中国の産業貿易政策と高成長[1]

張紅詠

1. 序論

「……経済成長は消極的に貧富の格差を是正するような戦略ではなく、積極的に成長を引き上げる戦略である。それを達成するには、政府は道路や港湾などのインフラストラクチャの建設、外資誘致などの政策を実施し、精力的に成長を加速させることが必要である」

（Jagdish N. Bhagwati, *In Defense of Globalization*, Oxford University Press, 2004, p.54. 拙訳）

過去40年間にわたり、中国では改革開放と貿易投資の拡大に伴って生産性が大きく上昇し、急速な経済成長を実現した。1979年から2014年までのGDP平均成長率は9.75％であった。中国政府は1978年末に改革・開放政策に転換し、1992年に鄧小平による「南巡講話」、2001年にWTO（世界貿易機関）加盟を経てさまざまな産業貿易政策を実施してきた。産業政策の大きな流れとしては、第1に、1980年代に漸進的改革方式のもとで国有企業改革を推進し、経営管理改革、所有形態改革を行った。また、1995年前後より国有経済の配置の戦略的移転を行った。第2に、中国政府の後押しで、外国からの技術導入が大規模に行われた。また、イノベーション・プログラムを整備し、研究開発（R&D）に対する減免税を実施し、科学技術園（以下、科技園。テクノロジーパーク、科学技術開発のために設けられた特区）の建設を奨励した。第3に、全国的に経済特区を建設し、外資

---

1 本章の原案に対して、稲田光朗、藤田昌久、森川正之、中島厚志、関沢洋一、武田晴人、山崎志郎、林采成、河村徳士の各氏から多くの有益なコメントを頂いたことに謝意を表したい。

125

誘致、貿易・投資の拡大、雇用創出を目的とし、減免税、土地・インフラの使用などの政策インセンティブを提供した。第4に、WTO議定書に沿って外資規制業種を大幅に緩和し、外資導入の拡大に力を入れた。これにより中国市場の国際化が一層進んできた。第5に、80年代より輸出志向の政策を実行し、貿易権を自由化して加工貿易を奨励した。輸出拡大するため、輸出増値税還付制度も導入した[2]。一方、輸入関税が削減され、貿易自由化が進んだ。さらに、WTO加盟により貿易政策の不確実性が大きく低下し、外国市場へのアクセスが改善された。これらの産業貿易政策の結果、1980年代で中国は世界のなかでもっとも保護された市場だったが、現在はもっとも世界経済への融合に成功した国の一つである。

　産業貿易政策が中国の経済成長に対して有効だったのか、どの程度の量的効果をもつのかを検証することは政策的にも学術的にも大変重要である。近年、利用可能性が高まりつつある産業・企業・貿易データを活用することにより、政策の効果を客観的・定量的に評価する研究が急速に蓄積されてきた。国有企業改革、経済特区、外資誘致、WTO加盟による貿易自由化といった政策が設備投資、雇用、生産性、貿易投資に及ぼす効果については、政策ごとに研究が存在するが、これらの研究を概観し、中国の産業貿易政策と経済成長との関係を検討したものはほとんど目にしない。本章は、最近の理論・実証研究をサーベイしたうえで、中国の産業貿易政策と経済成長のメカニズムを考察するものである。後述するように、中国の経済成長の特徴は生産性の向上と貿易投資の拡大であるため、本章では、産業貿易政策が生産性・貿易投資に及ぼす効果を中心に議論する。分析の期間については、主に1979年以降から2008年の世界金融危機までの期間に焦点を当てる[3]。

　経済成長の要因を議論する場合、供給側と需要側に分けて考察することが多い。前者は資本・労働というインプットの増加と全要素生産性（TFP）の向上、後者は民間消費、政府消費、固定資本形成と輸出の要因によって構成されている。供給側からは「成長会計」という分析手法がある。これは経済成長率を生産要素（資本と労働）の投入とTFPの要因に分解して、それらの成長率に対する寄与の大

2　増値税は、日本の消費税に相当する。
3　関連研究としては、本章よりもっと幅広く、中国経済制度・政策の変遷を整理し、定性的に評価している丸川知雄編『移行期中国の産業政策』アジア経済研究所、2000年；中兼和津次編『改革開放以後の経済制度・政策の変遷とその評価』NIHU現代中国早稲田大学拠点WICCS研究シリーズ、2011年などが挙げられる。

126　第一部　高成長と経済政策

表1　経済成長の源泉：成長会計による分析

| 期間 | GDP | 投入の平均成長率 | | | | GDP成長率への寄与率 | | |
| | | 固定資産 | 労働 | 教育水準を考慮した労働 | TFP 平均成長率 | 教育水準を考慮した労働 | | |
		K	L	H		K	H	TFP
1978-2005	9.5	9.6	1.9	2.7	3.8	43.7	16.2	40.1
1978-1985	9.7	9.2	3.4	4.5	3.2	40.6	26.6	32.8
1985-1990	7.7	6.9	2.5	2.9	3.1	38.8	21.5	39.7
1990-1995	11.7	9.1	1.4	1.9	6.7	33.3	9.5	57.3
1995-2000	8.6	10.5	0.9	1.6	3.2	52.7	10.5	36.8
2000-2005	9.5	12.6	1	1.8	3.1	57.1	10.6	32.3

資料：Perkins and Rawski（2008）Table 20.2 より筆者作成。

きさを判定するものである。

　1978～2005 年中国の平均成長率は、資本が 9.6％、労働が 1.9～2.7％、TFP が 3.8％ である。GDP 成長率に対する資本の寄与率（43.7％）と生産性の上昇の効果（40.1％）とが相まって独立的ではなく、中国の経済成長は経済改革によって TFP の上昇がもたらされ、TFP 向上が資本形成の拡大を促したというプロセスである（表1）[4]。中国では経済成長率に対する資本・労働投入による貢献が相対的に小さく、TFP 上昇の効果が大きかった。1984～94 年における中国の TFP 成長率は 4.6％ であり、他の東アジア諸国のそれよりも高く、経済成長率に対する寄与率も 58％ に達している。TFP 成長率が高い理由としては、国有部門が縮小したことによって資源配分の改善・生産効率の向上、対外開放による貿易自由化の利益、「後発の利」を活かし外国から優れた技術の導入による技術進歩などが考えられる[5]。一方、需要側から見たとき、一番の特徴は輸出の割合が 90 年の 13％ から急増し、2006 年には民間消費を上回り、38％ に達したことである（図1）。1995～2005 年の間に、輸出の年平均成長率は 17.7％ と非常に高かった。高度成長期の日本と比較して中国経済は外需依存型であり、国際貿易が経済成長に

4　Perkins, D. and T. Rawski 'Forecasting china's economic growth to 2025,' in Brandt, L. and T. Rawski eds. *China's Great Transformation*, Cambridge University Press, 2008.

5　Bosworth, B. P. and S.M. Collins 'Accounting for growth：Comparing China and India,' *Journal of Economic Perspectives*, 22（1）, 2008, pp.45-66.

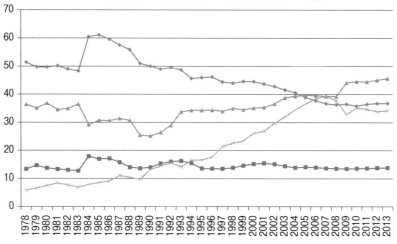

図1　総需要構成の変化
資料：UN, National Accounts Main Aggregate Database より筆者作成。

大きな役割を果たしていることを示唆している。また、固定資本形成の割合は1990年の26％から急速に上昇し、2004年に40％に達し、民間消費を上回った。こうした民間消費支出の割合が固定資本形成の割合よりも小さい国としては極めて異例であると言われている[6]。投資の源泉の一つである外資は、改革開放による政府の外資優遇政策によって激増した。固定資本形成に占める外資の割合は、1980年代の4％から1990年代後半の約10％へと大きく上昇した。一方で、政府消費の割合は長期にわたって10~15％とほぼ一定である。このように、中国の総需要の構成からみると、中国は輸出志向、投資志向（外資依存を含む）という特徴がはっきりと表れている。

　こうした経済成長の要因を踏まえ、本章では、生産性・貿易投資に絞って議論をする。以下、国有企業改革（第2節）、イノベーション政策（第3節）、経済特区・外資政策（第4節）、貿易政策と貿易自由化（第5節）に大別して議論を進める。最後に、本章の結論を示す（第6節）。

6　高度成長期の日本では「投資が投資を呼ぶ」といわれた。その時期の投資の割合（30％）は国際的にかなり高い水準であったが、最近の中国の投資率はそれをも大きく上回っている。この高い投資率は、国際的に見ても高い貯蓄率によって支えられている。1990年代には家計部門の貯蓄の対GDP比が15％という高い水準で安定している。

2. 国有企業改革

　1970年代後半から国有企業改革が始まったが、はじめから明確な目標があったわけではなく、漸進的改革方式のもとで、これまでにさまざまな改革が行われた[7]。国有企業改革は概ね3つのステージに分けられる：①経営管理改革（1978～84年）、②双軌制（1984～92年）、③所有形態改革（1992年～）。まず、第1ステージでは、企業経営の自主性の拡大によって経済活動の効率性の改善を追求した。利潤の政府への上納が廃止され、留保された利潤を従業員の福祉やボーナス、そして生産活動に使うことが可能となったため、企業の経営者や労働者のインセンティブを高めることができた。政府は国有企業に対して、仕入れ・生産・販売・価格・資金運用などに関する企業経営の自主性を拡大した。第2ステージでは、国有企業の所有と経営を分離することを目的とする請負経営責任制が導入された。企業と政府は契約の形で生産量・利潤・投資・賃金などに関する双方の権利と義務を明確に定め、その達成状況に応じて賞罰を取り決め、その代わりに政府は企業の日常活動には介入しない仕組みになった[8]。また、第3ステージでは、1990年代半ばには現代企業制度（株式会社制度）が導入され、国有企業に法人財産所有権を与えることで、企業の自主的経営を認め、その代わりに経営責任を取らせることを意図した。国有企業を株式会社に転換させ、その際に非国有資本の参入も認め、改革の範囲は経営内部から所有構造にまで拡大した。その狙いは国有企業を政府から独立させ、自主経営、自己責任の経営主体に転換させることにある。

　1995年前後、国有企業改革に重大な変化が生じ、改革の目標を、各国有企業の活性化から国有経済の配置の戦略的調整へと転換した。1997年に中国政府は「大を掴み、小を放つ」という国有資本の戦略的移転を打ち出した。「大を掴み」とは、力を集中して、国民経済の根幹にかかわる1,000社ほどの国有大中型中堅企業をしっかり管理することを指す。「小を放つ」とは、合併、リース、請負、

7　国有企業改革のプロセスについては呉敬璉『現代中国の経済改革』NTT出版、2007年を参照。
8　企業改革と平行して市場改革も進んだ。1984年頃には消費財価格が自由化され、次いで鋼材・石炭・セメントなどの基礎生産財価格の自由化も実施された。また政府が流通を統制する物資の種類や量も徐々に低下した。このように価格・数量両面で政府の介入が弱まり、企業が経営努力を発揮する誘因が強化された。

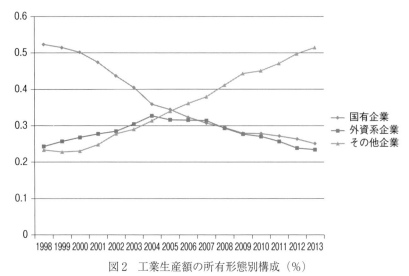

図2 工業生産額の所有形態別構成（％）
資料：国家統計局ウェブサイト www.stats.gov.cn/tjsj/ より筆者作成。

売却あるいは破産などの方式で企業の経営権を従業員または経営者に移すように、一般の国有中小企業（とりわけ、地方政府が管理する小型国有企業）を「自由化し活性化する」ことを指す。改革によって、国有企業に蓄積された資源が比較的スムーズに非国有部門に流れ、政府の規制緩和政策や奨励政策と相まって、非国有企業の発展をもたらした。国有経済の配置を調整する方針が実施されるにともない、従来の国有企業を中心とした企業の所有形態が急速に多様化した。80年代に郷鎮企業、90年代に外資・合弁企業、私営企業といった非国有企業の急成長による競争的市場が実現し、それまでもっぱら国有企業が享受していた独占利潤が低下し、効率的な資源配分が達成されつつある。その結果、非国有企業の国民経済に占める比重が急速に高まっており、国有企業の数は1995年に11.8万社だったが、2009年には約2万社に大きく減少し、国有企業の生産が工業総生産額に占める割合が大きく低下した（図2）。さらに、国有鉱工業企業の利潤がGDPに占める割合は1978年の14％から1990年代以降の2％程度まで低下した。

マクロレベルでは鉱工業に属する国有部門と非国有部門の間に生産性の差が非常に大きく、その差が資本配分の効率性に関連していると指摘されている1978〜1998年の生産性平均成長率では、非国有部門の4.6％に対し、国有部門が1.5％しかない。しかし、90年代半ばからの国有部門リストラクチャリングの結果、

1998 年から 2007 年にかけて両部門での生産性成長率が同じ程度であり、生産性成長率の差が徐々に縮小した。ただし、生産性水準の差が依然として存在していることは、投入物の再配分によって生産性が改善する余地がある[9]。地域レベルからみると、非国有経済による経済成長の促進が実現される。非国有部門による工業生産額が地域工業総生産額に占める割合が高いほど、その地域の GDP の成長率が高いという相関関係がある。この関係は、とくに、所有構造を改善し、多様な所有形態が共存する枠組みを早期に形成した沿岸部の一部の地域（浙江省、江蘇省、広東省など）において顕著に現れている[10]。初期時点（1978 年）で国有部門の規模（雇用者数の割合）が大きい地域ほど、1978 年から 2004 年にかけてその地域の労働生産性の年平均成長率が低いことを示している。これは、成長率と国有部門の初期規模との間に負の相関関係があることを意味する[11]。企業レベルでは、非国有企業と比べて、国有企業は、平均的には、TFP レベルは 27% 低く、年平均成長率は 4.6% 低い。しかし、民営化や参入・退出率の違いなどによる影響を考慮したうえで、所有形態で産業全体の生産性成長率を分解すると、1998〜2007 年の間に一度も市場から退出しなかった国有企業の生産性成長率（12.5%）は、私営企業（11.3%）や外資企業（11.8%）に比べ、若干高いと試算している（図 3）[12]。国有から民営化（私営または外資）された企業の生産性成長率はさらに高く、約 13.5% である。

「大を掴み、小を放つ」政策の効果について、①労働生産性や資本生産性の低い国有企業が閉鎖される傾向があること、②国有企業の労働生産性が私営企業のそれに収束していくこと、③私営企業に比べて国有企業の資本生産性は依然として低いこと、④私営企業の TFP 成長率より国有企業のそれが高いことが示されている。また、国有部門の改革が 1998〜2007 年中国の TFP 成長の 20% を占め

---

9 Brandt, L. and X. Zhu, 'Accounting for China's growth,' IZA Discussion Papers 4764, Institute for the Study of Labor (IZA), 2010.

10 前掲呉（2004）を参照。

11 Brandt, L., C. Hsieh, and X. Zhu 'Growth and structural transformation in China,' in Brandt, L. and T. Rawski, eds, *China's Great Transformation*, Cambridge University Press, 2008.

12 Brandt, L., Van Biesebroeck, J., and Y. Zhang, 'Creative accounting or creative destruction? Firm-level productivity growth in Chinese manufacturing,' *Journal of Development Economics*, 97 (2), 2012, pp.339-351. を参照。また、生産性だけでなく、1998 年以降国有企業の収益率も大きく上昇してきた。劉德強「国有企業改革はどこまで進んだか？」南亮進・牧野文夫編『中国経済入門』第 3 版、日本評論社 2012 年；Berkowitz, Ma and Nishioka, 'Recasting the iron rice bowl: The evolution of China's state owned enterprises,' *Review of Economics and Statistics*, 99 (4), 2017, pp.735-747. などにも報告されている。

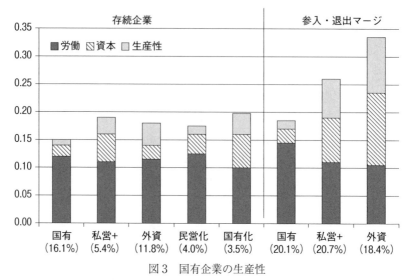

図3 国有企業の生産性

資料：Brandt, Van Biesebroeck, and Zhang（2012）Figure 8 より筆者作成。

表2 国有企業が戦略的産業の付加価値に占める割合（%）

	1998年	2007年
石炭	82	66
石油採掘	100	97
石油加工	88	63
化学製品	51	24
鉄鋼	79	46
非鉄加工	54	34
輸送機器	65	49
電子設備	42	8
電力	86	88

資料：Hsieh and Song（2015）Table 5 より著者作成。

ており、改革がTFPに貢献していると試算している[13]。

そもそも「大を掴み、小を放つ」政策の目的は、戦略的産業または基幹産業における国有企業のマーケット・パワーを強化することであるが、実際には非国有部門の急成長によって政府が国有企業の優位を確保しようとした多くの産業において多くの民間企業が参入してきた。表2では、鉱工業生産高の約半分を占める9つの産業において国有企業が付加価値に占める割合の変化を示している。1998年にはこれらの産業において国有企業が支配的なシェアを占めていたが、電力産業を除いて2007年にそのシェアは大きく低下した。基幹産業である電子産業では、国有企業が総付加価値に占める割合は42%から8%まで低下した[14]。「大を掴み、小を放つ」政策を反映し

---

13 Hsieh, C. and Z. Song, 'Grasp the large, let go of the small: The transformation of the state sector in China,' *Brookings Papers on Economic Activity* (SPRING 2015), 2015, pp.295-346.

て電子産業において私営企業と外資企業による国内市場への参入が急増したが、国有企業は 2024 社から 476 社へと大幅に減少した。その結果、企業全体に占める私営企業の割合が 54% から 63%、外資企業は 30% から 33% へと上昇したが、その一方で国有企業は 16% からわずか 4% へと急落した。一方、1998〜2007 年の間、国有企業の生産性が大きく改善し、とくに WTO 加盟後（2002 年以降）には、それまで低かった国有企業の生産性が上昇し、私営企業、外資企業の上昇を上回ったと報告している[15]。

3. イノベーション政策

科技政策・プログラム

イノベーションは中国にとって重要な政策課題の一つであり、中国経済の中長期的な発展を規定する本質的な要素の一つと言える。ここでは、まず、中国政府が実施した重要なイノベーション・プログラムを見てみよう。中国政府は、基礎研究と先端研究の支援と、応用技術の伝播の促進の、2 種類のプログラムのサポートをしている。基礎研究を対象とするものとして、Key Projects プログラム（1982年〜）、863 プログラム（1986 年〜）、973 プログラム（1997 年〜）があり、技術伝播を目的とする Torch プログラム（1988 年〜）、Spark プログラム（1986 年〜）などがある[16]。基礎研究を対象としたプログラムでは資金が政府によって提供され、大学や研究機関によって実施されるが、Torch や Spark といったプログラムは政府による資金という「push」と市場需要による「pull」が力を合わせる。Torch プログラムは新技術の商業化、国際標準に達するようなハイテク製品の開発、ハイテク開発特区の建設、インキュベーターや科技園を通じてスタートアップと企業家の育成を目的とする。なかでも、重要な部分はハイテク企業の起業を

14　非戦略的産業でも「大を掴み、小を放つ」政策が実施され、国有企業のプレゼンスが低下した結果、1998〜2007 年の間、国有企業が鉱工業総付加価値に占める割合は 55% から 34% まで減少した。

15　Wakasugi, R. and H. Zhang, 'Impacts of the WTO Accession on Chinese Exports,' *Journal of Chinese Economic and Business Studies*, 14, 2016, pp.347-364.

16　各プログラムの詳細については、Hu, A. G. Z. and G. H. Jefferson, 'Science and technology in China,' in Brandt, L. and T. Rawski, eds. *China's Great Transformation*, Cambridge University Press, 2008 を参照。

育成するために全国的に科技園を設立することである。科技園では、政府は優遇税制を提供し、非国有企業の参入を奨励することによって企業家が積極的にイノベーションの成果を利益に転換させることを目指す。一方、Spark プログラムの目的は農村部における科学技術の普及及び農村経済の活性化を実現するために、500 個以上の技術デモンストレーション拠点を作ることである。

Torch と Spark プログラムは成功したと評価されている。1992〜2000 年の 53 の科技園と所在都市のデータを用いて検証した結果、これらの科技園の成長が立地する都市の成長より遙かに速く、その優れたパフォーマンスは産業集積や地域特化による外部性の効果ではなく、政策インセンティブによるものであることを示している[17]。また、所在都市の外国直接投資（FDI）が科技園内の労働生産性に正の効果をもたらすことから FDI のスピルオーバー（技術伝播）が存在している。北京にある中関村科技園において外資企業の研究開発活動が中国企業の新規参入を促進する効果もある[18]。Spark プログラムに関しては、2004 年までにすでに 100,000 以上に上る技術デモンストレーション・プロジェクトが立ち上げられ、中国の約 85% の農村地域をカバーしている。1995 年に Spark プログラムに入っている郷鎮企業の平均利益率が 7.83% であり、全国郷鎮企業平均の 3.09% よりずっと高く、また、プログラムに入っている郷鎮企業が平均 139 人の新しい雇用を生み出した[19]。

中国政府は知的財産権を強化すべく、積極的に特許や実用新案などの申請を促す知財戦略を推し進めている。1985 年に特許法（「中華人民共和国専利法」）が公布され、1986 年から中国の特許申請件数が毎年 15% の成長率で急増している。中国では発明特許権、意匠権、実用新案権という三種類の特許を授与する。1992 年の特許法第一次改正後、中国国内発明者による特許申請だけでなく、外国発明者による特許申請件数も毎年 22% の成長率で急増している。また、その増加は、意匠権、実用新案権のような程度の小さく、特許審査が簡単で、法律による保護の弱いイノベーションではなく、発明特許権が大きく寄与した。その後、知的所有権の貿易関連の側面に関する協定（TRIPS）に合わせて 2000 年に特許法第二

17　Hu, A. G., 'Technology parks and regional economic growth in China,' *Research Policy*, 36, 2007, pp.76-87.

18　Cai, H., Y. Todo and L. Zhou, 'Do multinationals' R&D activities stimulate indigenous entrepreneurship? Evidence from China's "Silicon Valley",' NBER Working Paper No.13618, 2007.

19　Du, Q. and D. Xu, *Evaluation Report on the Effects of the Spark Program*, China, Beijing, National Research Center for Science and Technology for Development, 1997.

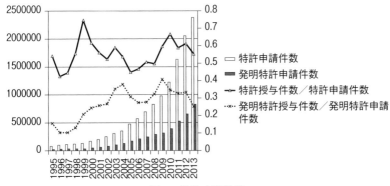

図4 特許申請件数
資料：国家統計局ウェブサイト www.stats.gov.cn/tjsj/ より筆者作成。

次改正が行われ、国内と外国発明者による発明特許申請が年率23%で増加している。中国における特許申請件数の合計は、1990年代後半では年間申請数は10万件程度だったが、2000年代に入ると申請件数と授与件数ともに爆発的に増加している（図4）。

中国では知的財産権に対する保護がまだまだ不十分と思われるが、なぜこれだけ特許が急増しているのかという疑問がある。中国企業による特許申請の急増は、研究開発投入の増加によるもの以外、外国直接投資による促進効果、特許法の改正による特許所有者に対する優遇、国有企業改革による財産権の保護も大きく貢献した。寄与率をみると、R&D支出が最大24%、産業レベルのFDIが20%、企業改革が7%、2000年の特許法改正が最大70%程度、1995～2001年特許申請件数の増加を説明できると試算している[20]。

外国技術導入と研究開発

長期的に見た場合、中国産業の成長を支えるのは技術進歩であることに違いない。それは二つの要因に依存する。一つは外国からの技術導入であり、もう一つは国内の研究開発体制の整備である。改革開放後、技術導入は大規模に行われるようになった。技術導入契約は1985年では826件（32億ドル）であったが、95

---

20 Hu, A. G. Z. and G. H. Jefferson, 'A great wall of patents: What is behind China's recent patent explosion?' *Journal of Development Economics*, 90, 2009, pp.57-68.

年には3,629件（130億ドル）に増加し、2009年には9,964件（215.7億ドル）に達した。導入方式に関しては、90年代はプラント（基幹設備を含む）輸入とライセンス生産が大きなシェアを占めていたが、2000年以降は専門技術や特許技術の許可・譲渡が多く、業種別では機械・電子が多い（『中国科技統計年鑑2010』）。海外からの技術導入だけに頼って、新たな成長を継続することが大変困難になってきていると考えられる。中国におけるR&D支出の対GDP比は、1994年には0.64％と低い水準であったが、その後上昇して2002年には1％を越え、2008年には1.54％へと増大している。研究開発に従事する研究者・技術者の数も年々増加してきており、2007年では就業人口1万人あたりのR&D従事者は22人と2000年の10人に比べて倍増している。

　鉱工業大中型企業の科学技術活動は、1995年から1999年にかけて企業の所有形態に関係なく、R&D集約度、R&D人員が雇用者数に占める割合、新製品集約度（新製品売上高／売上高）が上昇し、特許申請件数も増加している[21,22]。これまで資源配分の効率性の改善による生産性向上が中国の工業成長を主導しているが、近年成長の目覚ましい電子産業などでは、研究開発が大きな役割を演じている。例えば、電機産業及び情報通信機器産業におけるR&D集約度が1995年時点の2.97％から2000年時点の7.34％まで2倍以上も上昇した。R&D支出が中国企業の新製品開発、生産性・利益率に大きく寄与したことと、こうした産業の中国産業に占める非常が拡大したことによって、近年の鉱工業におけるR&D集約度（R&D／付加価値）の上昇を少なからず説明できる[23]。

　鉱工業大中型企業を対象とした政府統計によれば、2000年代に入るとR&D支出が急速に拡大し、外国技術導入の支出を大きく上回っており、外国技術導入から研究開発への転換が見られる。また、集約度からみると、1990年代半ばから外国技術導入集約度（外国技術導入支出／売上高）が大きく低下し、1998年にR&D集約度（R&D支出／売上高）より低くなり、両者の関係は逆転した。R&Dと外国技術導入が生産性にもたらす効果については、自社内R&Dが生産性に正の効果を有するが、外国技術導入が生産性に有意の効果を有しないものの、R&D

21　大中型企業とは、売上高3,000万元以上、従業員数300名以上、資本金4,000万元以上の企業のことである。

22　Jefferson, G. H., A. G.Z. Hu, X. Guan, and X. Yu, 'Ownership, performance, and innovation in China's large-and medium-size industrial enterprise sector,' *China Economic Review*, 14, 2003, pp.89-113.

23　前掲Hu and Jefferson（2008）を参照。

136 ｜ 第一部　高成長と経済政策

と技術導入の交差項が正で統計的に有意であることから、両者は補完的関係である。これは、R&Dが生産性に対して直接的な効果を有することに加えて、企業がR&Dを行う場合、外国技術導入をより効率良く吸収し、生産性の向上に寄与することを意味する[24]。

近年のイノベーションの主たる担い手は政府系研究機関から企業部門へと移行しているため、中国政府はTorchプログラムなどさまざまなイノベーション・プログラム、政策パッケージを提供し、中国企業のイノベーション活動を支援している。鉱工業大中型企業の場合、政府資金が科技活動資金に占める比率は1991年の7.1％から2008年の3.7％まで低下しているが[25]、金額ベースでは、2000年以降急増し、2008年の政府資金は1991年の14倍以上にも伸びた。それとほぼ同時に、技術開発に対する減免税も急速に増加し、2008年には100億元規模にも上った。また、1996〜2002年の間に中国企業による科学技術活動のアウトソーシングが顕著に増加し、それに伴って自社内R&Dなど企業自身の吸収能力がますます重要になっており、市場競争を重視したイノベーション・システム改革が科技活動連携によるイノベーション活動にインセンティブを与え、政府による科技活動資金が科技活動リンケージを促した[26]。

4. 経済特区と外資政策

経済特区

1979年改革開放後まもなく経済特区の建設が始まった。1980年、中国政府が深圳、珠海、汕头、アモイで経済特区の試行を許可し、対外貿易と外資導入の自主権を与えた。深圳の場合は、単なる輸出加工区を超えて多様な目的を持った改革開放の実験地区となった。その後経済特区の設立は、沿海地区を戦略的重点とし、レベルを分けて、徐々に全国に推し進めるものであった。経済特区は行政レ

24　Hu, A. G. Z., G. H. Jefferson, and J. Qian, 'R&D and technology transfer : Firm-level evidence from Chinese industry,' *Review of Economics and Statistics*, 87 (4), 2005, pp.780-786.

25　同期間内部資金の比率は60％（1991年）から90％（2008年）まで上昇した。

26　Motohashi, K. and X. Yun, 'China's innovation system reform and growing industry and science linkages,' *Research Policy*, 36, 2007, pp.1251-1260.

ベルによって主に国家レベルと省・市レベルの2種類に分けられる。また、目的やインセンティブによって経済技術開発区、ハイテク産業開発区、輸出加工区に分類されることもある。

　経済特区の目的は、外国直接投資の誘致、国際貿易の拡大、国内投資、技術合作とイノベーション促進、そして雇用創出である。これらの目標を達成するために、各経済特区では、減免税、土地・インフラの使用、原材料の輸入、私的所有権の保護などの政策インセンティブが提供された。具体的には、以下のような優遇政策がある[27]。①減免税：10年あるいは10年以上操業している生産性の高い（採算のよい）企業、先端技術をもつハイテク企業、70％以上の生産を輸出する企業に対して税制優遇を提供する。再輸出を目的とする原材料の輸入に対して関税の免除を実施する。②土地使用料の軽減：中国の法律によれば、すべての土地は国有であるが、外資企業による土地利用の場合、事業や用途によって投資家に対して土地の利用期間、使用料、支払方法に関する優遇措置が付与される。③銀行ローン：短期の流動資産をまかなうためにローンを申請する外資企業に対して優先権を与える。

　経済特区は1992年までは少なく、沿岸部と一部の省の都市に集中して立地した。1992年の鄧小平による「南巡講話」の後、経済特区の建設ラッシュを迎え、多行政レベル（中央、省・市）・多地域（沿川・辺境・内陸）で展開され、93の国家級、466の地方行政管轄の経済特区も設立された。2000年以降、地域間格差を是正するために、「西部大開発戦略」が打ち出された結果、内陸部の都市にも経済特区が建設されるようになった。2005〜08年に、沿岸部に338、中部に269、西部に75の経済特区が設立した。

　経済特区の建設を含むインフラ整備・資本形成においては地方政府が大きな役割を果たしている。1990年代半ば以降中国のほとんどの省においてインフラ投資が急速に拡大し、資本形成の加速化のきっかけともなった。1999年から2010年までの間、中国総固定資本投資の約40％は政府、とくに地方政府によって担われているが、中央政府が占める割合は年々低下し、2010年に約10％となった。また、地方政府による固定資産投資は国有企業向けではなく、インフラ建設や他

27　Wang, J., 'The economic impact of special economic zones : Evidence from Chinese munici-palities,' *Journal of Development Economics*, 101, 2013, pp.133-147 ; Alder, S, L. Shao, and F. Zilibotti, 'Economic reforms and industrial policy in a panel of Chinese cities,' CEPR Discussion Paper No.9748, 2013.

の社会資本の形成に投資するようになった[28]。さらに、外資誘致するためにより良いインフラ整備と減免税を提供しようとする地方政府間の競争がインフラ投資拡大の決定要因の一つである[29]。

　実際、経済特区がどのぐらいのベネフィットをもたらしたのか、そしてどういうチャネルを通じて実現したのか？　経済特区政策の効果は、①外資企業と輸出集約度の高い企業を中心に、一人当たりの外国直接投資を58％も上昇させたこと、②FDIが国内企業（地場企業）の投資と資本ストックを押しのける証拠はなかったこと、③TFP成長率を0.6％ポイントを向上させたことが挙げられる。経済特区に認定されてからFDIが顕著に増加し、また、比較的早い時期に経済特区を建設した都市ではこれらの効果はより強い。さらに、固定資本形成とTFPの向上という二つのチャネルを通じて経済特区が成長をもたらすメカニズムが働いている[30]。これらの結果から、経済特区政策が外国資本だけでなく、進んだ先端技術ももたらし、他の途上国にとって重要な政策インプリケーションを提供できることが示唆されている。

　経済特区はFDIの拡大をもたらしただけではなく、生産・雇用の拡大にも大いに貢献した。Yi Lu中国清華大学教授らの研究は、2004年と2008年経済センサスの企業データを用いて、経済特区の設立前と設立後、特区の境界線の両側に立地する特区内企業と特区外企業のパフォーマンスを分析した[31]。第1に、経済特区が企業の雇用、生産高、資本、資本集約度に正の影響を及ぼす。特区設立の3年後、特区外企業と比べ、特区内企業の雇用が12％、生産高が14.2％、資本が20.3％、資本集約度が9.9％、生産性が2.7％も向上した。第2に、経済特区が新規参入企業と既存企業の投資・雇用・生産高に正の効果をもたらした。経済特区政策が企業生産性の向上と企業の自己選択という二つのメカニズムを通じて対象とされた特区に影響を及ぼした。第3に、労働集約的な産業に比べ、資本集約的な産業においては、特区が企業パフォーマンスにより大きな正の効果をもたらす。

28　Zhang, J., 'Zhu Rongji might be right : Understanding the mechanism of fast economic development in China,' *The World Economy*, 35（12）, 2012, pp.1712–1732.

29　Zhao, Z., X. Huang, D. Ye and P. Gentle, 'China's industrial policy in relation to electronics manufacturing,' *China & World Economy*, 15（3）, 2007, pp.33–51.

30　前掲 Wang（2013）.

31　Lu, Y., J. Wang, and L. Zhu, 'Place-Based Policies, Creation and Agglomeration Economies : Evidence from China's Economic Zone Program,' *American Economic Journal : Economic Policy*, 近刊を参照。

一方、市場ポテンシャルの高い、インフラ整備が進んで交通が便利な特区においては、政策の効果がより大きい。これらの分析結果は、集積の外部性を享受できるような地域に立地を奨励する政策が企業パフォーマンスを高める効果があることを示唆している。

　以上の分析で示したように、経済特区は中国外資利用と輸出基地となり、同時に製造業の産業集積地ともなった。とくに、沿海地域に経済特区に進出した外資企業あるいは合弁企業は、周囲の農村郷鎮企業を含む地場企業の発展と絡み合い、「世界の工場」中国の経済発展に貢献した。

外資政策

　改革開放初期には外国借款の額が直接投資より大きく、外資導入の中心的な役割を果たした。1979年には中国政府が「中外合資経営企業法」(「合弁企業法」)を制定し、外国資金の導入、技術移転、輸出促進を外国企業との合弁によって達成しようとした。1986年には「外資企業法」が制定され、これによって製品の輸出義務はあるものの、外国企業の単独投資に対する立地の制限がなくなった。それに減免税・土地利用など一連の優遇政策や措置(その多くが経済特区内で提供するという形で)をとり、外資導入に力を入れ、FDIは次第に増加した。その後、1992年の鄧小平「南方講話」以降、FDIは急速に伸び、1990年代の半ばから対外借款の数倍の規模にのぼり、外国資本流入の主要形態となった(図5)。1993年以来、中国は連続して発展途上国のFDI利用第一位であり、2002年にアメリカを抜いて世界でFDI利用金額が最も多い国となった。

　1990年代前半までは、中国政府による積極的な外資誘致にもかかわらず、外資企業の経済活動に対するさまざまな制限はまだ残っていた。たとえば、外国企業が生産や輸出の際にローカルコンテント(現地調達率)要求を満たす、先端技術と経営管理のノウハウを伝播する義務などがある[32]。1995年にFDIを政府の産業政策に組み込むことを目的とする「外商投資産業指導目録」(以下「目録」)が公布され、中国政府がFDIを規制するガイドラインとなった。そこで、産業・製品を「奨励」「制限」「禁止」に分類し、それぞれのカテゴリーに属する品目をリストアップした(それ以外は「許可」類にした)。「奨励」と「許可」類の投資プ

32　Branstetter, L. and N. Lardy, 'China's embrace of globalization,' in Brandt, L. and T. Rawski, eds. *China's Great Transformation*, Cambridge University Press, 2008.

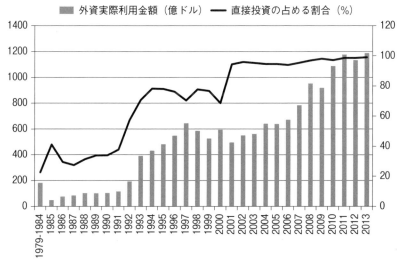

図5 外資導入
資料：国家統計局ウェブサイト www.stats.gov.cn/tjsj/ より筆者作成。

ロジェクトは、法律と行政法規に従って外国企業に対する優遇措置を設けた。2001年11年に中国がWTO加盟した後、2002年3月に中国政府はWTO加盟交渉段階における他の加盟国との約束に沿って「目録」を大きく改訂した[33]。特に、ハイテク産業、基礎産業、付帯産業への投資を奨励するのと同時に、外資が参入可能な業種を拡大させた。487の産業（4桁分類）のうち、117の産業がFDIに開放するようになった。

FDIの急増にともなって大量の技術導入が行われ、外資導入は技術移転の主要なチャネルとなっており、経済成長における役割は次第に大きくなっていると思われる。中国経済を外資企業と内資企業の2部門に分割した成長会計モデルから、2003、2004年に外資企業が最大で中国の経済成長率の実に4割も実現したという試算もある[34]。国内市場における外資企業の活動は中国の消費者に多様で洗練された財・サービスを提供したほか、進んだ技術の移転と競争力の強化を通

---

[33] その後「目録」は2004年、2007年、2011年、2015年数回にわたって改訂を重ねた。「目録」を含む中国の外資政策の変化については、杜進・劉曙麗「法律・法規の改定から見た外資政策の変化」杜進編『中国の外資政策と日系企業』勁草書房、2009年を参照。
[34] Whalley, J. and X. Xin, 'China's FDI and non-FDI economies and the sustainability of future high Chinese growth,' *China Economic Review*, 21 (1), 2006, pp.123-135.

じて中国産業の高度化に寄与した[35]。外資企業の経済活動や輸出の活性化は中国の労働者に雇用機会を提供したほか、部品調達などの派生需要により、特に沿岸部の地域経済の発展に貢献したと考えられる[36]。

FDI が途上国の地場企業の発展に寄与するチャネルとしては、外資を導入した企業が外国企業から生産や経営などに関する先端技術の移転を受ける直接効果と、外資の活動を観察した地場企業に同様な先端技術への投資を促す「デモンストレーション効果」、外資企業との競争、納品・購入などの取引関係、労働者の移動などを通じて外資の技術や知識が地場企業に伝播するスピルオーバー効果が想定される。

実際、外資導入はスピルオーバー効果をもたらすのか？　先行研究では、電子機械産業において外資比率の高い中国企業ほど TFP が高いが、産業全体における外資の規模と地場企業の生産性や売上高との間に負の相関があり、外資との競争が地場企業に負の影響を与えていると報告している[37]。ただし、外資企業との競争は地場企業に効率化を迫ることで、中長期的には地場企業の生産性に正の効果をもたらす可能性もあると考えられる[38]。外資導入の直接効果に関しては、外資導入が企業の輸出と国内売上両方を増加させる効果があり、外資の目的は中国を輸出プラットフォームとして利用することに限られないため、外資が中国国内市場にうまく融合すると地場企業へのスピルオーバー効果が期待できる[39]。

外資のスピルオーバー効果に関しては、外資と競合関係が発生しない川下・川上産業の外資企業からのスピルオーバー効果が重要である。川上産業と川下産業ともに外資企業からの有意な正のスピルオーバー効果が存在するものの、後方連

35　前掲 Branstetter and Lardy（2008）を参照。

36　Tuan, C., L. F. Y. Ng, and B. Zhao, 'China's post-economic reform growth : The role of FDI and productivity progress,' *Journal of Asian Economics*, 20（3）, 2009, pp.280-293.

37　企業レベルデータと「目録」を利用して FDI のスピルオーバー効果を分析した研究によれば、2002年に FDI に対する規制が緩和される以前は、奨励産業の生産性とその他産業のそれとの間に差はなかったが、2002年の規制緩和の後、緩和された産業の生産性が低下し、その差はマイナスになり、2007年まで続いた。こうした結果は、規制緩和によって外資に開放された産業では FDI の拡大による競争効果が同一産業における地場企業の生産性を押し下げる可能性（負の水平的スピルオーバー効果）を示唆している。Lu, Y., Z. Tao, and L. Zhu, 'Identifying FDI spillovers,' *Journal of International Economics*, 107, 2017, pp.75-90.

38　Hu, A.G.Z. and G. H. Jefferson, 'FDI impact and spillover : Evidence from China's electronic and textile industry,' *The World Economy*, 25, 2002, pp.1063-1076.

39　Du, J. and S. Girma, 'The effects of foreign acquisition on domestic and export market dynamics in China,' *The World Economy*, 32（1）, 2009, pp.164-177.

142　第一部　高成長と経済政策

関を通じたスピルオーバー効果は先方連関を通じた効果より小さい[40]。この結果は、外資企業が供給する優れた部品や原材料の活用、外資企業への納入に伴う技術指導はともに中国企業の競争力に貢献しているが、前者がより重要な役割を果たしていることを意味する。同一産業における外資企業の活動は地場企業の生産性には寄与しないものの、発明特許の申請件数に寄与している。また、川下産業における外資企業からは川上の地場産業の生産性に対して有意な正のスピルオーバー効果が検出された[41]。こうした発見から、外資企業の活動が知識の伝播を通じて同一産業の地場企業の先端技術取得や製品開発に寄与したり、川下産業における地場企業の生産性上昇に資する高品質な中間財を供給したりすることによって、中国企業の競争力に貢献したことが示唆されている。さらに、FDIのインセンティブである税制優遇制度に着目し、税制優遇を受けている外資企業ほど波及効果が大きい[42]。

「外商投資産業指導目録」の2002年改訂の効果については、規制緩和されていない業種と比べ、規制緩和された業種において外資企業の売上高、輸出が拡大するのと同時に、産業レベルの生産性も上昇した[43]。

5. 貿易政策と貿易自由化

加工貿易制度

中国経済の目覚ましい成長の要因のひとつとして、改革開放による国際貿易の拡大が挙げられる。改革開放前の1972～78年頃は、中国が輸入代替、つまり国産の工業製品を輸入品に代替させるという戦略を採用していた。1977年に中国の対外貿易総額が世界貿易総額に占める割合は、0.6％にすぎなかった。当時の

---

40 Lin, P., Z. Liu, and Y. Zhang, 'Do Chinese domestic firms benefit from FDI inflow? Evidence of horizontal and vertical spillovers,' *China Economic Review*, 20 (4), 2009, pp.677–691.

41 Ito, B., N. Yashiro, Z. Xu, X. Chen, and R. Wakasugi, 'How do Chinese industries benefit from FDI spillovers?' *China Economic Review*, 23 (2), 2012, pp.342–356.

42 Du, J., A. Harrison, and G. Jefferson, 'Do institutions matter for FDI spillovers? The implications of China' special characteristics,' NBER Working Paper No.16767, 2011.

43 Inada, M., 'The effects of foreign direct investment on industrial growth : Evidence from a regulation change in China,' KIER Discussion Paper No.856, 2012.

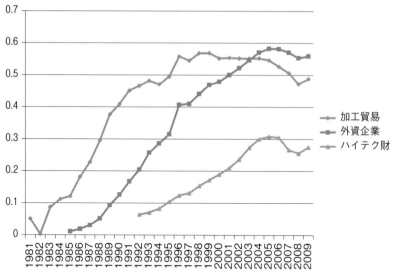

図6　加工貿易・外資企業・ハイテク財の輸出シェア
資料：『中国統計年鑑』中国税関統計、World Development Indicators より筆者作成。
注：加工貿易、外資企業、ハイテク財それぞれが総輸出に占める割合を示すものである。

　中国の指導者は日本と NIEs（韓国・香港・台湾・シンガポール）の高度成長の経験から、1978 年より対外開放の方針をとり、輸出志向の政策を実行した。その後中国の輸出額は、1980 年時点の 181 億ドル弱の規模から 1990 年までに 3 倍以上の 621 億ドルまで拡大したが、90 年代に入ると、年平均 20% 以上の成長率で増加する。さらに、2001 年の WTO 加盟を機に輸出はさらに拡大し、2004 年に日本、2009 年にはドイツを抜き、世界最大の輸出国に上り詰めた。

　中国の輸出の急激な増加は加工貿易によって実現された部分が大きい。加工貿易とは、関税なしで原材料や中間財を輸入し、国内で組立・加工の後に製品の最終財として輸出する貿易形態を指す。こうした加工貿易と通常の一般貿易と合わせて二重貿易体制と称する[44]。初期段階において、すくなくとも 1980 年代に加工貿易は「三来一補」を通じての輸出による外貨獲得の重要な手段であった[45]。1985 年に加工貿易による輸出が輸出総額に占める割合は 10% だったが、その後、加工貿易の規模が急速に拡大し、95 年には総輸出の約 5 割も占めており、現在ま

44　Naughton, B., 'The Chinese Economy: Transitions and Growth,' The MIT Press, 2007 を参照。

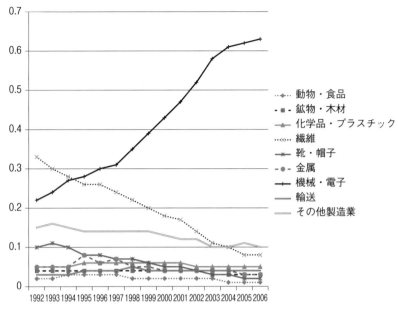

図7A 加工貿易（輸出）に占める産業別のシェア
資料：中国税関統計より筆者作成。

で至っている。それとほぼ同時に、輸出における外資企業のプレゼンスも高まってきた。1985年から1995年までのわずか10年の間に、外資企業による輸出が輸出総額に占める割合はほぼゼロから40％まで大きく上昇し、さらに2000年代に入ると50％にまで達した（図6）。加工貿易と外資企業は1980年代から2000年代に中国の輸出拡大をもたらした最大の要素である。

貿易拡大のなか、中国は、より技術的に高度な財を輸出することができるようになった。世界銀行によれば、ハイテク財の輸出が総輸出に占めるシェアは、1992年の6％から2004年の30％まで上昇している（図6）。国別品目別貿易データを見てみると、中国の輸出財の構成は同等の所得水準の他の途上国に比べ、先進国と近い高度な内容であり、中国より一人当たり所得が3倍程度高い国のそれに相

---

45 「三来」とは、①外国企業が原料を持ち込み、中国企業が加工する、②外国企業が指定したデザイン、仕様に基づき中国企業が生産を行う、③外国企業が部品を持ち込み、中国企業が組み立てることを指す。「一補」とは、補償貿易のことである。加工貿易に関連する制度の詳細については郭永興「中国委託加工貿易の制度改革（1979～2008）」『アジア経済』LⅡ-8、2008年を参照。

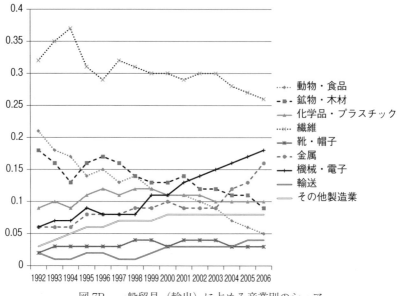

図7B 一般貿易（輸出）に占める産業別のシェア
資料：中国税関統計より筆者作成。

当している。技術水準と付加価値の高い財の生産と輸出が中国の産業発展に大いに寄与したと考えられる[46]。図7Aと図7Bはそれぞれ、各産業が加工貿易に占める割合、各産業が一般貿易に占める割合を示している。まず、加工貿易では、一番の特徴としては繊維と機械・電子産業のシェアの変化である。1992年に繊維が輸出の約30％も占めていたが、2006年になると10％以下まで低下したのに対し、機械・電子が1992年の20％から2006年の60％以上に達した。一方、一般貿易による輸出では、繊維が1992年の30％強から2006年の25％まで低下したのに対し、機械・電子が1992年の1％未満から2006年の18％まで上昇した。このように、中国の主力の輸出産業は伝統的な繊維製品から機械・電子製品へシフトしつつ、貿易構造は大きく変化した。また、輸出における一次産品（農産物、鉱物など）の割合は激減し、二次産品（工業製品など何らかの加工が施された製品）の割合は大幅に増加した。

---

46 Rodrik, D., 'What's so special about China's exports?' *China & World Economy*, 14 (5), 2006, pp.1-19.

加工貿易はおもに中国の労働集約型産業における比較優位を発揮することにある。その原動力がそれに従事する企業の競争力ではなく中国の安価で豊富な労働力であることを示唆している。輸出を開始した企業が、既存の労働集約的な財の生産を拡大するあるいはより労働集約的な財の生産を追加することによって、非輸出企業と比べて平均的により労働集約的になっている[47]。このように、加工貿易は投資効率の高い労働集約的産業を中心に成長し、比較優位に基づき輸出特化することにより、貿易の拡大に貢献してきたと考えられる[48]。

貿易権・輸出増値税還付・補助金

　中国において一般企業の貿易取引はWTO加盟に至るまで原則禁止されており、貿易権は中央政府および地方政府の管理下の国有商社に限定されていた。1978年にすべての貿易はわずか12社の国有商社によって行われていた。その後1980～90年代に、中国政府は貿易権の規制を徐々に解除し、1986年に1,200社以上の企業に貿易権を許可した。さらに、1996年に約12,000社、2001年は35,000社まで急増した。貿易サービスを提供できる企業数の増加によって貿易サービスがより競争的、効率的になると考えられる[49]。2005年までにすべての企業に対して貿易を行う権利を許可することになったが、2005年時点では中国総輸出の22%も商社によって担われている。中国税関データを用いた分析の結果から、もっとも生産性の高い企業は自力で輸出するが、それより生産性の低い（規模の小さい）企業は商社を利用して外国市場に財を供給することが明らかになった[50]。このように、参入コストを負担できず直接に輸出参入することが難しい多くの中国の中小企業が商社を利用して外国市場にアクセスすることができるようになった。また、商社を通じて海外市場の情報を学習することによって多くの中小企業は単独で輸出を開始するまで成長したことも報告している。

　まず、輸出税金還付（免税）資格の認定を受けた企業が輸出時に中国政府に納

47　Ma, Y., H. Tang, and Y. Zhang, 'Factor intensity, product switching, and productivity : Evidence from Chinese exporters,' *Journal of International Economics*, 92（2）, 2014, pp.349-362.

48　2007年時点で、加工貿易による直接雇用は3000～4000万人（工業の約2割）、加工貿易関連産業の雇用者数は約5000～6000万にものぼると言われている。大橋英夫「輸出振興策の調整―加工貿易・輸出増値税還付制度」中兼和津次編『改革開放以後の経済制度・政策の変遷とその評価』NIHU現代中国早稲田大学拠点WICCS研究シリーズ、第10章、2011年、231-252頁を参照。

49　前掲Branstetter and Lardy（2008）を参照。

50　Ahn, J., A. K. Khandelwal, and S.-J. Wei, 'The role of intermediaries in facilitating trade,' *Journal of International Economics*, 84, 2011, pp.73-85.

付した増値（付加価値）税を還付するという輸出税還付制度がある。1994 年、国家税務総局は「輸出貨物退税管理弁法」を発布し、輸出増値税還付制度が本格的に実施されるようになり、平均還付率は 16.1％ であった。1994 年と 95 年に中国の輸出は、それぞれ前年比 31％、23％ と増加し、高い伸びをみせた。その後、アジア金融危機の影響に対応するため、1998～99 年に合計 8 回の税率の引き上げを実施した。とくに、機械電子と衣類などの主力の輸出品目では 17％ まで引き上げた。1985～2002 年の間、輸出還付税率が生産・輸出と正の相関があり、還付税率の引き上げが輸出拡大に寄与したと考えられる[51]。さらに、2006～07 年に輸出品目は奨励品目（IT・ハイテク製品）と制限品目（紡績品・雑貨・鉄鋼など）に分類され、引き上げと引き下げの調整を同時に実施した。その量的効果について、2003～12 年、HS6 桁分類の貿易データを用いた試算によれば、輸出還付税率を 1‰引き上げると輸出額が 7％ も拡大する[52]。このように、輸出増値税還付制度は還付率の引き上げを通じて中国の輸出振興に寄与し、また、国内付加価値率の高い一般貿易に対して大きな影響を及ぼしたと考えられる。

　さらに、中国政府による補助金と輸出拡大との間に何らかの関係が存在するだろうという議論がよくある。生産補助金と輸出パフォーマンスの関係については、生産補助金が 1 社当たりの輸出規模の拡大に寄与したという報告がある[53]。とくに、高い利潤を出している企業、資本集約度の高い産業、内陸部に立地する企業ほどその効果が大きいが、所有形態（国有企業対私営企業）の影響はそれほど大きくはない。

WTO 加盟と貿易自由化

　1999 年に朱鎔基総理がワシントンでの記者会見の際に宣言したように、中国政府は WTO 加盟とそれに伴う貿易自由化が国内経済に有益な影響をもたらすことを認識している[54]。中国が WTO 加盟のために行った公約は、おもに 2 つの面がある。第 1 に、国内商品市場とサービス市場を開放する。第 2 に、WTO の規

51　Chen, C., C. Mai, and H. Yu, 'The effect of export tax on export performance : Theory and evidence from China,' *China Economic Review*, 17, 2006, pp.226-235.

52　Gourdon, J., S. Monjon, and S. Poncet, 'Incomplete VAT rebates to exporters : How do they affect China's export performance?' CEPII Working Paper No.2014-05, 2015.

53　Girma, S., Y. Gong, H. Gorg, and Z. Yu, 'Can production subsidies explain China's export performance? Evidence from firm-level data,' *The Scandinavian Journal of Economics*, 111 (4), 2008, pp.863-891.

則を受け入れ、それにしたがって中国の関連制度・政策を改訂する。実際、中国政府による貿易自由化に向けた制度改革は、WTO 加盟に先立つ 80 年代 90 年代を通じて漸進的に進められてきた。中国政府は 80 年代末の時点で貿易品目の半分程度の財について数量割当（quota）などにより貿易を規制していたが、こうした規制品目の割合は 2001 年の時点までに 8.4％ まで低下した[55]。平均固定輸入関税は、1980 年の時点で 49.5％ であったが、90 年に 40.3％、その後ほぼ毎年段階的に引き下げられ、WTO 加盟直前の 2000 年には 16.3％ まで低下した。2000年に輸入のうち課税対象となったのは全体の 40％ 以下に止まるなど、実質的な輸入障壁はすでに低かった[56]。WTO 加盟前、中国の輸入関税は産業間の分散が非常に大きく、最大 200％ を超える品目もあったが、WTO 加盟後徐々に低い水準に収束してきた。さらに、2002 年に中国政府が WTO 加盟交渉段階で他の加盟国との約束に沿って「外商投資産業指導目録」を大きく改訂し、外国企業投資の参入許可業種を拡大した。

　図 8 は、輸入関税、非関税障壁、外資規制といった一連の政策の時系列変化を示している[57]。425 の産業（4 桁分類）のうち、貿易・投資規制のある産業の割合は、徐々に低下したことがわかる。平均輸入関税が 15％ を超えた産業の割合が1995 年には約 8 割だったが、2001 年には 3 割、2007 年には 2 割まで縮小した。非関税障壁のある産業、外資を規制あるいは禁止した産業の割合も 2001 年から2007 年にかけて減少したことがわかる[58]。このように、WTO 加盟にともない中国は、市場開放のためさまざまな制度改革、関税引き下げ、輸入制限などの非関税障壁の撤廃を行った。

　L. Brandt トロント大学教授らは WTO 加盟関連の政策変化が国内市場・企業に与える影響について、1995～2007 年の中国産業・企業データを用いて検証した。分析結果によれば、関税削減と輸入競争によって価格とマークアップが大き

54　*The competition arising [from WTO membership] will also promote a more rapid and more healthy development of China's national economy*, Premier Zhu Rongji. The White House, Office of the Press Secretary, "Joint Press Conference of the President and Premier Zhu Rongji of the People's Republic of China," April 8, 1999.

55　Lardy, N., *Integrating China into the Global Economy*, Brookings Institution Press, 2002.

56　前掲 Branstetter and Lardy（2008）を参照。

57　Brandt, L., Van Biesebroeck, J., L. Wang and Y. Zhang, 'WTO accession and performance of Chinese manufacturing firms,' *American Economic Review*, 107（9）, 2017, pp.2784–2820.

58　各 4 桁産業の中に少なくとも一つの財（HS8 桁分類）に輸入許可証が必要な場合、その産業を非関税障壁のある産業として定義している。

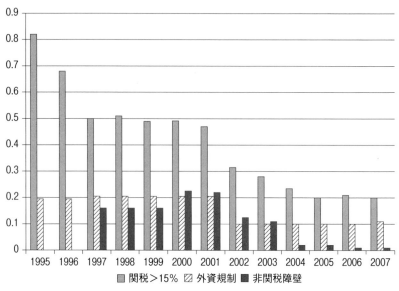

図8 貿易・投資規制のある4桁産業の割合
資料：Brandt, Van Biesebroeck, Wang, and Zhang (2012) のFigure2より筆者作成。

く低下したが、輸入品の増加によって国内企業のマーケット・シェアは大きく減少はしなかった。数量的には、関税が10％低下すると産業レベルの生産性が6％ほど恒久的に上昇する効果がある。産業生産性の上昇への効果は新規参入の増加によって説明され、貿易自由化のより進んだ産業は、生産性の高い新規参入、民間企業を吸収していることを示している。さらに、1998～2007年の間、とくにWTO加盟後、中国産業レベルの生産性上昇が非常に高かった。純参入（参入−退出）がTFP成長率の3分の2を説明することができたことから、この参入退出の効果は創造的破壊である（図9）。

　貿易自由化は、生産性や参入退出だけでなく資源配分や企業のマークアップにも影響を及ぼす。2001年前後に関税率が大きく低下した産業のマークアップの分散と、関税削減の程度が比較的低い産業のそれを比較した結果、WTO加盟に伴う関税削減によって市場競争が激化し、マークアップの分散と市場集中度（HHI）が低下したことが明らかになった[59]。それと同時に、価格と限界費用の分散も縮小した。これらの結果は、WTO加盟によって中国市場における潜在的な製品市場・資源配分の歪みが軽減され、貿易自由化によって1国の経済厚生が改

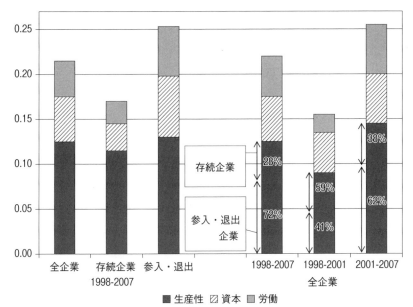

図9 TFP成長率：参入・退出
資料：Brandt, Van Biesebroeck, and Zhang（2012）Figure 7 より筆者作成。

善されることを示唆している。閉鎖経済に比べ、WTO加盟に伴う開放経済において中国は3.72％の経済厚生の利得が得られたという計算もある[60]。

関税削減は基本的には2つのチャネルを通じて企業パフォーマンスに影響を及ぼす。それは、輸入価格の低下によって輸入最終財が国内で生産された財と直接に競合するチャネルと輸入中間財の価格低下を通じたチャネルである。輸入中間財の関税削減と最終財の関税削減両方が企業の生産性に正の効果をもたらすが、輸入最終財と比べ、輸入中間財に対する関税削減が加工貿易企業の生産性向上にもたらす効果は小さいが、一般貿易を行う企業の生産性向上にもたらす効果は大きい。両方の関税削減は少なくとも経済全体の生産性上昇の14.5％に寄与したと計算している[61]。このように、中国では生産できない、あるいは生産できても

---

59 Lu, Y. and L. Yu, 'Trade liberalization and markup dispersion: Evidence from China's WTO accession,' *American Economic Journal : Applied Economics*, 7（4），2015, pp.221-253.
60 Di Giovanni, J., A. A. Levchenko, and J. Zhang, 'The global welfare impact of China: Trade integration and technological change,' *American Economic Journal : Macroeconomics*, 6, 2012, pp.153-183.

質が悪く価格が高いさまざまな原材料・資本財を輸入することは、経済の効率化と生産性の向上をもたらす。とくに中国のような途上国にとって資本財の輸入は重要な意味を持つ。新しい技術が資本財に一体化されているため、資本財を輸入することは新しい技術を導入すると同様な効果が期待される。

　WTO加盟により、諸外国による中国に対する一方的な輸入制限措置のリスクも低下し、国際市場へのアクセスも大きく改善した。米国ではWTO加盟に先立ち中国に最恵国待遇を適用していたが、人権問題などの観点から年に一度この適用が議会において検討される仕組みとなっていたため、米中通商政策の先行きは不透明であり、不確実性が非常に高かった。もし中国はMFNを失った場合、2000年時点で米国の4%だったMFN平均関税が、31%までに引き上げられることになり、貿易戦争も避けられなかった。WTO加盟に伴い中国が永久最恵国待遇（most favored nation, MFN）を取得したため、米国が中国に対して高い関税を課する脅威はなくなった。もし2005年に31%の平均関税を適用した場合、中国の輸出は少なくとも22ログ・ポイント減少することになったと試算し、米国通商政策の不確実性の解消によってWTO加盟が米国への輸出ブームに大きく貢献した[62]。

　中国の輸出企業にとって、WTO加盟がもたらした海外市場へのアクセス改善は新たな需要獲得の機会のみならず、関税や数量割当といった輸出活動に伴う可変費用の低下を意味した。とりわけ中国からの輸入に対する関税や数量枠の撤廃は、輸出参入のサンクコストやカットオフを低下させ、より多くの中国企業が輸出しやすくなったと考えられる。1995年に発効した「繊維および繊維製品関する協定」（ATC）は、2005年までに繊維製品についてWTO加盟国間の貿易にかかる制限措置を段階的に撤廃することを求めた。2002年に中国は他の加盟国と同様の市場アクセスを認められた結果、中国の繊維製品の輸出は大幅に増加し、とくに米国の繊維輸入における他のアジア、アフリカ諸国のシェアを大幅に減少させた。ATCによって中国の繊維と衣類輸出にかかる輸出割当が2005年に撤廃された後、新規参入によって輸出量が急増したと同時に、輸出価格も大きく低下した。新規参入の輸出企業は輸出割当を利用していた既存の輸出企業より生産性

61　Yu, M., 'Processing trade, tariff reduction and firm productivity : Evidence from Chinese firms,' *The Economic Journal*, 125, 2014, pp.943-988.

62　Handley, K. and N. Limao, 'Policy uncertainty, trade and welfare : Theory and evidence for China and the United States,' *American Economic Review*, 107（9）, 2017, pp.2731-2783.

が高いだけでなく、新規参入企業の輸出価格は退出した企業のそれより遙かに低く、価格低下全体の68％を説明することができること、私営企業の参入によって生産性の低い国有企業がマーケット・シェアを失ったこと、が明らかになった[63]。本来ならば、割当は生産性の高さにしたがって配分されるべきだったが、これらの結果から資源配分に関する制度的な歪みが存在すると示唆されている。このように、貿易障壁の撤廃に伴い、こうした歪みが取り除かれた結果として全体の生産性が向上し、貿易による利益が実現できた。

　輸出拡大が中国の経済成長と産業構造の高度化に貢献したことは間違いないが、輸出のGDP成長率や生産性に対する量的効果はどの程度だっただろうか？　輸出のGDP成長に対する貢献率が1980～90年には9.5％、1990～2000年には21％、2000～05年には22％以上にものぼる[64]。また、輸出増加率が10％ポイント低下すると省レベルのGDP成長率は平均2.5％ポイント低下するという試算がある[65]。実際、各地域の輸出比率とGDP成長率との相関関係を観察すると、広東、江蘇、浙江、上海、天津などの沿海地域では、輸出比率が高いほどGDPの伸び率も高くなっており、貿易が経済成長率にプラスの貢献をしていることを示唆している。

6. 結論

　本章は、改革開放以降中国政府が実施した重要な産業貿易政策と、それらの政策が貿易投資・生産性・経済成長に及ぼす定量的な効果について検討したものである。国有企業改革、経済特区、外資政策、WTO加盟に伴う貿易自由化をはじめ、政策やテーマごとにそれらの効果を分析する優れた研究は多数存在するが、産業貿易政策が中国の経済成長を分野横断的に概観したものは少ない。これらの産業貿易政策とその効果はどのようなものなのかを把握しておくことは、これまでの中国の経済成長および中国政府が経済成長に果たした役割を理解するために、

63　Khandelwal, A. K., P. K. Schott, and S.-J. Wei, 'Trade liberalization and embedded institutional reform : Evidence from Chinese exporters,' *American Economic Review*, 103 (6), 2013, pp.2169-2195.

64　中兼和津次『開発経済学と現代中国』名古屋大学出版会、2012年を参照。

65　Cui, L., C. Shu, and X. Su, 'How much do exports matter for China's growth?' *China Economic Issues*, 1/09, 2007.

そして今後の中国の産業貿易政策を考える上で極めて重要である。本章は中国の様々な産業貿易政策のうち、生産性・貿易投資に最も貢献したと思われる政策を取り上げ、その量的な効果について先行研究を引用しつつ整理したものである。その意味で、言うまでもなく、本章はあくまでも中国の産業貿易政策とその効果に関する一考察であり、中国の経済成長に寄与したすべての産業貿易政策を含む広い意味での経済政策を評価するものではない。

　本章の主な結論は以下の通りである。第1に、1990年代の国有企業改革によって国有企業の経済効率が改善し、1998～2007年中国のTFP成長率の20%にも貢献している。それとともに私営企業部門も大きく成長し、非国有部門による工業生産額が地域総工業生産額に占める割合が高いほど、その地域のGDP成長率が高かった。第2に、中国のイノベーション政策が産業横断的なファンダメンタルズの向上に寄与し、特許申請件数の増加にも正の効果を有し、また、科技園区の発展に寄与した点である。第3に、経済特区と外資政策が投資・雇用・生産・輸出に大いに貢献し、産業内や産業連関を通じた外資のスピルオーバー効果も生じた。第4に、加工貿易、貿易権緩和、輸出増値税還付などの貿易政策が中国の輸出の量的拡大・質的向上に大いに貢献した点である。とくに、貿易促進政策が中国の比較優位を活かし、輸出の参入コストを低下させ、比較的に生産性の低い中国企業でもグローバル・バリュー・チェーン（GVCs）に参加することができた。もちろん、中長期的には中国企業が技術革新を通じてGVCsでの位置を高めることが大事であるが、GVCsに参加すること自体が中国企業の投資雇用の拡大・生産性向上に寄与したと考えられる。第5に、WTO加盟による貿易自由化が中国市場や産業の活性化につながり、輸入競争や参入退出によって産業内の資源配分の改善、産業企業の生産性向上に大きく貢献しただけでなく、輸出環境も大きく改善され、貿易投資の拡大にも大きな効果をもたらした。

　このように中国政府による産業貿易政策が全体として産業企業の生産性向上、貿易投資の拡大に大きく貢献した。ただし、中国経済には国有企業改革、市場・制度・資源配分の歪みなどさまざまな問題がまだまだ残っている。中国がWTO加盟後15年を経たが、WTOと欧米諸国は「政府統制が多い」、「市場経済化が不十分」などを理由に、依然として中国を「市場経済国」として認めていない。今後持続可能な経済成長を実現するために、改革開放を一層深化し、国際的ルールに従って国内制度改革を推進する必要があるだろう。

154　第一部　高成長と経済政策

第二部

産業政策と産業発展

第5章

日本における産業政策の役割
——機械工業と電子工業——

河村徳士

　はじめに

　本章では日本を対象として機械工業と電子工業とに対する産業政策の仕組みおよび意義を考察する。通商産業省(以下、通産省)によって1956年6月に制定された「機械工業振興臨時措置法」(以下、機振法)は、産業の近代化・合理化を目的として機械工業製品の品質向上とコスト低下を推進するものであった。すでに自動車を中心として機械工業における最終製品の製造を日本で定着させ国際競争力を強化させるうえで、部品や工作機械を対象とした機振法が貢献したことは強調されてきたが[1]、ここでは資金面の支援だけではなく技術面に果たした政策の役割を再考し、またほかの産業政策および対外的条件の成果とあわせた効果を考えたい。

　これに対し同じく通産省が1957年6月に制定した「電子工業振興臨時措置法」(以下、電振法) は研究対象としてとりあげられることは少なかった。最終製品に近い財の発展に関心が集中し企業努力が強調されたことによって、部品や材料のみならず試験研究を支援したこの法律の役割に注目が集まらなかったためだろう。以下、電子工業にかかわる研究史をやや詳しく振り返り、課題を絞り込んでおきたい。

　企業の役割が重視されたことについては、たとえば、企業間競争に着目してカラーテレビの国際競争力強化を指摘した長谷川信[2]、同じくテレビ産業の発展要因について日本企業の特質や企業間競争に着目した平本厚[3]、安定成長期が中心

1　橋本寿朗『戦後日本経済の成長構造』有斐閣、2001年；尾高煌之助・松島茂編『幻の産業政策機振法』日本経済新聞社、2013年。
2　長谷川信「家電産業」武田晴人編『日本産業発展のダイナミズム』東京大学出版会、1995年。
3　平本厚『日本のテレビ産業—競争優位の構造』ミネルヴァ書房、1994年。

157

となるがアメリカに対する競争優位を実現したIC産業の発展を、個別需要家と
IC製造企業あるいは同一企業内の需要部門とIC製造部門との共同開発から主に
解き明かした伊丹敬之[4]、伊丹が日米比較に力点をおいたため歴史的な意義の考
察を欠いたことに対して、1970年代前半までの用途別に分断された開発と製造
をめぐる競争が、1970年代後半には標準品ICを目標としたものへと質的に変化
したことを指摘した金容度などの研究が貴重な成果をもたらした[5]。これらはい
ずれも企業を主体とした技術開発、合理化努力を強調した。また電子計算機ある
いはコンピュータの開発について政府の役割も射程におさめた研究も進められた。
通産省の輸入措置、国産機利用の支援、技術研究費支援などの政策措置を支えと
しながら企業努力によるIBM機へのキャッチアップを考察した中村清司[6]、情報
の収集とそれを移動させる通信の融合という視点から、通産省の政策措置だけで
なく電電公社と民間企業との共同開発、あるいは産学研究の成果をも視野におさ
め、さらにユーザーがどのような課題をクリアするために電子計算機を需要した
のかという事例によって日本の独特な市場構造および製品開発のあり方を描きだ
した武田晴人編などの研究があげられる[7]。

　以上の研究史では、企業間競争だけではなく政府の様々な政策措置が効果を発
揮したことが考察されているが、特定の最終製品を切り口としたがゆえに、その
基盤となる電子部品や材料の技術開発は必ずしも顧みられなかった[8]。しかし、
高度成長期のとりわけ初期においては電子工業全体の発展を考えるうえで電子に
かかわる幅広い技術がいかに定着し向上したのかは重要な課題であり、電振法の
果たした役割は看過できない。これまでこの法律を対象とした研究は数少ないが、
『通商産業政策史』において橋本寿朗は、その枠組みを論述したうえで成果につ
いては電子計算機の開発の道筋を整えたこと、部品工業のいくつかで生産性上昇
の効果を推測できることなどを指摘した[9]。また、同じ政策史で1960-70年代を

4　伊丹敬之・伊丹研究室『逆転のダイナミズム—日米半導体産業の比較研究』NTT出版、1988年。
5　金容度『日本IC産業の発展史—共同開発のダイナミズム』東京大学出版会、2006年。
6　中村清司「コンピュータ産業」前掲『日本産業発展のダイナミズム』。
7　武田晴人編『日本の情報通信産業』有斐閣、2011年。
8　ラジオ産業を対象としながらも真空管の発展をも重視した平本厚の研究があるが、これは戦前を
　対象としているうえに電子工業全体を取り扱ったものではやはりなかった。平本厚『戦前日本のエ
　レクトロニクス—ラジオ産業のダイナミクス』ミネルヴァ書房、2010年。なお前掲の平本氏の研究
　にも指摘できることであるが、産業や技術にかかわるシステムが発展を保障したという結論によっ
　て実証的な成果の意義が不明瞭になっているように思われる。産業発展の内生的な要因をとらえ、
　該当産業の発展がもった歴史的な意義の検討も大切であろう。

158　第二部　産業政策と産業発展

対象とした鶴岡重成によって、1960年代前半に政策構想が家電等の民生用機器から産業用電子機器に重点を移したこと、電子計算機を主に対象とした政策効果、設備資金に対する特別融資がもった国際競争力の可能性などが指摘された[10]。ただし、これらの研究は、後述するように電振法が試験研究、工業化、製造方法の合理化の三点を重視したことを考慮するとき、橋本が生産性上昇の効果にやや傾斜し、鶴岡が成果の積極的な意義を指摘しなかったという問題点をそれぞれ抱えている。長谷川信・武田晴人もコンピュータ産業を中心に海外企業との技術提携の役割を指摘するにとどまった[11]。他方、電振法の制定過程に着目した青木洋は、法文は内容に乏しく共同行為を除けば行政措置によって対応が可能な事項を並べたものだったが、これは通産省が立法化によって予算を獲得することを志向したためであり、実際そのあと電子工業への資金配分が可能になったのではないかと指摘した[12]。

　これらの研究史を考慮するとき、電振法が立法措置に基づいて電子工業の発展に資金的な裏付けを与えて、その資金がどのように利用されたのかということを、最終製品、部品、材料まで対象としながら目的も試験研究、工業化、製造方法合理化の三点にあったことに改めて着目し考察しなおし、企業にとっていかなる意味をもったのかを課題とすることが重要であろう。本章ではとりわけ試験研究の成果に注目したい。

1. 機械工業振興臨時措置法

機械工業振興臨時措置法の助成措置

　1956年6月に機振法が制定される以前においても、機械工業に対しては、1951

9　橋本寿朗「機械・電子工業の育成」通商産業省通商産業政策史編纂委員会編『通商産業政策史6　第II期自立基盤確立期（2）』財団法人通商産業調査会、1991年。

10　鶴岡重成「電子工業、情報産業の振興」1,2通商産業省通商産業政策史編纂委員会編『通商産業政策史10第III期自立基盤確立期（3）』財団法人通商産業調査会、1990年。

11　長谷川信・武田晴人「産業政策と国際競争力」石井寛治・原朗・武田晴人編『日本経済史5高度成長期』東京大学出版会、2010年、第四章。

12　青木洋「電子工業振興臨時措置法の成立過程―通産省における電子工業振興のはじまり―」研究年報『経済学』（東北大学）59-2、1997年。

年の重要機械類輸入免税制度の指定業種に自動車工業が選定され、1952年3月に制定された企業合理化促進法の指定に基づき指定機械の特別償却などが講じられていた。さらに工作機械工業に対して1957年度に輸入が必要な機械を工作機械輸入補助金によって導入を支援したこと、同じく1958年度から工作機械等試作補助金制度が3ヵ年続けられたことなどの施策も推進された[13]。そうした意味では、高度成長の時代に突入する前から機械工業の質的な向上の重要性が政策課題として認識されていた。

　この中で、機振法の特徴は完成品に近い産業機械や自動車などの輸送機械を対象としたわけではなく「基礎機械」と言われた工作機械、機械部品、金型などを対象としたことであった[14]。また、これらの分野を担った企業は主に規模の小さいものだったことにも特徴があった。すなわち、経済復興期からの産業政策が「高炭価、高鉄価」などを解決し、豊富で安価な基礎資材の供給——低廉で停電のない電力供給や高品質で安価な鋼材供給など——に力を注ぎ、その政策対象が電力9社や鉄鋼一貫メーカー6社などの巨大企業であったのに対して、機振法では、完成品メーカーである大企業を介した改善を直接の目標とはしていなかった。そうした完成品の大企業ではなく、なおかつ当時の中小企業政策における理念の一つであった救済という観点でもなく、自立性を尊重した積極的な中小企業の育成を趣旨とした点にも特徴があった。当時、通産省は日本機械工業の課題を「製造工程の単純化、製品の専門化、品種の標準化の徹底」にあると判断しており、アメリカで育まれた大量生産の利点を導入する観点を重視しながら育成を図った[15]。そのため、表1のような対象機種が想定され、通産省と業界団体とが協力しながら対象企業の選定を進め、改善すべき設備を政府が指定し、指定機械の購入費の一部を日本開発銀行（以下、開銀）による低利な融資として援助する枠組みが機振法によって設定された。同法は5年間の時限立法でその後二度更新され1970年まで続いた。

　一連の政策の効果として、周知のように、資金的な支援、民間銀行の貸し出しを呼び込んだ「カウベル効果」などが指摘されているが[16]、ここでは公表されて

13　前掲『通商産業政策史6 第II期自立基盤確立期 (2)』、551-555頁。
14　以下、尾高煌之助「機振法序説」前掲『幻の産業政策機振法』。
15　通商産業省重工業局『機械工業振興の方途—振興臨時措置法の解説及び運用』財団法人経済産業調査会、1956年、19頁。
16　前掲『幻の産業政策機振法』など。

160　第二部　産業政策と産業発展

表1　機械工業振興臨時措置法対象業種

基礎機械	工作機械、鍛圧機械、切削工具（研削砥石を含む）、金型、電動工具、電気溶接機、試験機、工業用長さ計、ガス切断機など
共通部品	歯車、ねじ、軸受、バルブなどの機械要素分野、ダイカスト、強靱粉末冶金などの素材成型分野
特定部品	自動車部品、ミシン部品、時計部品、鉄道車両部品など

資料：尾高煌之助・松島茂編著『幻の産業政策機振法』日本経済新聞社、2013 年、5 頁。

いるヒアリング調査によりながら合理化目標の設定の仕方、技術情報を収集する際の支援の果たした意義を付け加えておきたい。例えば、自動車部品工業の合理化基本計画作成に際して、通産省の自動車課は、各社の計画を参考として「一番合理性のあるものを中心に、その部品の合理化基本計画という物をつくる」という手順で進めていた[17]。合理化目標は、輸入した外国車の部品を分析することによって設定され[18]、この基本計画に基づいて選定された指定企業が「自社の合理化計画を提出」し、これに対する「ヒアリングは 1 社 1 社かなり手間をかけて」行われた。

　このように、「融資企業の選定は、まず通産省重工業局が技術審査を行い、これをパスし通産省から推薦を受けた企業に対し開銀が金融ベースの審査を行い、両者を通過した企業の案件に対し融資が行われた」ところに特徴があった。技術審査では、機振法の運用のために 1956 年 10 月に設立された財団法人機械工業振興協会（機振協）において[19]、「通産省重工業局の担当課が中心となり業界団体や開銀の協力を得て行われた。ここでは、企業の技術力、経営力、計画に従い機械

17　「機振法と自動車部品」大河原義廣談、同上書。
18　具体的には、「オースチン、ヒルマン、ルノーに必要な部品を一つ一つ国産化しないといけないわけですが、目標になる精度は明確にわかるものですから、これから目標基準を設定していました」、「通産省も補助金を出して、業界の研究組合に外車を何台も輸入させました。これをいまは研修所になっている村山の機械試験場に持ち込みまして、分解し、部品を一品ごとに徹底的に分析して、リポートを書かせるという形にしていましたので、外車部品についてはよく勉強したと思います」との証言がある（「機振法の運用をめぐって」上田利道談、同上書）。
19　対象となる企業が中小規模のものが多く、融資希望企業の計画作成への懸念もあって、機振協が設立され窓口となった。日本政策投資銀行編『日本開発銀行史』2002 年、180 頁。

を導入した場合の生産性向上などがヒアリングにより審査され」、開銀の審査では、「需要見通し、合理化計画の実現性、返済能力などが審査」されるとともに、自己資本の充実など経営管理面の指導なども行われたといわれている[20]。

この二段階の審査過程に対する信頼が「カウベル効果」の源泉であり、単に開銀の融資審査による情報生産だけではなく、その前提となる技術審査によるスクリーニングの重要性にも着目すべきであろう[21]。この審査の過程を経て、合理化にもっとも寄与すると考えられる技術、設備機械が選択されることになったが、それはもっとも先端的な企業の設備計画に沿って合理化計画を具体化するものでもあった。言い換えると、技術審査によってフロントランナーになる企業を選び出し、その技術情報を選定された企業が共有し設備投資・設備合理化を進められるようにしたのである。このことは、たとえば、機振法の指定を受けた自動車部品メーカー（歯車製造）では、「印象ですから間違っているかもしれませんが、当時、歯車の一流の機械は自動的に機振法にはまったのです」、「うちは機振法で一番いいのを買ってきました。世の中の需要ニーズはそのレベルの要求が厳しくなってきましたから、2〜3年先行投資したものがちょうど合って、循環がいいのです。あのころ、もし仮に機振法がないとしたら、経営者は安いので何とかしようと思うじゃありませんか。だって、生産力はあまり変らないんですもの」との証言によっても裏付けられる[22]。

政策展開の対外的条件

貿易為替の自由化が進展する 1960 年代前半まで、外国為替管理は重要な政策手段として、機械設備の輸入や戦略的な技術導入の基礎となった。機振法に基づ

---

20 同上書、180 頁。

21 あえて付け加えれば、これまでの銀行審査に関する議論は、この「カウベル効果」に関する議論の半面だけ、つまり金融機関の審査能力にのみ注目しているという点で、政策融資が具備していた情報生産の特徴の全体を捉えていない。そして、そのような議論に導かれてメインバンク論などの日本的経営の特質が論じられてきたことは、銀行融資に伴う審査に対する過大評価を生んできたように思われる。技術面での審査能力の基盤を、業界の技術情報（現場の知恵）の共有に置き、これをコーディネートした政策当局による第一段階の審査と、それを前提にして金融的な判断を行う第二段階の審査という、二段階の審査の仕組みは、戦前の財閥本社が、直系企業の投資計画に対してその技術的な合理性の判断を子会社に委ねながら、金融的な判断を本社において行っていたという捉え方に共通するものである。この財閥本社の機能については、武田晴人「財閥の組織構造」佐々木聡・中林真幸編『講座日本経営史 3』ミネルヴァ書房、2010 年を参照。

22 「旧豊川工廠の機械払い下げと機振法—永田鉄工の発展に及ぼした効果」小坂英一・郁子談、前掲『幻の産業政策機振法』。

162　第二部　産業政策と産業発展

く技術審査によって選定された先端的な技術・機械の輸入方針が実効性を持ち得たのは、基本的にはこうした枠組みに支えられていた——この点は次節の電子工業に対する産業政策にもあてはまった——。もちろん、このような合理化を促進するための措置が果たした役割は、電力業、鉄鋼業などの基幹産業部門では、機械工業以上に大きかった。これらの部門では、電源開発計画に基づく大規模火力発電所建設や二次にわたる合理化計画に基づく鉄鋼設備の近代化・合理化計画がこうした枠組みによって推進され、選択的な政策融資が注入されたことはよく知られている[23]。

　機械に対する外貨割当の基準は、表2の通りで、1953年では、外貨は重要産業に使用される近代化合理化用の機械などに割り当てられ、国産機がある場合は総合的な判断が必要とされ、非生産的な用途や奢侈品などの生産に利用する場合は不許可とされた[24]。1954年は、「許可すべきもの」の内容に大差はないが、「許可すべきでないもの」として設備の過剰を招くもの、国産機械で代替し得るものなどが追加された。1959年度の方針では貿易自由化が視野に収められ、「許可すべきでないもの」を明確化しこれに該当しない場合には原則的に許可するネガティヴ・リスト方式に改められ自動承認に近い品目が増した。従来の審査基準と一見大差ないが、「著しい設備過剰を招く恐れがある場合」、「国産機械によって十分に代替されうると認められる場合」など「許可すべきでないもの」に対する方針の表現は強められた。自由化の方向にあったとはいえ、1950年代を通じて国産機械の代替を促すような政策措置は継続されて機械工業の市場確保・国際的な市場競争圧力の緩和が人為的に試みられ、機械の国産化を促す政策措置は継続されたといってよい。ただし、鉄鋼や電力などの産業発展のため、外貨割当は最

23　高度成長期の政策的な資金提供については、岡崎哲二・奥野正寛・植田和男・石井晋・堀宣昭『戦後日本の資金配分』東京大学出版会、2002年のほか、宇沢弘文・武田晴人編『日本の政策金融Ⅰ高成長経済と日本開発銀行』東京大学出版会、2009年。もっとも、政策的な資金の配分は、政府の想定通りに進んだわけではなかった。例えば、1951年に設立された開銀を介した政策的な融資は、復興期における復興金融金庫の役割と対比すれば、インフレの温床・赤字融資を伴うような非効率企業の温存という課題を引きずることはなかった。開銀は1955年に融資のあり方を自発的に検討し、民間融資の及ばない重要産業部門への資金供給という質的補完機能に自らの役割を見出して、融資対象となる産業・企業の選定、審査機能の拡充に力を入れた。前掲『日本の政策金融Ⅰ高成長経済と日本開発銀行』、第1章（岡崎哲二執筆）、第4章・第5章（日高千景執筆）。当該産業の発展と融資対象企業の成長に基づいた返済の見通しを考慮した審査に努めていたのである。つまり、急速な成長によって生じた資金不足に対して政策的な資金配分が介入したとはいえ、その方針は無制限に政治的なものではなく、市場的な言わば価格メカニズムの秩序を反映した点は留意しておいてよい。

24　以下、前掲『通商産業政策史6　第Ⅱ期自立基盤確立期（2）』、第4章第4節5。

第5章　日本における産業政策の役割　163

表2　外貨割当制度の運用

1953年	第1　優先的に外貨資金の割当を許可するもの 　A　重要産業に使用される近代化合理化用の機械 　B　技術または外資の導入に伴って必要とする機械または導入によって生産される商品の一部をなす部品 　C　輸出に使用される部品付属品 　D　国内機械工業の生産技術の向上、品質の改善に寄与する機械、ただし同種の国産機械がある場合は、次の諸点を総合判断して可否を決定する。 　ア　性能、精度の優劣 　イ　国内生産者の製作経験、生産能力、将来における当該機械の市場の如何 　ウ　製作期間 　エ　価格 　オ　使用目的に対する適応性 　カ　貿易協定上の考慮 第2　計画輸入のもの並びに特別審査基準により輸入するもの 　相当量の輸入需要のある汎用機械類の場合で国内機械工業の保護の要あるもの、外貨資金の制約があって制限を加えなければならないもの等については年間の割当限度を設け、もしくは特別な審査基準を設けて、その範囲内で外貨資金の割当を行う 第3　外貨資金の割当を許可しないもの 　A　非生産的用途に供せられる機械類で公共的利益に貢献しないもの、または経済活動の促進に寄与しないもの 　B　奢侈品、嗜好品その他不急不要の物質の生産に使用される機械類
1954年	第1　許可すべきもの （略） 第2　許可すべきでないもの 　イ　奢侈品等不急不要のもの及びその製造に使用する機械 　ロ　工業所有権その他の関係の輸入禁止品 　ハ　設備過剰を招来するもの 　ニ　国産機械をもって代替しうる用途に供されるもの 第3　許可することがあるもの 　上記第1と第2のいずれにも該当しないが著しく公共の利益に貢献するか経済活動の促進に寄与するものは、別途（予算の余裕のある場合）割当を行うことがある
1959年	不許可のもの 　1．関税定率法第21条第1項第4号の規定による輸入禁制品に該当する場合 　2．機械の輸入に関連した外資法、外為法の許認可を必要とする場合においてその許認可を受けられない場合 　3．著しい設備過剰を招く恐れがある場合 　4．奢侈品その他の不急不要品またはその生産設備として用いられると認められる場合 　5．国産機械によって十分に代替されうると認められる場合

資料：通商産業省通商産業政策史編纂委員会編『通商産業政策史6 第Ⅱ期自立基盤確立期 (2)』
　　　財団法人通商産業調査会、1990年、207-212頁より作成。

新鋭機械の戦略的な導入を認めたとはいえ、こうしたケースにおいても、周知のように二号機以降の外貨割当を厳しくしその国産化推進の意図が貫かれていた[25]。

他方で、外資導入については、①国際収支の改善に寄与すること、②重要産業・公益事業の発達に寄与すること、③重要産業・公益事業に関する技術援助契約の継続・更新に必要であることの3点を基準に認可する方針であったが、これも次第に自由化の方向に進んだ。とはいえ、それ以前の制限的な方針によって、資金面では1964年4月のOECD加盟を経て1967年7月より対内直接投資等の自由化が日程に上るまで、外国からの資金提供が果たした役割は限定的であった。すなわち、貸付金債権では、1952〜60年度まで世界銀行（以下、世銀）が43.3％、ワシントン輸出入銀行（EXIM）が20.7％を占めており、1953〜60年度の両行の貸付先は鉄鋼と電力が8割を占め[26]、基礎資材に対する認可が集中していたこと、その反面で機械工業への導入額は相対的に少なかったことが確認できる。

これに対して、技術導入案件については、外国企業の経営参加を認めないことを前提とする限り、必要外貨量は少なかったこともあって、機振法を含めて近代化・合理化計画に基づく技術導入がかなりの数に達した。外資法に基づいて規制されていた技術導入案件は「契約期間又は対価の支払期間が1年以上でありその対価が外貨払いのもの」であり「甲種」と区分されていた。

表3によると、1952-60年度における甲種の技術導入累計は1,265件でアメリカ806件（63.7％）、西ドイツ117件（9.3％）、スイス78件（6.2％）と上位3国で

25　同上書、214-217頁。また、機械工業以外の分野についても、貿易・為替自由化にそって自動承認の輸入枠が拡大される中にあって、日本政府は国際競争力、中小企業の存在を考慮した該当企業の企業分布、雇用などに承認措置の判断をおいていたと指摘されている。岡崎哲二「貿易自由化の政治経済学：戦後日本のケース」PRIMCED Discussion Paper Series, No.5、2011年。

26　鉄鋼や電力のような外国からの技術導入が必要と判断された設備投資には、外国資本の経営参加を抑制するような返済義務のある貸付金が利用された。もっとも、復興や開発援助を旨とした世銀といえども貸付けリスクを無視したわけではなかったから担保のみならず経営に及ぶ一時的な関与が求められたが、日本側は経営の自律性をできるだけ保持するよう努めた。例えば、世銀借款の最初のケースとなった火力発電設備の借款は1952年の関西・九州の2電力会社がウェスティングハウス社から発電機を輸入し後に中部電力も参加したもので、世銀借款を開銀が受け入れる方法が採用され同行のモニターが期待されたとはいえ、世銀は3電力会社に対し役員の変更や電力料金の引上げなどを求めた。日本側は役員については要求を撤回させ、経済成長のためにはできるだけ低く抑える方針だった電力料金の引上げは財務内容の改善が不十分な場合に行うことで了解を得た。その後もほかの電力会社への融資が展開されるなかで、電力産業全体に対して内部留保の増加を求めた世銀の要求が、1958年11月の電気料金制度調査会の答申に反映される事態などがみられたが、経営に及ぶ関与は可能な限りで排除が試みられたといってよい。前掲『通商産業政策史6 第II期自立基盤確立期（2）』、407-409頁。

第5章　日本における産業政策の役割　｜　165

表3　業種別・相手国別技術導入件数の推移（甲種）

年度	業種別						国別				合計
	電気機械	輸送機械	その他機械	金属・金属製品	化学	その他	アメリカ	西ドイツ	スイス	その他	
1952	30	18	39	15	16	31	104	12	8	25	149
1953	43	6	20	9	14	11	75	6	11	14	106
1954	22	7	14	4	22	13	58	5	6	13	82
1955	19	10	21	8	17	7	54	9	2	17	82
1956	22	15	22	17	44	30	91	11	6	42	150
1957	28	2	26	10	31	24	63	7	10	40	120
1958	29	4	24	13	16	10	69	6	8	13	96
1959	27	6	42	25	32	21	92	16	9	36	153
1960	99	17	68	22	77	44	200	45	18	64	327
計	319	85	276	123	269	191	806	117	78	264	1265

資料：前掲『通商産業政策史6　第Ⅱ期自立基盤確立期（2）』、419頁。

8割弱に達し、業種別では電気機械、その他機械、化学が高く、これらに金属・金属製品と輸送機械を加えると約85%に達していた。技術導入については、アメリカの技術を模範として機械工業部門および次節でみる電気機械部門において積極的な導入が試みられたこと、このような特徴が政策的規制によって方向付けられた成果であったことが明らかであろう[27]。

機械工業のコスト低下

　機振法は、対象品目の品質の向上（互換性の向上を含む）、価格の低下によって完成機械製品の国際競争力強化に貢献したと考えられている。例えば、機振法の対象であった自動車部品工業では価格の低下が顕著であった。ある調査によると、1960年度の主要部品コストの平均を100とすると、65年度には70.6という低下効果が認められた。品種別にみても同様に、ピストンは71.6、ピストンリングは

27　付言すると、外国技術導入件数は、1962年には767件に達し、63年以降は年1000件を超えるように激増した（甲種に限らない）。その半数が機械工業関係であったが、この導入件数の増大は1960年まで、選択的な技術導入を認可する政策的規制が導入のあり方を規定していたことを示しているということができる。通商産業省通商産業政策史編纂委員会編『通商産業政策史16 統計・年表篇』財団法人通商産業調査会、1992年、232-233頁。

76.3、燃料ポンプは 63.0、放熱器は 75.3、電装器は 70.0、点火プラグは 68.6、照明器は 71.5、ブレーキ表張は 74.0、自動車用線バネは 72.0、ショックアブゾーバーは 64.0 となっていた[28]。こうしたコストの低下は、比較劣位産業であった自動車工業の自給化のみならず国際競争力の強化に寄与し、なおかつ他の「基礎機械」にも同様の低廉化が認められるとすれば、様々な完成品機械工業の価格競争力を改善させたと推測される。

　もちろん、このような価格低下は、機械工業に対する合理化計画などの直接的な政策措置にすべてを帰することは適切ではない。産業政策が鉄鋼やエネルギーなどの豊富で低廉な供給を目指して展開されたことは、鉄鋼を主たる素材として加工する機械工業部門にとってコスト面で貢献したことも見逃すべきではない。この点は、すでに指摘されていることであるが、造船用鋼材供給、自動車用薄板供給などでは、長期の相対取引を前提としながら、安定的に高品質の素材が低価格で供給され続けた[29]。具体的には、企業間の差異があるが、造船用厚板鋼板については、三菱造船の購入平均価格は、1960 年代初めにはトン当たり 4.8 万円から、63 年頃からは 4.4 万円に、下げ幅が小さかった三井造船でも 4.6 万円に下落した。また、自動車用薄板では、トヨタの購入平均価格は、1960 年のトン当たり 7 万円から 62〜63 年に 6.5 万円、66 年からは 6.4 万円に、また日産自動車では 61 年の 6.5 万円から 62〜63 年に 6.2 万円、66 年以降には 5 万円台前半に下落した[30]。素材価格の低下が見られたことは明白であろう。このような条件を可能にしたのが、外貨資金や政策金融などを介して低利融資が行われた素材部門の合理化の効果であった。

28　国立国会図書館調査立法考査局『わが国自動車工業の史的展開』、1978 年、212 頁。同様の推計は、前掲『幻の産業政策機振法』85 頁のグラフ、前掲『日本開発銀行史』、186 頁などにも記述されている。

29　金容度「鉄鋼業」、韓載香「自動車工業」による。いずれも武田晴人編『高度成長期の日本経済』有斐閣、2011 年所収。

30　金容度、前掲論文、253 頁、259 頁による。

2. 電子工業振興臨時措置法

電子工業振興臨時措置法の枠組み

1957年に制定された電振法は、電子がかかわる様々な財を対象として、試験研究および設備投資に要する資金を政策的に融通する道筋を設けた立法措置を伴う産業政策であった[31]。電子工業審議会が策定する電子工業振興計画に基づいて運用され、7年の時限立法として制定されたものの1964年に延長され1971年まで施行された。1957年に電振法が成立するまで日本の電子工業はラジオ、テレビという民生用機器を中心に発展を始めていた。すなわち、1953年にはテレビ放送が開始されテレビジョン・セットの製造メーカーは60数社に及び、1955年には東京通信工業（現ソニー株式会社）がトランジスタ・ラジオの商品化に成功していた。とはいえ、電子工業の技術の多くは外国が特許を保有しており、国産化が進んでいたテレビジョン・セットに関しても多くの特許利用が避けられない状態にあって、技術的後進性の克服は通産省をはじめ業界においても強く意識されており、資金面や技術面の課題を克服するための政策的な支援が求められていた。

こうした背景をもって制定された電振法は、機振法の枠組みを参考としながらも支援の対象をより幅広く設定した点に特徴があった。すなわち、第1に、部品や基礎機械だけでなく材料を含めたこと、第2に、試験研究を含めたこと、第3に、共同行為の範囲が広がる可能性があり、たとえば共同で新しい同一の規格部品を決定した場合、それに応じて設備投資まで対象になり得ること、第4に、機振法が5年間の合理化基本計画を策定したことに対して、電子機器、部品、材料まで広範な範囲に及んだうえに発展度合いに差があったため支援内容に応じて目標年度を設定したことなどだった。最終製品、部品、材料などを想定して試験研究までも含めたことは、新しい産業の定着を意図したがゆえに事前に制限的な運用にならないよう配慮したためだろう。実際、電子工業という言葉自体がこの時期に登場した造語であり、その対象も技術発展に応じて射程が広がるよう配慮さ

---

31 以下、前掲「機械・電子工業の育成」前掲『通商産業政策史6 第Ⅱ期自立基盤確立期（2）』、407-409頁。

168 第二部 産業政策と産業発展

れていた。すなわち、電振法では、電子工業を「電子機器等を製造する事業」とし、その電子機器は「電子管、半導体その他これらに類似する部品を使用することにより電子の運動の特性を応用する機械器具」としており、電子機器それ自体に家電や産業設備（工業計器や電子計算機など）といった最終製品のみならず部品を含み、なおかつ「電子機器等」として材料をも対象としたのであった[32]。

　対象機種の選定は次のように進められた。最終製品に近い電子機器の選定基準については、第1に将来の電子技術の中心と考えられる機種、第2にオートメーションなどの新しい電子工業の分野に用いられる機種、第3に経常収支の改善に役立つもの、第4に基本技術の開発に貢献するものという観点から選び、試験研究を促進すべきものを「1号機種」、工業化を助成すべきものを「2号機種」、合理化を進めるべきものを「3号機種」として分類した。次に、部品や材料関係の選定基準は、第1に、各種電子機器に共通なもの、第2に、オートメーション機器および電子計算機の開発・生産に必要なもの、第3に、経常収支の改善に役立つものが優先的に選ばれ、同様に目的に応じて1号から3号へと機種が分類された[33]。最終製品および部品や材料ともに対象となる機種は表4のようにしぼられていった。

　こうした分類に応じて既述のように資金的な支援や共同行為が政策手段として予定されていたが、のちの運用過程では共同行為は資本の自由化を前に安価な輸入品の増加に対抗することを目的として一部の電子管および電子計算機周辺機器の生産調整を進めるため1965年に一度だけ指示されたにすぎなかった[34]。そうした意味では政策手段としては資金的な支援が重要だったと考えられるわけだが、その枠組みは、同法第6条の「政府は、実施計画に定める電子工業の合理化のための設備の設置に必要な資金の確保に努める」という規定に基づいて開銀の特別融資を実施するとされた[35]。ただし、この規定は「合理化」に要する資金のみを対象としており、試験研究に関する資金的な支援は明文化されていなかった。その後の運用過程を通じて、試験研究を目的とした1号機種に対しては鉱工業技術試験研究所補助金が利用されることになり、2号機種には開銀の新技術工業化融

32　「総論」通商産業省編『電子工業年鑑』、1962年度版、電波新聞社、142頁（法文資料）。

33　以上、前掲「機械・電子工業の育成」『通商産業政策史6 第Ⅱ期自立基盤確立期 (2)』、407-409頁。

34　前掲「電子工業、情報産業の振興」1,2『通商産業政策史10 第Ⅲ期高度成長期 (3)』。

35　「政策篇」通商産業省編『電子工業年鑑』1958年版、電波新聞社、前掲「総論」『電子工業年鑑』1962年度版、142-147頁。

第5章　日本における産業政策の役割　169

表4　対象

1号機種	
旧（1958年計画策定時）	新（1960年改訂計画後）
①計数型電子計算機	①同左
②計数型自動制御機器	②自動制御機器であって高性能のもの
③電子式電話交換装置	③同左
④自動方向探知機、レーダーその他航空機用電子機器であって高性能のもの	④同左
⑤カラーテレビジョン送受信装置（カラーテレビジョンカメラ含む）	⑤同左
	⑥電波散乱現象を利用する通信装置、ミリ波通信装置、符号変調式通信装置その他の無線通信装置であって高性能のもの
⑥ビデオテープレコーダ	⑦同左
⑦直線加速装置	⑧粒子加速装置、放射線測定器及び放射線応用機器であって高性能のもの
⑨高性能放射線測定器	
⑧高性能高周波測定器	⑨電子応用測定器および電子応用分析装置であって高性能のもの
	⑩医療用電子機器であって高性能のもの
	⑪超音波応用装置であって高性能のもの
	⑫荷電ビーム応用装置
	⑬電子冷凍装置
	⑭電子照明装置
⑪大出力マイクロ波管用電子管	⑮電子管であって高性能のもの
⑭ミリ波用電子管	
⑮蓄電管	
⑫スイッチ用および超短波用トランジスタ	⑯半導体素子であって高性能のもの
⑩印刷回路	⑰印刷回路、回路部品および機構部品であって高性能のもの
⑰回路部品であって高性能のもの	
⑱パラメトロン用フェライトコアであって高性能のもの	⑱同左
⑬高純度シリコン	⑲電子機器の部品であって固体電子技術を応用したものおよびその材料

資料：通商産業省編『電子工業年鑑』、1959年度版、電波新聞社、180頁；同書、1962年度版、
注：前掲『通商産業政策史第6巻第Ⅱ期自立基盤確立期 (2)』の記述や表をみるかぎりほかに

170　第二部　産業政策と産業発展

機種一覧

2号機種	3号機種	
旧（1958年計画策定時）	旧（1958年計画策定時）	新（1960年改訂計画後）
①電子式自動調節計	①抵抗器	同左
②イメージオルシコン	②蓄電器	同左
	③水晶振動子	同左
	④マイクロスイッチ	同左
	⑤サーボモータ	同左
	⑥テープレコーダ用テープ	同左
	⑦チッパ	同左
	⑧ブラウン管陰極	同左
	など	など
		コネクター
		高周波測定器
		phメーター用電極

137-138頁。

も指定機種はあった可能性がある。

第5章　日本における産業政策の役割 ∣ 171

資が、3号機種には同行の設備資金供給がそれぞれ割り当てられ、枠組みが整えられていった[36]。

電子工業振興五ヵ年計画

以上の対象機種の支援は計画的に進めることが想定された。電振法に基づいて設置された電子工業審議会によって電子工業振興五ヵ年計画が1958年に樹立され、対象機種の支援は具体化した。対象機種、部品、材料に応じてそれぞれ到達目標が計画されたが、それぞれの目標は、試験研究、生産数量増加（工業化）、合理化、すなわち1号機種から3号機種という目的別に設定された[37]。

目的別の計画は複数の計画を総称する電子工業振興五ヵ年計画としてまとめられた。すなわち、①電子機器等生産五ヵ年計画、②電子機器等輸出五ヵ年計画、③電気試験所電子技術長期（五ヵ年）計画、④電子機器等試作五ヵ年計画、⑤電子工業設備拡充所要資金五ヵ年計画の五つであり、1958-62年度を期間とした[38]。主に2号および3号機種を対象とした①の生産計画は表5のとおりであり、最終製品である電子機器のうち「受信機・放送機」が多くの対象を占め、生産額の実績はすでに高かったものの目標値も2倍以上と高めに見積もられ、部品もテレビジョン関係が多かった。ただし、オートメーション機器の供給額が6.3倍を見込まれたように産業用電子機器の生産にも重点が置かれていた。

次に1号機種すなわち試験研究を主に扱ったものは、通産省の機関である工業技術院電気試験所が推進する上記③の計画、および民間の目標である④の二つの計画からなっていた[39]。③④ともに対象となる最終製品、部品、材料に応じてそれぞれ到達目標が設定された。すべての研究が5年を要するわけではなく、内容に応じて早期達成が考慮され既述のように対象に応じた柔軟な目標設定がなされていた。例えば、民間企業が進めることが予定された「計数形電子計算機」を例にとれば、1958年に中形事務用電子計算機の試作完了および製品の試作開始、大形およびそれにかかわる諸技術には試作や研究の必要性が提示され、1959年には中形の製品化と大形の実用化が目指され、1960年には大形の実用化試作が完了したうえでそれ以降は超大形の研究といったように年度ごとにクリアすべき

36　前掲『日本開発銀行史』、190頁。
37　前掲「機械・電子工業の育成」『通商産業政策史6 第Ⅱ期自立基盤確立期 (2)』、596頁。
38　前掲「総論」『電子工業年鑑』、1962年度版。
39　工業技術院電気試験所の研究開発計画だけは一年前倒しで1957年度からであった。

表5　電子機器等生産五ヵ年計画（1958-1962 年）

単位：百万円

		1957 年 実績（A）	1962 年 目標（B）	B/A
受信機・ 放送機	ラジオ受信機	24,115	45,850	1.90
	テレビジョン受信機	31,529	97,440	3.09
	カラーテレビジョン受信機	0	7,500	
	ラジオ放送機	167	779	4.66
	テレビジョン放送機	1,090	3,450	3.17
	工業用テレビジョン装置	0	200	
計		56,901	155,219	2.73
電話装置	無線通信機器	7,851	18,000	2.29
	電子交換機	0	150	
	搬送装置	5,970	10,000	1.68
計		5,970	10,150	1.70
無線応用 機器	航法機器（船舶用）	1,809	2,085	1.15
	航法機器（航空用）	184	1,120	6.09
	その他無線応用機器	815	2,700	3.31
計		2,808	5,905	2.10
音声周波 装置	テープレコーダ	1,374	4,320	3.14
	ビデオレコーダ	0	3,000	
	その他の音声装置	4,952	17,300	3.49
計		6,326	24,620	3.89
超音波 応用装置	測深機	83	150	1.81
	探知機	426	480	1.13
	その他の超音波応用装置	176	216	1.23
	高周波電力応用装置	404	727	1.80
計		1,089	1,573	1.44
電子応用 装置	通信測定器	4,308	9,000	2.09
	X 線装置（産業用）	120	686	5.72
	X 線装置（医療用）	2,277	2,740	1.20
	粒子加速装置	0	3,000	
	放射線測定器	557	1,600	2.87
	放射線応用機器	282	910	3.23

	電子顕微鏡	168	800	4.76
計		3,404	9,736	2.86
オートメーション機器	計数形電子計算機	39	34,968	896.62
	相似形電子計算機	233	650	2.79
	工業計器	9,156	21,800	2.38
	電気式調節計	380	4,360	11.47
計		9,808	61,778	6.30
以上の機器計		98,465	295,981	3.01
部品	受信管	13,516	17,981	1.33
	テレビジョン用ブラウン管	9,155	33,929	3.71
	その他の電子管	2,739	20,797	7.59
	半導体素子	3,852	28,810	7.48
	トランジスタ	3,203	22,162	6.92
	コンデンサ	5,095	15,132	2.97
	抵抗	2,251	6,685	2.97
	その他の部品	10,715	31,823	2.97
以上の部品系		50,526	177,319	3.51
総計		148,991	473,300	3.18

資料：前掲『電子工業年鑑』、1959 年度版、526-527 頁。

課題が定められたのである[40]。

　最後の⑤設備拡充所要資金の計画は生産ないしは合理化にかかわるものであり、表6によると、受信機・送信機が多額を占めながらも、オートメーション機器、部品にも資金配分が予定されていた。民生用機器の拡充と合理化を中心に据えながらも産業用の電子工業の発展にも期待がこめられていたといえる。ただし、1号機種、すなわち試験研究にかかわる具体的な資金計画は管見の限り当初の計画には盛り込まれていなかった。

計画を上回る生産上昇と試験研究補助金の拡大

　以上のような電子工業振興五ヵ年計画のうち生産と合理化に関しては目標年度を待たずに急速に達成されたものが多かった。表7によれば、生産五ヵ年計画の

40　「電子工業振興5か年計画」『電子工業年鑑』、1959 年度版。

表 6　電子工業設備拡充所要資金五ヵ年計画　　単位：100 万円

	1958 年	1959 年	1960 年	1961 年	1962 年
受信機および放送機	3,466	3,564	1,492	3,226	3,431
無線通信機器	425	216	232	417	278
電話装置	146	412	275	151	165
無線応用機器	128	100	101	75	75
音声周波装置	469	459	504	592	803
超音波応用装置	19	13	5	21	16
通信測定器	199	108	123	139	154
電子応用装置	205	269	248	280	739
オートメーション機器	1,073	3,131	3,914	4,208	871
部品	2,242	2,730	3,451	4,407	3,828
計	8,372	11,002	10,345	13,516	10,360

資料：前掲『通商産業政策史 6 第 II 期自立基盤確立期 (2)』、606 頁。

表 7　電子工業振興計画の改訂　　　　　　単位：千円

	1959 年計画目標値（A）	1959 年実績（B）	B/A	1964 年目標（C）	C／B
受信機・送信機	102,472	182,422	178.0	168,430	92.3
無線通信装置	12,000	8,986	74.9	17,600	195.9
電話装置	8,000	8,119	101.5	15,500	190.9
無線応用装置	4,283	4,145	96.8	4,350	104.9
音声周波装置	12,330	14,824	120.2	44,520	300.3
超音波応用装置	1,298	1,440	110.9	3,300	229.2
測定器	6,300	6,840	108.6	12,400	181.3
電子応用装置	5,126	3,433	67.0	9,990	291.0
オートメーション機器	24,715	11,007	44.5	12,420	112.8
機器計	176,524	241,218	136.6	410,310	170.1
部品	79,510	107,288	134.9	222,900	207.8

資料：前掲『通商産業政策史 6 第 II 期自立基盤確立期 (2)』、607-608 頁。

2年目である1959年に当初目標値を上回る機種が「受信機・送信機」、「音声周波装置」、「部品」などで目立っていた。しかも部品に関しては、生産額の予想を超えた拡大が観察されながらも、実際の設備拡張は計画を下回っていた。この点を表8で確認しておこう。計画段階では、5年後の目標（基本計画）に対して、1959年度計画に、水晶振動子や炭素皮膜固定抵抗器の設備数が数多く計上されたように、早期の拡張が予定された様子がわかる。一方、実績をみると、1959年度は当該年度に予定された設置設備台数を下回ったケースが多く、水晶振動子などは計画の半分にも満たなかったし、第3号機種関係では計画通りの設備の方が少なかった。当然のことながら5年後を予定した基本計画も下回った。しかしながら、表7の部品の生産額は目標値を3割ほど上回っていた。もちろん、両表では分類が異なり表7では部品という大雑把なくくりによってのみ目標と実績額が確認できるにすぎないが、目標到達に必要と判断された設備数は過小で済んだ様子がわかる。通産省は、抵抗器に関して設備設置台数の実績が下回った要因として、開銀融資の遅れ、対象企業選定の遅延に加えて、「素子製造設備」、「組立調整設備」のなかには転用や共用が可能な設備があったためとした[41]。こうした政府による過大な必要設備数の見積もりは、支援可能な低利資金を多額に予想することによって、資金面で企業の設備投資を促す役割を果たした可能性が考えられる[42]。

　他方、第1号機種を中心とした試験研究に関しては、既述のように電振法の枠組みでは資金的な支援方法が不明瞭であったが、民間企業を対象とした試験研究目標に対しては、鉱工業試験研究補助金を利用する道筋がつけられた。この制度は次のようなものであった。1950年代前半に文部省が中心となっていた科学技術研究費の支給に対して、通産省は1949年に設置した工業技術庁を1952年に付属機関である工業技術院とし国が研究を進める枠組みを整えた一方、1950年度から民間に対する鉱工業技術研究に対する助成制度の構築を進め1952年の企業合理化促進法制定によって法的な根拠をもった鉱工業試験研究補助金制度を設けていた[43]。このうち主に企業が進める技術開発に対する補助金の支給実績は表9の通りであった。交付件数が1955年以降減少する一方で交付金額は横ばいある

41　「電子工業振興基本計画および昭和35年度実施計画説明資料」『電子工業年鑑』、1962年度版、619頁。このことから、ある機種の製造に要する設備がそれほど専門性の強いものではなかったことが推測できる。

42　工業化や合理化の資金的な支援が企業にとってどのような意味があったのか、なおかつ設備資金だけではなく市場規模の保証が政策構想として意図されたのか否か、そうでなければ企業の市場予測はどのような判断をよりどころにしたのか、今後の課題としたい。

176 ｜ 第二部　産業政策と産業発展

表8　生産計画に要した設備実績成果　　　　　　　　　　単位：台

		基本計画	1959 年度実施計画（A）	1959 年度着工実績（B）	A-B
第2号機種関係					
計数型電子計算機	冶工具製造設備	110	35	21	−14
	部品製造組立設備	442	148	98	−50
	試験検査設備	514	170	173	3
	その他の設備	98	33	57	24
第3号機種関係					
炭素皮膜固定抵抗器	磁器処理設備	8	4	4	0
	素子製造設備	44	34	11	−23
	組立調整設備	68	49	28	−21
	試験検査設備	16	9	9	0
炭素体固定抵抗器	原料処理設備	22	17	15	−2
	素子製造設備	12	6	11	5
	組立調整設備	20	10	13	3
	試験検査設備	24	14	14	0
炭素系可変抵抗器	原料処理設備	6	5	5	0
	素子製造設備	18	16	10	−6
	組立調整設備	10	9	3	−6
	加工機械設備	46	31	31	0
	試験検査設備	22	18	8	−10
水晶振動子	ブランク製造設備	123	113	39	−74
	組立調整設備	113	88	28	−60
	試験検査設備	86	75	25	−50
	その他の設備	4	4	1	−3

資料：「電子工業振興基本計画および昭和35年度実施計画説明資料」前掲『電子工業年鑑』、1962年度版、618-619頁。

43　以下、佐々木聡「技術振興」通商産業省通商産業政策史編纂委員会編『通商産業政策史7 第Ⅱ期自立基盤確立期 (3)』財団法人通商産業調査会、1991年、および沢井実『近代日本の研究開発体制』名古屋大学出版会、2012年、第15章。鉱工業試験研究助成金制度は、企業合理化促進法に基づく新制度においては、補助金ではあるが、試験に成功すれば主務大臣の認定に基づいて償還義務が発生するものでもあった。

表9　鉱工業技術試験研究補助金の年度別交付状況

単位：100万円

年度	交付件数 （A）	交付金額 （B）	対象研究 総経費 （C）	1件当たり の補助金 （B／A）	交付率 （B／C）
1950	179	145	1,112	0.81	13%
1951	337	450	3,718	1.34	12%
1952	325	450	3,129	1.38	14%
1953	320	600	4,212	1.88	14%
1954	306	570	3,744	1.86	15%
1955	269	490	2,367	1.82	21%
1956	175	449	1,581	2.57	28%
1957	157	400	1,510	2.55	26%
1958	141	528	1,663	3.74	32%
1959	110	490	1,623	4.45	30%
1960	123	475	1,793	3.86	26%
1961	124	590	2,784	4.76	21%
1962	139	638	2,273	4.59	28%
1963	128	710	2,263	5.55	31%
計	2,833	6,985	33,772	2.47	21%

資料：通商産業省工業技術院編『技術革新と日本の工業』日刊工業新
聞社、1964年、372頁。

いは増加傾向を維持し、1件当たりの補助金額は増しなおかつ研究総経費に占め
る補助金の割合も高まっており、研究対象を絞り補助対象を重点化した様子がわ
かる[44]。そして重要なことは、そのような重点化のなかで補助金対象の部門別推
移を金額について表10で確認すると、電振法が制定された1957年以降、「電気」
部門がそれ以前の10％台から38％へと割合を伸ばして1960年代前半は半数に
及び、件数を確認しても1957年以降半数弱を占めていったことである。電子工
業審議会と工業技術院との間でどのような調整が行われ鉱工業試験研究補助金が
電子工業に振り分けられたのか詳しい経緯は明らかではないが、設備にかかわる
資金だけでなく、電振法のもった意義は試験研究に資金的な裏付けを与えたこと

44　政策意図も重点化にあった。通商産業省工業技術院『技術革新と日本の工業』日刊工業新聞社、1964
年、373頁。

表10　鉱工業技術試験研究補助金の部門別推移　　　　　　　　単位%

年度	金額							件数						
	機械	電気	化学	繊維	金属	鉱山	公害	機械	電気	化学	繊維	金属	鉱山	公害
1950	19.6	5.7	48.4	4.6	18.7	2.6	0.5	36.9	11.7	25.1	5.6	13.4	6.7	0.6
1951	25.2	10.6	43.9	2.7	8.6	7.4	1.6	37.1	12.2	35.3	1.3	5.3	7.7	0.9
1952	25.1	15.5	30.1	8.8	9.1	11.1	0.3	37.8	16.0	24.3	4.0	4.6	12.6	0.6
1953	28.3	16.9	24.5	3.5	15.5	11.3	0.2	35.0	15.6	22.5	5.6	10.3	10.3	0.6
1954	27.5	12.0	26.6	8.1	10.3	15.1	0.4	28.1	17.6	25.2	9.8	10.1	7.8	1.3
1955	19.1	13.5	36.9	4.2	11.9	13.9	0.5	27.5	16.4	28.3	6.7	11.2	8.6	1.5
1956	16.9	12.3	31.1	12.2	8.0	19.5	0.0	24.6	20.4	24.6	9.1	10.3	12.0	0.0
1957	23.6	38.3	12.7	4.6	10.0	10.7	0.0	19.1	37.6	17.2	4.5	10.8	10.8	0.0
1958	33.7	32.1	18.5	0.1	10.7	2.7	2.1	29.8	34.0	17.7	0.7	12.1	2.1	3.5
1959	21.3	42.9	20.9	1.0	11.3	0.8	1.8	15.4	39.1	19.1	0.9	19.1	2.7	3.6
1960	14.0	49.7	21.8	2.0	6.5	2.7	3.3	18.7	52.8	13.8	2.4	8.1	0.9	3.3
1961	12.8	45.4	22.1	3.4	13.3	2.6	0.4	17.7	53.2	12.9	4.0	8.1	3.2	0.9
1962	19.6	49.3	11.1	5.4	10.1	0.8	3.7	19.4	48.2	12.2	3.6	7.9	2.2	6.5
1963	21.1	50.1	13.6	1.5	8.7	0.6	4.3	17.2	46.1	16.4	1.6	10.2	1.5	7.0

資料：前掲『技術革新と日本の工業』、372頁。
注：1955年度の公害は「その他」という分類である。

も重要であった。試験研究の成果は後述することとしたい。

計画の改訂と成果

　試験研究を除いた2号機種、3号機種の多くが予想以上の発展をみせたため、通産省は計画を改訂せざるを得なくなった[45]。電子工業の急速な発展は雑貨工業に近いラジオ、テレビの分野によってけん引されたと考えた通産省は——「受信機・送信機」について1959年の目標値が達成されたわけではなかったものの（前掲表7）——、今後の目標を、このような最終消費財に近い財ではなく、基礎的な電子工業の技術および産業用電子機器に求めた[46]。すなわち改訂計画の方針では、電子計算機、工業計器あるいはオートメーション機器と呼ばれ始めた機種が

45　通産省の説明では、そもそも「今後の見通しとして、五ヵ年計画が策定されたが、もとより、生まれてまだ若い産業だけに、これからどういう商品が生まれてくるかも分からない」産業だったから計画の改訂も視野に入れていたという。前掲『電子工業年鑑』、1962年度版、93-94頁。

46　以下、前掲『電子工業年鑑』、1962年度版、附属資料「電子工業の今後の発展」。

第5章　日本における産業政策の役割　｜　179

表11　第一次電振法期における日本開発銀行の電子工業融資実績

単位：100万円

年度		1957	1958	1959	1960	1961	1962	1963	計
開発資金枠	件数	4	0	0	8	7	21	12	52
	金額	110	0	0	192	185	891	485	1,863
経済援助資金枠	件数		3	9	5				17
	金額		46	179	148				373
合計	件数	4	3	9	13	7	21	12	69
	金額	110	46	179	340	185	891	485	2,236

資料：日本政策投資銀行『日本開発銀行史』、2002年、190頁。

主な対象となり、とりわけ1号機種は大幅に改められた（前掲表4）[47]。こうした方針に基づいて、1958年を初年度とし5年を想定して策定された旧計画は、2年後の1960年に新五ヵ年計画として改訂され（1960–64年度）、旧計画が、既述のように生産、輸出、試作、国が行う試験研究、資金の5つの計画から構成されたのに対して、改訂計画では輸出は生産に含まれ、資金計画は「電子工業は、装置工業でもなく、生産設備というものがはなはだ多岐にわたる」ので策定しないこととなり、①「電子機器等生産五ヵ年計画」と、②民間の技術開発を対象とした「電子機器等試作五ヵ年計画」の二本立へと変更された。さらに当初7年の時限立法として制定された電振法は、貿易自由化が進むなかで引き続き工業化や合理化を支援する政策課題は必要性が高いと判断されて1964年6月に延長されており（第二次電振法）、その際、産業用電子機器を重点的に支援することはより明確化され対象機種もさらに変更されていった[48]。

　改訂計画および延長措置以降の運用において、工業化および生産性上昇を目的とした（第2号機種、第3号機種対象）生産設備への投資資金支援は表11のように進んだ。当初計画と改訂計画との成果の相違に注目すれば工業化および合理化資金は、改訂後の1960–63年度の方が増額をみていた。他方、表12によれば、

47　前掲『電子工業年鑑』、1962年度版、132頁。もちろん、ラジオ、テレビが国内では普及率を高めたとはいえ、輸出拡大も志向するのであれば、これらを「雑貨工業」としての技術レベルにとどめるのではなく今後も質の向上が課題であると通産省は考えていた。前掲「電子工業の今後の発展」。
48　日本開発銀行『日本開発銀行25年史』、1976年、第1章第6節。

表12　日本開発銀行の電子工業融資実績

単位：100万円

	第一次 (1957–63 年度)	第二次 (1964–70 年度)	合計
集積回路		2,290	2,290
電子計算機	470	1,830	2,300
高純度シリコン		2,030	2,030
フェライト製品	70	1,750	1,820
蓄電器	320	1,175	1,495
コネクタ	75	450	525
多層プリント配線基板		555	555
抵抗器	208	375	583
電子式卓上計算機		80	80
高周波測定器	236	180	416
タングステン・モリブデン製品	120	220	340
人口水晶		260	260
磁気テープ		260	260
複合部品	180	30	210
その他	557	605	1,162
合計	2,236	12,090	14,326

資料：日本開発銀行『日本開発銀行25年史』、1976年、457頁。

第二次電振法の期間において融資額は第一次に対して6倍に増額し電子計算機あるいはそれに関連した部品や財を多く対象とした様子がうかがえる。

　これらの成果は次のようであった。当初計画と改訂計画を含む第一次電振法の期間は融資額が少ないとはいえ、表13を用いて1959–64年の期間をみれば、産業用電子機器関係の部品や材料の生産数量増加と単価下落が確認でき、表14で産業用の計器を中心に観察してみても同様の成果がうかがえる。融資額が増額した第二次電振法の期間は、生産数量の増加と単価の下落は一部の例外を除いて引き続き認められるから、設備に対する政策的な金融を手厚くし支援を継続したことも成果を生んだと推測される。電振法を運用する当初の1958年の計画では設備数量を過大に見積もりすぎたが、1960年の修正を経て対象を調整しながら設備を具体化する合理化資金を提供し続け成果をあげたと考えられる[49]。

　一方、1号機種を対象とする鉱工業試験研究補助金も引き続き拡張した（表10）。

表13 主な電子

年	抵抗器			変成器（変圧器）			水
	数量 （千個）	金額 （百万円）	単価 （千円）	数量 （千個）	金額 （百万円）	単価 （千円）	数量 （千個）
1959	555,095	5,525	0.010	23,212	5,364	0.231	181
1960	709,040	7,169	0.010	91,337	10,210	0.112	278
1961	1,009,077	9,363	0.009	178,171	15,067	0.085	703
1962	1,278,216	10,691	0.008	238,956	17,846	0.075	1,338
1963	1,469,506	12,500	0.009	256,424	18,260	0.071	1,545
1964	1,790,098	15,841	0.009	324,107	21,351	0.066	2,308
1965	1,895,763	15,601	0.008	356,487	23,832	0.067	7,417
1966	2,929,966	22,082	0.008	526,273	32,253	0.061	13,027
1967	3,544,405	27,520	0.008	596,819	39,676	0.066	8,143
1968	6,122,541	38,838	0.006	789,848	51,531	0.065	8,404
1969	10,140,643	58,728	0.006	1,134,143	75,894	0.067	10,397
1970	13,632,677	70,730	0.005	1,226,342	90,422	0.074	13,165

資料：通商産業省『機械統計年報』1963 年版、1966 年版、1970 年版。
注：抵抗器は可変抵抗器、炭素被膜固定抵抗器、炭素体固定抵抗器、金属皮膜固定抵抗器、
シリコンダイオード、シリコン整流素子、セレン整流素子、ゲルマニウムトランジス
らなる。

表14 オートメー

年	指示計器			積算電力計		
	数量 （個）	金額 （百万円）	単価 （千円）	数量 （個）	金額 （百万円）	単価 （千円）
1959				2,167,865	3,106	0.0014
1960	820,583	3,345	0.0041	2,605,155	4,051	0.0016
1961	1,033,498	4,229	0.0041	2,477,129	4,154	0.0017
1962	1,285,580	3,919	0.0030	2,376,894	4,044	0.0017
1963	1,132,847	3,376	0.0030	2,847,908	4,598	0.0016
1964	1,487,714	4,538	0.0031	3,022,569	5,499	0.0018
1965	1,361,709	4,135	0.0030	2,773,007	4,676	0.0017
1966	1,533,860	4,159	0.0027	2,548,444	4,645	0.0018
1967	1,659,541	4,798	0.0029	3,559,778	7,005	0.0020
1968	2,219,430	6,107	0.0028	3,582,170	8,157	0.0023
1969	2,423,115	7,014	0.0029	3,948,172	8,703	0.0022
1970	3,544,372	7,943	0.0022	4,176,441	9,555	0.0023

資料：前掲『機械統計年報』1963 年版、1966 年版、1970 年版。
注：工業計器は発信機、受信機、調節器、操作器、伝送器からなる。

部品の生産実績

晶振動子		半導体素子			半導体素子のうちトランジスタ		
金額 (百万円)	単価 (千円)	数量 (千個)	金額 (百万円)	単価 (千円)	数量 (本)	金額 (百万円)	単価 (千円)
426	2.354				86,523	16,033	0.185
531	1.910	206,397	25,725	0.125	139,871	19,424	0.139
820	1.166	272,385	28,242	0.104	180,191	19,532	0.108
1,143	0.854	368,847	33,943	0.092	231,711	22,904	0.099
1,203	0.779	416,331	33,930	0.081	267,588	22,621	0.085
1,458	0.632	649,390	50,000	0.077	415,999	33,482	0.080
3,118	0.420	721,583	50,421	0.070	454,067	33,176	0.073
3,908	0.300	1,087,840	56,697	0.052	617,116	35,597	0.058
2,725	0.335	1,431,010	73,645	0.051	766,157	41,615	0.054
2,949	0.351	1,815,603	90,840	0.050	938,681	51,601	0.055
3,465	0.333	2,762,425	125,803	0.046	1,382,202	73,251	0.053
4,486	0.341	3,715,979	179,664	0.048	1,813,351	105,885	0.058

捲線固定抵抗器、その他の固定抵抗器からなる。また、半導体素子はゲルマニウムダイオード、
タ、シリコントランジスタ、ホトトランジスタ、サーミスタ、バリスタ、サイリスク、その他か

ション関係の生産実績

電圧および電力測定器			工業計器			電子計算機および関連装置
数量 (台)	金額 (百万円)	単価 (千円)	数量 (台)	金額 (百万円)	単価 (千円)	金額 (百万円)
394,159	973	0.0025	98,739	10,355	0.105	
695,899	1,325	0.0019	167,551	16,991	0.101	2,473
1,711,931	1,793	0.0010	208,704	21,852	0.105	4,723
1,808,922	1,977	0.0011	194,888	20,228	0.104	9,375
2,236,693	2,042	0.0009	186,280	19,190	0.103	18,743
2,706,883	2,476	0.0009				25,445
2,320,428	2,576	0.0011	358,334	25,698	0.072	37,487
3,150,283	2,843	0.0009	341,624	25,462	0.075	65,945
3,548,648	3,322	0.0009	505,765	38,465	0.076	106,354
3,894,011	3,767	0.0010	1,367,203	50,795	0.037	163,786
5,738,636	4,540	0.0008	1,468,327	61,922	0.042	195,944
－	4,047		1,409,232	77,386	0.055	310,463

試験研究に関しては、1958年の計画当初から電気関係の重要性が認められたが、改訂計画によっても試験研究の内容が見直されながらそうした方向性が維持され、技術開発を支援し続けたと考えられる。

鉱工業試験研究補助金の成果

　工業技術院をいまおくとすれば、民間企業に対する鉱工業試験研究補助金は、前掲表4のように1号機種が指定されながらも関連する完成品、部品、材料にまで解釈が拡大されて支給されたと推測される。例えば表15によって1960年度における補助金対象研究、申請企業、査定補助額をみれば、研究内容が広範に及び金属などの材料製造にかかわる企業も含まれた様子がわかるであろう。こうした鉱工業試験研究補助金の成果をいくつかの事例から検討しておこう。

　電子工業関係の材料や部品を製造していた東北金属工業株式会社（現株式会社トーキン）は、表16によれば、1951年度以降、毎年のように鉱工業試験研究補助金を得ていた。高度成長期に同社の主力製品の一つとなったフェライトは、「酸化物磁性材料として金属磁性材料にない高電気抵抗、耐摩耗性、低鉄損（特に高周波帯域）性等の特徴をもち、特に電子通信システムの高周波化・小型化にひとつの画期をもたらした新磁性材料」とされるが[50]、1951年から日本電気株式会社と磁気録音テープを、東北大学科学計測研究所とマンガン―亜鉛フェライトをそれぞれ共同で研究し、1952年10月には同研究所の岡村俊彦博士とフェライトに関する特許権実施の契約を結んだという。こうした足場を構築したうえで鉱工業試験研究補助金を得て、さらにこれにMSA（相互安全保障法）に基づく援助資金も加わり、1953年から日本電信電話公社電気通信研究所、日本電気、富士通信機製造株式会社などに通信機用コア（装荷線輪用コア、フィルタ用コア）の採用が決まったうえ、早川電機工業株式会社にもテレビ用のフライバックトランスコア、偏向ヨークの納入を始めて、1954年にはフェライト製造専用の工場を設置し、これ以降この製品が同社の事業を支えていったという。その後も、1955年に東北大学電気通信研究所所長の菊池喜充教授を中心とした研究グループと磁歪振動子用フェライトを共同開発し、1956年に鉱工業試験研究補助金を得ていた（表16）。

49　電振法が延長される背景、第二次電振法の運用実態などの詳細は今後あらためて検討を加えたい。また、電振法の成果を立法期間のすべてにわたって検討した研究はこれまでなかったので、計画の改訂や立法措置の延長に応じた成果の再検討が今後も必要であろう。

50　株式会社トーキン『東北金属工業五十年史』、1988年、68頁。また、以下、同書、68-77頁。

184　第二部　産業政策と産業発展

表15 1960年度補助金電子機器関係交付先一例

単位:千円

種類	題目	申請者	査定補助額
工	フェライトを主体とする高性能磁性材料の工業化試験	東京電機化学工業(株)	9,100
工	メサ型トランジスタ用シャドウェバポレーションマスクの工業化試験	凸版印刷(株)	4,000
工	導電性合成物質利用による抵抗体の工業化試験	ヤギシタ電機(株)	3,000
工	セラミックを基盤としたマイクロ回路の工業化試験	(株)村田技術研究所	8,000
応	超高速演算記憶用薄膜素子の研究	東北金属工業(株)	8,400
応	扁平式クラッド型蓄電池の製造研究	日本蓄電池製造(株)	2,900
応	熱電素子応用による恒温装置の研究	(株)小松製作所	4,600
応	希少元素を使わない電子冷却パネルの試作に関する研究	(株)東京計器製造所	1,100
応	ミリ波増幅用電子管の研究	日本電気(株)	2,000
応	LCRマイクロモジュール部品および薄膜メモリエレメントの研究	東洋通信機(株)	10,000
応	超小型抵抗器の試作に関する研究	興亜電工(株)	2,400
応	強磁性薄膜の研究	東京電機化学工業(株)	1,800
応	ガラスサーミスタに関する研究	東亜電波工業(株)	1,100
応	高純度化合物半導体インジウムアンチモンの製造研究	東京冶金工業(株)	2,500
応	集合回路用セラミック材料のプラスマによる製造研究	日本碍子(株)	1,800
応	中型輸送機の短波通信用および超短波空中線ならびに空中線系の研究	三菱電機(株)	1,000
応	大形 NaI (IL) シンチレーターの研究	(株)堀場製作所	1,000
応	電子照明装置の研究	新日本電気(株)	3,100
応	高性能 TE 用素子の研究	松下電器産業(株)	3,700
応	プラズマジェットに関する研究	新明和工業(株)	3,000
応	マイラーフィルムを基材とした小形 CR 複合部品の研究	(株)指月電機製作所	2,200
実試	小型電子計算機の実用化試作	日本電気(株)	3,000
実試	小型事務用電子計算機の実用化試作	(株)日立製作所	6,000
実試	小型電子計算機の実用化試作	沖電気工業(株)	4,500
実試	磁気テープを用いた小型電子計算機の実用化試作	東京芝浦電気(株)	7,800

資料:「電子工業振興基本計画および昭和35年度実施計画説明資料」前掲『電子工業年鑑』、1962年度版。

注:種類は、工が工業化試験研究、応が応用研究、実試が実用化試作研究の略と推測される。

第5章 日本における産業政策の役割 | 185

表16　東北金属工業株式会社が受けた補助金一覧

年. 月	研究テーマ	年. 月	研究テーマ
1951.8	珪素鋼板工業化試験研究	1962.7	強磁性薄膜マトリックスに関する研究
1951.10	センダスト圧粉磁心の研究	1963.1	電子計算機記憶装置用強磁性薄膜マトリックスの試作研究
1952.7	新磁性材料フェライトの研究	1963.7	高性能記憶装置の研究
1953.8	多孔性タングステン素体の製造研究	1963.7	VHF用フェライトの応用研究
1954.8	モリブデン・パーマロイ圧粉磁心の製造研究	1964.6	継電器用半硬質磁性材料の応用研究
1956.8	フェライト磁歪振動子の製造研究	1965.6	高性能酸化物磁石の工業化研究
1956.9	超高透磁率合金の研究	1966.6	記憶装置用磁性線ケーブルの研究
1958.8	電子計算機用磁気テープの工業化試験研究	1969.5	高平坦性ばね材料の工業化試験
1958.8	スイッチング用磁心の試作研究	1969.5	電気書換え式高速半固定記憶素子の研究
1960.7	超高速演算記憶用薄膜素子試作研究	1973.10	流出油源確認装置の研究
1961.7	フェライト磁性材料の工業化試験研究		

資料：株式会社トーキン『東北金属工業五十年史』1988年、66頁。

1957年の電振法制定以降もこの研究をベースとした「フェライト磁歪材料の工業化試験」の補助金を 1961 年に得て発展をみた（表 16）。東北金属工業株式会社のフェライト材料が利用された機器や部品は表 17 のとおりであり、電子工業の多くの完成品機器や部品の質を向上させたと考えられる。

このケースでは大学との産学連携を自前で進めその後補助金を得て研究を軌道に乗せるという方法が目立っていた。企業の研究者あるいは技術に近いところで職務を遂行していた社員と、大学の研究者が何らかのルートで交流を進め、見通しがつきそうな技術に対して鉱工業試験研究補助金を申請し認められ研究を加速させたと推測され、それは電振法制定後も同様であった[51]。

次に、凸版印刷株式会社の事例によると、同社は、アメリカのベル電話研究所が開発し 1958 年 1 月の人工衛星エクスプローラ 1 号に搭載された新形式のメサ型トランジスタに着目し、自前の研究開発の末 1959 年 12 月に初の国産化として試作に成功していた[52]。翌年の 1960 年には技術研究所を設置し工業化を進め、同じ年に「メサ型トランジスタ用シャドウエバポレーションマスクの工業化試験」に対する鉱工業試験研究補助金を獲得した。その後、1960 年にアメリカのフェアチャイルド社がシリコン・エピタキシャル・プレーナー型と呼ばれるトランジスタを開発したことを受けて、凸版印刷も 1961 年にシリコントランジスタ製造用フォトマスクの試作に成功し、1969 年には IC 用フォトマスクの試作にとりかかっていった。金属マスクであったメサ型を土台としてガラス乾板を利用するフォトマスクへと技術開発および製品化を進めたわけである。ほかにも凸版印刷は、IC や LSI のような電気回路に不可欠となるプリント配線板の製造に必要な平面的な電気抵抗素子の研究を進めており、これは 1962 年に「微小電子回路製造に対する高精度製版・印刷法の応用に関する研究」として鉱工業試験研究補助金を得て完成にこぎつけたという[53]。フォトマスクや平面的な電気抵抗素子の開発が、IC 製造の重要な技術的基盤を提供したことを考慮すれば、同社にとっても電子工業の発展にとっても、上記の技術開発に対して鉱工業試験研究補助金を

---

51 1963 年にアメリカの ITT（International Telephone And Telegraph Corporation）とフェライトにかかわる技術契約を同社は結んでいるようなので（同上書、90 頁）、外国技術の導入が技術開発や製品化に影響を与えた可能性は排除できないものの、フェライトを研究し製品化する初期の段階では日本にある人的資源によって自前で進められたと考えられるだろう。

52 以下、凸版印刷株式会社社史編纂委員会『TOPPAN1985　凸版印刷株式会社社史』、1985 年、589–595 頁。

53 同上書、599–600 頁。

第 5 章　日本における産業政策の役割　187

表17 電振法指定最終製品・部品の材料となった東北金属工業株式会社製品

種別	例	東北金属工業株式会社製品
受信機、放送機	テレビ、ラジオ	フェライト（ピスコア、アンテナコア）、抜コア、マグネット
無線通信機器		フェライト、カーボニル、マグネット
電話装置	電子交換機、搬送装置	パラメトロン、メモリ、パーマロイ、フェライト、モリブデン、パーマロイダストコア、センダスト
無線応用装置	航空、船舶、その他	マグネット、フェライト、ジャイレータフェライト
音声周波装置	テープレコーダー、ビデオレコーダーほか	テープ、アルバーム
超音波応用装置	測深機、探知機、超音波、高周波応用装置	バイブロックス、チタン酸バリウム、アルフェロ、ニッケル
通信測定器		フェライト、カーボニル、パーマロイ
電子応用装置	X線装置、電子顕微鏡、放射線応用装置	純鉄
オートメーション機器	電子計算機、工業計器	パラメトロン、メモリ、パーマロイ、マグネット
部品	受信管、ブラウン管、電子管、半導体素子	ニッケル、金属シリコン

資料：前掲『東北金属工業五十年史』、71頁。

利用できた意義は大きかったのではないだろうか。

　株式会社村田製作所は、終戦直後、碍子の製造に携わっていたが、1946年に金型企業である小西鉄工所から京都大学の田中哲郎教授を紹介され電話用リピータに使うステアタイトの製造依頼をうけ、これをきっかけとして同大学と共に同社の主力製品となるチタン酸バリウムの共同研究を1947年から始めたという[54]。1947年にはチタン酸バリウムを応用しセラミックコンデンサの試作に成功しラジオに利用されていった。1950年には田中教授の教え子である通産省電気課の職員から鉱工業試験研究補助金の利用を薦められ、1950年、1951年と続けてチタン酸バリウムの応用研究に対する補助金が得られ、その後も同社は管見の限り、1954年度に「大出力のチタン酸バリウム磁器振動子の研究」、1956年度に「磁器蓄電器の改良に関する研究」、1962年度に「正の抵抗温度特性を有する半導体素子の工業化試験」、1963年度に「高温用磁器蓄電器の研究」、1965年度に「二次元超小型製造電子回路の工業化試験」と鉱工業試験研究補助金を得て[55]、同社をして「チタバリの事業化を進めるうえで、大きな力となった」とされる[56]。様々な応用研究の補助金も得たことによって、セラミックコンデンサを中心とした同社の事業の発展が支えられた様子がうかがえる。また、村田製作所の事例においても、東北金属工業株式会社と同様に大学との産学連携をベースとして研究の見通しをつけてから鉱工業試験研究補助金を得て技術開発と製品化を進めていた。

　以上、数少ない事例ではあるが、産学連携を進めていた企業および独自に技術開発を目指していた企業に対して、鉱工業試験研究補助金によって電子工業の発展にかかわる材料や部品の技術開発および製品化が後押しされたことがうかがえる。なおかつ1957年以降、「電気」関係の研究に補助金がより交付され始めたことを考慮すると（前掲表10）、電振法制定によって電子工業の試験研究がさらに進められる基盤が資金的に整えられ、上の成果をより促したと考えられる。すでに進められていた産学連携を資金的に支えることで継続的な交流と研究開発とを可能にし、ひいては電子工業の発展を促すことに成功したのではないだろうか。

54　以下、村田製作所50年史編纂委員会編『不思議な石ころの半世紀―村田製作所50年史』、1995年、第2章。

55　電子機械工業会『電子工業20年史』、1968年、256-272頁。

56　前掲『不思議な石ころの半世紀―村田製作所50年史』、30頁。

第5章　日本における産業政策の役割　189

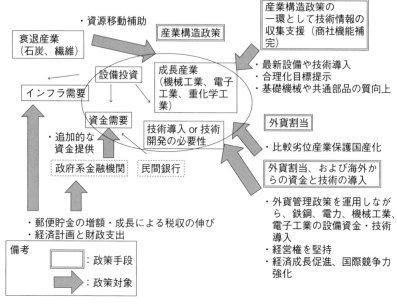

図1　成長促進的な政策

おわりに

　日本の高成長経済における政府の役割は、これまで図1に示されるような構図で理解されてきた。本章が取り上げたのは、その一部に過ぎないが、とくに高成長との関連で注目した「機械工業化」と成長産業として支援された電子工業については、次のような点に注目する必要があると考えられる。

　第1に、機振法における合理化目標の設定に際して二段階の審査が行われ、その第一段階の技術審査において業界の実態に即してもっとも望ましい技術選択が試みられたことである。政策的な関与が、このような形で情報の生産に関与し、それによって産業発展の方向を明確化する役割を果たしたことは注意されてよい。

　第2に、鉄鋼などの基礎資材の価格低下をもたらした産業合理化の推進が、機械生産のコスト低下に重要な意味を持ったことも注目できる。機械工業化は、そうした政策の全体を通して実現されることになったものであり、特定の産業振興政策との関連でのみ評価することは適切ではない。

第3に、電子工業の事例では、最終製品に近い家電や電子計算機のみならず、それを支えた材料や部品の製造設備・試験研究を支えた産業政策の重要性が浮かび上がり、なかでも試験研究の支援は注目すべき点があった[57]。ただし、ここでも試験研究は、産学連携とでも呼べる大学における研究成果の応用というケースがあり、文部省の研究支援政策あるいは大学が与えた技術にかかわる情報生産への影響も視野にいれた評価が求められる[58]。

　このような捉え方から示唆されるのは、産業政策を論じる分析視角として、一方で複数の産業政策がもたらす複合的な効果を適切に評価しうるような広い視野を持つこと、他方で産業に関わるさまざまな政策措置を、市場への政策介入として企業行動の自由や市場メカニズムの効率性を損なうという見方に拘泥せず捉える自由度を持つことが必要であるよう思われる。このような視点から、合理化・近代化などを通して国際競争力強化という観点で進められた産業諸政策や、企業活動の基盤を整備したインフラ投資などを改めて見直すことは、今後の課題である[59,60]。

57　補助金支給が、企業、官僚、政治家などのモラルハザードを引き起こさなかったとすれば、その条件は改めて考えたい。

58　産学連携によって研究が進んだのちに補助金が支給されたことから、機振法と異なって電振法の試験研究補助にかかわる技術審査において政府が果たした役割は小さいように推測されるが、詳しくは今後の課題としたい。また、補助金額は多額なものではなかったが、企業にとっても未知の試験研究に関する投資が組織内の了解を得られにくいとすれば、また大学の研究資金が潤沢だったとはいえないとすれば、企業と大学との連携した研究を後押しする意味をもった金額だった可能性が高い。この点も今後、考えたい。

59　また、電振法の枠組みは、電子工業と機械工業との相互依存関係が進んだことを要因としながら機振法のそれとともに、1971年4月に制定された「特定電子工業及び特定機械工業振興臨時措置法」（機電法）へと引き継がれた。機電法も7年の時限立法であったが、安定成長期以降、次第に民間企業が自前で資金を集めて研究開発、工業化、合理化を進め始めたので、とりわけ研究開発については政府の役割が後退することが指摘されている。前掲『近代日本の研究開発体制』。こうした論点を考察するためにも、引き続き高度成長期における産業政策の成果を再検討しながら政府の役割と企業のとりくみとを歴史的に位置づけ、産業構造の推移と経済成長の仕組みをあわせて考える必要があるだろう。

60　本章の脱稿と前後して、中島裕喜『日本の電子部品産業—国際競争優位を生み出したもの』名古屋大学出版会、2019年が出版された。汎用性の強い電子部品を中心として企業努力に基づいた技術開拓および製品開発に加え、規格化を進めた協調行為の意義と限界、汎用的な製品に限定されない試験研究を支えた業界団体に対する政府と地方自治体の援助、ユーザーとの取引形態と部品メーカーへの影響などが実証的に考察され、電子部品の産業発展に貴重な成果がもたらされた。電振法の生産設備合理化に関する役割は限定的な評価にとどまり、試験研究に果たした意義は対象とされなかったので、本章の議論を実証的に深め成果を共有していきたい。

第6章

台湾経済の体制転換と輸出振興
——1946 年から 1960 年代まで——

呉聡敏

はじめに

　1955 年から 2000 年まで、GDP が統計化されている国の中で一人当たり GDP
成長率が最も高い八ヵ国は、順に台湾、韓国、赤道ギニア（Equatorial Guinea）、
ボツワナ、オマーン、シンガポール、香港、日本であった[1]。赤道ギニア、ボツ
ワナ、オマーンの三ヵ国は豊かな天然資源（前二者は石油、後者はダイアモンド）
を持っているため、高い成長率を得られた。これらの国を除く残り五ヵ国の成長
率は高い順に、台湾（6.82%）、韓国（6.59%）、シンガポール（5.65%）、香港（5.45
%）、日本（5.13%）であった。それに対して、イギリスとアメリカの成長率はそ
れぞれ 2.49% と 2.45% であった。
　1955 年における台湾の一人当たり GDP は世界ランキングでは 86 位であった
が、経済が急速に成長したため、2010 年には 14 位になった[2]。第二次世界大戦後
に持続した経済の高成長で、台湾、韓国、香港、シンガポールは「アジア四小龍」
と呼ばれた。アジア四小龍を研究している文献は多いが、台湾の高成長の場合、
ほとんどの研究者は日本統治時代に構築された制度と基盤施設がその基礎になっ
たことを認めている。
　戦後台湾経済の高成長は輸出拡大を伴っていたので、多くの先行研究は、1950
年代末の政策変化がどのように輸出拡大を導いたのかという点に注目している[3]。
1950 年代から 1960 年代初期の政策変化を分析し、最も重要な政策として、輸出

　1　資 料：Maddison Project, http://www.ggdc.net/maddison/maddison-project/home.htm／單 位：
　　1990 International Geary-Khamis dollars。一人当たり GDP 成長率の平均は、最初と最後の 2 年の
　　一人当たり GDP の比をとり、41 年間の平均成長率を計算して得た。
　2　World Bank の資料によると、2013 年に台湾の一人当たり GDP（PPP）は世界で 22 位であった。

193

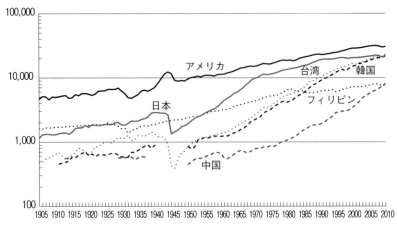

図1　一人当たり GDP 比較：1905-2010

単位：1990 年国際ドル（international dollar）。
資料：台湾、1905-1950：呉聡敏「台湾国内生産毛額之估計：1905-1950」台大経済学部、2017 年。その他：注1の Maddison Project より。

戻し税、輸入統制の解除、為替レートの単一化、新台湾ドルの切り下げを指摘している[4]。図1には台湾と他の五ヵ国の長期間における経済成長が示される。1955 年にフィリピンの一人当たり GDP は台湾の 1.14 倍だったが、成長率が低かったため、2000 年には台湾の 14.0% に低迷している。また、1950 年代の台湾経済の成長率は高くなく、高成長のスタートは 1960 年代初期からであることが確認できる。

　清朝統治末期台湾における経済はまだ伝統的農業を主体としていたが、日本統治期の基盤建設は近代経済成長を始動させ、近代産業も発展を開始した。1905 年に台湾の一人当たり GDP は日本の 41.4% であったが、1939 年には 51.2% になった[5]。しかし、1945 年に国民政府が台湾を接収した後、日本資本の企業を公

---

[3]　代表的な文献として、Hsing, Mo-Huan, 'Taiwan,' in John H. Power, Gerardo P. Sicat, and Mo-Huan Hsing eds., *The Philippines and Taiwan*, Oxford University Press, 1971, pp.135-309.; Lin, Ching-yuan, *Industrialization in Taiwan, 1946-72*, Praeger, 1973.; Ranis, Gustav, 'Industrial Development,' in Walter Galenson ed., *Economic Growth and Structural Change in Taiwan*, Cornell University Press, 1979, pp.206-262.; Scott, Maurice, 'Foreign Trade,' in Walter Galenson ed., *Economic Growth and Structural Change in Taiwan*, Cornell University Press, 1979, pp.308-383.; Ho, Samuel P.S., *Economic Development of Taiwan, 1860-1970*, Yale University Press, 1978.
[4]　Scott, 前掲論文, 1979, pp.321-330.

営にし、経済統制も実施した結果、ハイパーインフレーションを引き起こして経済は停滞した。1950年代初期、物価を安定させて外貨不足を解決するため、政府は為替管理を行いながらも複数為替相場制度を採用した。新台湾ドルを過大評価したので、台湾製品は国際市場で競争力がなくなった。

　1950年代末期、国民政府が複数為替相場制度を廃止し、新台湾ドルの切り下げとともに、税制改革も実施した。その後、台湾は低賃金で比較優位を得たので、輸出の拡大が始まり、高成長へとつながった。本章は1950年代で最も重要な繊維産業を対象にして、経済統制から輸出拡大へと変化した過程を分析する。

　第1節においては戦後初期の公営企業体制及び経済統制はどのようにハイパーインフレーションを生じさせていたのかについて確認する。第2節においては、貿易赤字の問題を解決するために、台湾銀行（以下、台銀と略す）は輸入・輸出為替レートを別々に設定し、民営企業と公営企業とで異なるレートを適用していたことについて説明する。これらの措置により、台銀が定めた為替レートは新台湾ドルの過大評価を招き、台湾製品の国際市場における競争力喪失についてふれる。第3節では繊維産業の発展を分析し、統制解除、再統制、そして再解除という経過を説明する。いくつかの文献では輸入代替が輸出拡大の前提となったとしているが、実際には1953年の時点で台湾の繊維製品は既に国内の需要を満たしていた。しかし、新台湾ドルの過大評価及び輸入税制の影響で、台湾の繊維製品は輸出できなかった。第4節では、1950年代末期の通貨切り下げ及び輸出戻し税政策と、台湾の低賃金が比較優位を発揮したことにより、台湾製品も国際市場で競争できるようになったことについて説明する。この点こそが台湾の輸出拡大と高成長経済のスタートとみられるからである。第5節は、本章の結論である。

1.　経済統制及びハイパーインフレーション

　1945年8月、日本の降伏を受け、国民政府が台湾を接収した。「台湾接管計画綱要」（台湾接収管理の計画綱要）に基づき、国民政府が全ての日本資本の公営・民営企業を接収した[6]。これらの企業は産業ごとに合併され、多くは独占公営企

5　呉聡敏「台湾国内生産毛額之估計：1905-1950」台大経済学部、2017年。
6　陳鳴鍾・陳興唐『台湾光復和光復后五年省情』vol.2、南京出版社、1989年、49-57頁。

業になった。例えば、日本統治期の台湾における全ての新式製糖工場は民営企業
によって設立されたものであり、戦争末期に台湾総督府が強制的に4社に統合さ
せたが、民営企業であることに変わりはなかった。しかし、この4つの民営製糖
企業は国民政府に接収された後、独占公営の台湾糖業公司になった。

公営企業及びハイパーインフレーション

国民政府の官僚はしばしば孫文の「大規模で独占性のある事業は国家が管理し、
私人資本を節約して国民生活を独占の弊害から守る」という理念を根拠に、公営
企業設立の合理化を図った。しかし、この「節制資本」理念が主張している内容
は、重工業・水道・電気・交通事業は国家が経営すべきだということである。製
糖業は重工業でも公益事業でもなく、食品加工業である[7]。事実上、戦後初期に
国民政府が接収した日本資本の公営・民営企業は業種を問わず、全てが公営企業
になった[8]。

製糖業以外のもう一つの事例は貿易業である。1945年11月に行政長官公署は、
台湾重要物資営団や三井物産株式会社など8つの機構と会社を合併させ、台湾省
貿易公司を設立した。この会社の主な業務は台湾の輸出入貿易を管理することで
あった。翌年2月、台湾省貿易局に改名され[9]、1946年の1年間で、貿易局経由
の輸入出額が台湾の総輸出入額の3分の1を超えた。

もし「節制資本」がただのスローガンだったとしたら、国民政府が日本資本の
企業を公営に改組した目的は何であったのであろうか。それは国民政府が多くの
公営企業を掌握すれば、財政収入にメリットがあるという事に求められる。1946
年度に、公営企業（専売事業も含む）の利益剰余金の国庫納付は省財政収入の34.5
％を占めた。1947-49年度でのその割合は、36.6％、42.7％、29.1％になった[10]。
貿易局を例とすると、1949年度の国庫納付額は台湾ドル5.47億元に達し、同年
度における省の支出決算額（26.09億元）の21.0％を占めた[11]。

7　孫文は一般の民営企業も統制されるべきだと主張しているが、それはカルテルの防止のためだと
　考えられる。

8　于宗先・王金利『一隻看得見的手：政府在経済発展過程中的角色』聯経、2003年、198-207頁。

9　薛月順「陳儀主政下「台湾省貿易局」的興衰（1945-1947）」『国史館学術集刊』6、2005年、196-197
　頁。

10　台湾省政府主計処『中華民国台湾省統計提要：1946年-1967年』台湾省政府主計処、1971年、694-
　695頁。

11　呉聡敏、前掲論文、1997年、536-538頁。

196　第二部　産業政策と産業発展

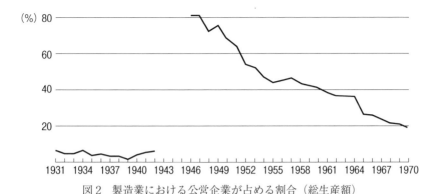

図2　製造業における公営企業が占める割合（総生産額）
資料：呉聡敏、前掲論文、1997年、図8。

　貿易局と貿易調節委員会（1947年6月設立）はともに「財政赤字を改善するという任務のため、対外貿易を管理した」と指摘されている[12]。貿易局は輸出入サービスを独占することで大きな利益を得ており、民営企業は不満を募らせていた。公営企業の独占による利益で財政を補うという方法は、1949年に国民政府が台湾に移転した後も続けられた。加えて、財政赤字が更に悪化したので、国民政府の公営企業に対する統制は一段と強化された。

　図2は公営企業が製造業の総生産額に占める割合を表したものである。日本統治期と比較すると、1946年をもって、公営企業の割合が大幅に増加した。日本統治期にもタバコ・酒などいくつかの専売事業があったが、その目的も財政収入を改善するということであった。こうした歴史的背景もあって、国民政府が公営事業を拡大する動機は理解しやすい。しかしながら、巨大な公営事業システム並びに統制政策は厳しい事態を招いた。

　図3は1942-52年における物価指数と通貨発行量を示したものである。1945年8月末から1950年末までに、台湾の卸売物価指数は3.5万倍の上昇を記録した。台湾における戦後ハイパーインフレーションの主な原因としては、呉聡敏（1977）の分析によると、政府の財政赤字以外に公営企業体制も指摘されている[13]。例えば、公営企業の台湾糖業公司（以下、台糖と略す）が生産した砂糖は、国民政府の統制により、上海へ運んで低価で販売することを要求された。このため、

12　陳栄富『六十年来台湾之金融與貿易』三省書店、1956年、150頁。
13　呉聡敏、前掲論文、1997年。

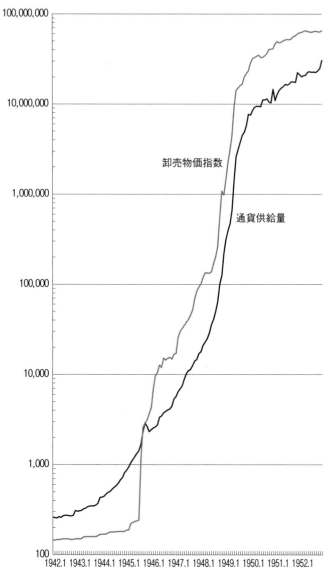

図3　通貨供給量及び物価指数：1942-1952

資料：呉聡敏・高桜芬『通貨発行淨額與躉售物価指数』『経済論文叢刊』
　　　19 (1)、1991年、23-71頁。
注：通貨供給量の単位は百万台湾ドル。卸売物価指数の基準年次は
　　1937.6、指数＝100。

台糖の損失が膨らみ、台銀から融資を受けなければならなくなった。国民政府の価格統制が厳しくなると、公営企業の損失も大きくなり、台銀の貸出金も増加した。

1948年8月19日から10月31日の間に、為替レートの統制がさらに物価上昇を加速させ、火に油を注ぐことになった。8月19日に国民政府が幣制改革を行い、法幣を回収して金円券が発行された。台銀が旧台湾ドル対金円券のレートを1,835：1に設定したが、金円券発行という幣制改革は失敗に終わった。上海のハイパーインフレーションが台湾より深刻であったため、固定レートで上海から投機マネーが台北へ大量に流入して、台北にインフレ圧力をかけたからである。こうした事態に対し、1948年11月1日から、台銀が旧台湾ドル対金円券の固定レート制度を取り消したので、投機マネーの流入問題はついに解決された。

1950年初期、台湾の産業に関連する政策は台湾区生産事業管理委員会（以下、生管会）が主導した。1949年5月末に生管会の組織・制度が確定した時に、省政府は既に幣制改革を実施する計画を立てていた。6月10日、生管会が正式に成立し、5日後に幣制改革を行った。改革方案では、「通貨の価値を安定させるために、必ず生産量を増加させる、……各生産事業は国営、国省合営、省営を問わず、本会がまとめて管理する。政策に充分順応して発展を図る」と定めた[14]。生管会は公営事業の統制によって物価の安定を図ったが、通貨供給が増加した原因は、1946-1948年の間に台銀が公営企業に融資を大量にしたことにあった。

1948年末における台銀の公営事業への貸出額は貸出金残高の81.7%で、政府の機関・団体への貸出額は貸出残高の18.3%であった[15]。しかし、1949年末頃になると、貸出残高は49.3倍に急増し、主な融資先も公営企業から政府機関になった。前者の割合は40.4%まで下がり、後者は59.6%まで上がり、政府の財政赤字が通貨膨張圧力となっていた。1949年末に国民政府が台湾に撤退した後、中国共産党からの脅威に臨むために国防支出も激増し、1950年度国防・外交の支出額は中央政府の総支出の89.4%を占めた。

1950年11月末に、台銀の貸出残高は前年より2.2倍も増えた。その中、公営

14　陳栄富『台湾之金融史料』台湾銀行金融研究室、1953年、214-215頁；孟祥瀚「台湾區生産事業管理委員会與政府遷台初期経済的発展、1949-1953」博士論文、台湾師範大学歴史研究科、2001年、21-22頁。

15　呉聡敏「台湾戦後的悪性物価膨脹」梁国樹編『台湾経済発展論文集—紀念華厳教授専集』時報文化公司、1994年、194頁（表5）。この時期、台銀の主な融資先は機関団体と公営事業であったので、対公営事業の貸出額は、貸出総額から対機関団体の貸出額を引いて得た額である。

第6章　台湾経済の体制転換と輸出振興 ｜ 199

事業への貸出額は貸出残高の 41.0%、機関・団体へは 59.0% であった。しかし、アメリカからの援助が再開されたことで、政府機関が台銀から借り入れた金額は減少に向かい、1950 年末の台銀が機関・団体に対する貸出額は前月末の 61.0% まで大幅に下がった。

幣制改革と金貯蓄

　1949 年 6 月 15 日、省政府は幣制改革を発表した。この改革で新台幣（新台湾ドル）を発行して、既発行通貨の台湾ドルを回収した。国民から新台湾ドルへの信認を得るため、省政府は二つの政策で、新台湾ドルに金本位制の特性を付けた。第一に、新台湾ドルと金を固定価格に維持し、1 両の金の価格は 330 新台湾ドルに設定した。第二に、新台湾ドルと米ドルを固定為替レートで維持し、5 元の新台湾ドルは 1 米ドルとすること、しかも国民は自由に台銀で金または米ドルを購入することが可能であることと定めた。

　実際の状況では、インフレ率で推算すると、1949 年に台銀が定めた為替相場は新台湾ドルの過大評価となっていた。1937 年、台湾円対米ドルの為替相場は 3.471 であったが、新台湾ドル対旧台湾ドルの交換比率は 1：40,000 であった。台北市の小売物価指数で計算すると、1937 年（1 月–6 月平均）から 1949 年 6 月における物価の上昇倍数は 154,562.3 倍であった。同一期間、アメリカの CPI は 1.65 倍に上がったので、購買力平価で推算したら、新台湾ドルの均衡為替相場は 8.28 のはずだった[16]。政府が定めた米ドルの為替相場が低かったので、さや取り（差益獲得）の誘因になり、民衆は相次いで新台湾ドルを台銀で米ドルに交換した。

　新台湾ドルと米ドルにおけるさや取り以外に、政府が定めた金の価格にも同様の余地が現れた。1949 年 6 月 15 日、省政府が幣制改革を発表したが、5 月 17 日に台銀がすでに「黄金儲蓄存款辦法」（金貯蓄方針）を発表していた。それによって、民衆は台銀の各支店で金貯蓄の口座を開設することができ、新台湾ドルを預けて 1 ヵ月後に公定価格で等価値の金を引き出すこともできる。その後、本方針発表と同時に省政府は金を引き出せる時限を 10 日間に短縮した。この方針の目的は明らかに新台湾ドルに金本位制の特性を持たせることであったが、幣制改革後に物価上昇のトレンドがまだ存在していたので、金を引き出すために民衆は積極的に新台湾ドルを預け入れた。

16　小売物価指数は『台湾物価統計月報』第 56 巻、1950 年 8 月を参照。

幣制改革後にインフレ率は大幅に下がったが、インフレ問題を完全には解決できなかった。1950年末から1955年末まで、卸売物価指数は2.33倍に上がり、年別平均上昇率は18.4%であった。既述の二つの政策により、台銀の金と米ドルは絶えず流出の危機にさらされることになったので、台銀の政策は調整しなければならなくなり、1950年代は複数為替相場制度になった。以下ではまず金貯蓄政策の変化から説明する。

　金の流出は持続していたので、1950年6月に台銀は新台湾ドル対金の為替相場を調整し始めた。しかし、民衆が金を引き出す裁定取引は止められなかった。幣制改革の前に新台湾ドルの発行準備は80万両の金（価値はおよそ44.8百万米ドル）及び1千万の米ドルであったが、1950年末に台銀の金は13百万米ドルしか残っていなかった[17]。1950年12月27日、台銀は「黄金儲蓄存款辦法」の廃棄を決めた[18]。

　結局、国民から新台湾ドルへの信認は「黄金儲蓄存款辦法」では得られなかった。その原因はインフレの問題だけでなく、1949年後半に国民政府の大陸における勢力が急激に弱体化したことにもある。1949年末、国民政府は台湾に撤退し、中国共産党軍による台湾侵攻危機が迫りつつあった。1950年初、米英両国の情報機関が共産党は1950年6月に台湾に侵攻すると予測した[19]。1950年5月、在台米大使は共産党軍が台湾に攻めてくる時に備え、領事館人員の撤退計画を立てていた。大使は安全のために、アメリカ国民がなるべく早く台湾から離れる事を希望した[20]。台湾の未来は予想できない状態であったので、民衆から新台湾ドルへの信認を得られなかった。

　ところが、1950年6月25日の朝鮮戦争の勃発で、台湾の運命は劇的に変化した。1950年7月のイギリス在淡水領事館は、朝鮮戦争は台湾にとって「Deus ex Machina」（救いの神）と称した。朝鮮戦争が始まった2日後、アメリカ大統領ト

17　台銀が持つ海外資産については施坤生・周建新・蘇震「台湾貿易外匯之研究」『台湾銀行季刊』20
　　（1）、1961年、109-110頁を参照。金と米ドルの割引率はLin, 前掲書, 1973, p.33を参照。
18　台銀から流失した金は、主に蔣介石の命令により上海から運んできた金である。蔣介石は三回に
　　分けて台湾に金を運んでおり、国共内戦の情勢が悪化した1948年12月の一回目の運送量が一番多
　　かった。吳興鏞『黄金往事：一九四九民国人與内戦黄金統結篇』時報文化、2013年、184頁（図12-
　　4）を参照。
19　Cumings, Bruce, *The Origins of Korean War*, vol. 2, Princeton University Press, 1990, p.525.
20　Jarman, Robert L., ed., *Taiwan : Political and Economic Reports : 1861-1960*, 10 vols., Archive Editions Limited, 1997, p.117.

ルーマンは、もし中国共産党が台湾を占領したら、パシフィックエリアとアメリカの進駐軍の安全も脅威に直面すると考えた。中国共産党軍の台湾侵入を防止するため、アメリカは第7艦隊を台湾海峡へ派遣した[21]。国民政府が台湾に撤退する前にも、アメリカは台湾を援助したことがあったが、その援助計画は1949年に中止されていた。1950年6月、アメリカは台湾を中国共産党に占領されないように台湾への援助を再開した。アメリカからの援助によって台湾自身の国防支出を減らせたので、財政赤字の圧力も減少した。以上から、アメリカからの援助は、台湾のハイパーインフレーションを解決した一番大きな功労者である。

2. 複数為替レート及び貿易統制

1946年6月の幣制改革の時、公定の米ドル為替相場は5元であった。幣制改革初期は国民から新台湾ドルへの信認を得るため、台銀は外貨売買を統制していなかった。輸入を許可した商品に対して、貿易商は随時に台銀に外貨輸入を申請することが可能であった。公定の為替相場は闇市の価格を下回ったので、外貨輸入を申請する者は日々増加していた。こうして、台銀の米ドルは絶えず流出し、金の流出状況とほとんど変わらない状況であった[22]。

金は通貨ではないため、1950年末に台銀が金貯蓄方針を中止しても経済活動に直接的な影響は出なかった。その一方で、米ドルは国際貿易の通貨である。台銀は米ドルの引き取りを中止することが可能であったが、それは固定為替レート制を諦め、市場に外為を自由に売買させることと同義であった。しかし、国民政府がとった政策は為替レートの統制であり、さらに外貨準備も輸出入貿易も統制した。この一連の政策は1950年代の経済に大きな影響を与えた。

1950年代初期、台湾は外貨不足の問題に取り組み始めた。1950年2月、国民政府は公営企業が輸出で稼いだ外貨は全て台銀に預けなければならないと規定し、これが外貨統制の始まりになった。けれども、輸入業者は台銀から米ドルを買い続けたため、外貨不足の問題は解決できなかった。1950年2月14日に、新台湾ドル対米ドルの為替相場は7.50元に調整され、4月18日にはさらに8.0元に調

21　Jarman, 前掲書, 1997, pp.124-125。

22　胡祥麟「台湾管理外匯辦法之演変」『台湾銀行季刊』6 (3)、1954年、1-3頁；陳栄富、前掲書、1956年、153-154頁。

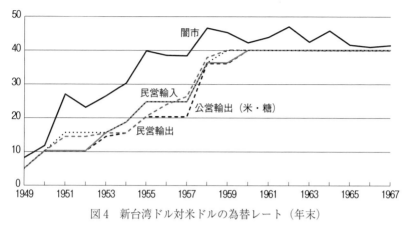

図4　新台湾ドル対米ドルの為替レート（年末）
資料：1949–1950：陳栄富、前掲書、1956年、100–101頁。1951年以降：Ho, 前掲書、1978, pp.394–396. 闇市為替相場：Lin, 前掲書、1973, p.46.
注：「民営輸入」の為替レートは機械設備と原料を指す。「民営輸出」はバナナとその他で区別され、本図は「その他」を採用。

整された。その時、闇市の米ドル為替相場は 9.33 元であった[23]。

　1950年12月19日、台銀が外貨審査制度を発表し、その審査の基準には「本省に必要があるか、値段は合理的か」という項目も含めた。輸入業者は輸入申請を出すことが可能であったが、許可を得ないと台銀は外貨を提供しない。こうした外貨審査制度は商品輸入を統制することと同義であったが、輸入業者は民間の為替市場経由で外貨を購入すれば商品の輸入も可能になる。1951年4月9日に、行政院（内閣と各省庁を併せたものに相当）は「有関金融措施規定辦法」（金融関連施策方針）を発表し、民衆が引き続き外貨と金を保有する事は許可されたが、自由売買は不可となった。全ての外貨及び金の取り扱いは台銀に集中し、民間の外貨売買は一切禁止された。

　1951年4月11日に、台銀は公営事業の輸出為替相場を 10.25 元に定め、民営事業の輸出為替相場を 14.73 元に定めた[24]。それに、公営事業及びアメリカ援助物資の輸入も 10.25 元の低い為替相場を適用したが、民間部門の輸入為替相場は 15.85 元になった。こうして 1950 年代は、台銀の管理により複雑な複数為替相場

23　陳栄富、前掲書、1956年、200–201頁。
24　胡祥麟、前掲論文、1954年、7–8頁；施坤生・周建新・蘇震、前掲論文、1961年、120–123頁；陳栄富、前掲書、1956年、157–159頁。

制度が進展した。図4は1949年以降輸出入の為替レートを表したものである。1950年代以降の為替相場には三つの特徴があった。一つ目は新台湾ドルの過大評価、二つ目は長期的な新台湾ドル対米ドルの切下げ、三つ目は公営事業の輸出為替相場が民営の輸出より安いことである。

　公営企業の輸出為替相場はなぜ民営企業より低かったのであろうか。上記の通り、1950年代初期の台湾にはまだインフレの問題が存在し、インフレ圧力を解消するため、台銀は通貨の発行量を減らそうと図っていた。この時期に台湾の一番重要な輸出品は公営の台糖が生産した砂糖であった。規定によると公営企業が輸出で稼いだ外貨は台銀に預けなければならなかったので、台銀はこれで大量の外貨を得られた。そして、台銀が公営企業の輸出為替相場を割高に設定すれば、台銀が台糖の外貨と交換する新台湾ドルも減少できる。

　一見、一挙両得な政策に見えるが、実はそうではなかった。台糖は為替相場を割高に設定されたために損失が出て、台銀に借金しなければならなかった。台糖は公営企業であったため、台銀も融資しなければならなかった。よって、上記の政策は通貨供給量を減らすという目標を達成することが不可能となった[25]。それに、台銀が公営企業に融資する金利は民間のそれよりかなり低かったので、公営企業による台銀に対する融資申し込みも促進され、通貨の供給量が増えた。

　1949年の幣制改革の時、固定レート制度を実施した目的は国民から台湾ドルに対する信認を得ることにあった。しかし、物価が完全には落ち着いていなかったため、新台湾ドルに切り下げ圧力が引き続き存在していた。図4によると、公定の為替相場は闇市の値段よりずっと低く、公定の新台湾ドルの価値は過大評価されていた。公定為替相場における新台湾ドルに対する過大評価はもう一つの問題を生じさせた。それは、台湾糖の国際市場における競争力喪失であった。

　1949年から1960年の間、新台湾ドルは継続的に切り下げられた。1953年1月4日、砂糖の輸出為替相場は10.25元から14.49元に調整された。さらに1953年9月に民営事業の輸入為替相場も15.85元から18.78元に改められたが、その原因は財政部が民営事業は1米ドルの輸入付き3.13元の防衛税を納付するべきであると定めたことであった。1955年に台銀は「外加結匯証価」（別途為替決済証料）という方法で為替レートを切り下げようと図った。為替決済証の公定価格は6元であったが（一部重要な商品限定）、1955年末に為替決済証の市場価格は12.9

25　陳栄富、前掲書、1956年、157-158頁。

204 ｜ 第二部　産業政策と産業発展

元であった。これによって、一般の民営事業の輸入為替レートは 18.78+12.9=31.69
元になった。それに対して民営事業の輸出為替レートは 25.87 元であった[26]。

　1950 年代の台湾が直面したもう一つの問題は貿易赤字であった。新台湾ドル
の切り下げは貿易赤字の解決に効くはずであったが、この措置によって台湾の商
品が国際競争力を持てるようになるかどうかについて、官僚は完全には自信がな
かった[27]。それに、新台湾ドルの切り下げによって輸入品が値上がりすると、イ
ンフレが悪化する可能性がある事も官僚が懸念する問題であった。

3.　輸入代替政策：繊維産業

　日本統治期の台湾繊維産業の規模は小さく、繊維製品は主に日本から移入され
た。1938 年における台湾の綿布の産量は総供給量の 4.98% を、日本からの輸入
量は 95.02% を占めた[28]。1946 年から 1949 年の間、繊維製品は中国大陸から移入
されるようになった。図 5 は製造業生産額（付加価値）のうち食品業、繊維産業、
電気機械産業が占める割合の推移が示されており、以下で当該産業の発展につい
て分析する。

　1950 年代初期に繊維産業が発展し始め、1953 年から 1955 年にかけて全産業に
おける割合が 20% を超えたが、輸出はしていなかった。1960 年代初期から繊維
及び電気機械の輸出額が急激に増加したが、後者の成長率がより高かった。その
ため、1960 年代から 1970 年代にかけて前者の割合がやや上昇したが、後者の割
合はより明確に上昇した[29]。それに対して、食品業の割合が急速に下がった。1950
年代から 1980 年代における繊維産業の成長率は電気機械産業より低かったが、
その発展過程は台湾の経済成長パターンが輸入代替から輸出拡大に変更する過程
を体現するものであったといえる。

26　施坤生・周建新・蘇震、前掲論文、1961 年、120–122 頁。
27　Scott, 前掲論文, 1979, p.380。
28　李怡萱「台湾棉紡織業政策之研究、1949–1953」修士論文、政治大学歴史研究科、2004 年、21 頁。
29　現在の国民所得勘定の産業分類では、「電気機械」はさらに「電子部品製造業」、「コンピュータ電
　　子・光学製品製造業」、「電力設備製造業」に区別される。

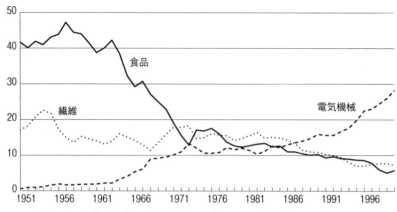

図5　製造業生産額のうち食品、繊維及び電気機械業が占める割合
資料：溝口敏行『アジア長期経済統計　Ⅰ：台湾』東洋経済新報社、2008年、296-297頁、統計表5.2。
注：上記食品は食品・飲み物・タバコを指し、繊維は繊維加工及び衣類製品を指す。

自由市場：1949-1950年

1949年末に国民政府が台湾に撤退した後、中国大陸から繊維製品を輸入することは不可能であったので、繊維製品の供給は別の道を見つけなければならなかった。それに、人口が大量に増加したため、繊維製品の需要も増えてきた。1949年6月、生管会は同時並行で輸入解禁と国内生産の推奨という二つの政策を進めた。綿布の輸入を推奨するため、1949年8月に綿布の輸入関税率は65％から20％になり、生産を推奨するために、棉花の輸入は1年間免税となり[30]、綿糸の輸入関税率も50％から5％になった。

1950年2月末までに、輸入繊維製品に対する台銀の統制はなかったので、輸入業者は申請だけで必要な外貨を獲得できた。輸入解禁の政策はすぐに効いたので、繊維製品は大幅に増加して、価格も下がった。図6の通りに、1950年3月の白土布（手織り綿布）の実質価格は、1946年6月時の62.8％に下がった。1949年に輸入された綿布は2.5百万メートルあったが、1950年は58.6百万メートルに急増した。その綿布は主に日本から輸入された[31]。

繊維産業は紡績業と織布業の二つに分けられる。生管会は綿布の輸入解禁以外、

30　1951年1月、棉花の輸入に対しては5％輸入税が徴収されることになった。
31　黄東之「台湾之棉紡工業」『台湾銀行季刊』7、1956年、28頁（表45）。

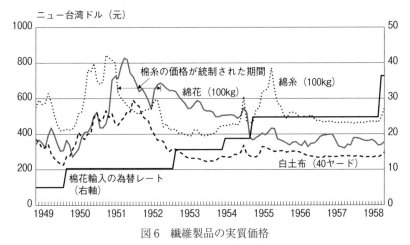

図6 繊維製品の実質価格

資料：『台湾物価統計月報』各期；李怡萱、前掲論文、2004年、105-106頁、131-132頁；許恵姍「進口替代時期台湾的棉紡織政策、1949-1958」修士論文、政治大学歴史研究科、2003年、51-64頁。為替レート：施坤生・周建新・蘇震、前掲論文、1961年、124頁。

注：実質価格は名目価格を卸売物価指数で割り算して算出した。基準時間は1949年6月である。綿糸（100 kg）1951年6-7月の価格は不明で、同年8月から1953年1月まではすべて4,200元であり、以上は統制価格であった。しかし実際には、上記期間における綿糸の統制価格には時々変化があった。例えば、1951年9月の統制価格は5,300元、1952年11月は6,000元であったが、1952年11月から1953年6月まで市価はすでに統制価格より低かった。本図表では1951年6-8月の綿糸価格は5月と同じと仮定する。1951年9月から1952年10月までは統制価格であり、闇市の価格はもっと高いはずであった。例えば、1951年9月、綿糸の実質価格は480kg629.9元で、それに対して名目価格は5,300元であった。闇市の名目価格は8,000元もあったが、実質価格にする場合は約950.8元になった。

織布業の発展を推奨するために、綿糸の輸入も解禁した。綿布の輸入は織布業に打撃を与え、それに対して綿糸輸入の解禁は織布業にとって有利であったが、紡績業にとっては不利であった。また、綿布の輸入は織布工場にとっては不利であったが、消費者にとっては有利であった。綿糸輸入の解禁は織布工場と消費者にとっては有利であったが、紡績工場にとっては不利であった。1950年代における綿糸輸入の解禁と統制は、紡績業と織布業の利益を衝突させた。

綿布の輸入解禁が与える織布工場に対する不利益の程度は、為替レートに関わる。為替相場が低くなると、輸入品の国内市場における売値も高くなるので、国内の織布工場に与える影響も小さくなるはずである。実際に、1950年3月末か

ら同年末までに、新台湾ドルの公定為替相場は 5 元から 10 元に切り下げられ、闇市の為替相場は 8.26 元（売却）から 14.02 元となった。しかし、この時期に輸入業者は公定為替相場で台銀から外貨を獲得することが可能であったため、国産綿布は輸入品に対して苦戦を強いられた。

「代紡」と「代織」

輸入解禁で綿布の価格が下がったので、1950 年 4 月に台湾綿紡織同業組合が危機を解決するために四つの意見書を提出した。すなわち、綿糸・綿布輸入の禁止、アメリカ援助物資の調達、在庫の買収、低利融資を政府に要求した。5 月 17 日、生管会は会議を開き、台湾の綿糸工場の生産コストは輸入綿糸より高いと判断したうえで、アメリカ経済協力局に綿糸の配給停止、綿布の供給減少という提案をした[32]。綿糸の配給停止という提案は紡績業の保護を、綿布の供給減少という提案は織布業の保護を意識したものであった。

アメリカ援助で輸入された繊維関連製品の運用を管理するため、1950 年 5 月に行政院の関連部門及びアメリカ援助運用委員会が「花紗布分配小組」（柄布配分班）を組織し、アメリカ援助で輸入された棉花、綿糸及び綿布を全体的に管理して配分した。さらに、アメリカ援助期間中に、アメリカと台湾の政府部門が共同で繊維産業に関する意思決定機関を設置した。その機関の主管は中央信託局（以下、中信局と略す）となった。意思決定機関の名称は常に変更されたが、簡単に説明するため、以下は「紡織小組」（繊維班）と記す。

アメリカ援助で輸入された棉花は紡織小組を経由して紡績工場に直接配分され、綿糸に紡いだ後に紡織小組に納入され、中信局を経由して織布工場へ供給された。紡績工場は報酬として 100 ポンドの棉花ごとに 28 ポンドの棉花を与えられ、この棉花を綿糸に紡いだら自ら販売することが可能であった[33]。この制度は「代紡」（代わりに紡ぐ）と呼ばれる。この政策において、アメリカ援助の棉花は紡織小組が輸入し、紡績工場は単に委託製造工場となった。また、中信局は棉花の代紡で大量の綿糸を取得でき、それを織布工場に委託して綿糸を織って布にした。この制度は「代織」（代わりに織る）と呼ばれた。

この代紡制度では、棉花はアメリカ援助で提供されたものであったし、紡いだ

32　李怡萱、前掲論文、2004 年、59 頁、67 頁。
33　李怡萱、同上、2004 年、62-64 頁；許恵姍、前掲論文、2003 年、50 頁。

第二部　産業政策と産業発展

綿糸も紡績小組に納入してから織布工場に供給されたので、国内における綿糸の価格は中信局が決めたと考えられる。中信局が自ら綿糸を輸入して、その綿糸を織布工場に供給することも可能であったので[34]、この流れで供給された綿糸の価格も中信局が決定することになった。ただし、図6によって、綿糸の価格は1950年6月から高騰し、1951年の中頃までに価格は2倍ぐらいに上がった。

　なぜ綿糸の価格は上昇したのであろうか。まず、中信局が供給する綿糸は規模の大きな織布工場のみに配分したので、小さな織布工場は自ら綿糸を市場から購入しなければならなかった。大きな織布工場は綿糸の配分を得ても、数量は生産能力の40％程度しかなかったので、不足分は市場から購入せざるを得なかった。そして、代紡する紡績工場が報酬として得た棉花も、綿糸に紡いだら販売できたので、綿糸市場は存在していた。1950年、台湾で生産した綿糸は既に国内市場の需要に十分に対応できず、輸入綿糸の数量は国内総供給量の30.7％を占めた[35]。よって、国内における綿糸価格は国際価格にも影響される状況となっていた。

　綿糸価格の上昇は紡績工場に有利であったが、織布工場にとっては不利益であった。綿紡績同業組合は政府に綿布の輸入禁止を要求した。それに、綿糸価格の高騰問題について、生管会は「綿糸価格については高騰する理由がなく、誰かが不当に価格操作をしていたためだ」と判断したので、一連の統制措置をとった。統制措置の効果が乏しい度に、生管会はさらに統制範囲を拡大しようとした。

　1951年1月9日、生管会は民間より出された繊維製品の輸入申請に対して外貨供給を停止することを決めた[36]。繊維製品の輸入が一時停止したことで国内市場における繊維製品の供給は減少したので、織布工場による綿糸に対する需要が増加し、綿糸価格に上昇圧力がかかった。この過程からは統制政策の矛盾と困難が見受けられる。綿糸価格を抑えようとするならば、生管会は繊維製品の輸入を制限すべきではなかった。生管会は繊維製品の輸入を禁止することだけで台湾の繊維産業が発展できると信じていた。

　1951年2月、中信局は「平抑細布価格辦法」（細布価格抑制方針）を発表した。これによって、細布の価格は毎ヤード4.25元となり、消費者は小売商から綿布を購入する時は戸籍の提示が必要となった。1951年4月、行政院はさらに全ての外貨売買は台銀を経由しなければならないと規定した。輸入業者は闇市でしか

34　本段落の繊維業統制に関する説明は、李怡萱、同上、2004年；許恵姍、同上、2003年を参照。

35　黄東之、前掲論文、1956年、27–28頁。

36　李怡萱、前掲論文、2004年、59–71頁。

外貨を取得できなくなり、民間で自ら綿糸を輸入することは困難になった。

1951年5月25日、紡織小組が改組され、新たな意思決定機関になった。新たな紡織小組も統制を強化したので、6月から紡績工場の代紡の報酬は棉花から現金になり、綿糸は100kg毎に1,600元の報酬が与えられるようになった。これより以前は、工場が代紡で得た棉花を綿糸に紡いだら、自ら市場で販売することができたが、政策が変更された後、紡織小組の綿糸に対する統制がより厳密になり、アメリカ援助で輸入された棉花を綿糸に紡いでも中信局に管理され、自ら市場で販売することもできなくなった。

1951年8月14日に台湾省政府が「台湾省紗布管理暫行実施辦法」(台湾省綿糸・綿布管理暫定実施方針) を公布した。その第5条によると、輸入及び台湾産の綿糸・綿布の「最高売値」は省政府による公定とされた。9月に生管会が民間の綿糸輸入の外貨決済を中止することを決定したので、この時から綿糸の輸入も中信局に独占された。1951年11月、台北市布商業同業組合が販売する白細布などは、戸籍の提示で各自毎年5ヤードのみ購買できると制限された。台北以外の地域にも似たような規定が設けられ、統制が及んでいった。

全面統制

1949年から1950年1月上旬まで、台湾の繊維製品市場は自由市場であった。棉花は免税で自由に輸入できたし、綿糸も綿布も自由に輸入できた。しかし1951年末になると棉花も綿布もすべて統制下におかれた。アメリカ援助を中心とする棉花の輸入は全て中信局の掌中にあり、棉花の流通方法や価格も政府が決定した。さらに紡績工場が紡いだ綿糸を織布工場に売る時、政府が決めた価格を超えてはならず、必要な時には政府が指定する価格で70%の綿糸を買い取って織布工場に流通させることもあった[37]。

1950年代初期、台湾では悪性インフレーションがまだ深刻であったため、物価の高騰を心配する官僚は、統制が問題を解決する唯一の方法と確信していた。例えば、尹仲容が1951年末に綿布価格の変動を分析した結論は「去年も一昨年も綿糸・綿布の配分に問題があった。……それに対して政府はさらに統制を強化する」というものであった[38]。官僚は綿糸価格の高騰は人為的操作の結果と判断

37　李怡萱、前掲論文、2004年、71頁。

38　尹仲容「発展本省紡織工業問題的検討」『紡織界』1952年5月26日2巻、5頁。

210　第二部　産業政策と産業発展

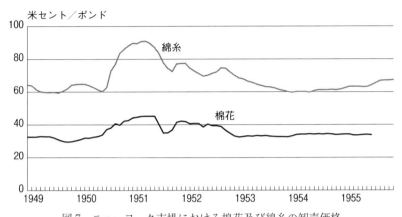

図7 ニューヨーク市場における棉花及び綿糸の卸売価格
資料：http://www.nber.org/databases/macrohistory/contents/chapter04.html。

したわけだが、価格高騰は市場における需給バランスの結果であった。1950年中頃から1951年中頃まで、台湾の綿糸価格だけではなく、国際市場の綿糸価格も上昇していた。図7はニューヨーク市場における棉花及び綿糸の卸売価格を示したものである。1950年中頃から、2つとも商品価格は上昇していたし、綿糸価格は特に著しい変動があった。このように、台湾の綿糸価格の上昇は、主に国際市場における需給の変化を反映したものとみられる。

1950年7月の綿糸価格の上昇は1951年の繊維製品に対する全面統制の口実となったが、その統制は綿糸価格を抑えるという目標を達成したのであろうか。前の図6によると、綿糸は1952年4月の実質価格（512.9元／100kg）が1950年8月の実質価格（515.0元／100kg）よりも低くなっている。価格の統制が効いたように見えるが、国際市場の綿糸価格は1951年中頃には既に下がっており、国際市場の供給も飽和状態になっていた[39]。これらから、生管会が統制を行わなくても綿糸価格は下がったと思われる。

統制解除と再統制

1952年9月、統制措置は徐々に緩和された。その原因の一つは、綿糸価格は既に公定価格よりも低かったので、価格の統制も無意味になったことである[40]。

---

39 黄東之、前掲論文、1956年、28頁。

もう一つの原因としては、統制体制のなかで業者の利益配分が容易ではなかったことである。綿糸は紡績業の製品であり、織布業の原料でもある。値段が高すぎる場合、紡績業者に利益があるが、織布業者は不利益に苦しむ。それに、紡績業者と織布業者自身にも利益配分の問題があり、同じ業種にしても効率の高い大手業者はなるべく多くの棉花及び綿糸の配分を期待する。このように統制にもコストがかかるので、政府が業者にコスト分担を求めた。1952年8月、繊維関連の四つの同業組合は「組合員の負担を軽減するために」政府に統制機構の廃止を求めた[41]。

　1952年9月から、一部の台湾産綿糸は改めて競争入札の形で販売していた。同年12月から、代織制度は全面的に廃止され、織布工場は全て直接販売の方式をとった。1957年7月に代紡制度も廃止した。これにより、紡績工場は自らアメリカ援助運用委員会から棉花を購入して、綿糸に紡いで自ら販売することになった。以上の政策変更は、資源配分を価格が決定するメカニズムへの回帰を図ったものであるが、生管会は依然として最高公定価格を定めた[42]。1954年9月、政府は綿糸の統制価格を撤廃する進言を受けた。一つの原因は綿糸価格が既に落ち着いた点にあったと見られる。もう一つの原因は、統制価格の制度があっても、綿糸の市価が既に統制価格を超えたので、統制機関も処理できなかった点にあると考えられる[43]。ただし、綿糸の輸入は相変わらず禁止されていたし、綿布の輸入も相変わらず統制されていた。

　1955年2月に綿糸の価格は再び上昇し、3月にやや下がったが、6月にまた急激に上昇し、10月に最高値に達した。綿糸価格が上昇した時、統制機関はすぐに統制を再開した。しかし、1951年7月の統制局面と違ったのは、価格上昇の原因は国際価格の変動にはなく、台湾の物品税と関税の値上げのほか、新台湾ドルの切り下げ及びアメリカ援助の輸入価格の変動が主な原因であったことである。物品税率は1954年8月に5%から15%に上げられ、綿糸の関税も1955年に5%から17%に調整された。アメリカ援助の棉花は過去に5.6元の相場で輸入されたが、1955年7月には24.78元に調整され、20番手の公定価格も最初の5,150元から7,150元に調整された[44]。

40　李怡萱、前掲論文、2004年、118頁、131-132頁。
41　許恵姍、前掲論文、2003年、75頁、81頁。
42　李怡萱、前掲論文、2004年、125-128頁。
43　許恵姍、前掲論文、2003年、93-94頁。

1955 年 2 月、統制機関は各工場に対し、生産した綿糸は軍用と自家用を除いた残った分は全て綿糸同業組合に納付して公平に販売することを求めた。しかし、綿紡績同業組合は異議を唱えた。7 月 9 日に政府が介入して、綿糸の配分販売も中信局が担当することになった。また、中信局は綿糸の配分を申し込んだ業者に 50% 保証金を求めた。織布工場はこれに対しても不満があったので、1955 年 11 月に行政院は「台湾省区棉絲配售辦法」（台湾省綿糸配分販売方法）を公布し、保証金は 25% に下げた。

　1956 年初、綿糸価格はもとに戻り、綿糸の在庫は増加した。前年に定めた統制方法も徐々に撤廃した。1956 年 3 月、紡績工場は政府に対して在庫増加問題の解決への協力を求めた。経安会は中信局に在庫になった綿糸を買い取ることを決定したが、中信局がそれに反対したので、逆に綿糸の配分販売を停止して自由販売にすることを勧告した。1957 年 7 月、統制機関は綿糸の在庫問題を解決できなかったので、綿糸の配分販売を取り消し、綿糸の輸出拡大を図った[45]。

4. 輸出拡大

　図 8 は台湾、日本と世界の輸出が GDP に占める割合を比較したものである。1951 年から 1960 年の台湾における対 GDP 輸出量割合の平均は 9.42% であったが、1961 年から 1970 年における平均は 20.56% まで上昇した。1980 年、台湾の輸出比率はさらに 51.53% に達したが、同じ時期の世界平均は 19.45% であった。図 8 と前掲図 1 を比べると、台湾の輸出比率は 1960 年代初期から上昇していたが、一人当たり GDP も 1960 年代初期から大幅に伸びた。これらの数値は、輸出拡大が経済成長を促したという経済学者の台湾経済の高成長に対する解釈と一致する。ただし、図 8 は、輸出拡大は 1960 年代初期からであることも示している。本節では、繊維産業を例として、どのような政策が台湾に輸出拡大を促したのかについて分析する。

　繊維製品の輸出構想は既に 1953 年にあったが、その原因は国内市場における綿糸の供給過剰にあったとみられる。早期の構想は、物々交換の方式でエジプト

44　本段落の説明は主に許恵姍、前掲論文、2003 年を参照。

45　許恵姍、前掲論文、2003 年、126-132 頁。

第 6 章　台湾経済の体制転換と輸出振興　213

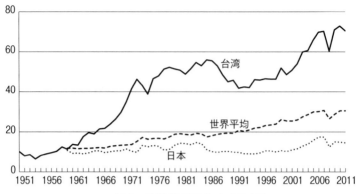

図8　輸出がGDPに占める割合
資料：行政院主計総処，World Bank。
注：輸出にはサービスも含む。

から輸入した綿花を細糸に紡いで、さらにパキスタンに輸出して太糸を紡げる棉花と交換するというものであった。しかし、コストを計算したら、細糸100kgの輸出は政府から523元を補助しなければならないことが分かった。1953年8月、国内市場における綿糸100kgは約4,300元であった。すなわち、補助金額は少なくとも輸出価格の12.2%に達しないと業者に利益は出ない計算であった[46]。

1954年、台湾は繊維製品（紡績及び関連製品）の輸出を始めたが、その輸出金額は総輸出額の僅か0.35%しか占めなかった。1958年は1.26%、1959年は7.55%にまで上昇した[47]。1959年に繊維産業の輸出量は総生産量の8.45%であったが、1967年には40.01%まで増加している[48]。それでは、どのような政策が繊維産業の輸出を促したのであろうか。逆に言えば、どうして1950年代末期以前の台湾の繊維製品は輸出できなかったのであろうか。

新台湾ドルの切り下げ

1953年に経済部は綿糸の対韓国輸出を試みた。紡績業者が韓国まで輸出する

46　許恵姍、同上、2003年、98-99頁。
47　林立鑫「台湾之対外貿易」『台湾銀行季刊』15（3）、1964年、6-10頁。原資料は台湾銀行の外貨統計。
48　林邦充「台湾之棉紡工業」『台湾銀行季刊』20（2）、1969年、80頁。原資料は織布同業組合「台湾区織布工業同業公会概況」。

コストと値段を計算した結果は表1の第2欄に示されている。紡績工場が一梱
（400ポンド）の綿糸を紡ぐには470ポンドの綿花が必要であり、輸入する綿花の
コストは毎ポンド5.7元となり（公定為替相場で計算したら毎ポンド0.365米ドル）、
これによって一梱の綿糸にかかるコストは2,545元となる（5%の輸入税を除く）。
給料・給与及び営業費などを含む人件費は合計1,350元で、運賃、保険料及び見
込み利益（5%）も加えて1梱の綿糸の値段は4,367元になる。公定為替相場の15.60
元で計算すれば、毎ポンドは0.700米ドルである[49]。1953年6月のアメリカの
ニューヨーク市場における卸売価格は0.639米ドルなので、台湾の業者が綿糸を
輸出したら損失が出る[50]。

　表1の第2欄では公定為替相場の15.60元で輸出価格を推算する。1953年の闇
市の為替相場は26.5米ドルであったので、闇市の相場で計算したら、台湾の綿
糸の輸出価格は毎ポンド0.593米ドルになる。アメリカの市場価格と比較すれば、
闇市相場の方に利益がある。しかし、上記計算結果の租税は綿花の輸入税（5%）、
物品税（15%）、及び商港サービス費（2%）を計上していない[51]。これらの租税を
計上したら、綿糸の輸出価格は0.674米ドルまで上昇するので、業者は相変わら
ず利益を得られない。しかし、新台湾ドルの切下げ及び輸入綿花の戻し税を考慮
すれば、輸出は有利になると考えられる。1960年時、新台湾ドルはすでに40元
まで下がった。表1の第3欄は改めて相場を40元の場合で計算したものである。
租税を含めない場合、綿糸の輸出価格は0.541米ドルとなり、租税を含む場合、
輸出価格は0.623米ドルまで上昇するが、国際市場では依然として競争力を持っ
ている。

　表1の結果については下記の数式で説明できる。一梱の綿糸を紡ぐために必要
とする綿花のコスト（米ドル）をPcとし、為替レートをeとする。業者の人件
費、運賃及び通常の利益などをw（新台湾ドル）として、租税をtとする。そし
て紡いだ綿糸の売値（米ドル）をPnとする場合、下記の数式になる。

$$Pn = \frac{e \times Pc + w + t}{e} = Pc + \frac{w + t}{e} \qquad (1)$$

49　元々の計算式は韓国への輸出を想定したが、アメリカへ輸出する場合、運賃と保険料は少し高く
　　なる。
50　ニューヨークの綿糸価格資料：NBER MacrohistoryDatabase, http://www.nber.org/databases/
　　macrohistory/contents/chapter04.html
51　1953年の物品税は5%であったが、翌年8月に15%まで上昇した。

第6章　台湾経済の体制転換と輸出振興　215

表1 綿糸の輸出価格概算

為替相場（元／米ドル）	15.60	26.50	40.00
綿花価格	2,545	4,310	6,505
加工費用	1,350	1,350	1,350
輸出梱包	80	80	80
海上輸送費	55	55	55
陸上輸送費・雑費	20	20	20
保険	21	21	21
利息	80	136	205
利益（売値の約5%）	227	329	455
合計（元／400ポンド）	4,367	6,281	8,662
綿糸売値（米ドル／ポンド）	0.700	0.593	0.541

資料：劉文騰「赴韓経済訪問団紡織部份報告書」『紡織界』50
巻、1954年；盧楽山「紗布外銷的成本問題」『紡織界』
48巻、1953年；盧楽山「棉紗的外銷成本及虧損的問
題」『紡織界』51巻、1954年；黄東之、前掲論文、1956
年。
注：1953年の綿糸輸入価格は5.7元／ポンドで計算され（輸
入税5%含む）、本表の棉花価格は輸入税を除外した。
1953年に闇市の米ドルの為替相場は26.5元であったが、
1960年の公定為替相場は約40.0元である。棉花の輸入
税（5%）・物品税（15%）・商港サービス費（2%）も加
算したら、各為替相場での綿糸売値（米ドル／ポンド）
は0.781、0.674、0.623まで上昇する。

　明らかに、相場eが低くなる場合（新台湾ドル切り上げ）、Pnは高くなる。その場合、台湾の綿糸は国際市場で競争し難くなる。逆に新台湾ドルが切り下げもしくは租税が減る方が、台湾の綿糸は国際市場で競争力を持つようになる。

　式（1）は米ドルで計算する数式である。台湾の紡績業の原料棉花は全て輸入で調達したので、国際棉花価格が上昇する場合、台湾の生産コストも上がる。こうして、新台湾ドルの切り下げがPnに対する影響はPcを経由するのではなくて、w+tを経由する。逆に言えば、1950年代の台湾の労働力は比較的安いので、もし新台湾ドルの過大評価が続けば、労働力が持つ比較優位は活かせない。

　1958年、新台湾ドル対米ドルの為替相場（輸出）は24.58元であり、1959年は36.08元に、さらに1960年は40.04元になった。式（1）によると、Pc/Pnの割合がもっと低くなったら、為替の切り上げ効果も大きくなる。表1の第2欄の数

字で計算したら、1953 年に Pc/Pn=0.58 となり、第 3 欄の数字で計算する場合、Pc/Pn=0.686 になる。先行研究によれば、産業関連表を利用して計算すると、台湾の繊維産業が 1971 年に海外から購入した原料のコストは売値の 70.1% を占めた[52]。原料コストが占める割合は高かったが、戦後初期の台湾における賃金は比較的に低かったので、台湾の綿糸生産はやはり比較優位を持った。

戻し税制度及び低利融資

前節の式（1）の w 値は主に 1950 年代の台湾における労働コストを示すものであるが、t 値の高低は税制に影響される。1950 年代初期、綿糸工場が棉花を輸入する時は輸入税と物品税以外に、防衛税及び商港サービス費も払わなければならなかった。よって、原料輸入に対して戻し税制度が適用されるなら、綿糸の輸出価格は下げられる。戦後初期の台湾における戻し税制度は紙帽子の輸出から実施された。当初の規定では、業者は税金の一部しか還付を申し込めなかったし、税金の還付も記帳に適用できなかった。1952 年に制度を修正した後、帽子の輸出の税金還付も記帳できるようになった[53]。

1954 年 3 月に経安会が「省産紡織品外銷辦法」（省産繊維製品輸出方方針）を可決した。その主な内容は、輸出業者は外貨を一部保有できるほか、輸入原料の関税及び物品税は還付でき、さらに台銀は低利融資も提供するというものであった。しかし、輸入原料の関税及び物品税は先に払わなければならず、製品を輸出してから還付を申告し、低利融資も輸出後に申請できる規定であった。このため、業者はこの政策に対して興味を示さなかった。

1955 年、管理機関は綿糸価格の統制に集中しすぎで、原料の戻し税を処理する暇もなかった。1956 年になったら、綿糸市場に供給過剰の現象がまた起こったので、繊維製品の輸出問題も再び現れた。台湾における輸出品の原料の戻し税制度は何回も調整され、1958 年 12 月の修正から、戻し税は輸入税、防衛税、物品税及び商港サービス費を含め、税金還付も記帳できるようになった[54]。1950 年代末期、戻し税制度は全ての産業に適用できるように変更されていく。

以上の政策により、1958 年の全産業における戻し税額は輸出額の 2.3% を占めたが、1959 年は 4.5%、1960 年には 8.5% まで上昇した。戻し税制度は輸出業者

---

52 Scott, 前掲論文, 1970, p.358.
53 李文環『台湾関貿政策之歴史研究、1945-1967』2 輯、花木蘭出版社、2004 年、230-231 頁。
54 李文環、同上書、2004 年、237-238 頁。

第 6 章　台湾経済の体制転換と輸出振興　｜　217

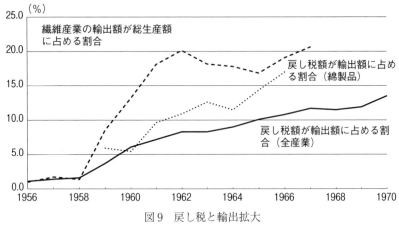

図 9　戻し税と輸出拡大

資料：戻し税額が輸出額に占める割合（全産業）：蕭峰雄『我国産業政策與産業発展』遠東経済研究顧問社、1994 年、139 頁。／戻し税額が輸出額に占める割合（綿製品）：林邦充、前掲論文、1969 年、89 頁、106 頁。／繊維製品の生産額：林邦充、前掲論文、1969 年、83 頁。／繊維製品の輸出額：『自由中国工業』各期による。

注：戻し税額は会計年度の数字で、輸出額は暦年度の数字である。前者は単純平均法で暦年の数字に転換した。

のコストを抑えたが、還付の申請手続きは複雑で、業者にとっては「コスト」であった。1965 年、戻し税に関する「コスト」を減らすため、輸出加工区を設け、保税工場制度も作った。

　戻し税制度と通貨価値を下げる以外に、低利融資の提供や輸入統制の解除も重要な政策であった。国民政府が台湾を接収した後、日本統治期の商業銀行は全て公営銀行になったが、台銀以外、ほかの商業銀行はあまり機能していなかった。例えば、1950 年末に台銀の貸出金残高は金融業の総貸出金の 92.0% を占めた[55]。しかし、台銀の融資先は一般的に公営企業のみであり、民営企業の融資は他の銀行が担当することになる。

　戦後の台湾における繊維産業のほとんどは民営企業であった。繊維製品が輸出できなくなったら、銀行の融資も受けにくくなったので、民間融資しか利用できなくなった。しかし、民間融資の金利は銀行よりも高かったため、繊維産業の発展にとっては不利であった。例えば、1952 年末に台銀の公私営企業に対する融

55　陳栄富、前掲書、1953 年、29–33 頁。

資の金利は 3.9%（月利）であったが、民間融資の金利は 6.6% であった[56]。1957年 7 月、台銀は輸出業者に低利融資を提供し始めた。もし業者が外貨で返済する場合、金利は 6.0% に、新台湾ドルで返済する場合、金利は 11.88% に設定された[57]。

以上の政策変化のほか、輸入配分額の解除（原料の配分額も含む）は 1950 年代末期の最も重要な輸出拡大政策であるという指摘もある[58]。繊維産業を例に見ると、綿糸配分制度は 1957 年 7 月に廃止された[59]。輸入棉花の場合、代紡制度が終わって各業者は自ら棉花を輸入することが可能であったが、外貨は依然として台銀に管理されていた。台銀は各綿糸工場の設備数量と生産効率によって棉花輸入用外貨を配分した。1959 年からは原則として輸出実績を基準にし、設備数量も考慮して配分した[60]。

比較優位

1960 年代初期から、繊維製品の輸出は迅速に拡大していた。その原因は、新台湾ドルの切り下げ及び輸出品原料の戻し税でコストが抑えられたことにあると考えられる。一方、政策の変更で台湾の労働集約的産業は比較優位を持つようになった。先行研究は 1970 年前後の台湾とアメリカの製造業のコスト構成を比較している[61]。繊維産業を例として見ると、台湾の原料コストは 70.1%、給与は 8.3% を占めた、それに対して、アメリカの原料コストは 58.8%、給与は 21.3% を占めた。さらに各国の賃金を比較すると、1972 年にアメリカにおける労働者の時給は 2.75 米ドル、日本は 1.20 米ドル、台湾は 0.20 米ドルであった。つまり、1972 年の台湾の給料はアメリカの 7.3% で、日本の 16.7% であった。

図 10 は為替レートで給与を米ドルに換算して、台湾と日本で製造業就業男性の月給の変化を示したものである。1950 年代末期に新台湾ドルが下落した後、台湾の給与はもっと低くなった。例えば、1954 年における台湾製造業就業男性

---

56 陳栄富、同上書、1953 年、29-33 頁。
57 卸売物価指数で計算したら、1958 年から 1960 年の平均インフレ率は 8.27% であった。しかし、この時期の金融業は統制されていたため、民営企業は銀行から融資を受けることが難しかった。1958 年に民間融資機関の年利は 33.1% であった。陳木在「台湾利率之研究」『台湾銀行季刊』23（4）、1972 年、42 頁；Lin、前掲書、1973, p.105；Scott、前掲論文、1979, pp.340-341 を参考。
58 Scott、前掲論文, 1979, p.237.
59 許恵姍、前掲論文、2003 年、126-132 頁。
60 許恵姍、前掲論文、2003 年、87 頁。
61 Scott、前掲論文, 1979, p.363.

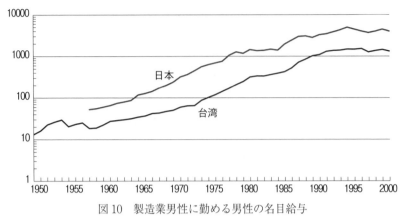

図10 製造業男性に勤める男性の名目給与
資料：台湾：溝口敏行、前掲書、2008年、288頁。原資料は日給だったが、×25で月給に転換した。／日本：http://www.stat.go.jp/english/data/chouki/19.htm のデータ 19-37-a より作成。
注：名目月給は為替レートで米ドルに換算した。新台湾ドル対米ドルの為替レートは民営事業の輸出為替レート。

の月給は29.6米ドルであったが、1959年末に18.9米ドルまで下がった。1960年から1980年の間、台湾における製造業の平均給与は日本のわずか24.8％であった。戦後初期から、台湾の国際貿易における比較優位は労働集約的産業にあったはずであったが、1950年代の為替政策及び税金制度がその比較優位を阻害していた。1950年代末期に政策変更が行われた後、その比較優位がやっと活かされた。1960年代初期から台湾における輸出成長率の一番高い産業は労働集約的産業になることは上記から明らかであろう[62]。

おわりに

本章は戦後初期における繊維産業の発展を事例として、台湾が「輸入代替」から「輸出拡大」に変化する過程を分析した。戦後初期の台湾の経済発展について、多くの研究者が、1950年代初期の輸入代替政策がその後の輸出拡大の基礎を作ったと考えている。例えば、輸入代替期の保護政策がなかったら、その後の輸出拡

---

62 Lin, 前掲書, 1973, p.130；Ranis, 前掲論文, 1979, pp.236-237.

大政策も成功しなかったと指摘する研究もある[63]。

　保護政策に賛成する者は、国内の業者は新しい産業の技術を学習するための時間が必要であることを主張する。ただし、この主張は繊維産業には適用できない。1950年の台湾における多くの繊維工場は中国大陸から移転されたので、そうした工場には資金不足の可能性はあるが、生産技術には問題がない。

　輸入代替は本当に輸出拡大の基礎であったのであろうか。政策の目標を振り返れば、早期の繊維産業の輸入代替政策は外貨支出を抑えるために導入された。1952年5月、尹仲容の演説では、政府が繊維産業の発展を図った動機は外貨制約を緩和することにあったという[64]。同演説では台湾の繊維製品をどう輸出するのかについては一切言及していない。本章の分析にあったように、1950年6月からの一連の統制政策は、綿糸価格が上昇する原因が分からなかったために取られた。こうした統制政策が輸出拡大を導いた可能性はない。

　もちろん、輸入代替が知らぬ間に輸出拡大の基礎を作った可能性はある。しかし、1950年代末期における輸出拡大は通貨の切り下げ及び戻し税制度の成果であり、輸入代替とは関係がないことは明らかである[65]。本章の前節及び表1で計算した綿糸の輸出コストはこの結論を支持している。以上から、1950年代初期から以上の政策が実施されていたとしたら、戦後台湾における経済の高成長はもっと早く始まっていたはずであろう。

63　Lin, 前掲書, 1973, pp.162-165.
64　尹仲容「発展本省紡織工業問題的検討」『紡織界』1952年5月26日2巻、4-5頁。
65　Scott, 前掲論文, 1979, pp.378-381.

第 7 章

台湾合成繊維産業の発展と産業政策

湊照宏

はじめに

　第 2 章で述べた通り、1960 年代から 1970 年代にかけて台湾経済は輸出主導で
高成長期を迎え、その主導産業は紡織業・化学工業・電子機器製造業であった。
繊維製品は輸出商品において最大の比重を占め、紡織業は雇用を吸収するととも
に、投資をも牽引した。繊維製品においては、1960 年代より綿製品から合成繊
維（合繊）製品へのシフトが急速に進展し、1970 年代には国外から技術を導入し
て合繊産業が輸入代替的に確立されるとほぼ同時に輸出産業化した。

　本章の課題は、高成長前半期台湾における合繊産業の発展に関与した産業政策
を検討することにある。分析対象を合繊産業に設定する理由は、冒頭で述べたよ
うに、高成長期台湾経済の主導産業の一つは紡織業であり、その紡織業が主導産
業としての地位を保ち続けた背景として、合繊産業の急成長があるからである。
台湾合繊産業の発展の前提として、化学繊維（レーヨン）産業の確立があるが、
それについてはウェイドが政府の主導性が発揮された事例として取り上げてい
る[1]。こうした政府主導仮説に対して、佐藤幸人は韓国との比較研究において、
台湾合繊産業の発展過程に対する政策介入の度合いは低く、特定性のある産業政
策は展開されなかったことを指摘している[2]。佐藤によれば、同時期の韓国政府
は合繊産業に対して参入抑制的政策を採用したため、韓国合繊産業には寡占的市
場構造がもたらされた一方で、台湾合繊産業では競争的市場構造が確立され、供

1　R. Wade, *Governing the Market: Economic Theory and the Role of Government in East Asian
　Industrialization*, Princeton University Press: New Jersey, 1990, pp.80–81, pp.90–91.
2　佐藤幸人「産業の比較分析」服部民夫・佐藤幸人編『韓国・台湾の発展メカニズム』アジア経済
　研究所、1996 年。

223

給過剰を原因として日本・東南アジア（香港・インドネシア、フィリピンなど）への安値輸出が行われるようになった。台湾・韓国の合繊産業に対する政策介入の度合いにかかわる対照性が、産業組織の対照性を招いたとする佐藤の指摘は興味深い。ただ、佐藤は主に 1973 年までの状況から台湾合繊産業に対する政策介入の度合が低かったと判断している。しかしながら、同産業が成長する過程で大きな障壁となったはずである石油危機を合繊産業がどのように乗り越えたのかという点について、政策も視野に入れて検討しなければ、政府の役割に関する佐藤の評価は一面的である可能性が残る。よって、本章では、1974 年より深刻化した台湾合繊産業に対する第一次石油危機の影響も視野に入れて検討し、政府の救済策の展開をふまえたうえで、政府の役割に関する評価を行う。

1. 量的概観

1960 年代

まずは表 1 を利用して 1960 年代台湾における合繊の輸入量・生産量を概観しておこう。まずナイロン・フィラメント（F）を中心に輸入量が増加し、1960 年代半ばからナイロン F とポリエステル・ステイプル（S）の生産が始まり、1960 年代末にはアクリル S とポリエステル F の生産が開始された。需要量についてはナイロン F が多く、ポリエステル S とアクリル S が続き、ポリエステル F は相対的に少なかったこと、また、ナイロン F を中心とする生産量の伸びが輸入量を抑制したであろうことが確認できる。

台湾における合繊輸入量増加のきっかけは、1962 年 10 月に発効した「綿製品の国際貿易に関する長期取決め」（LTA）であった。台湾繊維製品の主要市場であった米国による綿製品輸入規制により、輸出品の綿製品から合繊製品への急速なシフトを図られた台湾の繊維製品業者が、日本からの合繊輸入を拡大していったからである[3]。こうした動きは対日貿易赤字の原因の一つとなり、このことを懸念する政府の意向に沿う形で民営企業が参入し、合繊国産化の動きが始まった。

---

3 堤茂「台湾の人造繊維工業の発展」『日本紡績月報』第 356 号、1976 年 8 月、47 頁。

表1　台湾における合成繊維の輸入量と生産量（1960-70 年）

単位：トン

	ナイロンF		ポリエステルF		ポリエステルS		アクリルS	
	輸入量	生産量	輸入量	生産量	輸入量	生産量	輸入量	生産量
1960 年	153	–	–	–	–	–	–	–
1961 年	1,723	–	–	–	277	–	–	–
1962 年	1,882	–	49	–	346	–	449	–
1963 年	2,499	–	115	–	412	–	884	–
1964 年	3,455	53	278	–	670	12	1,451	–
1965 年	2,650	668	570	–	1,257	595	1,404	–
1966 年	4,718	1,748	748	–	974	920	2,082	–
1967 年	7,369	2,231	921	–	1,094	1,895	3,495	200
1968 年	9,034	7,174	816	30	2,722	2,042	5,420	2,967
1969 年	19,047	12,860	1,553	1,960	11,040	5,246	12,833	5,100
1970 年	17,890	22,741	4,781	5,050	24,329	7,916	21,741	6,100

資料：交流協会『台湾の繊維産業　市場動向調査シリーズ No.39』1977 年、105-107 頁
（原データは台湾区人造繊維製造工業同業公会資料）。

1970 年代

次に表2を利用して 1970 年代の状況を概観してみると、まずはポリエステル
を中心とする生産量の急増が目立ち、それに対して輸入量は減少傾向にあり、急
速に輸入代替が進展したことが確認できる。また、需要のほとんどは輸出用であ
り、その比重は増加傾向にあった。表2の輸出量には加工後のものも含まれてお
り、紡織兼営業者や織布専業者によって生産された織物はバイヤー（現地商社や
日本などの外国商社）に販売され、バイヤーはこれを輸出するか、多くの中小企
業によって構成される染色加工・縫製業者に渡して製品化してから輸出された[4]。
1970 年代末の状況では、セーター・ニット既製服・布帛既製服といったニット・
縫製品が多く輸出され、その約半分は米国へ輸出された[5]。1975 年時点の合繊糸
生産量のうち輸出が占める比重はFが9％、Sが1％程度であり、ほとんどが織
物・編物製品となって輸出されていたが[6]、この状況は 1970 年代末に大きく変化
している。ナイロンFの場合は約 40％ 弱が、ポリエステルFの場合は約 50％

4　堤茂「台湾の繊維産業の発展」『日本紡績月報』第 346 号、1975 年 10 月、12-13 頁。
5　交流協会『台湾における繊維産業の現状と展望　市場動向調査シリーズ85』1981 年、118 頁。
6　堤茂、前掲報告書、1976 年 8 月、49-50 頁。

表2　台湾における合成繊維の輸入・生産・内販・輸出量（1971-79年）

単位：トン

	ナイロンF				ポリエステルF				ポリエステルS				アクリルS			
	輸入量	生産量	内販量	輸出量	輸入量	生産量	内販量	輸出量	輸入量	生産量	内販量	輸出量	輸入量	生産量	内販量	輸出量
1971年	18,252	32,884	15,966	33,874	8,166	9,383	4,773	15,920	11,313	14,590	11,217	16,826	28,000	20,616	8,261	32,440
1972年	11,406	40,309	4,571	29,999	2,233	22,372	4,331	15,489	15,075	23,799	8,878	18,921	30,596	18,307	3,223	15,238
1973年	19,971	40,807	4,398	27,789	14,461	29,174	8,989	19,233	28,547	28,692	7,496	19,353	34,821	30,007	4,180	26,411
1974年	12,460	42,176	3,987	35,191	3,125	42,256	5,594	29,994	8,845	29,640	3,460	19,995	9,345	26,003	3,222	21,454
1975年	9,245	63,834	3,375	60,247	2,700	79,699	4,070	71,466	5,540	50,922	9,018	36,780	5,080	34,997	2,621	33,025
1976年		72,276	3,144	59,363		86,047	5,293	69,312		69,594	11,190	63,186		45,787	4,556	38,152
1977年		77,577	2,444	49,986		98,620	1,863	52,727		114,679	14,581	82,266		63,190	7,356	50,050
1978年		90,184	3,632	87,709		133,310	4,522	108,520		158,003	65,982	122,375		82,690	2,970	79,397
1979年		102,198	3,345	99,802		154,598	3,001	145,114		172,509	28,034	142,221		91,974	10,238	82,091

資料：1975年以前は交流協会『台湾の繊維産業　市場動向調査シリーズ No.39』1977年、105-107頁（原データは台湾区人造繊維製造工業同業公会資料）。
ただし1971年の内販量と輸出量は行政院国際経済合作発展委員会部門計画処『塑膠、人造繊維及石油化学工業』1973年（原データは同上）。
1976年以降は交流協会『台湾における繊維産業の現状と展望　市場動向調査シリーズ85』1981年、23-27頁（原データは「台湾工業生産統計月報」）。
注：輸出量には加工後の輸出も含む。空欄（1976-79年輸入量）は不明。

表 3　1970 年代末における台湾製合成繊維の販売先　　　　　　単位：トン

ナイロン F

	国内	(%)	輸出 加工糸	(%)	原糸	(%)	合計
1977 年	50,200	63.6	24,482	31.0	4,259	5.4	78,941
1978 年	57,937	63.2	28,702	31.3	5,073	5.5	91,712
1979 年	62,187	60.3	37,615	36.5	3,345	3.2	103,147

ポリエステル F

	国内	(%)	輸出 加工糸	(%)	原糸	(%)	合計
1977 年	48,219	49.3	38,240	39.1	11,321	11.6	97,780
1978 年	59,059	45.1	47,598	36.4	24,282	18.5	130,939
1979 年	74,309	50.2	49,325	33.3	24,481	16.5	148,115

ポリエステル S

	国内	(%)	輸出	(%)	合計
1977 年	96,968	88.2	12,966	11.8	109,934
1978 年	139,506	83.5	27,482	16.5	166,988
1979 年	139,302	82.3	29,953	17.7	169,255

アクリル S

	国内	(%)	輸出	(%)	合計
1977 年	58,666	99.2	464	0.8	59,130
1978 年	65,819	80.7	15,765	19.3	81,584
1979 年	72,975	79.0	19,354	21.0	92,329

資料：中華徴信所『台湾地区産業年報　人繊工業』1980 年、59 頁、63 頁、66 頁、70 頁。

強が、加工糸・原糸のまま「直輸出」されたことが表3から確認される。1970年代末における加工糸輸出量のうち、75% 以上が対香港・日本・シンガポールで占められていた[7]。

　1970 年代の生産量急増の契機も、繊維製品の主要市場である米国との貿易摩擦であった。米国との繊維貿易摩擦は、化合繊製品の基準クォータを設定した1971 年の二国間協定によりひとまず落ち着いたが、このことは 1971 年の合繊（特にナイロン）製品の駆け込み輸出を誘発し、さらには、先進諸国の合繊企業が米国との協定締結後に減産措置を採ったこともあり、台湾における合繊の在庫は一掃された。このことは台湾資本による合繊産業への新規参入を誘発した。さらには、円切り上げ（1971 年末）と日台断交（1972 年）により、台湾加工糸業者による日本製原糸から台湾製原糸への転換の動きが多くなり、1971 年から 1973 年にかけて台湾の合繊産業は設備投資ラッシュとなった。しかし、第一次石油危機で需要が急速に縮小したうえに、設備投資ラッシュ時の大規模工場が続々と完成すると、川下部門を大幅に上回る供給能力を抱え、1974 年以降供給過剰の状態が長期化した。後述するように、合繊企業の多くは赤字に転落し、業界を救済するために政府も動き、協定減産や大企業間合併を奨励した。結局、1978 年に再び円高が進行し、日本製品が占めていた東南アジア市場への「直輸出」で好転する。

2. 新規参入と設備投資ラッシュ

新規参入モデル

　台湾における合繊産業への参入は、まずナイロン F 製造事業で生じた。LTAが発効した 1962 年 10 月に中国人造繊維公司（以下、中国人繊）が参入を決定し[8]、中華開発信託公司との共同投資で設立した聯合ナイロン公司が、米国 Chemtex社の技術を導入して 1964 年末より生産を開始した。中国人繊は民営企業であるものの、1950 年代台湾のレーヨン国産化に関する経緯から分かるように、その事業は政府の意向に沿う展開が目立った。1950 年代における政府の経済建設計

7　交流協会、前掲調査書、1981 年、51 頁。
8　楊豊義・黄明聡・荘得旺・林蒼栄『我国人造繊維工業現況之探討』第一銀行徴信室、1982 年、54頁。

228 │ 第二部　産業政策と産業発展

画に沿い、米国援助資金を利用したレーヨン製造が計画され、中国人繊が設立された[9]。同公司の董事長（代表理事）には国民党に近い大秦紡織公司董事の石鳳翔が就任し、中国人繊は日本の帝人から技術を導入して、1956年に日産2.5トン規模でレーヨンの製造を開始した。また、中華開発信託は行政院経済安定委員会と世界銀行との協力によって1959年に設立されており、民営金融機関ではあったが、同公司に対する政府の影響力は強かった。いわば、政府は民営の中国人繊と中華開発信託に聯合ナイロンを設立させることにより、民営企業による合繊産業参入の先鞭をつけさせたのだった。

ナイロンF工場建設中の中国人繊は、ポリエステル製造事業に対しても参入を決定した[10]。中国人繊は1964年末に日産2.5トン規模の工場を完成させ、ポリエステルSの生産を開始し、1966年と1967年に続けて設備を拡張している[11]。さらに、中国人繊は帝人との共同出資によって1967年に華隆公司を設立するとともに、日産7.5トン規模に設備を拡張した。

以上のように、米国への綿製品輸出規制が始まるとほぼ同時に、中国人繊がナイロンFとポリエステルSの製造事業に新規参入し、聯合ナイロンと華隆を設立して、米国と日本から技術を導入することにより、台湾の合繊国産化が始まった。その生産が軌道に乗ったことを見て、民営企業の参入が続くことになる。

技術導入と新規参入

ナイロンについては、1966年に良友工業公司と国華化学工業公司（国華化工）が新規参入し、それぞれ国外から技術を導入して生産を開始している[12]。新規参入企業は当初から積極的に設備を拡張し、良友工業と国華化工は1967年、1968年と続けて設備を拡張し[13]、1968年には新規参入した正大ナイロン公司が工場を完成させ[14]、輸入量9034トンに対して生産量は7174トンに達している。1969年には良友工業と国華化工が第3次設備拡張を行い、聯合ナイロンも設備を拡張し、新たに参入した大明化学繊維公司（大明化繊）の工場も完成した結果、年産量は

9　設立時の株主には、台湾紡織業界の有力者が含まれ、台南紡織公司や新光紡織公司など、後に合繊産業に参入する企業の経営者も含まれていた。

10　楊豊義・黄明聡・荘得旺・林蒼栄、前掲報告書、54頁。

11　台北市銀行徴信室編『台湾区人造繊維工業調査報告』1971年、35頁。

12　日華経済協会『台湾における合成繊維工業とその市場分析』1969年。

13　台北市銀行徴信室編『台湾区人造繊維工業調査報告』1971年、23頁。

14　日華経済協会、前掲報告書。

第7章　台湾合成繊維産業の発展と産業政策　229

1万2860トンに急増した[15]。しかし、需要予測は、1970年3万9000トン（国内1万2000トン、加工輸出2万7000トン）、1972年4万6800トン（国内1万4000トン、加工輸出3万2800トン）と、加工輸出用を中心に増加していくものとされ[16]、国内の供給力はそれに追いつかず、輸入量の増加は必至であった。1970年に正大ナイロンと大明化繊が設備を拡張し、年産量は2万2000トンを超えたが、輸入量も1万7890トンに達した[17]。1970年時点での各企業の日産能力は、聯合ナイロン10.5トン、良友工業14トン、国華化工14トン、正大ナイロン15トン、大明化繊3トン、太平洋実業公司4トン、三元興業公司1トン、計61.5トン（年産2万2140トン）であった[18]。

1971年には年産量は3万トンをこえたが、1971年のナイロンF需要量は約5万トンであり、そのうち7割弱の約3万4000トンが加工輸出され、台湾内に残って消費されたものは約3割強の約1万6000トンであった[19]。生産量は国内需要量の倍近くに達したにもかかわらず、加工輸出用需要に応じきれない状況が続き、各社の設備拡張が続いた。1972年になると、各企業の日産能力は、聯合ナイロン23トン、良友工業18トン、国華化工28トン、正大ナイロン25トン、大明化繊14トン、太平洋実業4トン、三元興業1トンとなり、計113トンに急増している[20]。

続いて、ポリエステル製造事業への参入状況を確認してみよう。1967年のポリエステル需要量はSが4154トン（国内3330トン、加工輸出824トン）、Fが1050トン（国内959トン、加工輸出91トン）というもので、FよりもSが、加工輸出用よりも国内需要の方が大きかった。しかし、それ以降の需要予測については、1970年はS 9300トン（国内5500トン、加工輸出3800トン）、F 6800トン（国内4400トン、加工輸出2400トン）、1972年はS 2万1500トン（国内9500トン、加工輸出1万2000トン）、F 2万1000トン（国内9000トン、加工輸出1万2000トン）と、Sの需要は約5倍に、Fの需要は20倍に増加し、加工輸出用が国内需要を上回るものとされていた[21]。こうした需要予測を背景に、華隆は1969年に設備を拡張し

---

15 台北市銀行徵信室編、前掲調査書、1971年、23頁。
16 日華経済協会、前掲報告書。
17 台北市銀行徵信室編、前掲調査書、1971年、23頁、25頁。
18 台北市銀行徵信室編、同上、28頁。
19 「塑膠、人造纖維及石油化学工業」『自由中国之工業』第40巻4期。
20 台北市銀行徵信室編『台湾区人造纖維工業調査報告続篇』1973年、9頁。
21 日華経済協会、前掲報告書。

230 第二部 産業政策と産業発展

てポリエステルFの製造を日産8トンで開始し、日産30トン水準まで拡張する計画であった[22]。

　ナイロンの事例と同じく、その後は民営企業の新規参入が相次いだ。ナイロン製造事業に参入していた国華化工が、1968年末にスイスInventa社の技術を導入して日産3トン規模のポリエステルF製造工場を完成させて1969年より製造を開始した[23]。良友工業も西ドイツBASF社の技術を導入して日産3トン規模でポリエステルFの製造を開始している。さらに、新光企業集団と東レ・三菱商事が出資して設立された新光合成繊維公司（新光合繊）が1970年にChemtex社の技術を導入して日産6トン規模の工場を竣工させ、ポリエステルFの製造を開始した[24]。1970年には裕和繊維公司が西独Dedier社の技術を導入して日産5トンのポリエステルF製造工場を竣工させており、宏洲化学公司は1971年にHoechst社の技術を導入して日産6トンのポリエステルF製造工場を稼働させている[25]。

　相対的に大規模であったのは、南亜プラスチック工業公司（南亜プラスチック）と亜東化繊公司の参入であった。南亜プラスチックは1969年5月に日産12トン（年産4000トン）規模のポリエステルS製造設備を建設する第一期計画を竣工させ、続けてZimmer社から生産設備を購入して同設備を倍増させる第二期計画を遂行し、さらには日産6トンのポリエステルF製造設備を1971年に完成させている[26]。亜東化繊はポリエステル製造技術についてはInventa社から技術を導入し、製造設備は西独Luigi社から導入して、ポリエステル繊維の製造に着手した[27]。

　ナイロン・ポリエステルの事例と異なり、アクリルへの参入企業は2社のみであった。南亜プラスチックと資本を同じくする台湾プラスチック工業公司（台湾プラスチック）が1965年に参入を決定し、1966年8月に増資してアクリルS製造工場を高雄に建設し、1967年12月より日産14トン規模で製造を開始した[28]。製造工程における問題による品質不良で販売は困難であったが[29]、1969年には改

22　台北市銀行徴信室編、前掲調査書、1971年、34頁。
23　台北市銀行徴信室編、同上、34頁。
24　台北市銀行徴信室編、同上、34頁。
25　台北市銀行徴信室編、同上、34–35頁。
26　台北市銀行徴信室編、同上、34頁。
27　中華徴信所『台湾地区産業年報　人繊工業』1980年、20頁。
28　台北市銀行徴信室編、前掲調査書、1971年、42頁。

善に成功し、日産 16 トン規模に拡張して、1970 年には日産 20 トン規模に拡張している[30]。

このほか、三菱レーヨン・三菱商事と現地資本との共同投資で東華合繊公司が設立され、1971 年 6 月稼働開始を目標に Monsunto 社の技術を導入して日産 15 トン規模のアクリル S 製造工場が建設された[31]。

表 4 には 1973 年時の新規参入企業の日産能力と技術提携先が示されており、日本合繊企業からの技術導入件数よりも、欧米プラントメーカーからの技術導入件数が多数であったことが確認できる。日本の合繊企業は対外直接投資の重点を加工糸部門から原糸部門へと移行させていたが、それ以上に欧米プラントメーカーが台湾に強力な売り込みをかけていた[32]。デュポンなどの国際特許網が消滅したこともあり、欧米プラントメーカーは頭金 2-3 割、残金 7-8 割は 5-6 年の延払いという条件で合繊プラントの台湾への売り込みを強化し、それに応じて台湾の加工糸・ニット・縫製業者が原料自給のために合繊プラントを輸入したのだった[33]。

設備投資ラッシュ

1970 年代初頭も合繊製品の輸出は拡大した。主要市場である米国との貿易摩擦は生じていたものの、1971 年に結ばれた二国間協定では基準クォータが定められ、化合繊製品については 7.5% の伸びが 1971 年 10 月より 5 年間認められたことが[34]、輸出伸長につながったと理解される。1973 年時点で売上額が最高であった合繊企業は南亜プラスチックで、売上高 53 億 6100 万元のうち 78% にあたる 42 億元が輸出であった[35]。

前述したように、1971 年の米国による非綿製品輸入制限は、台湾合繊産業（特にナイロン）における設備投資の誘因となった。台湾の合繊加工糸業者は基本的に日本からの原糸輸入に依存していたが[36]、米国輸入制限直前の 1971 年 8 月から

29　楊豊義・黄明聡・荘得旺・林蒼栄、前掲報告書、54 頁。

30　台北市銀行徴信室編、前掲調査書、1971 年、43 頁。

31　台北市銀行徴信室編、同上、43 頁。

32　佐藤幸人「繊維産業―工業化の大黒柱」谷浦孝雄編『台湾の工業化―国際加工基地の形成』アジア経済研究所、1988 年。

33　「台湾における業界再編成の動き」『化繊月報』1977 年 9 月号、2 頁。

34　佐藤幸人「韓国、台湾の繊維輸出と貿易摩擦」林俊昭編『アジアの工業化Ⅱ　貿易摩擦への対応』アジア経済研究所、1988 年、125 頁。

35　「グラフから見た台湾の繊維産業」『日本紡績月報』第 350 号、1976 年 2 月、56 頁。

表4 1973年台湾における合繊企業の設備能力と技術提携先

繊維	社名	日産能力 （トン）	技術提携先
ナイロン F	聯合ナイロン	22.5	Chemtex
	良友工業	20.0	Dow Chemical
	国華化工	25.0	Zimmer
	正大ナイロン	24.0	東レ
	大明化繊	14.0	Inventa/Luigi
	太平洋実業	3.8	Zimmer
	三元興業	1.0	Shim Tsu
	計	110.3	
アクリル S	台湾プラスチック	55.0	自社技術
	東華合繊	18.0	三菱レーヨン
	計	250.0	

繊維	社名	日産能力（トン）		技術提携先
		F	S	
ポリエステル	華隆	16.0	9.5	帝人
	国華化工	4.5	－	Inventa
	南亜プラスチック	11.0	30.0	Zimmer
	新光合繊	13.0	－	東レ
	裕和繊維	7.0	－	Didier
	亜東化繊	7.5	25.0	Inventa/Luigi
	宏洲化学	11.0	－	Hoechst
	太平洋実業	3.0	－	Zimmer
	計	73.0	64.5	
レーヨン	中国人繊	10.0	18.0	帝人
	台湾化繊	0.5	100.0	Maurer
	計	10.5	118.0	

資料：「塑膠、人造繊維及石油化学工業」『自由中国之工業』第40巻4期、
1973年10月。

9月にかけて合繊製品の駆け込み輸出が増えて原糸在庫が一掃された一方で、台湾加工糸業者が仮撚機を増設する傾向にあったため[37]、台湾ではナイロンを中心に原糸が不足する状況となった[38]。こうした輸出用合繊製品の原糸不足を背景に、台湾では川下から川上へ遡及する形で大手加工糸業者の新規参入による設備投資ラッシュが起きた。

これに加えて、1970年代初頭の日本円の対ドル切り上げは、台湾合繊産業の設備投資に拍車をかけるものであった。1973年1-3月の日本製ナイロンF（70デニール）のFOB価格は1kgあたり1.7ドルであったが、4-6月には2.3ドルに上がると伝えられた一方で、台湾製の2月の売値1.6ドルからの値上げ幅は小さかった[39]。ポリエステルとナイロンの需要においては加工糸業者が最も多かった[40]。ポリエステル仮撚加工とナイロン仮撚加工には代替性があり、ナイロンストレッチ糸の市場が好調であった1972年は、ポリエステルよりはナイロンの仮撚加工が優先され、ナイロン不足時にポリエステルの仮撚加工が行われるという状況であった[41]。円切り上げと日台断交後、台湾の加工糸業者は日本からの原糸輸入を減らし、台湾製原糸へ切り換えていった[42]。アクリルについては、ニットセーターを中心とする加工製品の輸出量のうち、対米国輸出が7割を占めていたので、1971年10月の米国による非綿製品輸入制限措置は台湾プラスチックと東華合繊に一時的な打撃を与えたが、上記と同様の理由で台湾のアクリル加工業者は日本製から台湾製へ原糸を切り換えていった[43]。1972年の両社の設備能力は、台湾プラスチックが日産55トン、東華合繊が日産18トンであったが、両社はすでに増設計画を有していた[44]。

この時期にナイロンへ新規参入を決定した企業は、台湾化繊、明邦化学繊維工業公司（明邦化繊）、大興化学繊維工業公司（大興化繊）、真達化学工業公司、寶

36　1967年から71年における台湾の合繊糸輸入量のうち、90%以上は日本製であった（堤茂「台湾と韓国の繊維産業—わが国の繊維輸入問題との関連において」『日本紡績月報』第332号、1974年8月、16頁）。

37　1980年時の台湾で使用されていた仮撚機の大部分は1971年から1975年にかけて輸入されたもので、1973年に輸入されたものが最も多かった（交流協会、前掲調査書、1981年、49頁）。

38　台北市銀行徴信室編、前掲調査書、1973年、8-10頁。

39　台北市銀行徴信室編、同上、1973年、10頁。

40　台北市銀行徴信室編、同上、1973年、15頁。

41　台北市銀行徴信室編、同上、1973年、12頁。

42　台北市銀行徴信室編、同上、1973年、12頁。

43　台北市銀行徴信室編、同上、1973年、19頁。

44　台北市銀行徴信室編、同上、1973年、19頁。

城化学繊維公司（寶城化繊）、信中繊維工業公司であり、ポリエステルへ新規参入を決定したのは大明化繊、太平洋実業、大勤合成繊維公司（大勤合繊）、鑫新化学繊維公司（鑫新化繊）、東雲合成繊維公司（東雲合繊）、世代化学工業公司（世代化工）、台南紡織公司であった。1960年代における繊維製品輸出の拡大から、資本を蓄積した繊維関連企業を中心に新規参入が続き、これら企業はすべて外資企業から技術を導入した。これら新規参入企業が建設した工場が1975年から1976年にかけて続々と完成することになるが、1974年より石油危機の影響が強まり、深刻な需給ギャップを生じさせることになる。アクリルについては、1972–73年に合繊企業3社が新規参入計画を立て、アクリルSの日産能力は300トンを超える見通しとなったが、石油危機後の市況不振のために参入計画を延期・中止するに至った[45]。

3. 合繊産業確立期の政策

保護関税・投資奨励・技術導入

合繊生産量の急増をもたらした新規参入ラッシュには、いくつかの政策が関与していた。まず、高率関税が新規参入企業にとっての国内市場確保に寄与した。急増する合繊糸輸入に対して関税は、1960年代前半50％、1960年代後半40％、1970年代前半52％というように高率に設定され[46]、これには輸入代替政策が反映されていた。その一方で、輸入税払い戻し制（1955年「外銷品退還税捐辦法」、同法を継承した1968年「外銷品沖退税捐辦法」）により、日本製を中心とする輸入合繊糸を加工して製品を輸出すれば、高率の輸入関税が加工業者に払い戻される制度が維持され、繊維製品の輸出拡大に支障が生じないように配慮されていた。

合繊産業の設備投資に対しては、特定産業の成長を企図していたとはいえないが、1960年公布の「奨励投資条例」が大きな誘因になったといわれる。第2章で述べた通り、1961年度より法人税の最高税率（所得10万元以上）は25％から18％に引き下げられたうえ、本条例第5条は新規創設企業または30％設備拡充

---

45 堤茂、前掲報告書、1976年8月、57頁；釘本尚具・野口浩「近隣4か国（韓国、台湾、香港、タイ）の繊維近況」『化繊月報』1977年5月号、74頁。

46 『総統府公報』掲載の「海関進口税則」を参照。

第7章 台湾合成繊維産業の発展と産業政策 | 235

増資企業を対象に法人税 5 年間免除を認めていた。ただし「減免法人税奨励標準」への準則が前提で、そこでは総額 2 億 5000 万元以上という大規模投資が対象とされた。また、第 18 条（1965 年修正第 23 条）では機械輸入に課せられる関税の分納が認められた。

　1971–73 年の設備投資ラッシュ期でも、1970 年 12 月公布の「修正奨励投資条例」第 6 条において、新規創設企業は法人税 5 年間免税（設備拡充増資企業の場合は 4 年間免税）か、加速減価償却が認められていた。なお、1971 年 11 月に定められた「生産事業奨励類目及標準」で紡織業は対象除外となったものの合繊産業は除外されず、合繊企業は年産量のうち 50% 以上を輸出するという条件で、本条例による法人税減免や機械輸入関税分納の恩恵を享受でき、大型設備投資を行った。

　こうした台湾における合繊産業の確立は、外資企業との技術提携が必須であり、欧米プラントメーカーからのプラント輸入が進展したことについては既に述べた。その前提として、「外国人投資条例」（1954 年公布）に基づいた「技術提携条例」（1962 年公布）第 13 条が、技術使用料の送金あるいは再投資を認めていたことが、国外から技術を導入する環境を整備していた。

参入の放任

　新規参入の陸続に対して台湾政府は抑制的な政策は採用していない。設備投資を助長していた法人税減税に関しては、1973 年 12 月公布の「修正奨励投資条例」第 10 条で、1974 年 1 月より事業を開始する法人には最高税率を 25% から 35% へ、投資額が大きい高リスク事業も最高税率を 22% から 30% へ引き上げているものの[47]、過剰投資気味となった合繊産業に特定した投資抑制策ではなかった。同時に「生産事業奨励類目及標準」も改訂されているが、合繊産業の場合は生産量の 50% 以上の輸出という既存条件に加えて、拡充後日産能力 20 トン以上という条件が加わるのみであった[48]。

　合繊産業確立期における新規参入を放任した台湾の政策は、先述した韓国との

47　石油危機の影響が顕著になると、1974 年 12 月公布の第 10 条再修正で、1974 年 1 月より事業を開始する法人には最高税率を 35% から 30% へ、一次金属、重機械、石油化学などの資本集約・技術集約部門の事業者の最高税率は 30% から 22% へと引き下げられた。

48　1978 年の「修正生産事業奨励類目及標準」で、拡充後年産能力 6000 トン以上という条件に微修正された。

236 │ 第二部　産業政策と産業発展

比較、また日本との比較においても注目し得る。新規参入に抑制的な政策がとられなかった背景としては、外貨制約がなかった点を指摘できる。むしろ 1973 年 2 月のドル 10％ 切り下げにともなう過剰ドルの削減およびインフレーション防止策として、政府がプラント輸入を奨励していた。政府は公営銀行を経由して長期資金を企業に貸し付けて合繊プラント輸入を奨励し、一部企業には公営銀行が一括払いを行った後に、企業に延払い償還させる措置がとられた[49]。また、当初から国内市場のみではなく国外市場をも想定していたことも、参入を抑制しなかった背景と思われ、「奨励投資条例」による大型設備投資に対する誘因を付与することによって、国外市場における競争力を参入企業に獲得させようとしていたと考えられる。

4. 石油危機と政府の介入

企業収益の悪化

　石油危機が生じた 1973 年は、合繊原料輸入が減少したため、合繊企業の設備稼働率が落ちて合繊糸輸入が増加したが[50]、1973 年まで台湾繊維業界は活況を維持した。しかし、1974 年に入ると石油危機の影響が出始め、同年 7 月には EEC が台湾製繊維製品に対する輸入制限措置を実施し、台湾繊維業界は混乱した[51]。主要市場であった米国とは、1974 年に二国間で繊維製品に関する貿易協定が結ばれ、1975 年 1 月から 1977 年 12 月までの基準クォータが定められ、化合繊製品については 6.25％ の伸びが認められた[52]。しかし、台湾繊維業者はコスト高と製品価格下落に挟撃され、合繊の在庫は積み上がった。需要の減退に対して供給は急増し、1971–73 年の設備投資ラッシュの結果、設備能力は 1973 年から 1975 年にかけて、ナイロン F は約 2 倍、ポリエステル S・F は約 5 倍、アクリル S は約 4 倍に急増し、合繊企業は 13 社から 33 社に増加していた[53]。

49　「台湾における業界再編成の動き」前掲雑誌記事、2 頁。
50　堤茂、前掲報告書、1974 年 8 月、12 頁。
51　台北市銀行徴信室編『台湾区人造繊維工業調査報告続篇（二）』1976 年、2 頁。
52　繊維工業構造改善事業協会繊維情報センター『台湾の繊維産業の現状』1978 年、43–44 頁。
53　堤茂、前掲報告書、1974 年 8 月、12 頁。

第 7 章　台湾合成繊維産業の発展と産業政策　｜　237

ナイロンの場合、1975年の設備稼働率は58.3％と低迷した[54]。しかも、原料CPL（カプロラクタム）価格の上昇を[55]、低落傾向にあった製品価格に転嫁できず、合繊企業の収益を圧迫し始めた[56]。ポリエステルも1975年には供給過剰が明らかとなり、Sの設備稼働率は54％、Fの設備稼働率は55％と低迷した[57]。150Dを中心とするニット用を主力に計画された台湾のポリエステルFは、生産量の多くを原糸・加工糸として東南アジア（香港・フィリピン・インドネシア）市場へ安売りせざるを得ない状況が現出した[58]。

石油危機による原油価格の上昇にともなって原料価格は上昇傾向にあり、EGの輸入FOB価格は、1973年6月の1トン220–500ドルが翌1974年6月には1トン1400ドルに急騰したが、1976年6月には1トン450ドルに反落している[59]。原料価格から推計される1976年頃のポリエステルSの製造コストは1ポンド0.52ドルとされた一方で、販売価格はそれ以下に低迷し、合繊企業の多くが損失を計上することになった[60]。

表5に示されるように、1974年まで利益を計上していた合繊企業のうち、1975年から赤字に転落する企業が出始め、1976年にはアクリル製造企業以外は基本的に赤字企業となった。参入企業数が少なかったアクリル製造事業では、1975年の設備稼働率は68％と相対的に高く[61]、ニットセーターの対米国輸出が増加したため[62]、アクリル製造企業の業績は良好であった[63]。

政府の介入

石油危機の影響が出始め、減益・損失計上の合繊製造企業が相次ぎ、1974年から1976年にかけて輸出のほとんどは出血輸出という苦境が長期化すると[64]、政

---

54 台北市銀行徴信室編、前掲調査書、1976年、12頁。
55 1976年1月の日本製カプロラクタム価格は1トン900ドルから990ドルに値上がり、さらに7月には1000ドルを突破する見込みであった（台北市銀行徴信室編、同上、18頁）。
56 台北市銀行徴信室編、同上、17頁。
57 台北市銀行徴信室編、前掲調査書、1976年、20頁。
58 「台湾における業界再編成の動き」、前掲雑誌記事、3頁。
59 台北市銀行徴信室編、前掲調査書、1976年、31頁。
60 台北市銀行徴信室編、同上、29-30頁。
61 台北市銀行徴信室編、同上、35頁。
62 地曳賢治「韓国、台湾、香港の合繊産業と輸出の動向」『化繊月報』1976年12月号、23頁。
63 交流協会、前掲調査書、1981年、31頁。
64 陳崇昌「人繊工業市場預測與預測―石油化学終産品市場調査與需求預測 分業調査報告（三）」工業技術研究院金属工業研究所、1978年、16頁。

表 5　主要合繊企業の税引後利益（千元）

	1973 年	1974 年	1975 年	1976 年	1977 年–19 月 （税引前）	主要製品
華隆	365,621	33,861	2,267	△ 43,015	△ 101,781	ポリエステル S・F
国華化工	334,020	17,064	△ 80,607	△ 72,898	△ 67,260	ナイロン F・ポリエステル F
聯合ナイロン	264,996	39,215	△ 70,073	△ 98,871	△ 146,223	ナイロン F
大明化繊	229,880	44,260	△ 182,627	△ 115,501	△ 67,060	ナイロン F・ポリエステル F
新光合繊	225,636	72,144	4,603	△ 98,159	△ 266,201	ポリエステル S・F
裕和繊維	152,549	65,737	1,548	△ 97,539	△ 139,672	ポリエステル F
宏洲化学	107,414	16,608	4,319	△ 27,012	△ 21,100	ポリエステル F
太平洋実業	122,185	5,638	12,578	△ 48,232	△ 64,818	ナイロン F・ポリエステル F
東華合繊	–	100,329	28,628	78,220	22,633	アクリル S

資料：繊維工業構造改善事業協会繊維情報センター『台湾の繊維産業の現状』1978 年、91 頁。
注：当時のレートで千元は約 25 ドル。

府は業界の求めに応じて救済策を講じるようになる。同じ石油危機の影響を受け
た韓国のナイロン・ポリエステル F 業界は、1976 年 2 月以降フル操業状態になっ
ており、ポリエステル S 業界も同年 2 月を底に操業率を回復させていた[65]。こう
した韓国の状況とは対照的に、台湾では供給過剰が長期化し、特にナイロン F
とポリエステル F の合繊企業の経営は苦しく[66]、加工糸の安値輸出しか術がない
状況であった[67]。

前述した 1971-73 年の設備投資ラッシュ期においては、化合繊産業の機械輸入
に対しては中央銀行が融資し、業者は 2～3 割の頭金で外国製機械を購入し得た
場合が多かったが、その後、償還困難に陥る企業が多く、1975 年 7 月に政府は
機械輸入貸付金返済の一年延期を決定した[68]。また、1975 年より機械輸入関税の
分割払いが始まる企業が多かったが、資金不足の企業が多く、1975 年 4 月に化
合繊産業の機械輸入関税分割払いの一年間延期を決定し、1976 年 3 月にはさら
に延期して 1977 年 5 月からの徴収を決定していた[69]。

1976 年 5 月の大明化繊の倒産で業界の危機感は強まり、化合繊産業の同業者
団体である台湾区人造繊維製造同業公会は 40 億元の緊急融資を政府（財政部）
に要請し、これに対して財政部は建て直しに関する「自助方案」の提出を業界に
求めた[70]。1976 年 7 月に、業界は中央銀行に対して機械輸入貸付の償還期限延期
を求め、財政部に対しては機械輸入関税の納付期限延長を願い出た[71]。

1976 年 7 月に政府は「当前艱苦工業処理方針（当面の経営難工業処理方針）」を
定め、(1) 生産企業に対する必要な融資の提供、(2) 生産企業側による整理案の
研究策定、(3) 企業の合理的な改組・合併または更生手続きへの協力、という原
則が示された[72]。さらに 1976 年 10 月に政府は「化学繊維困難処理方針」を定め、
(1) ナイロン F、ポリエステル S・F、アクリル S の輸入中止（アクリル S は 11
月中旬に不足分のみ輸入許可に変更）、(2) 機械輸入貸付金返済の一年延期、(3)
機械輸入関税納付の延期、(4) 操業一時停止工場に対する長期融資利息の一年間

65 　地曳賢治、前掲雑誌記事、23 頁。
66 　楊豊義・黄明聡・荘得旺・林蒼栄、前掲調査書、1982 年、55 頁。
67 　地曳賢治、前掲雑誌記事、23 頁。
68 　中華徴信所、前掲書、248 頁。
69 　中華徴信所、同上、248 頁。
70 　「台湾における業界再編成の動き」、前掲雑誌記事、2 頁。
71 　陳肇昌、前掲調査書、44 頁。
72 　交流協会『台湾における人造繊維工業』1979 年、15 頁。

240 　第二部　産業政策と産業発展

据置き、という4項目の措置を発表している[73]。

　台湾区人造繊維製造同業公会は、4-5割減産、輸出共同販売会社の設立などを骨子とする不況対策案を策定し、政府に40億元（≒320億円）の緊急融資を申請した[74]。1976年10月に行政院財政経済小組は「人繊工業実施計画生産外銷聯営方案（人造繊維工業実施計画生産・共同輸出実施計画)」を策定し、同年11月には台湾区人造繊維製造業同業公会の下にナイロンF、ポリエステルS・Fを対象とする「計画生産・外銷聯営委員会（計画生産・共同輸出委員会)」が設置された。同委員会は、公営銀行から中華貿易開発公司を経由した10億元融資を前提にして、各工場の月産量、稼働率、販売量（内販量・輸出量）、最低価格などを協議し、違反企業に対する銀行融資停止も協議することになっていた[75]。この措置によって資金繰りがついた合繊企業は危機を乗り切ったが、大手企業数社は、公営銀行からの10億元融資に参加せず[76]、外国銀行から低金利のローンを調達し、1977年2月以降に協定を破り始めた[77]。この事態に、政府（経済部工業局）は秩序回復を業界に強く要求し、業界は協定を破った大手企業の経営者を説得して、1977年5月以降1年間にわたる操業短縮と輸出カルテルの施行について合意調印した[78]。操業短縮の具体的内容は、各工場の生産能力の平均30%を3ヶ月間封減し、各社3名（受け入れ側1名と監視側2名）の監視員を指名し、14組が3日ごとに各工場をチェックすることとなった[79]。また、罰則については、あらかじめ各社が小切手（日産能力トン×30%×キログラム50元×15日）をデポジットさせ、違反があればこれから徴収し、罰金額は不正生産トン数×5万元とされた[80]。こうした協定操短の実施により、価格は15%程度回復し、輸出数量も香港・インドネシア向けを中心として増加して在庫も減少した結果、操短によるコスト上昇を解消し得た[81]。こうした効果を踏まえ、8月以降は操短率を15%に緩和し、緩和分

73　交流協会、同上、15頁。
74　地曳賢治、前掲雑誌記事、24頁。
75　交流協会、前掲調査書、1979年、17-18頁。
76　同業公会メンバー26社のうち、融資を申請した企業は23社であり、その申請に対して政府は16社に対する融資総額7億元を認可し、うち20%の1億4000万元が緊急融資され、残り80%の5億6000万元が銀行の与信枠として各社に与えられたが、与信枠が実際に使用されたのは1億元程度であった（釘本尚具・野口浩、前掲調査書、74頁）。
77　「台湾における業界再編成の動き」前掲雑誌記事、4頁。
78　「台湾における業界再編成の動き」同上、4頁。
79　「台湾における業界再編成の動き」同上、4頁。
80　「台湾における業界再編成の動き」同上、4頁。

第7章　台湾合成繊維産業の発展と産業政策　241

は主に加工糸輸出に振り向けることが決まった[82]。

ポリエステルF業界では各社の生産能力に比例した共同出資によって1977年8月に共同輸出公司が設立された[83]。年間輸出計画総量を定めたうえで、1976年5月1日から1977年4月30日までの輸出実績と、1977年4月30日時の設備能力とから、各社への輸出割当がなされ、各社はL/Cを添付して共同輸出公司の査証を受けた後に初めて輸出通関することができるとされた[84]。

さらに、ナイロン・ポリエステル製造5社(華隆・聯合ナイロン・国華化工、鑫新化繊、寶城化繊)間の合併計画が、8月調印、12月完了予定で推進された[85]。業界再編の動きに合わせて、1977年12月に政府は「輔導紡織工業措施」を定め、繊維業界を対象として「淘汰実施計画」と「合併奨励措置」を定めた。これにより、合繊産業の最低生産規模は日産100トンとされ、コスト低下・収益改善が見込まれると判断された合併案には、政府または銀行による株式購入による資金供給か、銀行による融資が認められた[86]。これに基づき、5社合併に対して、政府が株式購入を通じて7億5千万元投資した[87]。合併後、華隆の資本金は42億2500万元に増加して、業界24社のうち最大となり、1978年6月時点での生産能力は、ナイロンFでは約26%、ポリエステルFでは約20%、ポリエステルSでは約11%を占めることになった[88]。

価格に対しても政府は介入姿勢を強め、台湾製の合繊(ポリエステルS・F、ナイロンF、アクリルS)と合繊原料(DMT、EG、CPL、AN)の価格は、輸入品CIF価格よりも高くならないように経済部工業局の指導で、国際価格の大きな変動が生じる度に供給・需要側双方の協議により決定されるようになった[89]。

こうした政府の介入に加え、日本円の切り上げと韓国の労賃上昇という競争国の輸出条件が悪化したこともあり、1978年下半期から業界の景気は好転する[90]。

---

81 ポリエステルF(75D)1kgあたり、POYは52元から60元に、原糸は57元から65元に、加工糸は78元から89元に上昇した(「台湾における業界再編成の動き」『化繊月報』1977年9月号、4頁)。

82 「台湾における業界再編成の動き」『化繊月報』1977年9月号、5頁。

83 「台湾における業界再編成の動き」同上、5頁。

84 「台湾における業界再編成の動き」同上、5頁。その後、景気が好転したため、1978年初頭から同公司は活動を停止した(交流協会、前掲調査書、1979年、18-19頁)。

85 「台湾における業界再編成の動き」前掲雑誌記事、5頁。

86 交流協会、前掲調査書、1979年、19頁。

87 交流協会、同上、20頁。

88 交流協会、同上、3頁、7-8頁。

89 交流協会、同上、17頁。

1976年のウォン20%切下げにより、台湾繊維製品の国際競争力は韓国に劣ることになったが、韓国は物価が30%上昇したために1978年には賃金が50%も上昇した結果、物価が安定していた台湾の国際競争力の方が優位となった[91]。また、1977年末から1978年初頭にかけての円高は、60%以上と日本製が席巻していた東南アジア（インドネシア・香港・フィリピン・シンガポールなど）市場や日本市場への台湾製合繊の輸出拡大の契機となり、台湾の繊維業界の大きな転機となった[92]。

　輸出増加と合併効果もあってか、工場稼働率は軒並み上昇した。特にポリエステルはフル操業となった。これには延伸過程を経ずに直接加工が可能で生産コストを下げられる半延伸糸POY（Partial Oriented Yarn）加工がポリエステル繊維でも可能になり[93]、1970年代末にはポリエステル繊維がナイロン繊維を代替する傾向が強くなったことが影響している[94]。1980年の合繊加工糸の生産能力は日産約167万ポンドに達しているが、その内訳はナイロンストレッチ糸約48万ポンド、ポリエステルストレッチ糸約119万ポンドであった[95]。

5. 合繊原料の国産化

公営企業の参入

　合繊生産量の急増にともなって合繊原料の対日本輸入依存度が高まる中、1966年から67年にかけて台韓経済提携会議が開かれ、合繊原料製造計画も話し合われた[96]。1966年2月に韓国朴正熙大統領が来台し、韓国経済企画院長張基栄と経済部長李国鼎との間で、海外市場での競合を回避する経済計画立案などで合意した[97]。1967年8月には、台湾はポリエステル原料のDMT（ジメテルテレフタレート）製造に、韓国はナイロン原料のCPL（カプロラクタム）製造に参入するとい

90　周嘉明「台湾化繊工業之現況輿未来発展」『台湾銀行季刊』第三十二巻第二期、1981年。
91　台湾中小企業銀行調査研究室、前掲調査書、36頁。
92　交流協会、前掲調査書、1979年、15-16頁。
93　中華徴信所、前掲書、24頁。
94　中華徴信所、同上、33頁。
95　交流協会、前掲調査書、1981年、46頁。
96　薛化元・張怡敏・陳家豪・許志安『台湾石化業発展史』現代財経基金会、2017年、124-130頁。
97　薛化元・張怡敏・陳家豪・許志安、同上、125頁。

う合意ができた[98]。

　公営中国石油公司が1969年に設立した、行政院経済部に属する公営中国石油化学工業開発公司はポリエステル原料であるDMTの製造を計画し、米国Amoco社の技術を導入して高雄に日産80トン（年産2万6400トン）規模のDMT製造工場を建設する計画を立て、1972年8月には全ての機械据付けが完了し、1973年からの稼働開始が予定された[99]。以後、台湾内のDMT需要は全て同公司による供給とされ、不足時には同公司がDMTを輸入し、国際市場価格を基準に台湾製品も輸入品も同一価格で販売することとなった[100]。

　石油危機による原油価格の上昇にともなって合繊原料価格は、以下のように激しく変動した。DMTの輸入FOB価格は、1973年6月の1トン500-530ドルが翌1974年6月には1トン730ドルに上昇したが、1976年6月には1トン560ドルに反落している[101]。輸入価格の低下に対して国産価格も引き下げざるを得ず[102]、中国石油化学工業開発はコスト上昇を販売価格に転嫁できないまま、合繊企業に原料を供給し続けていたことになる。

　ポリエステル繊維1トン製造に必要な原料は、DMT1.05トンとEG（エチレングリコール）0.35トン、あるいはPTA（高純度テレフタル酸）0.85トンとEG0.46トンであり、世界的にこの時期はDMTからPTAへの転換期であったが、台湾ではDMTを使用する合繊企業が多く、世界で有力なDMTの捌け口となり、1976年は生産量の2倍もの輸入量となった[103]。1976年に中国石油化学工業開発は設備を拡充し[104]、設備稼働率は1976年47%、1977年71%、1978年71%と推移し[105]、1977年より生産量を急増させて、政府により制限された輸入量は大きく減少した。その一方で、PTAの輸入量は大きく伸びており、この時期に台湾合繊産業でDMTからPTAへのポリエステル原料の転換が進んだと推測される。1980年ごろになると、ポリエステル生産量のうちDMTを原料とする割合は約20%相当にすぎなかった[106]。結果的に政策主導による中国石油化学工業開発のDMT参

98　薛化元・張怡敏・陳家豪・許志安、同上、125頁。
99　台北市銀行徴信室編、前掲調査書、1973年、16頁。
100　台北市銀行徴信室編、同上、16頁。
101　台北市銀行徴信室編、前掲調査書、1976年、31頁。
102　地曳賢治、前掲雑誌記事、27頁。
103　楊豊義・黄明聡・荘得旺・林蒼栄、前掲調査書、61頁。
104　台北市銀行徴信室編、前掲調査書、1976年、32頁。
105　台湾中小企業銀行調査研究室、前掲調査書、7頁。
106　交流協会、前掲調査書、1981年、38頁。

入は失敗に終わったといえる。

　中国石油化学工業開発は AN（アクリロニトリル）の製造にも参入している。同公司は 1972 年末に日産 20 トン規模の工場建設計画を政府に申請していた一方で、台湾プラスチックは日産 200 トン規模の工場建設を政府に申請していた[107]。結局、中国石油化学工業開発が AN の供給を独占することとなり、同社は高雄に日産 200 トン（年産 6 万 6000 トン）規模の工場を 1976 年に完成させ、1978 年には設備能力を倍増させる計画を立てていた[108]。工場の稼働率は 1976 年 58％、1977 年 43％、1978 年 62％ と推移し、輸入量は激減した[109]。以上の経緯から、政府は合繊原料をなるべく公営企業の供給に担わせようとしていたことがうかがえる。

　このことはナイロン原料の CPL の事例からも同様の見解が導かれる。公営の中国石油、高雄硫安廠、台湾肥料公司の共同出資によって 1969 年 8 月に設立された中台化工公司は CPL 製造に参入し、1976 年 8-9 月の稼働開始を目指して日産 150 トン（年産 5 万トン）規模の高雄工場を建設し、同規模の頭份工場も 1977 年完成を目指していた[110]。西独 Didier 社の設計で工場は完成したが、製造方法の複雑性や製造工程の欠陥が原因で、設備稼働率は 1976 年 1％、1977 年 16％、1978 年 37％、1979 年 55％ にとどまり、不足分は輸入に頼ることになった[111]。その一方で、台湾プラスチックが年産 10 万トン規模の CPL 製造工場建設を計画していることが 1976 年に伝えられていたが[112]、本計画も実現していない。

民営企業の参入

　ポリエステル原料の EG の生産については、民営企業の中国人繊と東聯化学公司が参入した。中国人繊は中国石油の第二ナフサ分解工場建設計画（1974 年 11 月稼働開始予定）に合わせ、1972 年に 900 万ドルを投じて年産 5 万トン規模の EG 製造工場を高雄に設立して 1974 年末から 1975 年初頭に稼働開始する計画を立てており[113]、高雄に設立された工場は 1976 年より生産を開始している。

107　台北市銀行徴信室編、前掲調査書、1973 年、20 頁。
108　台北市銀行徴信室編、前掲調査書、1976 年、40 頁。
109　台湾中小企業銀行調査研究室、前掲調査書、6 頁。
110　台北市銀行徴信室編、前掲調査書、1976 年、19 頁。
111　中華徴信所、前掲書、203 頁。
112　堤茂、前掲雑誌記事、1976 年 8 月、58 頁。
113　台北市銀行徴信室編、前掲調査書、1973 年、17 頁。

第 7 章　台湾合成繊維産業の発展と産業政策　245

東聯化学は国民党の影響力が強い企業として知られる。中国石油の第三ナフサ分解工場建設計画に合わせ[114]、同工場製石化中間製品を原料とする投資計画67件を工業局が40件に絞ったものの一つが、同社によるEG製造計画で、国民党の「党営事業」である中央投資公司（24.5%）、行政院開発基金管理委員会（18.5%）、亜東化繊(11.7%)、米国UCC社(25%)、中華開発信託の共同出資により1975年に設立され[115]、ポリエステル原料の自給を目指して、米国UCC社の技術を導入して日産375トン（年産12万5000トン）規模のEG製造工場を林園に建設し、1979年に完成させる予定でいた[116]。当初は出資予定であった台湾プラスチックが参加を見送ったため、代わりに中央投資が出資することになった[117]。同工場は1978年末に完成したが[118]、当初はトラブルが多く、十分な供給は行われなかった[119]。

また、PTAの製造については、政府の第三ナフサ分解工場建設計画に合わせ、中国石油（25%）と中央投資（25%）と米国Amoco社（50%）との共同出資で中美和石油化学公司が1976年に設立され[120]、林園に工場を建設して1979年より生産を開始している。

表6には、合繊原料の生産量と輸出入量の推移が示されている。ポリエステルF原料のDMT、ナイロンF原料のCPL、アクリルS原料のANの自給率が1970年代後半に急速に上昇し、ANは輸出余力を有するに至っていることが確認できる。EGとPTAを除く合繊原料の輸入代替については、公営企業の中国石油化学工業開発や中台化工の独占供給によってなされた。EGとPTAについても、政府の影響力が強い民営企業の参入がみられた。こうした公営企業を中心とした合繊原料の生産は、合繊原料自給化のテンポを韓国よりも速めることになった。

114　第三ナフサ分解工場に関連するコンビナート建設計画では、台湾プラスチックなど合繊関連企業20社がエチレン年産40万トン規模の投資案を政府に提出したが、政府はこの民営企業中心の投資案を退けて、中国石油による第三ナフサ分解工場の建設を決定した（劉進慶「台湾における国民党官僚資本の展開：国家資本主義研究の手掛かりに」『思想』591号、岩波書店、1973年）。

115　薛化元・張怡敏・陳家豪・許志安、前掲書、226頁。

116　台北市銀行徴信室編、前掲調査書、1976年、32頁。

117　松本充豊『中国国民党「党営事業」の研究』アジア政経学会、2002年。

118　台湾中小企業銀行調査研究室『台湾的化繊工業』1981年、7頁。

119　地曳賢治「韓国・台湾の繊維事情」『化繊月報』1979年5月号、16-17頁。

120　薛化元・張怡敏・陳家豪・許志安、前掲書、230頁。

表6 台湾における合繊原料の生産量と輸出入量（1969–79年）

単位：トン

| | ナイロン原料 | | | ポリエステル原料 | | | | | | | | | アクリル原料 | | |
| | CPL | | | EG | | | DMT | | | PTA | | | AN | | |
	生産量	輸入量	輸出量	生産量	輸入量	輸出量	生産量	輸入量	輸出量	生産量	輸入量	輸出量	生産量	輸入量	輸出量
1969 年	–	13,257	–	–	2,522	–	–	7,926	–	–	–	–	–	5,300	–
1970 年	–	24,578	–	–	4,188	–	–	9,766	–	–	3,000	–	–	6,400	–
1971 年	–	37,696	–	–	11,547	–	–	26,740	–	–	8,250	–	–	12,600	–
1972 年	–	44,730	–	–	17,301	–	–	41,871	–	–	10,560	–	–	28,100	–
1973 年	–	44,888	–	–	20,234	–	6,707	37,624	–	–	14,235	–	–	30,500	–
1974 年	–	48,714	–	–	25,164	–	13,417	32,486	–	–	23,463	–	–	25,414	–
1975 年	–	74,201	–	–	45,997	–	18,988	18,994	–	–	61,783	–	–	35,879	–
1976 年	475	68,140	–	17,600	49,761	–	24,599	49,500	30	–	104,178	–	38,645	13,420	8,232
1977 年	16,300	71,330	–	42,000	51,518	–	37,500	4,300	30	–	158,700	–	57,029	5	3,593
1978 年	36,614	66,060	17	47,731	63,212	2,426	37,502	7,700	20	–	215,131	–	81,906	1,999	82
1979 年	55,264	49,833	1,903	112,839	12,628	1,108	40,503	3,000	–	87,580	198,878	–	105,715	4,841	14,465

資料：交流協会『台湾における繊維産業の現状と展望 市場動向調査シリーズ 85』1981 年、37–42 頁（原データは台湾区石油化学工業同業公会資料）。

1969 年と 1970 年は台湾中小企業銀行調査研究室『台湾的化繊工業』1981 年、8 頁（原資料は『石化簡訊』第 10 期）。

注：PTA の 1976 年および 1977 年の輸入量は推定量。

おわりに

　台湾合繊産業の萌芽・発展期においては、政府主導仮説者が主張するデモンストレーション効果があった[121]。聯合ナイロンや華隆の設立によって政府が成功モデルを提示し、その成功を見て民営企業が外資から技術を導入しつつ続々と新規参入した。この背景には円切り上げという日本製合繊輸入価格の上昇もあった。また、産業の特定性は無かったが、外資導入関連法規の整備や免税措置などで投資を奨励していたことも、合繊産業の設備投資ラッシュにつながった。韓国・日本との比較で留意すべき点は、合繊産業確立期に参入抑制的な政策が採用されていないことである。この背景としては、まず、外貨制約が無かった点が挙げられる。台湾はこの時期から貿易収支が黒字基調となり、むしろ政府はインフレ防止のために外貨を使用するプラント輸入を奨励していた。次に、当初から合繊製品の販売先として、国内市場のみではなく国外市場をも想定されていたことが挙げられる。輸入代替と同時に輸出振興を図る政策が展開され、「奨励投資条例」で大型投資に対する誘因を付与して競争力を参入企業に獲得させようとしていたと考えられる。

　しかし、新規参入を放任した結果、石油危機による需要減退も重なったこともあって、供給過剰が長期化し、設備稼働率の低下と企業収益の悪化を招いた。業界の政府に対する救済請願を契機として、政府は合繊産業への介入を強めて救済策を展開し、協定操短や大企業間合併による集約化を促した。協定破りの企業が出ても、政府は業界に協定順守を強く求めたこともあり、協定操短の効果が出て価格は回復した。1978 年には円高が進展したこともあって繊維製品輸出が回復し、設備稼働率の回復とともに企業収益は回復した。台湾政府は石油危機を契機に合繊産業への介入を強め、そのことが合繊産業の石油危機の克服につながったといえる。

　また、公営企業を中心とした合繊原料生産への参入は、合繊原料国産化のテンポを韓国よりも速いものにしつつあった。この急速な合繊原料の輸入代替については、政府による十大建設事業に含まれる中国石油の 1975 年竣工の高雄第二ナ

121　公営企業が成功モデルを提示し、民営企業の新規参入を促した事例として石油化学産業が挙げられる（翟宛文著・朝元照雄訳「石油化学産業の産業政策—産業の生成とデモンストレーション効果」劉進慶・朝元照雄編著『台湾の産業政策』勁草書房、2003 年）。

フサ分解工場（エチレン年産23万トン規模）と1978年竣工の林園第三ナフサ分解工場（エチレン年産23万トン規模）の建設と連動しており、政策との関連は深い。

　台湾合繊産業の成長に対する産業政策にかかわる検討作業としては、第二次石油危機の発生による原料価格の急騰などを業界がどのように克服したのかという点を明らかにしなければならないが[122]、本章では台湾経済の高成長前半期（1960年代から1970年代）に分析対象時期をしぼったため、この点の解明については今後の課題としたい。

122　第二次石油危機による原油価格の高騰はナフサおよび合繊原料（特にCPL）の価格高騰を招き、1979年秋の価格は前年同時期の約2倍になった（田代芳男「台湾」アジア経済研究所編『発展途上国の繊維産業』アジア経済研究所、1980年、167頁）。

第8章

韓国の産業構造変化・産業発展・産業政策

呂寅満

はじめに

本章の目的は1960〜80年代における韓国の高度成長を日本の経験を念頭に置きつつ、政府政策、とりわけ産業政策の影響という観点から分析することである。分析は、産業構造の急速な変化を前提に、時期別に代表的な産業を事例的に取り上げて検討する方法をとる。

韓国経済は2000年代に入ってからも高い成長率を示しており、高度成長期を画定することは簡単でなく、先行研究においても高成長期という時期区分はあまりなされていない。もっとも1962〜96年の平均成長率が8.5%として、1954〜61年の4.5%、1999〜2009年の5.4%より高いことは確かである。そして、アジア通貨危機を経てから韓国経済がそれ以前とは異なった段階に入ったことも一般に受け入れられている。

しかし、本章では韓国の高度成長期の中で特に1961〜86年に注目したい。それは、後述するように、産業政策の性格がこの時点で大きく転換するためであるが、それだけでなく、1980年代後半に「自立的な近代産業国家」というそれまでの韓国における経済開発の目標を事実上達成したと思われるからである。それは、この時点で慢性的に赤字だった経常収支がはじめて黒字に転換したことに端的に現れる[1]。

そして、ちょうどこの時期から海外における韓国の経済開発・高度成長の経験に対する研究が活発になった。その研究の中心は開発経済学をベースとした「後

---

1 それを反映して、1989年にIMF14条国から8条国に移行した。ただし、韓国の経常収支は1990年代に入ってから一時再び赤字に戻り、現在のように黒字構造が定着するのは2000年以降のことである。

251

発国産業化論」によるものであり、そこで韓国の経験は国家の政策的な介入によって後発性の利益を追求したことにより成功した事例とされた[2]。ここで政策的な介入とは、貿易・為替政策、政策金融、そして産業政策を指している。これらの研究に触発されて経済史からの研究も盛んになった[3]。そこでは、植民地期の資本蓄積と制度の導入が 1960 年代以降の高度成長に影響したことが強調され[4]、植民地政府の経済政策、植民地政府と企業との関係が高度成長期にも見られることが注目された[5]。

ところが、開発経済学の研究は主に金融、貿易・為替、そして経済開発計画などマクロ経済政策に分析の焦点が当てられ、具体的な産業・企業に対する分析は少なかった。なお、経済史の先行研究は、個別産業・企業について分析しているものの、分析時期が植民地期に限られており、高度成長期を直接的な分析時期としていない。この時期に対する経済史的な研究は最近始まったばかりである[6]。

---

2 韓国の成長過程を「政策なき高度成長」と主張した研究が最近現れたが（朴根好『韓国経済発展論—高度成長の見えざる手』御茶の水書房、2015 年）、この研究は、日本の産業政策の効果に関する三輪芳朗『政府の能力』有斐閣、1998 年；三輪芳朗・マーク．ラムザイヤー『産業政策論の誤解—高度成長の真実』東洋経済新報社、2002 年を思い起こさせるものであり、方法論的に賛成しがたい。他に以下の文献を参照。渡辺利夫『成長のアジア 停滞のアジア』講談社、1985 年；深川由紀子『韓国・先進国経済論—成熟過程のミクロ分析』日本経済新聞社、1997 年；趙利済・渡辺利夫・エッカート編『朴正熙の時代—韓国の近代化と経済発展』東京大学出版会、2009 年；Johnson, Chalmers,'Political Institution and Economic Performance : The Government-Business Relationship in Japan, South Korea and Taiwan,' in Frederic Deyo ed., *The Political Economy of the New East Asian Industrialism*, Cornell University Press, 1987.; Amsden, Alice H., *Asia's Next Giant : South Korea and Late Industrialization*, Oxford University Press, 1989.; Vogel, Ezra F., *The Four Little Dragons : The Spread of Industrialization in East Asia*, Harvard University Press, 1991. （渡辺利夫訳『アジア小龍—いかにして今日を築いたか』中公新書、1993 年）

3 実はこの時期に韓国経済史研究のパラダイムの転換が行われた。すなわち、それまでの植民地半封建論というマルクス史学一辺倒から成長の解明という成長史学に関心を有する研究者が現れ始めた。代表的な論者が安秉直である。

4 安秉直・中村哲編『近代朝鮮工業化の研究：1939～45 年』一潮閣、1993 年；堀和夫『朝鮮工業化の史的分析：日本資本主義と植民地経済』有斐閣、1995 年；中村哲ほか編『朝鮮近代の経済構造』日本評論社、1990 年。

5 Eckert, Carter J., *Offspring of Empire : The Kochang Kims and the Colonial Origins of Korean Capitalism, 1876-1945*, University of Washington Press, 1991. （小谷まさ代訳『日本帝国の申し子—高敞の金一族と韓国資本主義の植民地起源 1876-1945』草思社、2004 年）；Kohli, Atul, 'Where do high growth political economies come from? The Japanese Lineage of Korea's Development State,' *World Development*, Vol.22, No.9, 1994.

6 代表的な研究としては、原朗・宣在源編『韓国経済発展への経路—解放・戦争・復興』日本経済評論社、2013 年；朴基炷ほか『韓国重化学工業化と社会の変化』大韓民国歴史博物館、2014 年などを挙げることができる。

そして、本章では、そうした最近の研究を踏まえながら、経済史の分析方法で高度成長期の産業発展の過程について検討する。

本章の構成は以下のとおりである。まず、第1節では、高度成長期の経済政策の特徴を国家主導と対外指向的成長戦略という二つの軸を中心に簡単にまとめる。第2節では、韓国の産業構造の変化の内容を鳥瞰し、その特徴について検討する。そして、こうした産業構造の変化をもたらした要因として産業政策に注目し、1960～80年代半ばまでの時期を3つの時期に分けて、その内容を検討する。第3節では、それぞれの3つの時期に代表的な産業を事例として取り上げて、実際に産業政策が産業発展にどのような影響を与えたのかを分析する。

1. 高成長期の経済政策

高度成長期における韓国の経済政策の特徴が経済過程に政府が積極的に介入する国家主導と輸出を強調する対外指向的戦略にあることは一般に認められている。以下では、その中身を具体的に検討し、次節以降での議論のための前提としておきたい。

国家主導の経済政策

国家主導と関連してまず注目されるのは経済開発計画である。すなわち、朴正熙政権はクーデタの名分を経済成長に求めただけに政権発足当初から強力な経済開発五ヵ年計画を打ち立てた。この計画はその後、政権が替わってからも受け継がれ1990年代末まで実施し続けられた（表1）。

1970年代の第四次計画までの最大の政策目標は「自立経済構造」の達成であり、1980年代に入ってから階層間・地域間均衡発展、国民福祉の向上が挙げられるようになった。そして、1980年代の第五次計画までに、第二次オイル・ショック期を挟んだ第四次計画を除いては計画値よりも高い成長率を記録した。このように、計画が成功した理由としては、次のような要因を指摘することができる。

まず、計画の意思決定過程が迅速・柔軟に行われた。比較的に民間企業の要求を反映した計画だったので、民間は計画に積極的に参加した。また、計画が体系的・合理的であった。政府は計画を「エンジニアーリング・アプローチ」と呼んだが[7]、その計画は価格誘引を重視し、市場機能を活用した。すなわち、計画と

表1 韓国の経済開発計画

名称(期間)	計画の基本目標	経済成長率 (%)	
		計画	実績
第一次計画 (1962–66)	社会経済的悪循環の是正　自立経済基盤の構築	7.1	7.9
第二次計画 (1967–71)	産業構造の近代化　自立経済の確立を促進	7.0	9.6
第三次計画 (1972–76)	成長・安定・均衡の調和　自立経済構造の実現 国土総合開発と地域開発の均衡	1.3	9.2
第四次計画 (1977–81)	自力成長構造の実現　社会開発を通じた均衡の増進 技術革新と能率の向上	9.2	5.8
第五次計画 (1982–86)	安定基調の定着と競争力向上及び国際収支改善 雇用機会拡大と所得増大　階層間・地域間均衡発展	7.5	8.6
第六次計画 (1987–91)	基本目標：能率と衡平に基づいた経済先進化と国民福祉 衡平向上と公正確保　均衡発展と庶民生活向上 経済の開放化・国際化	7.3	9.9
第七次計画 (1992–96)	基本目標：経済社会先進化と民族統一の志向 産業競争力強化　社会的衡平の向上と均衡発展 国際化と自律化の推進と統一基盤づくり	7.5	7.0
新経済五ヵ年計画 (1993–97)	基本目標：先進経済圏への進入　南北韓統一に備えた強力な経済建設 成長潜在力強化　国際市場基盤拡充　国民生活環境改善	6.9	7.3

資料：李憲昶『韓国経済通史』法文社、1999 年、433 頁。

市場機構の「調和」を図り、計画が「市場親和的」であったと言える[8]。なお、こうした強力な計画を推し進めることができたのは、この期間中の朴政権が利害関係者集団の圧力から自由な「硬性国家」であったことも作用した。

　経済開発計画が国家主導的政策のアウトラインを示すことなら、その具体的な

7　呉源徹『韓国型経済建設　1～6 巻』起亜経済研究所、1995–97 年。
8　World Bank, *The East Asian Miracle : economic growth and public policy,* Oxford University Press, 1993.（世界銀行著・白鳥正喜監訳『東アジアの奇跡―経済成長と政府の役割』東洋経済新報社、1994 年）

内容は担い手としての公企業の育成と成長分野の選別・育成を図る産業政策であった。そのうち、産業政策について詳しくは次節以降で検討する。

特殊銀行をはじめ公企業は、鉄鋼・精油・石油化学・肥料・電力など民間資本が参入し難い資本集約的な基幹産業に対して外資を導入して輸入代替を進めることを目的として設立された。そのうち、浦項総合製鉄、蔚山石油化学団地は代表的な公企業である。こうした公企業部門がGDPに占める比重は1963年の6.3%から73年7.7%、80年9.1%、86年9.7%と、経済規模が大きくなっていくにもかかわらず、むしろその比重は高くなった[9]。

もっともこの時期の主要なプレーヤーはもちろん民間企業であった。それに対して政策目標に向かわせる方法、すなわち政策手段として最も強力なのは「政策金融」であった。その条件は朴政権の初期に整えられた。まず、1961年には民間大資本が所有していた一般銀行の株式のほとんどを政府に帰属させ、大株主の議決権を制限した。そして62年には銀行法を改正して一般銀行の資金動員と設備資金供給力を強化した。なお、特殊銀行については、1961年に産業銀行に関する法律を改正して、それまでの融資業務に加えて投資業務をも担当することができるようにした。1960年代には国民銀行、中小企業銀行、韓国外為銀行、韓国住宅銀行など特殊目的銀行が設立された。そして、政府統制の下での長期設備金融体制が確立したが、その金融政策の基本理念は、金融は経済開発政策を後押しすべきであり、そのために政府の強い統制の下におかれるべきであるということであった[10]。

こうした状況の下で政府は、戦略部門の育成のためにそこに資金の量を多く、さらに市場金利より低い水準で選択的に配分する「政策金融」政策を実施した（図1）。その政策の対象は、次節から立ち入って分析する、特定産業について保護・育成を図る産業政策分野であった。政策金融が全貸出金に占める比重は1960～80年代半ばに半分以上にも達していた。投資需要の急増と特恵的な政策金融の拡大は企業の借入金依存を高めた。なお、その問題点は1960年代末の「不実企業問題」[11]として表面化したが、その打開策として政府は再び1972年に「8・3措置」[12]という強権的な金融支援策を実施した。

9　司空壱『世界の中の韓国経済』キムヨン社、1993年。
10　朴東哲「韓国における『国家主導的』資本主義発展方式の形成過程」ソウル大学大学院経済学科博士学位論文、1993年。

第8章　韓国の産業構造変化・産業発展・産業政策　｜　255

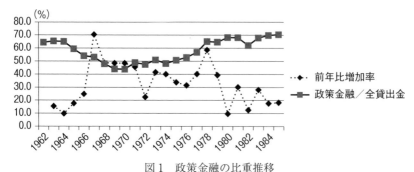

図1 政策金融の比重推移
資料：金重雄「産業発展と政策金融」『韓国開発研究』8-1、韓国開発研究院、1986年。

対外指向的成長戦略

　この時期の対外指向的成長戦略は輸出重視と外資依存という二つの軸によって推し進められた。輸出を奨励する政策は1950年代の李承晩政権のときにも存在はしていたが、この時期になって本格的に政策の中心的な位置を占めるようになった。それは1964年頃からの自立経済から経済成長への路線転換の結果でもあった[13]。

　輸出促進策としては初期には輸出入リンク制度、輸出補助金など直接的な統制手段が中心だったが、1964年の為替レート現実化措置以降には租税・金融支援などの間接的な手段が中心となった。こうした輸出誘引制度は1965年頃までにほぼ整えられた。輸出用原材料・部品の輸入関税免除は1959年から実施されていたが61年からは輸出品に対する国内税も免除された。また、1961年から輸出企業に対する銀行の自動貸出承認制度が実施され、62年からは輸出金融の金利を一般貸出金利より遥かに低い水準に設定した。そして、先述した政策金融は主

11　1968年当時借款によって設立された83社のうち、37社が借款の償還ができない「不実企業」の状態にあったが、この問題は政策金融に対する政府・銀行の審査・監督が杜撰だったことを如実に表した。

12　不実企業問題がまだ解決されていないうちに、1970年代初頭に不況が深まると、企業は「私債」利子の負担が大きくなった。そして、政府は1972年8月3日に3,203億ウォンの私債に対してその元利の支払いを凍結し、3年据え置き後5年分割償還という措置を断行した。

13　1961年のクーデタによって執権した朴政権は当初「民族経済」を目指したが、1962年の貨幣改革による国内資金の動員に失敗して経済開発計画の実現に困難が生じると、外資の導入・輸出による外資の確保に全面的に路線を修正した。すなわち、こうした転換過程は「強いられた選択肢」であったのである（木宮正史「韓国の内包的工業化戦略の挫折―5・16軍事政府の国家自律性の構造的限界」高麗大学大学院政治外交学科博士学位論文、1991年）。

図2　金利水準の推移

資料：韓国銀行『主要経済指標』各年版。

にこの輸出金融に向けられ、1962〜80年間製造業政策金融のうち輸出金融が占める比重は62％に達し、その金利は一般銀行貸出利子率の半分以下であった（図2）。

　その他、行政指導を通じたさまざまな輸出支援策も動員された。1965年からは大統領が主催し、関係部署の長官、企業家が参加する輸出拡大月例会議が開催され、輸出目標達成を督励し、隘路事項を速やかに解決した。1964年に設立された大韓貿易振興公社（KOTRA）は輸出企業の海外市場開拓を支援した。また、1964年には輸出工業団地助成法が公布され、66年に初めて九老工業団地（ソウル）が設けられた。

　一方、外資導入については1966年に外資導入法が制定され、外資企業の権利、商業借款に対する政府の支払保証などが規定された。なお、1965年の日韓国交正常化と対日請求権資金の妥結によって外資導入に転換点を迎えるようになった。それによって3億ドルの無償資金と公共借款2億ドル、商業借款3億ドルが導入された。請求権資金の56％は鉱工業に、18％は社会間接資金として投入された。先述した浦項総合製鉄の建設にもこの資金が用いられた。また、ヴェトナム派兵も60年代に外貨収入に少なからず役割を果たした。これに関連した外貨収入が全外貨収入に占める比率は66年10.6％、67年19.4％、68年17.3％に達した。

　ところで、この時期に外資のほとんどは借款の形で導入された（図3）。公共借款は電力・鉄道・道路など社会間接資本の拡充に投入され、60年代後半から急増しはじめた商業借款は肥料・セメント・化学・石油・製鉄など基幹産業の設備投資に用いられた。1960年代末からは不実企業の続出と外債償還負担のために外国人直接投資の誘引を強化した。1970年には馬山輸出自由地域を設け、労働

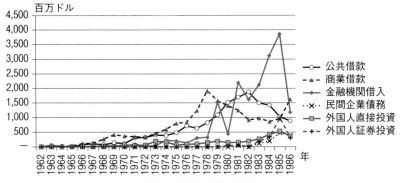

図3　外資の導入推移

資料：財部部・韓国産業銀行『韓国外資導入30年史』1993年、643頁。

争議の禁止など外国人投資拡大のための支援策を実施した。もっとも、直接投資が全外資に占める比重はそれほど高くなかった。

　輸出重視の成長戦略はある程度それに見合う形での輸入市場の開放を求められた。そして、1967年のGATT加入を契機にそれまで35％程度だった輸入自由化率を60％に高めた。もっとも、70年代に入って重化学工業化の推進と消費制限政策のために輸入自由化は抑制され、75年には自由化率が49％に下落した。ただし、1977年から国際収支が相対的に改善され、海外から開放圧力が高まったために78年に自由化率を再び64.9％に高め、80年代に入ってからはそのテンポがより速くなった。

2. 産業構造の変化と産業政策

産業構造の変化

　まず、1950年代から最近までの韓国の産業構造の推移を見てみよう（図4）。ここからは経済が成長するにつれて労働人口が第一次産業から第二次産業、そしてまた第三次産業に移動するというクラーク（C. Clark）の経験法則[14]が典型的に見られるのがわかる。すなわち、製造業の比重は1953年の8％から上昇し続け、88年には30％となった。その後には最近に至るまでその水準を維持してい

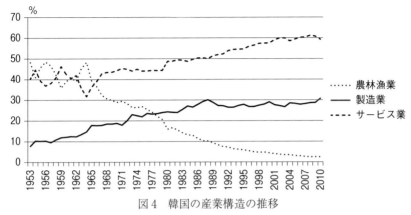

図4 韓国の産業構造の推移

資料：韓国銀行。

る。

　こうした製造業の急速な比重拡大が先述した国家主導・対外指向的成長の結果であることは想像に難くないが、製造業のなかでどの部門がより成長したのかは図5から確認することができる。すなわち、1985年まで最も大きな比重を占めている製造業上位二つの産業は繊維と食品であり、こうした軽工業が中心的な産業だったことがわかる。もっとも1970年代以降これら産業の比重は急激に下落し、それとは対照的に電気電子、輸送用機械などの重工業と化学産業の比重が上昇している。実際に、製造業のうち軽工業と重化学工業の比率は1953年に79%と21%だったが、1970年代半ばに逆転し、1985年には41%と59%となった。すなわち、ホフマン（Hoffman）法則[15]が典型的に貫徹されているのである。

　こうした急速な産業構造の変化、すなわち重化学工業を中心とした製造業の比重拡大をもたらした要因としては、一般的に需要側の要因と供給側の要因とを挙げることができる。前者は、経済成長過程である部門がほかの部門より需要増加率が高くて、結果的にその部門の比重が高まる、すなわち、需要の所得弾力性が

14　経済の発展に伴い、国民経済に占める第一次産業の比重は次第に低下し、第二次産業、次いで第三次産業の比重が高まるという法則。17世紀にイギリスの解剖学者であるペティー（Sir William Petty）が最初に発見し、20世紀にイギリスの統計学者であるクラーク（Colin Clark）によって再び確認された。

15　ドイツの経済学者であるホフマン（W. G. Hoffmann）によって発見された、工業化の進展によって製造業内部で消費財産業より投資財産業の比重が高まるという法則。後で、経済発展につれて工業内部の産業構造は軽工業中心から重化学工業中心に移行するということに修正された。

第8章　韓国の産業構造変化・産業発展・産業政策 | 259

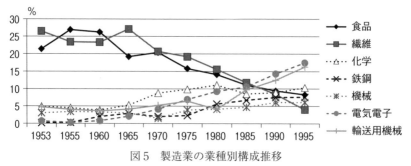

図5 製造業の業種別構成推移

資料：韓国銀行。

産業別に差があるということから産業構造の変化を説明する。一方で後者は、生産要素の賦存や技術水準によって決められる生産性の差によって産業構造が変化すると説明する。すなわち、ある部門はほかの部門より生産性が高くて、結局時間の推移とともにその比重が高まるということである。

そして例えば、産業構造の変化の要因を国内需要、輸出、輸入代替に分けて分析した需要側の研究によると[16]、1950年代には輸入代替が輸出より寄与度が大きく、1960年代以降は輸出が輸入代替より大きくなる。また、1963～75年には内需の寄与度が輸出より高かったが、1975～85年には輸出が内需よりも高かった。

ところで、こうした需要・供給要因は政府政策によって方向あるいは速度が変化しうる。すなわち、産業政策によって産業構造の変化の方向と速度は影響されうるのである。とりわけ、前節に確認したように、国家主導型の成長戦略によって高度成長を実現した韓国の場合にはそれがより強力な要因となりうる。したがって、以下では1961～1986年を3つの時期にわけて産業政策の主要内容について検討してみよう。

韓国の産業政策
(1) 輸出主導型軽工業の育成（1962～72年）

この時期の産業政策の核心は輸出主導型の軽工業を育成することであり、それまでの輸入代替工業化政策から大きく転換したものであった。そうした政策転換

---

16 金光錫・洪性徳「長期的産業成長及び構造変化要因の分析（1955～1985）」『韓国開発研究』12-1、1990年。

は国内外のさまざまな状況変化によるものであった。

　まず、1950年代末からアメリカからの援助が削減されて国際収支赤字が深刻だったので、輸出を通じた外貨確保によって国際収支を改善させる必要があった。また、それまで政策の中心だった輸入代替政策の限界が次第に明らかになった。すなわち、消費財部門での輸入代替は1960年頃までにほぼ完了したにもかかわらず、中間財・耐久消費財の輸入代替は依然として捗らなかったのである。しかも、1950年代末からは輸入代替政策によって成長した3白産業（綿紡織・製粉・製糖）のなかで、とくに綿紡織はすでに過剰生産の傾向にあり、その処理のための輸出が強く求められるようになった。そうした業界の求めに応じる形で政府も輸出増進政策を講じざるを得なくなった。

　ところで、第2節で触れたように、この時期に経済開発戦略がそれまでの自立経済建設から経済成長に大きく転換したことが産業政策の変化にも影響したことはいうまでもない。すなわち、援助の削減という不利な状況のもとで、経済開発資金の確保という厳しい目標を達成するためには従来の輸入代替という消極的な政策から輸出増進という積極的な政策に切り替えざるを得なかったのである。もちろん、この政策のためには援助に代わる外資の導入が欠かせない。

　ところで、こうした政策転換の後、それに有利な国際的な環境が整えられつつあった。まず、冷戦体制の深化とともにアメリカと日本および韓国と日本の関係がより緊密になった。1965年には日韓国交正常化によって3億ドルの無償援助と2億ドルの借款が供与され、1966～72年にはヴェトナム派兵によって10.2億ドルに達する「特需」を獲得した。これらの外資は経済開発初期に外資不足を補完し、産業基盤施設の整備に向けられた。

　また、当時は「黄金の1960年代」と呼ばれるほど世界的に好況が続いた時期であり、輸入需要が増加しつつあった。1960～70年間の世界（共産圏を除く）平均GNP成長率は5.2%であったが、そのうち韓国からの輸入需要が多かった先進国の成長率も4.9%と高かった。ついでに、同期間中の韓国の成長率は8.5%であった。

　こうした国際環境の好調に助けられ、輸出は目覚しいスピードで増加した（表2）。1960年に3,300万ドルにすぎなかった輸出額は72年には16.2億ドルにまで増加した。また、その過程でアメリカ・日本との関係はより深くなった。具体的にはアメリカは商品市場として、日本は資本財の輸入先としての役割という、基本的には現在までつづく貿易構造がこの時期に形成された。1960年にアメリカ

表2　国別貿易構成と貿易収支　　　　単位：百万ドル、%

	輸出	比重(%)		輸入	比重(%)		貿易収支			経常収
	総額	米国	日本	総額	米国	日本	総額	米国	日本	支総額
1960	33	11.1	61.0	344	38.9	20.5	−311	−130	−50	13
1961	41	16.7	47.5	316	45.4	21.9	−275	−136	−50	33
1962	55	21.8	42.8	422	52.2	25.9	−367	−208	−86	−56
1963	87	28.0	28.6	560	50.3	28.4	−473	−260	−134	−143
1964	119	29.9	32.1	404	50.0	27.4	−285	−166	−72	−26
1965	175	35.2	25.1	463	39.3	36.0	−288	−120	−123	9
1966	250	38.3	26.5	716	35.4	41.0	−466	−158	−228	−103
1967	320	42.9	26.5	996	30.6	44.5	−676	−168	−358	−192
1968	455	52.0	21.9	1,463	30.8	42.7	−1,008	−215	−525	−440
1969	623	50.7	21.4	1,824	29.1	41.4	−1,201	−214	−623	−549
1970	835	47.3	28.1	1,984	29.5	41.0	−1,149	−190	−579	−623
1971	1,068	49.8	24.5	2,394	28.3	40.2	−1,326	−146	−700	−848
1972	1,624	46.7	25.1	2,522	25.7	40.9	−898	112	−623	−371
1973	3,225	31.7	38.5	4,240	28.3	40.7	−1,015	−181	−485	−309
1974	4,460	33.5	30.9	6,852	24.8	38.3	−2,392	−209	−1,241	−2,023
1975	5,081	30.2	25.4	7,274	25.9	33.5	−2,193	−345	−1,141	−1,887
1976	7,715	32.3	23.2	8,774	22.4	35.3	−1,059	530	−1,297	−314
1977	10,046	31.0	21.4	10,811	22.6	36.3	−765	672	−1,779	12
1978	12,711	31.9	12.1	14,972	20.3	40.0	−2,261	1,015	−3,354	−1,085
1979	15,055	29.1	22.3	20,339	22.6	32.7	−5,284	−229	−3,304	−4,151
1980	17,505	26.3	17.4	22,292	21.9	26.3	−4,787	−283	−2,819	−5,312
1981	21,254	26.2	16.2	26,131	23.2	24.4	−4,877	−489	−2,930	−4,607
1982	21,853	28.0	15.2	24,251	24.5	21.9	−2,398	168	−1,991	−2,551
1983	24,445	33.3	13.7	26,192	24.0	23.8	−1,747	1,854	−2,880	−1,524
1984	29,245	35.8	15.7	30,631	22.4	25.2	−1,386	3,604	−3,038	−1,293
1985	30,283	35.5	15.0	31,136	20.8	24.3	−853	4,265	−3,017	−795
1986	34,714	31.3	15.6	31,584	20.7	34.4	3,130	7,335	−5,443	4,709
1987	47,281	38.7	17.8	41,020	21.4	33.3	6,261	9,553	−5,220	10,058
1988	60,696	35.3	19.8	51,811	24.6	30.7	8,885	8,647	−3,925	14,505
1989	62,377	33.1	21.6	61,465	25.9	28.4	912	4,728	−3,992	5,360
1990	65,016	29.8	19.4	69,844	24.3	26.6	−4,828	2,418	−5,936	−2,023

資料：韓国銀行。

が韓国の全輸出に占める比重は11.1%、輸入比重は38.9%だったが、1972年にはそれぞれ46.7%と25.7%となった。一方、日本は1960年に輸出の61.5%、20.5%だったが、72年には25.1%と40.9%とちょうどアメリカと逆転した。そして、全体的に1980年代半ばまでつづく貿易収支赤字構造もこの時期に定着した。1960年に3.1億ドルだった赤字は72年には9億ドルに増加した。

では、こうした実績は具体的にどのような業種・産業によって行われたものであろうか。1964年に政府の選定した主要輸出特化品目を上位10位まで見ると[17]、生糸、絹織物、陶磁器、ゴム製品、ラジオ・電気機器、魚貝・マッシュルームの缶詰、毛織物、合板、綿織物、衣類品などと繊維製品がほとんどを占めていることがわかる。その他、ラジオなども含まれていることが注目される。そして、実際に達成された輸出実績もこうした製品が中心であった（表5参照）。

なお、この時期には先述したように輸出促進のためのさまざまな政策が講じられて実施された（表3）。初期には輸入と輸出をリンクさせる措置が中心だったが、その制度が輸入を確保するための手段として悪用されるなど副作用が大きかったために、次第に金融支援が中心となった。

ところで、この時期は軽工業中心の輸出振興を産業政策の最優先としつつ、中間財・資本財の輸入代替のための特定工業の育成政策も実施されはじめた。その目的は、先述したように輸出増加を上回る規模で増加する輸入による貿易収支の悪化を改善させることであった。それは、「繊維工業近代化促進法」（1967年）、「機械工業振興法」（67年）、「造船工業振興法」（67年）、「電子工業振興法」（69年）、「石油化学工業育成法」（70年）、「鉄鋼工業育成法」（70年）、「非鉄金属製錬事業法」（71年）であった。このうち、繊維工業は新しく登場しつつあった化学繊維を対象としたものの、当時の輸出型軽工業の延長にあったが、ほかの産業はすべて重化学産業であり輸入代替を目的としていた。その中で、第2次経済開発計画期間（1967〜71年）中にはとくに石油化学団地（蔚山）と総合製鉄所（浦項）の建設に重点が置かれ、対日請求権資金によって建設が始められた。

(2) 重化学工業の育成（1973〜79年）

この時期には1960年代の輸出主導型軽工業を集中的に育成する戦略から重化学工業の育成ということに産業政策の重点がもう一度切り換えられた。先述したように、重化学工業を保護・育成しようとした個別工業の振興・育成法は1960

17　呉源徹『韓国型経済建設—韓国産業革命』ニュースタウン、2007年。

表3 韓国における輸出支援政策の類型

類型		政策	実施時期
輸出入リンク制		輸出入リンク制	1963.1–65.3
財政支援	輸出奨励金	輸出奨励金交付制	1960.8–65.3
	租税減免	物品税免税	1950.4–
		所得税・法人税減免	1961.1–69.12
		営業税免税	1962.1–
	関税減免	輸出用原資財輸入関税免税	1959.10–75.6
		輸出用資本財輸入関税免税	1964.3–73.12
金融支援	短期	輸出金融	1961.2–
		輸出振興基金融資	1959.11–
		外貨表示供給資金	1962.9–
		輸出用原資財輸入金融	1963–
		輸出産業育成資金	1964.7–69.9
		輸出ユーザンス	1964–
	中長期	中小企業輸出産業転換資金	1964.2–
その他	輸出実績優遇	貿易業許可・維持	1950.2–
		輸入競争に輸出実績適用	1953.1–
	その他	鉄道運賃割引	1958.3–

資料：姜光夏ほか『韓国高度成長期の政策決定体系―経済企画院と政策推進機構』韓
　　　国開発研究院、2008年。

年代後半から制定されていたが、それはあくまでも輸入代替の性格が強く、体系
的な支援政策が十分でなかったのに対して、この時期にはそれを政策の最優先分
野と設定し、資源を集中的に投入し、その一部を輸出産業として育成しようとし
たことに大きな差があった。

　こうした政策転換が行われた背景としては次のような要因が考えられる。まず、
それまでの成長路線からの必然的な帰結という点が挙げられる。すなわち、輸出
主導型の軽工業が成長すればするほどその製造に必要な機械類の輸入増加によっ
て国際収支問題にぶつからざるを得なかったので、それを解決すべく重化学工業
の自立に政策を向けるようになったということである。もっともそれはすでに
1960年代半ばからの問題であり、実際、先述した60年代末からの個別工業育成
法の目的もそれにあった。しかも、後述するように、この政策を推進するために
は、軽工業の場合とは違って、莫大な資金を調達しなければならず、投資の効率

264　第二部　産業政策と産業発展

性も不確実だったので、経済企画院を中心としてその政策の推進に慎重な意見が多かった[18]。したがって、1970年代初めの時点でこの政策が強力に推進されることになるには、「10月維新」という国内政治の急変やアメリカと中国の国交再開に伴うアメリカからの軍事援助の削減憂慮という国際政治環境の変化が重要な契機となったと考えられる。そして、防衛産業ということで、比較優位論に反する重化学工業を保護・育成する政策が実施されるようになったのである。しかも、当時はアメリカの脱工業化、日本の公害問題など先進国で重化学工業施設が縮小される傾向があったので、その施設・技術を導入しやすい状況にあった。

そして、1973年1月に朴大統領は年頭記者会見で重化学工業化政策の推進を宣言する。その内容が具体的に現れたのは当時大統領府経済首席秘書官だった呉源徹が作成した「重化学工業政策宣言に従う工業構造改編論」であった。ここで、重化学工業化が1980年代の経済目標、すなわち100億ドル輸出・一人当たり国民所得1,000ドルの達成と緊密につながっていることが明らかになった。したがって、重化学工業は初めから輸入代替だけでなく輸出能力を備えた国際単位の規模で計画すべきだと提示された。

この方針に基づいて、重化学工業化を担当するために同年5月に新設された重化学工業化推進委員会企画団は、同年6月に「重化学工業育成計画」を作成した。ここでは、鉄鋼、非鉄金属、機械、造船、電子、化学産業の6業種について、それぞれの推進目標と基地計画を明らかにした（表4）。

ただし、ここでは、重化学工業の政策基調として輸出産業化を掲げながらも産業連関を考慮して輸出主導と内需充足業種とに分けている。相対的に労働集約的な産業である造船と電子は優秀で豊富な低賃金労働力を活かして輸出特化産業として、これらに基礎素材を供給する鉄鋼・非鉄金属産業は内需を優先する産業とした。内需産業のなかでも、鉄鋼は自給度の上昇に、非鉄金属は自給を達成して一部を輸出することにした。また、技術水準が低かった機械の場合には基本的に輸入代替を目標とし、造船・電子など輸出主導業種に必要な部品を戦略製品と指定して育成することとなった。化学では、ナフサ分解部門は自給度の上昇を、肥料は輸出への育成を目標とした。

18　経済企画院は主に経済学・法学系の官僚が中心となった組織として、第1次、2次経済開発計画の作成・実施を主導し、輸出主導型軽工業を成長させた。重化学工業については石油化学と鉄鋼を中心に自立度を上昇させようとする漸進的な構想を持っていた。それに対して、技術官僚を中心とした商工部は急速に重化学工業化を推進しようとした。

表4　重化学工業化計画の産業別主要内容

産業	単位	目標年度・製品	規模	所要資金（1973～81年、百万ドル）				立地
				外資	国内資金	合計	比率（%）	
鉄鋼	生産能力	1976年 1981年	409.2万M/T 1,470万M/T	1,502	674	2,176	24.6	浦項
非鉄金属	生産能力	銅 亜鉛 鉛 アルミ	年間10万／T 年間8万／T 年間5万／T 年間10万／T	222	123	345	3.9	温山
機械	生産能力	1981年	48億ドル	1,049	1137	2,186	24.7	昌原
造船	生産	1980年 1985年	545万G/T 920万G/T	416	352	768	8.7	玉浦、竹島
	輸出	1980年 1985年	320万G/T 620万G/T					
電子	輸出	1981年	25億ドル	593	599	1,192	13.5	亀尾
化学	生産能力	石油精製 石油化学 エチレン 肥料	1,225万B／日 60万M/T 150万M/T 国際規模	1,523	662	2,185	24.7	麗天、蔚山
合計				5,305	3,547	8,852	100	

資料：重化学工業推進委員会企画団「重化学工業育成計画」1973年。

　こうした計画を推進するためには、それまでと同じく様々な金融・税制支援が行われた。とくに政府は目標産業の前後の連関効果を考慮し、関連分野への民間企業の積極的な参入を促したが、その手段として金融・税制支援が実施された。例えば、14の重化学産業について3年間100%、2年間50%の法人税を減免し、70～100%の関税も減免する措置を取った。金融支援の多くは、国営銀行だった産業銀行を通じた低利貸出であった。1973～80年間産業銀行の製造業に対する貸出のうち8割が重化学工業分野の民間企業であった。そして、この期間中、重化学工業分野の公企業は1960年代からの鉄鋼・石油化学分野に限られ、多くの民間企業が新たに重化学工業分野に参入し、現在の「財閥」企業群を形成するよ

表5　輸出商品の構造変化推移　　　　　　　　　単位：%

区分	1963	1969	1970	1973	1979	年平均増加率		
						1963-79	1963-69	1970-79
工業製品	75.6	83.3	87.2	87.8	89.8	39.7	41.5	38.2
軽工業	66.6	69.8	61.9	55.6	51.4	35.9	40.4	36.7
繊維	39.1	40.7	39.6	37	24.5	34.2	40.2	31.7
木製品	13.1	12.9	9.5	4.7	3.3	26.8	38.9	32.6
靴	2.5	1.7	3.3	5.2	4.9	44.1	30.6	37
その他	11.9	14.5	9.6	8.7	18.7	42.1	43.9	50.1
重化学工業	9.1	13.5	25.2	32.2	38.4	51.2	48.7	40.6
化学	0.6	1.6	1.5	1.5	3.6	33.8	11.7	52
金属製品	3.4	3.1	8	7.9	10.7	48.4	37.1	42.6
機械	2.2	2.6	1.8	1.7	5.6	46.5	43.2	57.4
電子機器	2.2	−	9.7	10.2	9.9	51.8	−	37.7
輸送機器	−	−	0.7	4.4	−	−	−	35.7
自動車	−	−	0.5	0.3	0.4	−	−	42.4
船舶	−	−	0.2	3.6	3.4	−	−	37
精密機械	0.3	0.2	0.7	1.8	0.5	42.7	91.1	19.6
その他	0.3	−	2.7	4.7	−	63.2	−	36.5
第1次産品	24.4	16.7	12.8	12.2	10.2	30.8	30.7	35.2
合計	100	100	100	100	100	38.2	39.3	37.9

資料：関税庁。

うになった。

　ところが、重化学工業政策には、それまでとは違って新たに財政投融資が多く用いられた。政府は 1973 年 5 月「重化学工業育成に関する指針」を通じて支援体系を構築し、同年 12 月には「国民投資基金法」を制定し、資金調達に関する体制を整えた。そして、この 1974〜81 年間全財政投融資に占めるこの基金の比重は 8〜9 割に達し、そのうち重化学工業の比重は平均 68％ に達した。この基金による融資額が国内の全貸出金に占める比重は 5％ 弱に過ぎなかったものの、基金からの融資は一般銀行からの貸出を引き出すのに大きな影響を与えた[19]。

　こうした重化学工業化政策によって、韓国経済は短期間のうちに重化学工業の比重が高まる産業構造の「高度化」が実現した。製造業のうち、重化学工業と軽

工業の比率は 1970 年に 38：62 と軽工業の比率が遥かに高かったが、79 年には 51：49 とその比率が逆転した。なお、輸出に占める重化学工業の比重も、生産比重ほどではないものの急速に上昇した（表 5）。すなわち、1979 年の時点においても依然として繊維が最も大きな比重を占めているとはいえ、その比重は 1970 年代に入って一貫して低下し、重化学工業の比重が上昇したのである。重化学工業の中では輸出に政策の重点がおかれていた電子と船舶の比重拡大が見られるが、その他に機械製品が 70 年代後半に急速に増加したことが注目される。

しかし、こうした急速な重化学工業化は「政策意志」という政府の強力な介入によって行われ、資源配分上の非効率と産業調整の面で多くの問題を孕んでいた。それが、1979 年の第 2 次オイル・ショックを契機とする国際的な景気後退によって一気に爆発することになる。

（3）産業合理化（1980〜86 年）

この時期には、再びそれ以前の産業政策の基調が転換した。それはただの 1970 年代の政策からの変化でなく、1960 年代初頭以来続けられた国家主導型成長戦略からの転換であった。その契機は、第 2 次オイル・ショックによって爆発した矛盾であったが、その時期が朴政権の没落と重なったためにより根本的な転換が行われたのである。

その転換の核心は経済の「安定化」と「自由化」であった。まず、安定化とは先述した 1970 年代の急激な重化学工業化によって引き起こされた問題の解決を意味した。具体的には過剰・重複投資の調整、時折の不況によって顕在化した衰退産業の退出・合理化などの政策であった。すなわち、1970 年代までは産業育成政策を柱とする産業構造政策一辺倒だったのに対して、この時期には産業合理化を中心とした産業調整政策が重要になったのである。

経済の自由化とは、国内的には国家の介入を減らし民間の自律性を強調することを意味し、この時期にその端緒が形成され 1990 年代の「文民政府」時期に定着することとなる。対外的に自由化とは関税率の引き下げ、外国人投資規制の緩和など経済の開放化を意味し、これも 1990 年代になって本格化する。産業政策と関連しては、個別産業を選別し、保護・育成する政策から全般的な産業基盤の助成・ガイドラインの提示に政策が変化したことが重要である。

19　日本で 1950 年代に「機械工業振興臨時措置法」の対象となった企業に対する開銀の融資が、ある種の「カウベル」効果を有していたことを思い起こさせる。

表6　重化学工業における投資調整

業種	調整内容
発電設備	現代・大宇・三星の関連会社を統合し、政府・産業銀行・外為銀行が追加出資し、韓国重工業を設立 1980年11月、経営権を持った大宇の撤退で公企業（韓国電力の子会社）となる
建設重装備	現代・大宇・三星重工業として三元化
自動車	当初は乗用車は現代、トラックは起亜が独占 1982年に乗用車・バス・大型トラックは現代とセハンの競争体制、小型トラックは起亜、特殊車は東亜に専門化
重電機器	暁星重工業が超高圧変圧器生産を独占 現代重電機は輸出と自社船舶用に限定
ディーゼル・エンジン	大型エンジンは現代エンジン、中型は双竜重機、小型は大宇重工業に専門化
電子交換機	国設交換機は韓国電子通信と金星半導体に二元化、東洋精密は農漁村電子交換機、大韓通信は機械式私設構内交換機にそれぞれ専門化
銅精錬	韓国鉱業精錬に温山銅精錬を吸収統合して一元化

資料：車東世・金光錫編『韓国経済半世紀』韓国開発研究院、1995年、245頁。

　まず、安定化政策についてみてみよう。重化学工業の投資調整は実は朴政権末期の1979年5月に経済安定化総合施策の一環として行われたが、引き受け企業の経営難と関連企業間の利害問題、政治的不安定などのためにうまく進められなかった。そして、全斗換を中心とした国家非常対策委員会の下で1980年8月と10月に、当時最も問題の多かった7業種の重化学工業について投資調整が実施された（表6）

　投資調整は、1）企業が乱立している場合は統合、2）生産能力が国内需要を超過し、重複投資によって正常な操業が不可能な場合は事業縮小あるいは施設計画の保留・中止、3）過当競争による弊害が見込まれる分野については品目別独占化などの形で実施された。例えば、需要に比して設備の重複・過剰問題が最も深刻だった発電設備の場合、当時の3社を統合して新しい1社体制にした。また、自動車の場合は乗用車とトラックごとに生産を独占化した。こうした投資調整の場合でも、救済金融という形で追加融資と金融負担の軽減措置が並行して行われた。

第8章　韓国の産業構造変化・産業発展・産業政策 | 269

投資調整分野が1970年代の政策失敗によるものであり、内部調整を通じて再び競争力を回復する見込みがあったのに対して、構造不況産業は産業ライフサイクルからみて、あるいは世界的な産業構造からみて不況に陥った分野であった。代表的な業種は1983年以降深刻になった海運業、海外建設業、造船業、織物製造業などであった。このうち、造船、海運業、海外建設業は1970年代に政府の集中的な支援によって成長した分野であり、租税減免規制法によって合理化措置の対象となった。これは、企業統廃合に伴う譲渡税・取得税を免除して企業間統合を誘導するものであった。

例えば、海運の場合、1983年12月に「第1次海運産業合理化計画」によって合理化対象産業として指定された。そして、1984年5月には当時66社を17グループと統合する計画が発表され、同年7月には統合に伴う租税の追加減免、金融支援条件の改善、合理化参加企業に対する優遇措置の制度化などの措置が実施された。同年12月には3兆ウォンにも達する海運業の借入金の償還を1988年まで猶予する措置も行われた。

ほかの業種は、後述するような工業発展法による合理化業種として指定された（表7）。この法律の下で実施された産業合理化業種指定制度は、競争力補完分野と競争力弱化分野に分けて、時限的に合理化計画を樹立することとした。そして、その計画の実施に必要な金融・租税上の支援を行うこととなった。この制度は1997年まで続けられたが、1986年以降指定されたのは9業種であり、ほとんどが2〜3年の時限的に適用された。

一方、1986年には産業政策の根本的な方針を転換する画期的な法律である「工業発展法」が制定された。この法は民間の自律性と産業合理化という2つの軸によって構成されており、具体的には民間自律基盤の確立、合理化制度の活用、工業支援政策の再整備、民間の参加による工業政策推進体系の改善などの項目を含んでいた。

ここで民間自律基盤の確立というのは、規制の撤廃・緩和を通じて市場原理に基づいた工業発展体制の確立を意味する。それを具体的に示したのが、1960年代後半以降特定産業への政府介入の根拠となった7つの個別工業育成法の廃止である。工業支援政策の再整備とは、特定産業に対する支援を合理化計画上のものに限定し、産業政策の基調を普遍性の原理による機能別支援に転換することを意味する。具体的には工業技術の発展と生産性向上のための技術開発支援政策の強化を示した。なお、産業政策に対する民間の意見を反映するために工業発展審議

表7　産業合理化の対象業種と内容

区分	業種	指定期間	合理化措置
競争力補完分野	自動車	1986.7-89.6	新規投資制限（乗用車・トラック専門化）
	建設装備	1986.7-88.6	新規参入制限（ブルドーザーなど５業種）
	船舶用ディーゼル・エンジン	1986.7-89.6	生産専門化
	重電機器	1986.7-89.6	超高圧分野の新規参入・増設制限　暁星重工業の不実企業引き受け支援
競争力弱化分野	合金鉄	1986.7-89.6	品目間生産調整・専門化
	織物　1次延長	1986.7-89.6	老朽設備発棄・設備交代支援、転業・廃業支援
	2次延長	1989.7-92.6	老朽設備廃棄・設備交代支援、織機登録制
	3次延長	1992.7-95.6	設備の新・増設制限、設備登録制
	3次延長	1995.7-97.12	設備の新・増設制限、設備登録制
	染色加工	1987.1-88.12	老朽設備廃棄・設備交代支援、設備の新・増設制限
	肥料	1987.12-90.11	販売自由化・会社民営化、化学肥料輸入許可
	靴	1992.3-95.1	老朽設備交代・自動化資金支援

資料：李炳浩『産業競争力強化のための市場と政府の役割』産業研究院、2000年。

会を、そして部署間のコミュニケーションの増進のために産業政策審議会をそれぞれ設けた。

ただし、民間自律体制への急速な転換は、1990年代初頭から再び重複・過剰投資を繰り広げる大企業の経営行動を制御することができず、1997年のアジア通貨危機時の混乱の原因を提供することとなった。

3. 産業発展の事例

輸出主導型軽工業育成政策と繊維工業

繊維工業は1950年代の「3白産業」のなかのひとつであった綿紡織を中心にすでに輸入代替段階を過ぎて過剰生産の解決方法を模索していた。したがって、1960年代における朴政権の輸出指向的工業化政策の下で主力産業として選ばれる可能性が高かった。実際に、この時期に繊維部門は輸出を主導し、全輸出額の30%前後を占めた（前掲表5参照）。

ところで、1960年代から70年代にかけて繊維工業の内部で大きな変化が起きた。それまで業界で圧倒的なシェアを誇っていた綿紡織の地位が相対的に下落し、政府の政策的な支援のもとで化学繊維部門が急速な発展を遂げていた。輸出が行われる過程を見ても、綿紡織では業界の自律的な模索による要因が大きく、化繊は政策的な指導の下で輸出が急増したといえる。

(1) 1960年における綿紡織工業の輸出産業化

綿紡織業界では1950年代後半から輸出を模索していた。その理由は、まず、1956年以降国内市場の後退による供給過剰問題、そして、当時ほとんどを輸入に頼っていた原綿について輸入途絶の恐れがあったということであった。綿製品の輸出はこうした二つの困難な問題を一挙に解決しうる方法であった。

ところで、1956年に泰昌紡織が香港に唐木3,000疋を輸出する成果を挙げると、大韓紡織協会は輸出対策委員会を新たに設けた。そして、翌年から香港をはじめとする東南アジアにサンプルを提供し、在外公館を通じて市場調査を依頼した。こうした努力の結果、1957年香港とアメリカから注文が入った。もっとも、綿製品の輸出が軌道に乗るのは1963年以降のことであった（表8）。

1960年代初頭までの輸出不振の原因はアメリカの反対であった。当時綿製品に用いられる原綿は主にアメリカからの援助に頼っていたが、韓米協定によって

表 8　綿製品の輸出推移

年度	輸出金額 （千ドル）	1957 年 = 100	前年比増加率 （％）
1957	1,276	100.0	
1958	939	73.7	− 26.3
1959	1,578	123.7	68.1
1960	2,445	191.6	54.9
1961	909	70.6	− 62.8
1962	1,945	152.4	113.6
1963	4,785	375.0	146.0
1964	12,779	1,001.5	167.1
1965	13,074	1,024.6	2.3
1966	15,693	1,229.9	2.0

資料：大韓紡織協会（1968）『紡協 20 年史』、313 頁。

その製品を輸出するためにはアメリカ政府の承認が必要であった。アメリカから
みて、韓国産綿製品の輸出は自国の援助物資によって製造された製品が自国・海
外市場で自国の綿製品と競争することだったからである。したがって、アメリカ
は当初輸出上限を 200 万ドルに制限し、1957 年からは「原綿輸入代替制」によっ
て輸出代金で原綿を輸入するように綿紡織企業に求めた。

　1960 年代に入ってもこうしたアメリカからの制約は続けられたが、1963 年か
らの輸出増加は 1962 年 8 月に実施された「物価調節に関する臨時措置法」の影
響が大きかった。すなわち、これによって綿製品に対する価格統制が実施された
ため、業界はより積極的に輸出を模索したからである。この時期の輸出は紡織企
業だけでなく、輸出を斡旋・代行する貿易業者によって行われたが、この時期か
ら新たに多数の業者が新規参入した。輸出品目もそれまでの粗布類から細布類に
高級化され、種類も増加した。

　ちょうどその時期に政府が輸出主導型軽工業の育成を通じた輸出増進に政策の
最大目標が定められただけに、政府も綿製品の輸出を促進するための様々な方法
を講じた。代表的なものが 1966 年から実施された輸出責任制と輸出自家補償制
であり、両者は相互補完的であった。政府の指導のもとで企業別に輸出目標を設
定することが前者であり、その目標を達成する過程で発生する損失を政府が補填
するのが後者であった。そして、1960 年代半ば以降にはそれまでの水準を上回

表9　綿製品の輸出目標と実績推移

年度	目標 千ドル（A）	実績 千ドル（B）	B/A（%）	実績／ローカ ル輸出（%）	自家補償額 （千ウォン）
1962	1,750	1,945	111.1		
1963	4,000	4,750	118.8		
1964	11,400	12,780	112.1		
1965	15,200	13,009	85.6		
1966	17,350	15,430	88.9		268,279
1967	18,500	19,266	104.1		420,587
1968	24,600	21,000	85.4		474,460
1969	28,700	33,382	116.3		1,373,045
1970	30,000	59,000	196.7	16.3	225,000
1971	57,000	62,000	108.8	20.0	1,319,000
1972	85,000	108,000	127.1	40.6	1,387,000
1973	130,000	216,000	166.2	50.1	
1974	384,000	242,000	63.0	42.2	
1975	300,000	291,000	97.0	57.1	
1976	370,000	503,000	135.9	59.0	

資料：金洋和「1960～70年代韓国綿紡織工業における輸出主義の形成・展開要因に
　　　関する研究」『韓国民族文化』28、2006年、381頁。

るスピードで輸出が増加した（表9）。なお、こうした急速な輸出増加には、ローカル輸出（国内の輸出用製品に供給）が多くなったことも影響した。

（2）輸入代替から輸出主導に発展した化繊工業

　化学繊維工業は1960年に韓国ナイロンがナイロン設備を導入することで始まった。その後、1960年代には多数の企業によって競争的に設備導入が行われた（表10）。設備は合弁企業の設立を伴うケースも多かったが、主な提携先はアメリカと日本の企業であった。

　化繊工業は当初輸入代替を目標としていたが、稼動直後から輸出産業への転換が求められるようになった。先進国から標準化された生産技術を導入して建設された工場の最適最小規模が内需市場規模を遥かに上回っていたからである。そこで、内需を超える分を輸出する方法を模索させられた。ところが、輸出ができるためにはそれに見合う効率性、生産性が必要となり、設備規模は時期を追って拡大しつつあった。たとえば、韓日合繊が1967年に導入した設備は日産7.5トン

274　第二部　産業政策と産業発展

表10　1960年代における化繊工業の設備導入現況

業種	企業	合弁先	設備導入先
ナイロンF糸	韓国ナイロン 韓日ナイロン 東洋ナイロン	Chemtex（米）、 東レー（日）	Chemtex（米）、東レー（日） Inventor（スイス） Vickers-Zimmers（ドイツ）
アクリルSF	韓日合繊 東洋合繊		旭化成（日） Exlan（일본）
ポリエステルF糸	鮮京合繊 三養社	帝人（日）	帝人（日） ユニチカ（日）
ポリエステルSF	大韓化繊 三養社	Chemtex（米）	Chemtex（米） ユニチカ（日）
ビスコース人絹糸	興韓化繊		東レー（日）、 AEG・Kebskosmo・Zahn（독일）
アセテート人絹糸	鮮京合繊		帝人（日）

資料：李相哲「韓国化学繊維産業の展開過程」ソウル大学大学院経済学科博士学位論文、1997
　　年、70頁。

だったが、1980年にはそれが237トンとなった。

　このように、設備導入企業に輸出を強制しうる仕組みが可能だったのは、政府が外資導入をめぐった審査過程で世界的な産業の情勢について的確な情報を捉えていたからである。とくに、1967年に制定された「繊維工業施設に関する臨時措置法」に基づいて、政府は外資導入許可権という手段を利用し、企業に設備規模を提示し、輸出を義務化することができていた。

　そして、1970年代に入ってからは国内の生産量が輸入量を上回り、輸出用原資材を除いたすべての内需をカバーできるようになった。また1973年からは輸出量が輸入量を凌駕し、全生産量に占める輸出量の比重も50%を超えるようになった。そして、1970年代半ばからはその比率が70%を超え、化繊は輸出主導型軽工業を代表するようになったのである。

重化学工業化政策と造船業

　韓国における近代的な造船所は1937年三菱重工業が釜山に設立した朝鮮重工業である。ここでは3,000トン級の船舶3隻を同時に建造し、7,500トン級の船

舶を修理しうる能力を有していた。解放後、この朝鮮重工業は帰属企業体として米軍政に接収されたが、1950年に国営化されて大韓造船公社となった。この造船公社は1950年代を一貫して経営難に喘いだ代表的な不実企業であった。1957年に民営化を試みたが失敗したのもそのためであった。

　1960年代入って朴政権は、資本金をそれまでの1,000万ウォンから10億ウォンに増資し、それをもとに公社の累積負債を清算する一方で、日本からの資金・技術による設備の近代化を図った。しかし、こうした努力にもかかわらず、再び公社を通じた造船業の育成政策は失敗に終わった。そして、1970年になっても公社は依然として不実企業のままであった。

　こうした状況を一変させたのが、1970年から推進させられた「4大核心工場建設計画」であった。この計画では鋳物銑・特殊鋼・重機械とともに造船が核心工場として選ばれたが、造船の場合、その担い手はそれまでの造船公社でなく、「現代」という民間企業であった。当時現代グループの主力企業であった現代建設のダム・発電所建設の経験を武器にどの企業も躊躇った造船業に参入した現代重工業は、当初予定した日本からの技術導入に失敗して、ヨーロッパ（イギリス・デンマーク）から技術・資金を導入した。建造をはじめてから再び日本の川崎重工業と技術・船舶受注の契約を結ぶなど険しい道のりを辿り、初期の基盤を構築するのに成功した。それは最初から輸出船専門の造船所であり、当初政府の構想した規模より3倍も大きかった。

　政府はこうした経験を重ねつつ、1973年に重化学工業化宣言に造船を6大分野に含めただけでなく、最初から輸出特化分野として期待するようになった。具体的には同年に「長期造船工業振興計画」を立てて1980年までに現代重工業並みの造船所を全国5箇所に建設し、1985年までには現代の1.5倍規模の造船所を3カ所に追加で建設するという膨大な構想を発表した。

　そして、まず、1973年から大韓造船公社の設備を拡充し、現代重工業なみの輸出用タンカー専門造船所の建設に取り組んだ。翌年には三星グループが石川島播磨重工業との合弁事業によって、100万トン級ドックを備えた大型造船所建設に着手した。その他、マグロ遠洋漁業を専門とする高麗遠洋が中型造船所の建設を計画した（表11）。

　ところが、あいにく重化学工業化宣言後1年を待たずに起こったオイル・ショックによって当時造船市場を主導していたタンカーの需要が急減しはじめた。そこで、輸出用タンカーを専門とする造船工業政策は深刻な打撃を蒙った。結局

表 11　1970 年代の新設造船所建設計画現況

	ドック規模	生産能力		所要資金	建設
大韓造船公社 玉浦造船所	530m × 131m × 14.3m	最大 年間	100 万 DWT 120 万 G/T	715 億ウォン (外資 8,745 万ドル を含む)	1973.10- 1977.12
高麗遠洋 竹島造船所	240m × 46m × 11.53m	最大 年間	6.5 万 DWT 10 万 G/T	174 億ウォン (外資 458 万ドルを 含む)	1974.12- 1977.6
現代 尾浦造船所	1ドック：420m ×80m×13.2m 2ドック：305m ×50m×12.7m	最大 年間	70 万 DWT 80 隻 (15〜40 万 DWT)	200 億ウォン (外資 1,083 万ドル を含む)	1975.4- 1976.12
三星 安井造船所	—	—		716 億ウォン (外資 8,751 万ドル を含む)	1976.5 中止

資料：朴永九『韓国の重化学工業化—過程と内容』ヘナム、2012 年、261 頁。

1970 年代半ばからは造船業の新規設備投資は不可能となり、既存の計画も変更を余儀なくされた。三星は造船所建設を 1976 年に中止し、大韓造船公社の造船所も資金難のために銀行に差し押さえられた後、1978 年に大宇グループに引き渡された。高麗遠洋の造船所も 1977 年に売却された後、三星が引き受けて三星造船となった。第 3 節に触れた、1980 年代初頭構造不況産業に造船工業が含まれたゆえんである。

　そして、1990 年頃まで続けられる海運・造船不況に造船企業は深刻な経営危機に直面し、造船以外の事業部門に進出するようになる。政府は 1976 年から 1990 年までに中古船の輸入禁止と延べ 15 回にいたる計画造船政策によって造船企業の経営難を緩和させようとした。

産業合理化政策と自動車産業
(1) 合理化政策と自動車産業
　韓国で自動車を KD 組立でなくて部品から製造するようになったのは 1970 年代初頭からである。とくに現代自動車は 75 年に乗用車専用工場を建設し、最初の「固有モデル」[20]であるポニーを 1976 年から生産しはじめた。さらに、この車

種を中東、南米を中心に輸出した。

　こうした成果を契機に政府は1979年に自動車産業を10大戦略産業育成計画に含め、各社に量産体制を構築するように誘導した。しかし、その直後、第2次オイル・ショックによる景気後退で自動車産業は深刻な不況に陥った。そこで、政府は重化学工業投資調整の一環として自動車産業の合理化措置を実施した。乗用車の場合、それまでの3社体制から現代の独占体制となった。しかし、業界の反発によって半年後には現代とセハン（大宇）の2社体制に変った（表12）。

　また、政府は1986年7月の工業発展法に基づき、89年6月までに自動車製造業を合理化業種として指定した。これによって自動車産業は国際競争力確保のための量産体制を備えるように、新規企業の参入を制限する一方で、1981年の車種別生産制限措置は廃止した。そして、89年7月以降には合理化指定措置が解除され、生産車種増加、新規企業参入などが活発に行われた。それに対応する形で既存の企業も大規模設備投資を実施し、各社の生産能力および生産実績も急速に増加した（表13）。そして、生産台数が200万台を超えた1995年には世界第5位の自動車生産国となった。

　生産の増加とともに乗用車の車種も増加し、その中で導入モデルに国内企業による開発がミックスされた固有モデルの数も増加した。1986年に9つだった乗用車モデル数は97年には29に増加し、同期間中固有モデル数も3から16に増えた。

　こうした固有モデルの増加によって輸出も増加した。自動車輸出は1970年代までは微々たる水準だったが、1980年代に入って増加しはじめ、1985年には10万台を越え、95年には100万台近くまで増加した。企業別には1980年代までは現代自動車が輸出のほとんどを占め、90年代以降になって起亜自動車など他の企業の輸出も多くなった。

　このように、1980年代半ばまでの合理化措置によって競争力をつけた自動車産業は1990年代以降に飛躍的な発展を遂げるようになったといえる。ところで、独自的な技術による固有モデルあるいは、すべてを自前で開発した独自モデルによる生産と輸出という韓国自動車産業の特徴を最も典型的に現している企業は現代自動車である。そこで、以下では技術開発と下請システムの整備という自動車

20　韓国における自動車産業の国産化過程でよく使われる用語に固有モデルと独自モデルがある。前者は外国メーカーからの導入モデルにエンジンと変速機など核心部品を除いた一部の部品を国産化して開発したモデルを指し、後者は核心部品をも国産化したモデルを意味する。

278　第二部　産業政策と産業発展

表12　自動車産業における合理化措置による車種別専門企業現況

	乗用車	ジープ	小型バス・トラック	大型バス・トラック	特装車
合理化措置以前	現代、起亜、セハン	新進、亜細亜	現代、起亜、セハン	現代、起亜、セハン、東亜、亜細亜	現代、起亜、セハン、東亜、亜細亜
1980年8・20措置	現代とセハンの統合で一元化	新進（民需）、亜細亜（軍需）	起亜の独占	同一	同一
1981年2・28措置	現代とセハンに二元化	同一	同一（起亜と東亜の統合）	同一	消防車・ミキサー・タンカーは東亜独占
1982年7・26措置	同一	同一	同一（起亜と東亜の統合撤回）	同一	東亜の独占撤回

資料：李権炯「韓国自動車産業の発展過程」起亜経済研究所、1995年、39頁。

表13　企業別自動車生産台数の推移　　　　　　　　　　単位：台

	1965	1970	1975	1980	1985	1990	1995	2000
現代	−	4,360	7,092	61,239	240,755	676,067	1,213,694	1,525,167
起亜	35	6,121	20,354	33,369	84,931	396,325	631,644	803,394
大宇	106	15,782	8,405	2,443	44,935	201,035	459,058	624,534
亜細亜		1,737	413	1,220	3,480	25,374	59,509	−
合計	141	28,819	37,179	123,135	378,162	1,321,630	2,526,400	3,114,998
輸出	−	−	31	25,252	123,110	347,100	978,688	1,676,442

資料：韓国自動車工業協会・韓国自動車工業協同組合『韓国自動車工業50年史』、2005年、付表。
注：合計にはその他の企業の生産分を含む。

第8章　韓国の産業構造変化・産業発展・産業政策　｜　279

産業の競争力にかかわる核心的な要因を中心に産業政策の影響について、現代自動車の事例を通じてみてみたい。

(2) 技術開発と自動車産業政策

現代自動車は1973年から外国自動車企業との合弁でなく、自前で工場建設と固有モデルの開発に取り組んだ。当時、他の企業は外国のモデルを導入して国産化する方法をとっていた。政府は1974年に「長期自動車工業振興計画」に主要部品の開発、国際的な工場規模の確保を規定したが、これも現代の方針を追認したものであった。

もちろん、それまでは現代も外国メーカーからの導入モデルの組み立て生産に携わっており、固有モデルの開発も初期には部品などの必要技術を外国から導入した。しかし、1980年代に入ってからは固有モデル開発の限界が明らかになり、核心部品も自前で開発する独自モデル開発戦略に転換することとなった。1980年代初めの経営危機後、本格的な輸出の必要性を痛感したが、そのためにはそれまでの年間5～10万台から年間30万台の生産規模への増加が必要であった。ところで、それを既存の導入モデルで生産する場合には支払うべきロイヤリティが負担となると判断した。そして、社内に中央研究所を設けるなど研究開発投資を大幅に増大させ、固有モデルが増加して92年までに全車種の固有モデル化が完成した（表14）。

つづいて1990年からは独自モデルが本格的に開発されはじめた。スタイリングなど一部については独自開発が進んでいたが、最も困難だったエンジンとトランスミッションの開発が91年にはじめて可能になった。そして、1994年頃には独自モデル開発が完了した。（表15）。

(3) 下請けシステムの整備と自動車産業政策

1970年代初頭にそれまでのKD組み立てから製造段階に移行したために部品の調達が自動車産業の存立に決定的に重要となった。その部品を調達する方法としての下請けシステムが形成されはじめた。

政府は1973年1月の「自動車工業育成計画」で、組立工場と部品工場を分離・育成し、両者の間には水平的系列化、すなわち下請企業が特定組立企業と排他的に取引するのではなく、多数の組立企業と取引するように誘導した。したがって、組立企業別でなく部品別に専門工場を指定し、組立企業はできる限りそこから部品を調達するように勧めた。しかし、この方針は組立企業の反対によって実現できず、結局1978年に垂直的系列化方式が導入された。その後、1980年代に入っ

表14　現代自動車における乗用車モデルの推移

	車種	67	68	69	70	71	72	73	74	75	76	77	78	79	80	81	82	83	84	85	86	87	88	89	90	91	92	93
小型	Pony										□	□	□	□	□	□	□	□	□	□	□	□	□	□				
	Excel																			□	□	□	□	□				
	New Excel																							□	□	□	□	
	Scoupe																								□	□	□	□
準中型	Cortina		■	■	■	■																						
	New Cortina					■	■	■	■	■	■	■																
	MarkⅣ												■	■	■													
	MarkⅤ														■	■	■	■										
	Stellar																	□	□	□	□	□	□	□	□	□	□	
	Elantra																								□	□	□	□
中型	Sonata																						□					
	SonataⅡ																											□
大型	Ford20M			■	■	■	■	■																				
	Granada												■	■	■	■	■	■	■	■								
	Grandeur																				■	■	■	■	■	■		
	New Grandeur																										□	

資料：金堅「1980年代韓国における技術能力の発展過程に関する研究」ソウル大学大学院経済学科博士学位論文、1994年、217頁。

注：■は導入モデルのライセンス生産、□は固有モデル生産を意味する。

表15　現代自動車における乗用車の技術開発推移

車種	Pony	Stellar	X-1	Y-2	X-2	SLC	J-1	SLCa	L-2	Y-3	X-3	J-2
開発完了	1976	1983	1985	1988	1989	1990	1990	1991	1992	1993	1994	1994
スタイリング	○	○	○	●	●	●	●	●	●	●	●	●
車体設計	○	●	●	●	●	●	●	●	●	●	●	●
エンジン・トランスミッション	○	○	○	○	○	○	○	●	○	◐	●	●
シャシー設計	○	◐	◐	◐	◐	◐	◐	◐	○	◐	●	●

資料：金堅「1980年代韓国における技術能力の発展過程に関する研究」ソウル大学大学院経済
　　　学科博士学位論文、1994年、218頁。
注：●は独自開発、◐は導入技術に自社内開発を補完、○はすべて導入技術を意味する。

てから組立企業の主導の下で系列化が急速に進展した。

　　おわりに

　以上の分析から明らかになったことの意味を考えてみよう。

　1960～80年代半ばまでの韓国経済の高成長過程で政府の経済政策は大きな役割を果たした。その基本的な政策目標は海外からの資金・技術導入を通じた「自立経済」の達成であり、そのために具体的には軽工業から重化学工業への比重を高める産業構造の高度化に政策の重点が置かれた。そのための最大の政策手段は国内資金・外資の配分をめぐった政策金融であったが、政策の運用にあたっては市場機構との調和を図った。具体的には保護・育成対象産業の成果を輸出に求めることであったが、これは国際市場によるモニターリングという仕組みを活用したことといえる。

　一方、この時期には産業政策も強力に実施されたが、1979年までが産業の育成に重点が行われたのに対して、1980年代前半は投資調整・産業合理化などが中心であった。そして、1986年の工業発展法の制定によって、それまでの個別産業を選別して振興させるような産業政策から産業一般にかかわる機能別産業政策に転換した。

　産業政策は国内資金・外資の配分、技術の導入を通じて、個別産業部門での参

入、投資の促進・抑制に影響を与えた。ところが、その影響力は、時期別・産業別に異なっていた。それは主に政策手段の差というよりは政策側の情報能力の差に基づくものと思われる。

綿紡織の場合、輸出増進に成功した理由は民間の意見を輸出支援制度という形で適切に反映させたことにあり、その背景には民間の利害を理解してなおその産業に精通した官僚が存在していた。比較的に新しい産業である化繊の場合も、外資導入認可の審査過程で産業の動向を政策側が理解していたために、情報の非対称性が生じることなく、輸出強制という政策手段を講じることができたと思われる。

一方、造船業における政策は、少なくとも1990年までを見る限り、代表的な失敗事例である。その最大の理由が国際市場の動向を無視し、民間に投資を要求したことにあったことは確かである。当初、4大核心工場事業において政府より情報力に優位に立った民間企業は政府の構想を遥かに超える設備で成功を収めたが、オイル・ショックという根本的な状況の変化に気づかず、政府は他の企業にその事例をそのまま適用させようとしたからである。もちろん、この時期の投資によって1990年代以降の造船業の好況期に短期間に造船大国として躍り出ることになるが、この時期の産業政策との直接的な関係は少ないとみるべきであろう。

自動車産業政策は1970年代までは宣言にとどまり、高率の輸入関税による国内産業保護以外には具体的な効果を挙げていなかった。下請けシステムに関する政策の場合、初期に政府の案が反対にぶつかると業界の案に変更するなど、全般的に企業間関係までには介入せず、技術開発についても企業の戦略をサポートする役割にとどまった。ところが、1980年代初めの経営危機には投資調整・合理化措置など安定化政策を実施し、産業の競争力回復に影響したと評価することができる。その意味で、1980年代の自動車産業に関する産業政策は、民間に比べて情報の劣位を最初から認めたうえで、状態依存的なスタンスをとっていたともいえる。

第8章　韓国の産業構造変化・産業発展・産業政策 ｜ 283

第9章

韓国石油化学産業の形成と展開
―― 政府と外資と財閥 ――

林采成

はじめに

　本章の目的は、開発途上国であった韓国における石油化学産業が如何なる内外的な条件の下で育成され、一つの産業として確立したのかを検討し、その高度経済成長史上の意味合いを問うことである。

　戦後韓国における自立経済の課題の一つであったエネルギー源の安定供給を達成するために、精油産業の育成が軍事政権によって推進され、オイルメジャーの利益を保障する形で大韓石油公社を設立し、消費地精製主義が実現された[1]。この成果を踏まえ、韓国政府は精油所の稼動後ナフサを基盤とする石油化学産業を育成し、各種合成樹脂、合成繊維、合成ゴムにわたる石油化学製品の国産化を図り、さらにそれを輸出工業化しようとした。それを通じて、経済成長を加速化し、常に深刻化している外貨不足問題の解決を目論んだことは言うまでもない。当然、国内でそれを推進するほど技術が蓄積されておらず、プラント建設に必要な資本調達もできなかったため、技術とともに提供する外資の導入が必要とされた。

　ここで、韓国側の政策的意図だけでなく海外企業の利害も強く作用し、事業の展開は複雑性を抱えざるを得なかった。それのみならず、石油化学産業の生産規模が拡張されて産業的基盤がようやく整えられた1970年代には2回にわたるオイルショックが発生したため不確実性が増幅された。すなわち、石油化学産業の展開は政府の政策当局者と異なって、試行錯誤を伴わざるを得なかった。こうして世界市場との連動性を持ちながら成長の契機を掴んだ石油化学産業は政府と企

1　林采成「韓国精油産業の成立とオイルメジャー」堀和夫・萩原充『"世界の工場" への道―20世紀東アジアの経済発展』京都大学学術出版会、2019年、341-365頁。

業（財閥）側の関係やそれをめぐる外資企業の役割を力動的に示している。

それにもかかわらず、韓国産業史において石油化学産業は製鉄、電子、自動車、船舶などに比べてあまりに分析対象となっておらず、その研究成果は十分なものとは言い難い。そうした中、なによりも注目しなければならないのが『韓国石油化学工業十年史』（韓国石油化学工業協会 1977）である[2]。これは、大韓石油公社の蔚山精油所においてナフサが生産されてから 10 周年を記念に纏められた協会史であり、当時の政策の推進や技術史的側面が詳細に紹介されて、石油化学産業史研究の基本書ともなっている。とはいうものの、軍事政権下での政府と外資の関係、オイルショックへの政府および企業側の対策や 1970 年代半ば以降の石油化学産業の第二段階の実態があまり紹介されていない。Aliyev Vasif（2006）は石油化学産業政策の変化と成果を「育成」「合理化」「自由化」といった三つの時期に分けて分析した[3]。そのうち、本章が分析対象とする 1960 年代から 1970 年代後半に至る「育成」期は、1 社 1 品目原則の生産体制を推進するという競争制限政策であり、政府の介入方式は育成計画の樹立・執行[4]、外国人投資家からの経営権防御、参入障壁の構築、生産費用面での支援などであったことを指摘した。さらに、1970 年代後半から 1980 年代初頭にかけての「合理化」期にはオイルショックによる経済停滞への克服案として合理化が推進され、二重価格制度とナフサ需給安定政策が推進されたものの、その効果はあまりなく、この時期に民営化や外資の撤退があったが、依然として国内市場は保護されたと把握している。

しかしながら、外資系の資本構成からわかるように、事実上政府は、それほど経営権を防御せず、外資系からの政治献金に興味を示しており、オイル・メジャーや財閥の利害関係を代弁して政府機関間の対立が生じていた。さらに、第一段階の生産能力は国内需要を充たせず、1973 年に樹立された第二段階の推進計画が生産稼動を始めたが、第二次オイルショックが発生したため、政府の産業政策は大きな修正を余儀なくされた。その中で、日系資本誘致が試みられたものの、一部の系列工場に限って実現された。これらのことから、政府介入のサクセス・ストーリーを述べ、その成功要因のみに注目するより、産業史的アプローチを通じ

2　韓国石油化学工業協会『韓国石油化学工業十年史』1977 年。

3　Aliyev Vasif「韓国石油化学工業에 対한 産業政策의 変化와 成果에 関한 研究」韓国学中央研究院韓国学大学院博士学位論文、2006 年 9 月。

4　石油化学産業の成功要因としては育成計画の整合性、指導者の執念および推進力、国際情勢の積極的活用などが取り上げられている。

て当時の政策展開プロセスを復元し、政策の成果とともに、その限界や問題点を明確にしなければならない。

　この分析の枠組みを蔚山地域に限定して「国家から市場へ」「独占から競争へ」という視点から論じたのがKim Seungseok（2007）であった[5]。氏は石油化学産業は「国家主導的発展の結晶体」と評価し、蔚山石油化学コンビナートの建設と稼動によって技術の吸収と拡散が行われたと見るが、資料的には社史ないし業界史としての性格が強い大韓石油公社（1973）[6]と韓国石油化学工業協会（1977）[7]を主に利用している。そのほかの社史類も利用しているが、蔚山発展研究院の一環として著述されただけに、批判的検討ができず、軍事政権の先見性が強調された印象が否めない。そのほか、参考とすべき社史としては忠州肥料株式会社（1968）、湖南石油化学株式会社（1986）、三星石油化学株式会社（1994）、韓国総合化学工業株式会社（1994）などがあり、個別企業レベルでの対応が把握できる[8]。

　以上の研究史に対して本章は「政府報告書」的な産業史分析を止揚し、政策と実態との間に生じていた試行錯誤といった政策プロセスの実態を明らかにしたい。そのため、次のような構成をもって韓国石油化学産業史分析を試みる。第1節では、大韓石油公社をNaphtha Cracking Centers（NCC：ナフサ分解施設）として1960年代後半に立案されて1970年代前半に工場稼動を始めた蔚山石油産業コンビナートを検討し、第2節においては日系資本の大規模投資誘致を前提として第2段階の石油化学産業推進計画が大々的に推進されたものの、第一次オイルショックがいかに推進計画に影響し、その修正が余儀なくされたのかを分析する。さらに、麗川コンビナートの完工後、第二次オイルショックの発生に直面して下された政府、財閥、外資企業といった三者間のフィードバックについて考察する。

5　김승석『蔚山地域石油化学의 発展過程』蔚山発展研究院蔚山学研究センター、2007年。
6　大韓石油公社『油公十年史：1962-1972』1973年。
7　前掲『韓国石油化学工業十年史』。
8　忠州肥料株式会社『忠肥十年史』1968年；湖南石油化学株式会社『湖南石油化学十年史、1976-85』1986年；三星石油化学株式会社『三星石油化学二十年史 1974-1994』1994年；韓国総合化学工業株式会社『総合化学二十年史』1994年；現代石油化学株式会社『現代石油化学十年史』1998年。

第9章　韓国石油化学産業の形成と展開 | 287

1. 石油化学工業開発計画と第一蔚山石油化学コンビナート

開発計画の推進と利害当事者らの確執

　1961年5月16日に軍事クーデターが成功し、軍部が政権を握ると、「祖国近代化」を打ち出し、その正当化を図った。「内包的工業化戦略」が試みられ、第一次経済開発五ヵ年計画の樹立によって「自立経済達成のための工業生産及び輸出の基盤構築」が進められた[9]。その重点目標の一つが精油、電力、石炭などのエネルギー源の確保であった。軍事革命委員会から再編されて立法・行政・司法の三権を掌握した国家再建最高会議は精油工場建設を決議し、1961年9月に商工部長官の下に精油工場建設委員会を設置した。この委員会は1950年代末より推進中であった韓国石油株式会社案を否定し、その代わりに国有企業を設立するため、その過渡的機関として準備作業を担当した[10]。その結果、最高会議は1962年1月に経済開発五ヵ年計画事業の一つとして日産35千バレル規模の蔚山精油工場建設を決定した。

　政府は精油工場建設による法的措置として「大韓石油公社法」（法律1111号、1962年7月24日）を制定し、工場の建設・運営・生産・加工・販売およびその附帯事業の経営などに関する事項を定めた。同年10月に大韓石油公社（以下、油公）が設立されると、軍事政府側は翌年の63年8月に竣工する予定の工場建設費として政府は外貨1600万ドルと内資3億5000万ウォンを想定し、1962年度予算で6億8800万ウォンを配定した。しかし、外貨配定計画において蹉跌が生じ、政府は建設費追加問題に直面せざるを得なかった。すなわち、政府投資のみでは、資本金25億ウォン中、外貨不足のため、6億2500万ウォン少ない18億7500万ウォンしか払い込めず、工場建設が一時中断の危機に陥ったのである。

　そのため、韓国政府および大韓石油公社側はオイルメジャーとの交渉を重ね、最も有利な条件を提示し、Gulf Oilとの間で1963年6月に株式引受け契約と長期借款契約に関する基本契約を締結した。産業銀行の支払保証条件で、借款2000万ドル（3年据置・12年償還・年利4.5%）と500万ドルの直接投資をもって1963年12月に竣工を見て、1964年4月より稼動した。その結果、油公は韓国側75対

　9　木宮正史『朴正熙政府의 選択：1960年代輸出志向型工業化와 冷戦体制』후마니타스、2008年。
　10　前掲「韓国精油産業の成立とオイルメジャー」。

Gulf Oil 側 25 の合弁企業となり、原油を導入・精製し、韓国側が 1950 年代以来念願していた外貨節約と高価な完成品の輸入代替を実現した。国内供給されるガソリン、軽油、重油などの価格はおよそ従来の半分となり、蔚山精油所は経済成長をエネルギー供給面で支える基盤となったことはいうまでもない。

さらに、精油所の建設にとどまらず、韓国政府は原油を用いた石油化学の推進を試みた。1965 年 1 月に朴大統領の商工部への年頭巡視に際して行われた呉源哲の石油化学工業ブリフィングの中で、石油化学工業が完成されれば、軽工業の原料から製品まですべてを国産化することができ、供給先である日本より「工業的に自主独立できる」とアピールしたのである[11]。そこで、「石油化学推進計画」が検討されることとなり、経済企画院と USAID (United States Agency for International Development) は 1966 年 2 月に Arthur D. Little (ADL) に石油化学工業の妥当性調査を依頼した。ADL 社からは国内石油化学製品の需要を考慮してナフサ分解工場 (NCC) の規模をエチレン 32,000 トン／年と定めると、生産規模が小さいため、製品価格が輸入価格より 20〜30% を上回り、高関税の設定が必要とされると指摘した。その上、1966 年 7 月に商工部工業一局内に石油化学課が設置され、1966 年 11 月に第 57 次経済閣議では石油化学工業を第二次経済開発五ヵ年計画の核心事業として育成することが決議された。

韓国政府は石油化学工業の系列育成計画を第一、第二、第三段階事業にわけて、第一段階の原料供給事業では精油工場、NCC、ベンゼン工場、ブタヂエン工場、第二段階の中間製品事業ではポリエチレン(PE)工場、塩化ビニルモノマー(VCM)工場、エチレン工場、スチレン工場、アクリロニトリル (AN) 工場、アルキベンゼン (AB) 工場、スチレンブタジエンゴム (SBR) 工場、シクロヘクサン工場を選定し、第三段階の完成品事業を除いて第一、第二段階事業に 1 億 1 千万ドルを投資する計画を立てた[12]。このような育成計画に対して USOM (United States Operations Mission) は二回にわたるオフィシャル・レターや、韓米両側の関係当局者の公式会合を通じて第三段階から事業に着手し、一定の需要を生み出した上、第二段階事業と原料工場を設備する逆コースを提案した。即ち、完成品を生産する小規模工場[13] に対し、経済性が保障できる規模までその投資を拡大し、さらに

---

11 呉源哲『韓国型経済建設：엔지니어링 어프로치 第三巻』機亜経済研究所、1996 年、22–27 頁。
12 「石油化学系列化의 利害関係」『毎日経済新聞』1967 年 1 月 28 日。
13 合成樹脂加工業、PVC 重合工場および合成樹脂加工業、ポリエステル繊維紡糸、アクリル繊維紡糸業、合成洗剤加工工場、ゴム加工業、カプロラクタム工場など。

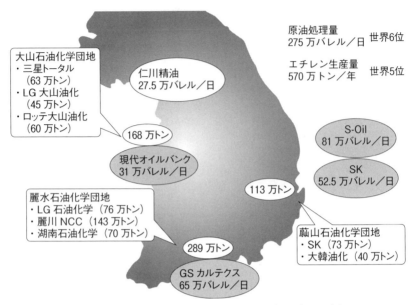

図1　韓国石油化学コンビナートの配置略図（1996年）
資料：筆者作成。

国際競争に耐えられるよう重点的投資を行う案であった[14]。これに対し、韓国政府は国内企業の資本は貧弱であり、すでに外資導入審議委員会で「分散許可」し、建設中の最終製品工場の施設拡張と集中投資は不可能であると主張し、第一、第二段階事業を中心に育成政策を展開した。

石油化学工業の育成が韓国政府によって決定されると、Union Oil が第一段階事業たる NCC 工場建設を希望し、Gulf Oil との間で熾烈な競争を展開した[15]。Union Oil は当時インドネシアで採掘に成功し、1日10万バレルの原油を生産しており、販路を確保しなければならなかった。そのため、精油所の建設が望ましいが、第一精油所を Gulf Oil が運営中であり、第二精油所も Caltex が建設中であったため、NCC 工場に関心を示したのである。Gulf Oil は立地として既存の精油所が位置している蔚山を望んだが、Union Oil は韓国火薬とともに仁川（京仁あ

14　1965年に朴・Johnson の共同声明で確約された AID 借款1億5000万ドルのうち石油化学工業開発資金として4000万ドルが確保されていたが、その一部をもってアメリカ側の投資条件を有利に造成しようとしたものであると看做された。前掲「石油化学系列化의 利害関係」。

15　前掲『韓国型経済建設』75-76頁。

るいは庇仁地区）を主張した。政府側でも経済企画院側の張基栄院長兼副総理、黄乗泰課長、孟元起が NCC 工場の仁川誘致のために努力した[16]。Gulf 対 Union の対立はもはや経済企画院対商工部の深刻な対立を伴っており、その背景には石油化学への進出を狙って、1965 年 8 月 20 日に韓国化成工業を設立していた韓国火薬のロビー活動があった。商工部は国営企業体を薦めたのに対し、経済企画院は NCC も韓国火薬（金鐘喜）が運営し、PE も韓国火薬が運営し、VCM はポリビニルクロライド樹脂（PVC）4 社が共同で運営することを想定した[17]。Union Oil が韓国化成と交換した石油化学建設に関する合弁投資契約においては株式比率 50 対 50 で 4790 万ドルをもって NCC と VCM、PE などの工場を建設することとなっていた[18]。

　技術的に見て、商工部案は既存の精油所に NCC を付け加え、石油精製から石油化学への転換を図ったのに対し、企画院案は新しい精油所の建設とともに、それにリンクする形で石油化学コンビナートを想定したのである。当然、油公や忠州肥料といった公企業が関連技術を蓄積していた反面、私企業である韓国火薬は Union Oil との合弁を前提に新しい技術を蓄積する必要があった。商工部は短期間内にコンビナートを建設するためには蔚山のほうが港湾施設、工業用水、電力、敷地を確保し易く、経営面では初期の NCC は赤字が予想されるため、公企業体制が民間企業に比べて安定かつ低廉な価格で石油化学工業原料を適時に供給できると主張した[19]。

　こうした中、先手を打ったのは企画院側であった。1966 年末に経済長官会議で石油化学工業の事業者を公開募集することが決定されたにもかかわらず、企画院側は一般公開せず、1967 年 4 月まで事業者を選定し、総選挙（1967.6.8）までには一部起工し、個別的申請を受けるという方針を明らかにした[20]。4 月までの選定は守られなかったものの、これが 250 万ドルの合弁投資を申請してきた Un-

---

16　韓国石油化学工業協会「懇談会開催（石油化学工業開発의 裏面史 整理）」1992 年 3 月 13 日。

17　韓国石油化学工業協会「会議録（石油化学工業開発의 裏面史 整理）」1992 年 4 月 22 日。

18　「납사分解센터 準国営으로 運営 VCM 工場은 共同出資로」『東亜日報』1967 年 4 月 14 日。

19　「石油化学工業開発案에 混線」『毎日経済』1966 年 11 月 7 日。

20　経済長官会議の石油化学工業推進方針は①設計と工場建設は分離してそれぞれ別のコンサルティング会社によって推進する、②コンサルティング会社の選定は公開入札による、③事業会社の選定は公開募集を通じて行う、④中間製品工場の事業会社は原則的に最終製品工場をすでに経営している者を優先的に選定する、⑤株式投資が全体所要投資の 3 分の 1 以上になる資本投入能力を有する企業を優先する、⑥技術および経営実績が高いアメリカ会社の資本参加も許容するということであった。「石油化学 実需要者 一般公募 않기로」『東亜日報』1967 年 3 月 7 日。

第 9 章　韓国石油化学産業の形成と展開　｜　291

ion Oil とその相手たる韓国火薬を念頭に置いたものであったことはいうまでもない[21]。「石油が現代アラジンのランプとして富の化身」として看做され、財閥が参入を希望し、その数が4月には8つの工場に対して18社にも達したが、さらにその後も増えて1967年5月20日には20余りの業者となった[22]。というものの、1967年4月13日にUnion Oilの直接投資に対する審議が行われた外資導入審議委員会ではナフサ分解センターは「朴大統領の意思に従って国営または準国営として建設する方針」が確認され、Union Oilと韓国火薬との間で締結されている合弁投資契約の修正を要するものとなった[23]。

政策当局者としては石油化学の中枢であるNCCの国営あるいは半官半民の公営制、NCCの精油工場との併設如何、アクリロニトリルの事業者の選定（忠州肥料 vs. 韓国肥料）、立地の選定（蔚山、麗水、京仁、庇仁）についての意思決定が必要とされた[24]。すでに仮契約を締結して「内承認」まで受けている韓国化成とUnion Oilに対してGulf Oilが反転を試みた。もはやGulf Oilは立地についても蔚山地区を固守せず、庇仁地区に肥料工場などを建設することを提案した[25]。そのほか、国泰産業（徐廷泰）はポリプロピレン（PP）工場を建設するため日本三菱より2千万ドルの借款の「内認可」を受けていた。台湾のはうもジメチルテレフタレート（DMT）工場の建設を検討すると伝えられた。張副総理らの経済企画院は京仁地区が有利と見た[26]が、NCCの選定は決定されない中、商工部には技術検討を依頼せず、とりあえず石油化学工業の事業会社を選定して1967年7月3日に大統領の裁可のために青瓦台に提出し、事業者の選定が下された[27]。

それによって、立地としては蔚山に決定されるとともに、PE工場（28000トン）は韓国化成、VCM工場（年産28000トン）は韓国化成・大韓プラスチック・共栄ビニル・三陟化学の共同経営、エチレングリコール（EG）工場（年産15000トン）

21　「4月中에는 選定」『毎日経済新聞』1967年3月29日。

22　1967年4月上旬には参入希望企業はブタヂエンは韓国化成、PPは忠州肥料、アキルベンゼンは東光企業、暁星物産、梨樹産業、PEは大韓海鉱、VCMは韓国化成、大韓プラスチック、スタイレンは天友社、PSは天友社、愛敬油脂、アクリロニトリルは忠州肥料、韓国石油化学、光陽鉱業、江原産業、東洋カプロラクタムであった。「8個工場에 18個社申請」『毎日経済新聞』1967年4月12日：「財閥들의 競争場 熾烈한 石油化学実需要選定」『京郷新聞』1967年5月22日。

23　前掲「납사分解센터 準国営으로 運営 VCM工場은 共同出資로」。

24　「石油化学政策決定段階」『東亜日報』1967年5月19日。

25　「財閥들의 競争場 熾烈한 石油化学実需要選定」『京郷新聞』1967年5月22日。

26　「立地条件 京仁地区가 有望」『毎日経済』1967年6月28日。

27　「石油化学工場実需要者選定」『毎日経済新聞』1967年7月13日：「商工部 石油化学工業콤플렉스 第2部門 10個工場 技術検討 안했다」『毎日経済新聞』1967年7月19日。

292　第二部　産業政策と産業発展

は三養社、ポリスチレン工場（年産20000トン）は天友社、AN工場（年産24000トン）は忠州肥料・東洋合繊・韓国毛紡・韓一合繊の共同経営、アルキベンゼン工場（7600トン）は梨樹化学（梨花財団）、SBR合成ゴム工場（15000トン）は三洋タイヤ、シクロヘキサン工場（年産11000トン）は東洋カプロラクタム、ポリビニルアルコール（PVA）工場（年産6000トン）は東信ポリマ（東信化学系）、PP工場（年産20000トン）は国泰産業がそれぞれ選定された。これらの企業は同年8月15日まで外国企業との合弁投資契約を含む「確定事業計画書」を提出し、慶尚南道を通じて9月末まで立地を確保し、10月1日に起工することが要請された[28]。

　この決定はダウンストリームでは企画院案が通ったが、立地面では企画院の京仁案が採択されずに技術の観点から蔚山立地案を述べつづけた商工部の意見が貫徹されたことを意味する[29]。しかしながら、企画院は石油化学工業の核心工場たるNCCの事業者については「民間業者に独占を付与」せず、「石油公社を指すと『油公』が中心となる恐れがあるため」、政府が51%株式を所有して政府が主導権を握り、残りの49%を外国人投資家と国内業者らが所有する「半官半民体制の準国営企業として運営すべきである」とする方針を出した[30]。その上、大韓石油公社の民営化案を取り上げ、政府が保有している資本金2000万ドルの75%を払い下げ、この代金をもって総合製鉄工場と石油化学工業のNCCへ再投資しようとした[31]。NCCへの参加オイルメジャーはGulf OilとUnion Oilの2社のうちから決定する予定であった。NCCは年産57000トンから生産をはじめ、将来的に10万トンから20万トンまで拡大するつもりであった[32]。

　こうして、政府投資の上、オイルメジャーと国内業者からなるNCC共同経営案が決定されたものの、その形態をめぐる国内業者らの利害が調整できなかった。これに対し、企画院はもし業者らの利害が調整できなければ、単独経営もやむを得ないと見た[33]。事実上、合弁形態とならざるを得なかったが、企画院がUnion Oilを薦めたのはいうまでもない。経済企画院に提出されたNCC借款申請書を見れば、油公は蔚山に建設するNCC工場の借款申請案としてGulf Oilの直接投

28　「石油化学10個工場 10月1日 起工」『毎日経済新聞』1967年7月22日：「蔚山精油払下方針」『京郷新聞』1967年7月13日。

29　「石油化工立地不変」『毎日経済新聞』1967年9月28日。

30　「石油化学工場実需要者選定」『毎日経済新聞』1967年7月13日。

31　「蔚山精油民営化」『毎日経済新聞』1967年7月13日。

32　「蔚山精油払下方針」『京郷新聞』1967年7月13日。

33　「共営 안되면 単独으로 転換」『毎日経済新聞』1967年8月15日。

第9章　韓国石油化学産業の形成と展開　293

資 500 万ドル、AID 借款 1900 万ドル、合計 2400 万ドルの案を申請したのに対し、韓国化成は京仁立地を前提に借款先を Union Oil として NCC を始めコンプレクスの一部工場までを含めて 6000 万ドル余の借款申請書を提出した[34]。企画院は工業用水や海上輸送能力が限界点に達していることを理由として商工部の反発の中でも石油化学コンビナートの立地を蔚山から京仁へ変更することを検討した[35]。さらに、対米派遣借款団が USAID 本部とオイルメジャーとの石油化学借款交渉を始めた[36]。

ついに、石油化学工業をめぐる企画院と商工部の論争は「健全な政策論議ではなく醜態」と断定された。外国投資家の Gulf Oil と Union Oil との利害対立が韓国側合弁投資者たる大韓石油公社と韓国化成の対立をもたらし、立地の設定問題（蔚山 vs. 仁川）、運営形態問題（国営 vs. 民営）を伴っていた。これが政府機関間の「混戦」「醜態」と看做され、国民経済利害の観点から見直すべきであると指摘された[37]。「蔚山と仁川が千里も離れているが、企画院と商工部が千里ほどかけ離れた異見で対立してピンポンをやっている」と批判された[38]。こうした中、与党側たる民主共和党の張副総理への批判が朴大統領主宰の政府与党連席会議で繰り返され、また財界からも経済開発五ヵ年計画の 3 年 6 ヵ月への短縮方針に対する猛烈な反発もあった[39]。

1967 年 10 月 2 日に朴大統領は張基栄企画、朴忠勲商工、金允基建設の 3 長官の報告を受け、補充水の計算の見直しを通じて蔚山コンビナートの用水問題が解決できる[40]ことや、Union Oil 並の外資供給が Gulf Oil からも可能であることが確認でき、大韓石油公社の NCC 事業案を採択した[41]。この採択には Gulf Oil から総選挙に際して民主共和党に与えられた政治献金 100 万ドルが何よりも重要な役割を果たしたといえよう[42]。これが共和党から企画院への大きな圧力となった

34　「実需要者争奪戦을 展開」『毎日経済新聞』1967 年 9 月 26 日。
35　「京仁으로 変更検討 石油化学工業의 立地」『毎日経済新聞』1967 年 9 月 25 日。
36　「9 個石油化学工業 単独投資推進」『毎日経済新聞』1967 年 8 月 16 日。
37　「石油化学政策의 醜態」『東亜日報』1967 年 9 月 29 日。
38　「石油化学工業立地選定안꺄」『毎日経済新聞』1967 年 9 月 27 日。
39　「幕내린『張基栄経済』6 部改革이 意味하는 것」『京郷新聞』1967 年 10 月 3 日。
40　企画院は用水の Make-up 率をめぐって 10% を主張したが、これに対して商工部（朴忠勲長官）は 3-4% であれば充分と反論した。前掲「懇談会開催」。
41　「걸프・油公으로」『京郷新聞』1967 年 10 月 2 日；前掲『韓国型経済建設』77-80 頁。
42　The Subcommittee on International Organizations of the Committee on International Relations, U.S. House of Representatives, *Investigation of Korean-American Relations : Report of* Washington : U.S. Govt. Print. Off., Oct. 31. 1978, p.28, 34, 36, 46, 232, 234, 253.

294　第二部　産業政策と産業発展

表1　石油化学工業投資企業（1968年2月）

事業名	外国投資企業	韓国投資企業
ポリエチレン（PE）	Dow Chemical	忠肥、韓国化成
エチレングリコール（EG）	Dow Chemical	三養社
ポリスチレン（PS）	Dow Chemical	天友社
塩化ビニルモノマー（VCM）	Dow Chemical	東海 VCM
アクリロニトリル（AN）	Skelly Oil	忠肥
カプロラクタム（CPL）	Allied Chemical	忠肥、東洋カプロラクタム
アセトアルデヒド	Union Carbide と交渉中	東信ポリマ
アルキベンゼン（AB）	未定	梨樹化学
合成ゴム（SBR）	未定	三洋タイヤ
ポリプロピレン（PP）	対日借款として推進	国泰産業
メタノール	対日借款として推進	大成木材

資料：　「石油化学工業投資業体」『東亜日報』1968年2月27日。
注：1）東海 VCM は大韓プラスチック、共栄化学、韓国化成、友豊化学4社の共同出資会社。
　　2）東洋カプロラクタムは韓国、韓一、東洋という合繊3社の共同出資会社。

といわざるを得ない。それによって、Union Oil と韓国火薬の合弁として推進された韓国化成案は廃棄され、張総理もその翌日更迭され、新しい経済企画院長兼副総理には朴忠勲商工部長官が任命された。こうして、従来の商工部案が中心となったのである[43]。

石油化学系列工場の決定と蔚山コンビナートの造成

それに伴い、韓国火薬と Union Oil を中心として確定された既存の事業者選定案（1967年7月12日）は白紙化された[44]。大韓石油公社は石油化学コンビナートが蔚山の自社近くに建設されることになると、自らが石油化学事業の推進者になることを主張した。これに対し、国営企業の忠州肥料側は要素肥料の生産経験に基づいて自社が事業者になるべきであると反論した。この案が石油化学工業推進

43　韓国火薬と Union Oil はその後政府の民間火力発電所建設計画（1967年11月27日）を契機として火力発電所の建設とともに、その原料たる BC 油の自家供給のために精油所の建設が必要であると立案し、Union Oil からの合弁投資を得て京仁エネルギーを設立し、精製業に進出した。大韓石油協会『石油産業의 発展史』1990年、235-259頁。
44　政府記録物では石油化学事業者として選定された企業の技術水準と資本力では外国の石油化学会社との合弁が不可能であったと記録されているが、これは事実歪曲である。

委員会に上程され、忠州肥料の技術理事たる馬景錫の説明が通り、「UP は油公、Down は忠州肥料」が担当することとなった[45]。しかし、ダウンストリームをすべて忠肥が管理するのは難しかったため、エチレン誘導品としては PE と VCM を、プロピレン誘導品として AN を、芳香族の誘導品としてはカプロラクタムを生産することにした。その結果、表 1 のように系列工場は忠州肥料などが事業者として担当することが 1968 年に決定された[46]。

こうして、NCC のみを大韓石油公社が運営することとなり、その建設には Lummus、SVW、Kellogg、Frost といった 4 社が入札し、韓国政府はプロセス、建設費などを検討して Lummus に決定したが、Gulf Oil は Lummus には発注せず、Kellogg の Commercial Term などが最も優れていたこともあり、Kellogg の技術を選択した[47]。業者の選定には政府が介入しようとしたができず、Gulf Oil の意思が反映された。それが可能となったのは、Gulf Oil からの追加投資と借款を条件として資本比率が 50 対 50 へと変わり、韓国政府の経営権も Gulf Oil に渡されたからである。68 年 5 月には 6 万バレルの第 2 常圧蒸留装置を追加建設し、11 万 5 千バレルへ拡張でき、その後も設備拡張を続けた。その対価として Gulf Oil からは 300 万ドルが 1971 年の大統領選挙および総選挙に際して民主共和党に再び提供された[48]。

一方、忠州肥料は石油化学の投資企業や借款先を探したが、外国の銀行は 1967 年にすでに負債が多いので、借款提供は難しいと拒絶した。そのため、石油化学の系列工場に忠肥が 50% を投資し、残りの 50% は世界的企業に対して投資を勧誘したが、ICI、DuPont、UCC、BASF などから断られ、1968 年 7 月までは Skelly が AN に、Dow が低密度ポリエチレン（LDPE）と VCM に、Allied（E. Booth）がカプロラクタム（CPL）に投資するという返応を得た[49]。このうち、Allied Chem. ではそれまでの海外投資の CPL への投資余力がないとして社長らの承認を得られなかった。こうして Dow と Skelly の投資が確定されると、日本を相手に勧められていた韓国合成ゴムの SBR 事業や大韓油化の PP、高密度ポリエチレン

---

45 前掲「会議録」。

46 馬景錫「蔚山石油化学団地의 建設回顧」『石油化学』2000 年 6 月、28-35 頁。

47 前掲「会議録」。

48 当初民主共和党の財政委員長として「党の金庫」役割を果たした金成坤から 1000 万ドルが要請されたが、Gulf Oil は 300 万ドルを提供した。「金成坤中央委議長」『京郷新聞』1971 年 6 月 10 日；Ibid., *Investigation of Korean-American Relations*, p.28, 34, 36, 46, 232, 234, 253.

49 前掲「蔚山石油化学団地의 建設回顧」28-35 頁。

296 │ 第二部 産業政策と産業発展

（HDPE）などの交渉も共に妥結できた。韓国火薬側は Union Oil とともに、第三精油所たる京仁エネルギーを設立するため、石油化学投資から離脱しており、国泰産業も国内資金力が証明されなかったため、事業選定が取り消された[50]。蔚山石油化学コンビナートの所要資金は内外資の約 2 億 4200 万ドルであって、そのうち 1 億 6200 万ドルは外国借款として調達し、残りの 8000 万ドルは外国企業の直接投資や国内の資金で調達する計画であった。

Dow の場合、韓国に 4100 万ドルの投資を想定したが、投資条件として投資金額を 5 年内に回収できることを提示した。そのため、原材料たるエチレンとユーティリティの価格を事前に決定し、さらに製品価格を高く設定することによって投資金の回収を保障した。こうした厚い保護政策が可能であったのは、10 年間を有効期限として全文 19 条からなる石油化学工業育成法（1970 年 1 月 1 日）が制定・公布されたからである[51]。その主要内容は石油化学工業コンビナートの指定と造成および管理運営、石油化学産業の事業者に対する事業合理化の指示、さらに政府、学会、業界の専門家 18 人からなる「石油化学工業審議委員会」の構成、研究および技術開発の支援などを含んでいた。石油化学工業審議委員会では石油化学産業に関する議論が専門的に行われたが、この委員会内の石油化学企画調査室が主導した。とはいうものの、石油化学工業の投資機関の選定をめぐる民間会社のロビー活動や外圧が続いたことも見逃してはいけない[52]。

韓国政府側は「韓国石油化学産業が相手国との競争において対等な位置に立つ」ようにすることを基本原則として設定したが、海外化学企業の設備能力は 30 万トン規模であったことから、NCC の生産能力計画 66,000 トンとは 4 倍の格差があった。このような規模格差から生じる製品生産原価の差異を克服するため、生産費から生産原価を計算するというより、競争国の生産原価を基準として韓国産の製品価格を設定し、これより生産費を逆算する方法をとった。それによって、表 2 のようにエチレン、プロピレン、ブタヂエン、ベンゼンといった化学製品の目標価格は日本、アメリカ、台湾に比べて低く設定された。それを可能なものに

50　前掲「会議録」。

51　石油化学に対する Package 免税措置は相当なものであった。同前。

52　その後も石油化学工業の投資会社をめぐるロビーと他の部署の介入は続き、HDPE 工場の実需要者の選定に際しては李厚洛中央情報部長（KCIA）と鄭鐘洙（科学技術処研究官）が韓洋化学を選定するよう、商工部石油化学課長の金熙述に圧力をかけた。商工部としては大韓油化が PP を生産し、HDPE の触媒が PP と同じくチーグラー・ナッタ触媒（Ziegler-Natta catalyst）を使用しているという立場から大韓油化が実需要者にならなければならないという立場であった。同前。

表2　政府の基礎石油化学製品の目標価格

品目	単位	目標価格	競争国価格		
			日本	アメリカ	台湾
エチレン	cnt/lb	3.9	4.5	4.0	5.5
プロピレン	cnt/lb	2.69	2.95		2.75
ブタヂエン	cnt/lb	10.76		11.75	13.0
ベンゼン	cnt/gal	29.0	31.0	27.0	29–30

資料：韓国石油化学工業協会企画部「石油化学과　国民生活：韓国石油化
　　　学産業의　歴史1」『石油化学』1997年11月号、47–52頁。
注：生産全量を消費した時の価格である。

するため、主要付帯費用やUitilites価格も市場価格とは全く関係なく大幅に低い
水準で設定された[53]。コンビナートの構成・助成、ユーティリティセンターの設
置などは政府または政府投資企業たる石油化学支援公団（忠肥の子会社として1969
年2月に設立）によって行われたのである。
　さらに、政府は租税減免規制法も改正し、稼動工場に対して稼動開始日から5
年間の法人税および営業税の免税、コンビナートに工場を設ける企業に対する財
産税および取得税などに対して免税といった優遇措置をとった。さらに関税法を
改正してまでも、石油化学工業用として導入される施設財に対する関税減免を
行った。外資導入法でも改正が行われ、外国人の投資保護をするための税制減免
規程が設けられ、初期5年は免税、次期3年は半分への減免が実施された。NCC
の規模も絶対的に不利であったため、それを100,000トンへと引き上げるととも
に、後には150,000トンへの追加拡大が可能になるように設計した。これらの措
置がまさに石油化学工業を積極的に育成する施策であったことは論を俟たない。
　1972年10月には表3でみられるように油公のエチレン基準で年産10万トン
規模のNCCを母体として関連系列工場からなる蔚山石油化学コンビナートが竣
工された。韓洋化学の低密度ポリエチレンおよびVCMエタノール工場、東西石
油化学のアクリロニトリル工場、梨樹化学のアルキベンゼン工場、大韓油化のPP
工場、韓国合成ゴムのSBR工場、三敬化成のPA工場であった。そのほか、石

53　Utilities価格は電気料3.50ウォン／Kwh、循環冷却水2.0ウォン／MT、工程水25.0ウォン／MT、
　　燃料34.0ウォン／M.M.BTUであった。韓国石油化学工業協会企画部「石油化学과 国民生活：韓国
　　石油化学産業의 歴史1」『石油化学』1997年11月号、47–52頁。

表3　蔚山石油化学コンビナートの竣工（1972.10）

事業名 （生産規模トン）	事業主体	所要資金（千ドル）			
		借款	外国企業 投資	韓国企業 投資	合計
NCC（エチレン基準 100,000）	大韓石油公社 （技術は Kellogg）	36,000	12,000	12,000	60,000
PE（50,000） VCM（60,000）	韓洋化学 （忠州肥料・Dow）	28,700	6,150	6,150	41,000
AN（26,400）	東西石油化学 （忠州肥料・ Skelly）	17,700	5,800	3,800	26,936
AB（13,000）	梨樹化学	2,732		1,722	3,504
PP（30,000）	大韓油化 （李庭林・丸紅）	12,357	1,744	1,744	15,845
SBR（25,000）	韓国合成ゴム （三洋タイヤ ・三井）	9,850	2,000	2,000	13,850
無水プタル酸 （8,400）	三敬化学 （愛敬油脂）	1,680		930	2,610
メタノール（45,000）	大成木材	6,588		3,226	9814
ユーティリティ・ 整備センター （工業用水 40KMT/ D、電気 35,000Kwh、 水蒸気 8,730MT/D）	石油化学支援公団 （忠州肥料）	10,596		6,452	17,048
合計		164,850	25,694	54,327	246,507

資料：「蔚山団地서　9 個石油化学工場竣工」『毎日経済新聞』1972 年 10 月 31 日。

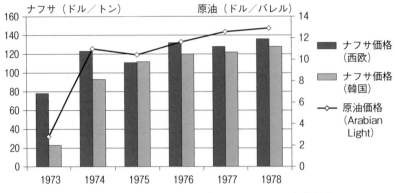

図2　第一次オイルショック後の原油・ナフサ価格推移
資料：韓国石油化学工業協会企画部「石油化学과　国民生活：韓国石油化学産業의
歴史2」『石油化学』1997年12月号、68-73頁。

油化学コンビナート内の用水電気、蒸気などを供給するユーティリティおよび整備センター（石油化学支援公団）が建設された。1960年代後半に海外からの基礎原材料を輸入してポリスチレン（PS）、ポリアミド（PA）、PVCなど一部の製品が加工されたが、蔚山石油化学コンビナートの完工によってエチレン、プロピレンなどといった溜分から低密度ポリエチレン（LDPE）、PP、ANなど製品にいたるまで一貫された生産体制を構築し、韓国は初めての石油化学施設の保有国となった[54]。生産原価は輸入価格より低くなり、国内需要を超える余剰製品は日本などへの輸出も可能であった。官民が協力し、外部からの直接投資（FDI）を受けて、新しい事業育成が実現されたといえよう。

図2のように、韓国石油化学工業が1973年より製品生産を始めたものの、その直後たる1973年10月にオイルショックが発生した。1971-1972年には1.69-1.82ドル／Bblであった原油価格（PIW、Arabian Light基準）が1973年には2.81/Bbl、1974年には10.98/Bblへ急騰し、その後10ドル以上を記録した。それに伴い、ナフサの価格も急上昇し、1973年に1トン当たり19.8ドルから1974年に5倍以上も上昇した99.4ドルとなり、1975年後には100ドル以上を推移した。このような原料価格の急騰に加えて、石油化学工場が新設設備であっただけに、

54　朴薫韓国石油化学工業協会顧問「되집어 본 韓国石油化学産業40年」『石油化学』、2004年10月、8-11頁。

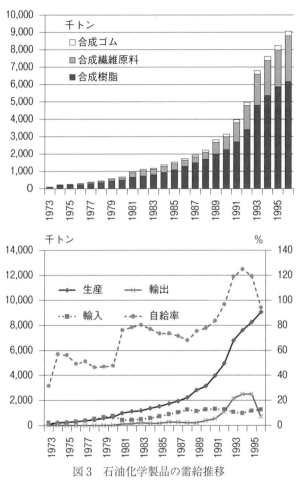

図3　石油化学製品の需給推移

資料：韓国石油化学工業協会『石油化学工業統計』各年度版。

減価償却の負担も大きかった。これに対し、図2のように韓国政府はナフサの価格引上率を相対的に低く抑えるとともに、エチレン、プロピレン、ブタヂエン、ベンゼンなどといった中間製品に対しても石油化学工業育成法に基づいて価格調整を行い、最終製品に対しても行政指導などを通じて価格引上げ幅を抑制した[55]。

55　韓国石油化学工業協会企画部「石油化学과 国民生活：韓国石油化学産業의 歴史2」『石油化学』1997年12月号、68-73頁。

このような価格調整の上、各種支援施策が加えられ、原料購入と製品販売の安定化が図られ、石油化学産業はオイルショックの中でも事業の拡大を行うことができた。

　そのため、NCC は稼動初期の困難があったものの、稼働率の上昇が続いたが、1976 年には系列工場の需要が大きく増えたため、供給が需要に応じられなくなった。エチレンの国内需要（エチレン誘導体の需要をエチレンに換算する潜在需要基準）は 1969 年 7 万 2000 トンに過ぎなかったが、1979 年に 52 万トンに達し、10 年間に年平均 24％ の成長率を示し、同期間中の経済成長率 10.6％ の 2 倍以上にも達した。系列工場別に見れば、LDPE、PP、AN、カプロラクタムはほぼ始めからプール稼働しても、供給が需要に及ばなかった。その反面、合成ゴム（SBR）は天然ゴムとの価格差のため、市場が低迷し、稼働率も停滞したが、1970 年代後半より天然ゴムの価格が急騰し、稼働率が好転した。主要石油化学製品のなかで最も需要が大きい合成樹脂は、5 大汎用樹脂基準（LDPE、HDPE、PP、PS/ABS、PVC）では同期間中年平均 25.4％、合成樹脂の次に需要が多い合成繊維原料（カプロラクタム、AN、TPA/DMT、EG 基準）は年平均 32.5％、合成ゴム（SBR、BR、IIR 基準）は 28.4％ 成長した。しかしながら、エタノールとメタノール、アセトアルデヒドは既存製品との競争や輸出低迷のため、市況は厳しい状態が続いた。図 3 のように製品の自給率が向上し、1970 年代には物量、金額基準とも輸入代替率が 50–60％ 台を占めた。言い換えれば、輸入比率は 1970 年代半ば以降 30–40％ 台を占めたが、その絶対量が年々急激に増えたことは当り前のことであった。韓国石油化学工業は繊維、タイヤ、靴など加工製品の輸出が好調を示し、消費財部門が持続的に発達し、合成樹脂を中心に急激に拡大し続けた。

2. 石油化学工業育成基本計画と第二麗川石油化学コンビナート

育成基本計画と日系資本の誘致努力

　朴政権は 1972 年 10 月に国会解散および憲法停止の上、12 月に大統領直接選挙制を廃棄して「維新体制」という半永久的に政権を担うことを試みた。当然、開発独裁の正当化のためにも韓国経済の新しい成長と跳躍が要請された。1973 年 1 月に朴大統領は年頭記者会見で「経済成長を阻害するすべての不条理と非合

理を果敢に除去することこそ10月維新の課業」であると指摘した上、韓国経済の高度成長を実現させ、経済自立を早期達成しようとするため、新しい次元の経済政策を具現する「重化学工業建設」を宣言した[56]。同宣言に基づき、その具体化を目的として国務総理が委員長となり経済関連部署の長官など7-15人の専門家を委員として重化学工業推進委員会が構成された[57]。その実務レベルで重化学工業政策を推進するため、同委員会の傘下に重化学工業企業団が設置され、その企画団長には商工部化学課長として蔚山石油化学コンビナートの建設に深くかかわってきた青瓦台経済第二首席秘書官の呉源哲が就いた。1973年6月までに鉄鋼、機械、造船、電子、石油化学、非鉄金属の6基幹産業を重点的に育成・発展させる方案が検討され、重化学工業育成計画として発表された。労働集約的軽工業に頼る国内産業の構造改編と体質を強化し、輸出産業の質的高度化を促進するため、国内重化学工業の比重を1981年までに51.0％へ増大させ、さらに輸出構造における重化学製品比率を1981年までに60％水準へ向上させ、1980年頃に一人当たり国民所得1000ドルと輸出100億ドルを達成することを目標として掲げるものであった[58]。

　こうした国民経済の自立化を実現する中、各種素材を供給する石油化学工業が不可欠な産業部門として認識されたことは論を待たない。とはいうものの、蔚山コンビナートが稼動されたばかりではあったものの、韓国経済の高成長と石油化学製品の輸出好調のため、すでに一部品目に限っては供給不足も懸念されていた。上述したように、国際的石油化学会社の30万トン級NCCとは規模の格差が大きく、当然規模の経済（economy of scale）を有せず、競争力向上のためには規模の経済を確保することが将来的に見て政策課題になっていた。政府側のシミュレーションによれば、製品別石油化学工業の予測需要は1973年から1980年にかけての7年間で3-9倍も増えると予測され、生産能力の拡大が至急に要請されたのである[59]。

　そこで韓国政府は重化学工業育成計画中、石油化学部門計画としては既存の蔚山コンビナートに限ってはエチレン基準の年産10万トンのNCCをとりあえず

---

56 「維新課業을 向한 信念・意志・実践—朴大統領의 念頭記者会見」『京郷新聞』1973年1月13日；「歴史의 새 章（4）重工業建設」『毎日経済新聞』1973年5月15日。
57 韓国石油化学工業協会『韓国の石油化学産業30年』『石油化学』1993年12月、14頁。
58 「重工業工業時代의 開幕建設」『毎日経済新聞』1973年7月5日；前掲「石油化学과 国民生活 2」68-73頁。

第9章　韓国石油化学産業の形成と展開 ｜ 303

1974 年までに年産 15 万トンへ拡張したあと、さらに 1976 年まで 30-35 万トン
へ拡張することで先進国並みの生産能力を確保し、これにあわせて関連系列工場
も 2-3 倍の拡張・新設をなし遂げることを明らかにした。それとともに、全南麗
水（→麗川）などにエチレン基準の年産 30 万トン級の大単位石油化学コンビナー
トを追加的に造成する予定であった。これが 1973 年 7 月には「石油化学工業育
成基本計画」として発表され、蔚山と麗川の石油コンビナート内の工場建設に参
加する「実需要者選定原則」が決定された。この選定原則とは NCC および系列
工場の一括投資、国内供給後の余剰分の全量輸出の保障、国際価格による販売、
輸入原料の責任供給、外国人の投資比率は原則的に 50% 以下であり、株式対借
款比は 30 対 70 にすることであった[60]。それを通じて、石油化学工業の生産規模
をエチレン基準の年産 60 万トンへ拡大し、さらにそれを拡大していく計画であっ
た。

　そこでの焦点となったのが第二石油化学コンビナートの造成であったことはい
うまでもない。麗水（→麗川）では、1966 年 5 月に政府の「第 2 精油工場建設及
び経営希望者の事業計画書」公募広告に応じて「湖南精油」計画を提出した LG
が政府の紹介によって Caltex と協議し、資本誘致を得て 1967 年初に日産 6 万バ
レルの精油工場を完工していた[61]。この基盤に基づいて政府は NCC と関連系列
工場からなる石油化学コンビナートを計画したのである。一括建設のためには膨
大な資金調達が必要とされることが勘案され、1973 年 4 月に特別法によってす
でに第一コンビナート建設の経験のある忠州肥料と湖南肥料を合併して韓国総合
化学工業（社長白善燁）を設立し、この新しい国有企業を中心にコンビナート実
行案を講じさせた。会社内には推進機関が設置され、石油化学工場の建設と運営
に当たる民間会社が選定されるまで、外国人投資団との交渉など建設に必要な諸
般の業務を遂行した。これは韓国総合化学工業が蔚山コンビナートだけでなく、
それに継ぐ麗川石油化学コンビナート建設に主導的役割を果たしたことを意味す

59　LDPE57 千トン→250 千トン（年率 23%）、HDPE24 千トン→103 千トン（年率 23%）、PP38 千ト
　　ン→190 千トン（年率 26%）、PS18 千トン→90 千トン（年率 17%）、PVC63 千トン→237 千トン（年
　　率 21%）、AN33 千トン→127 千トン（年率 22%）、カプロラクタム 36 千トン→177 千トン（年率 26
　　%）、DMT および TPA45 千トン→316 千トン（年率 32%）、EG14 千トン→101 千トン（年率 32%）、
　　SBR26 千トン→75 千トン（年率 16%）。前掲「韓国の石油化学産業 30 年」15 頁。
60　「麗水에 第 2 石油化学工団」『京郷新聞』1973 年 1 月 11 日；「国際規模에 拡張 蔚山石油化学団地
　　内既存工場」『毎日経済新聞』1973 年 8 月 6 日。
61　前掲「韓国精油産業の成立とオイルメジャー」341-365 頁。

304　第二部　産業政策と産業発展

る[62]。

第二石油化学コンビナートの投資誘致のため国内企業の実態調査と並行して参加可能性を打診する一方、外国投資企業も積極的に探したところ、日本側からの反応があった。すでに1970年1月には日韓協力委員会の第五次常任委員会で日本側は日韓合弁で石油化学コンビナートを韓国南部沿岸に建設する計画を提案したこともあった[63]。

1973年8月に三井東圧化学をはじめとする三井系は三井物資を総指揮体とし蔚山コンビナートのエチレン増設計画や「湖南総合化学基地」の石油化学系列工場として参加することを決定し、韓国のエチレン副産物会社との合弁会社を設立、誘導品生産に携わることとし、1973年8月16日に来韓した[64]。三井グループはGulf Oilと共に、事業参加を希望してすでにGulf Oilからも合意を得た[65]。ところが、Gulf Oilが麗川地区にNCCの建設を検討したものの、エチレン価格の0.25セント引上に対して商工部が反対してこの案は実現できなかった[66]。それ以来、GulfOilは韓国への追加投資を諦め、現状維持に留まった。当然、三井系の事業展開は油公（即ちGulf Oil）との共同投資案より、単独のNCC建設案へ変わっていた。韓国の現地調査を終えて三井石油化学、三井東圧化学、三井物産の三井系三社は共同投資を8月31日に重化学工業推進委員会企画団長金竜煥に正式申請した[67]。

三菱系も1973年8月6日に6班17人からなる投資調査団を派遣し、現地調査とともに、韓国企業との合弁交渉を行った[68]。三菱商事、三菱石油などの12社[69]が麗川地区へエチレン基準として年産30-40万トン規模にいたる5-6億ドル投資申請を行ってきた[70]。さらに、三菱化成は韓国火薬との合弁を通じて仁川地区に

62　前掲「韓国の石油化学産業30年」15-18頁；前掲『総合化学二十年史』；前掲「石油化学과 国民生活2」68-73頁。

63　「日韓合弁で石油化学工場　協力委へ計画」『毎日新聞』1970年11月12日。

64　「三井傘下石油社　油公과 合作키로」『京郷新聞』1973年8月4日；「日三井参加蔚山에틸렌工場増設計画에」『毎日経済新聞』1973年8月7日；「日調査団16日来韓」『京郷新聞』1973年8月14日。

65　「湖南工団系列別単一化」『毎日経済新聞』1973年8月17日。

66　前掲「会議録」。

67　「大規模 石油化学工業計画 日미쓰이그룹 参与申請」『東亜日報』1973年9月6日；「日三井그룹石油化学投資申請」『朝鮮日報』1973年9月7日；「51年完成へ動く三井系三社の韓国石化コンビナートプロジェクトチーム発足」『日本経済新聞』1973年9月13日。

68　「日 三菱投資調査団来韓」『朝鮮日報』1973年8月8日。

69　三菱商事、三菱化成、三菱油化、三菱レイヨン、三菱瓦斯化学、三菱重工業、三菱石油、三菱化工機、旭硝子、千代田化工、日東化学工業、大日本インキ化学工業（→DIC）。「麗水・光陽石油化学系列工場建設에　日三菱그룹　12社도　参与申請」『京郷新聞』1973年9月18日。

第9章　韓国石油化学産業の形成と展開　305

エチレン年産20万トンの石油化学コンビナートを推進し、Union Oil からのナフサ供給を得て石油化学製品を生産しようとし、韓国政府との交渉を行っていた[71]。

これらの投資申請は韓国側の想定を超えるものであって、麗川地区の同一コンビナート内に30万トン級の NCC を2基も建設することとなり、もはや商工部は外国人の合弁投資において従来の工場別誘致方式を止揚し、全系列工場への一括参与に限って認めることにした[72]。投資意思の公式表明を受けて、1973年9月に韓国総合化学工業の内に石油化学工業推進委員会を正式発足させ、日本側投資団と交渉を始めた[73]。三井側は団長以下10人からなる石油化学実務団が来韓して事業計画草案を検討し、麗川コンビナートの地質などをも調査し、韓国政府側との間には日本借款の供与の確認、製品分配原則、合弁会社の経営権および同責任の平等原則についての合意を得て、1973年10月31日までに韓国政府側に事業計画書の確定案を提出し、日本では韓国石油化学への投資を行う持株会社（後に第一化学工業）を設立することを決定した。三井側とほぼ同時期に参加意思を表明した三菱側も1973年10月23日現在の時点で実務団を構成し、事業別に実務陣が来韓して協議し、事業計画書草案を準備中であり、三井側と同じく三菱商事が主体となって持株会社（後に日本総合化学）の設立を検討した。韓国政府側は三菱側から提出された事業計画書案や合弁投資契約書案を接受して協議中であった。三井、三菱の大規模投資を前提に「石油化学工業推進計画」が1973年10月に作成され、朴大統領に報告されたのである。

基本方針として、蔚山コンビナートでは既存の年産15万トンに新規の30万トンを増設して総規模45万トンにするとともに、麗川コンビナートにおいては新規で30万トン級の2基（2つの系列工場含み）を設置することとし、従来のよう

70　三菱グループが申請した工場と規模は NCC40万トン、LDPE11万トン、HDPE6万トン、VCM20万トン、EG10万トン、SM10万トン、2-エチルヘキサノール4万5千トン、AN7万5千トン、PP7万トン、AB2万トン、SBR4万トン、PDI9千600トン、Butatiene6万2千トン、アルカリ電解20万トン、MMA2万9千トン、ベンゼン24万4千トン、DMT10万トン、TPA10万トン、CX15万トン、PA2万トン、ポリウレタン2万4千トン、ユーティリティであった。「麗川地区日『三菱』ユ믐投資申請」『毎日経済新聞』1973年9月18日。

71　「石油化学콤비나트 推進 仁川에」『毎日経済新聞』1973年10月9日；「에틸렌 20만t級 미쓰비시化成、韓国火薬提携 仁川에 石油콤비나트 建設」『毎日経済新聞』1973年10月9日。

72　「湖南総化 外国人合作投資 全系列 一括参与만 認定」『毎日経済新聞』1973年8月16日。

73　推進委員会は委員長1人、技術要員13人、事務要員7人、補助員6人、計27人、大学卒業予定者11人、合計38人からなっており、当初は総合化学内に実務室を設けたが、1973年11月1日に水雲会館へ移転し、1階約220坪全体を使用することとなった。大統領秘書室「石油化学工業推進計画」1973年10月。

306 │ 第二部　産業政策と産業発展

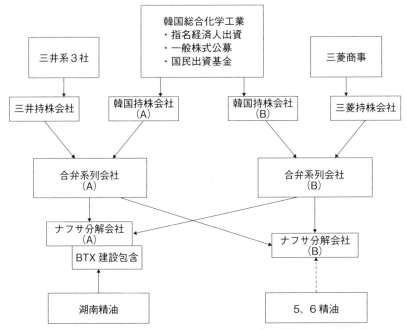

図4　麗川コンビナートにおける石油化学系列会社への出資計画
資料：大統領秘書室「石油化学工業推進計画」1973年10月。

に NCC と系列工場の経営は一括統合せずに、分離することを原則とした。図4のように、これは系列工場への韓日合弁投資を前提として NCC を精油側からも系列工場側からも分離しようとするものであって、実際の推進計画を実務的に立案していた韓国総合化学工業の利害関係を反映したものであった。計画としては韓国総合化学工業（社長白善燁）が三井、三菱がそれぞれ設立した持株会社に対応すべき韓国側持株会社（1973年12月17日、麗水石油化学株式会社、社長金弼相、前東西石油化学社長）を払込資本金1億5千万ウォンをもって設立し、持株会社の設立後6ヶ月以内に外国人投資会社と 50 対 50（資本金は総所要資金の 30％ 以上）の合弁会社を設立することにした[74]。この合弁会社（後に A・B）が系列工場の建設及び運営やナフサ分解会社に対する出資を行い、ナフサ分解会社（A・B）

74　資金計画を見れば、三井合弁会社は 740 百万ドル所用資金として想定し、そのうち建設資金は外国資金 450 百万ドル、国内資金 200 百万ドル、合計 650 百万ドル、運転資金は国内資金 90 百万ドルであった。三菱合弁会社は 773 百万ドルであって、そのうち建設資金が外国資金 500 百万ドル、国内資金 183 百万ドル、運転資金 90 百万ドルであった。前掲「石油化学工業推進計画」。

表4　石油化学工業推計計画におけるナフサ供給方案

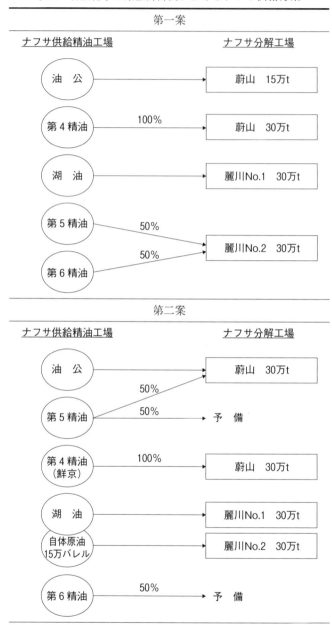

資料：前掲「石油化学工業推進計画」。

はNCCの建設及び運営に当たり、そのうち、会社（A）はBTX工場の建設及び運営を行うことが計画された。そのほか、韓国政府は工場立案を確定して整地計画、港湾計画について韓国水資源開発公社（→産業基地開発公社）と協議を進めることにした。

このような30万トン級のNCC3基の追加保有は原料たるナフサの供給を必要とし、当然精油所の増設を必要とした。当時、蔚山の油公や麗川の湖油のほか、韓国火薬とUnion Oilの合弁で京仁エネルギーが設立されていたものの、京仁は火力発電用燃料に集中していたため、韓国政府は追加的精油所として第4、5、6精油を建設することを決定した。具体的な方案としては、海外からの原油全量を輸入することを想定した第一案と、大陸棚探査中であった原油開発が成功する場合を念頭に置いた第二案が検討されていた。第4、5、6精油ができれば、国内石油化学用ナフサ生産は1976年の日産109,400バレルから1981年には日産188,500バレルになり、1976年に稼動すべきNCC30万トン3基に原料ナフサを充当しても多くのナフサ残量（1976年に日産6,200バレル→1981年に日産85,200バレル）ができるが、もし第4、5、6精油を考慮しない場合には、1978年度より30万トン2基によってナフサの充当が可能であると判断された。1973年11月8日には韓国政府と三井・三菱との間で合意案が設けられ、麗川コンビナートで生産された石油化学製品のうち、相当の部分が日本などへ輸出されることとなり、経済自立化に大きく寄与すると期待された[75]。

しかし、第四次中東戦争の勃発に触発されてオイルショックが発生すると、ナフサ価格も引き上げられており、日本の「エチレンの国内需要が減り、石油化学関係の海外投資熱」が冷め、さらに「日韓関係が緊張したため、進出計画は中断され」た[76]。というのも、景気停滞の中で石油化学製品の販売が行き詰まり、石油化学工業の収益性が悪化しただけでなく、1973年8月に日本亡命中の金大中が中央情報部（KCIA）によって拉致され、船で連れ去られ、日本政府は主権侵害として両国間の政治懸案となっていたのである。そのため、「プロジェクトの裏付けとなる日本の政府資金の融資見通しが立たない」状態となった[77]。これら

75　麗川コンビナートの石油化学製品の輸出額と比率（対生産額）は1977年246百万ドル、46％、1978年230百万ドル、40％、1979年145百万ドル、34％、1980年121百万ドル、27％であった。前掲「石油化学工業推進計画」。

76　「石油化学コンビナート作り　韓国が資金協力要請」『毎日新聞』1975年9月12日。

77　「信越化は参加を断念　韓国のコンビナート建設」『日本経済新聞』1974年9月6日。

の理由から三井、三菱の両側はともに麗川石油化学コンビナートへの投資計画を保留してむしろ生産縮小を要求した[78]。そのため、1976 年の竣工を目標とした第二コンビナート建設計画が大幅遅延された[79]。

推進計画の縮小調整と麗川コンビナートの造成

　結果的に、1974 年 5 月 18 日に韓国政府は表 5 のようにコンビナート建設計画をエチレン 30 万トン級の NCC2 基建設から 35 万トン級 1 基建設へと変更せざるを得なかった。本来は NCC および BTX 事業は三井、三菱からそれぞれの投資を得て韓日合弁で推進しようとしたが、韓国のラッキ財閥（LG）、麗水石油化学、Caltex、三井・三菱の 4 者がそれぞれ 25％ を投資し、NCC1 基を共同投資する計画も講じられたが、実現せず、韓国側の単独事業とした上、外資の導入は従来のように建設業者の選定時に借款斡旋を条件として調達し、資本金の全額を政府出資とするが、工場の竣工が具体化すると民営化を図ることにした。もはや系列工場の建設も全系列工場への一括参与はできず、従来の工場別誘致方式が余儀なくされた。

　三井系は韓国政府側の強い残留要請もあり、事業縮小の上、第一化学工業[80] が1974 年 10 月に麗水石油化学と合弁で系列事業計画書を提出した[81]。表 5 のように四つの工場を建設し、第一化学工業が日本からの外資調達の責任を有し、韓国内の資金は政府出資と外国人出資で調達し、政府出資分は国民投資基金で賄うが、事業が本格化する 1977 年以降には民間企業へ譲渡する予定であった。その反面、三菱系は 1974 年 8 月までに投資手続を取らなかった。三菱系の一員として参加していた信越化学工業が「建設機器、資材暴騰による所要資金の大幅な膨張に加え、生産を予定していた塩ビモノマーの需要の伸びが当初計画より下回ることが明らかになった」ため、参加を断念したのである[82]。その結果、三菱が投資を約束していた 6 つの系列工場のうち、電解工場、LDPE、EDC、VCM の 4 工場建

78　「麗川石油化学建設에 日 2 社参与 白紙化」『京郷新聞』1974 年 9 月 5 日。

79　「麗川第 2 段階石油化学系列工場 第 3 国과 合作推進 日、三菱・三井投資 꺼려」『朝鮮日報』1974年 9 月 6 日。

80　第一化学は 1973 年 11 月に三井石油、三井物産、三井東圧の三井グループ 3 社の共同出資によって麗川石油化学プロジェクトの日本側投資会社として設立され、その後 1974 年 6 月に日本石油化学がこの会社に加わった。三井石油化学工業株式会社『三井石油化学工業 30 年史：1955-1985』1988年、339 頁。

81　「三井麗川工団에 폴리에틸렌 等 4 個石油化学工場」『京郷新聞』1974 年 10 月 22 日。

82　「信越化は参加を断念　韓国のコンビナート建設」『日本経済新聞』1974 年 9 月 6 日。

310 │ 第二部　産業政策と産業発展

表5 麗川石油化学コンビナート計画の変遷 (単位：トン／年)

工場名	初期案	修正		最終案	事業主体
		三井系列	三菱系列		
NCC	300,000	300,000	300,000	350,000	湖南エチレン
HDPE	45,000	100,000		70,000	湖南石油化学
PP	100,000	100,000	40,000	80,000	湖南石油化学
EG	なし		100,000	80,000	湖南石油化学
LDPE	150,000	100,000	83,000	100,000	韓洋化学
VCM	100,000	200,000	200,000	150,000	韓洋化学
EDC				286,000	韓洋化学
電解工場 (塩素基準)		147,000	123,000	210,000	Dow Chemical
酸化プロピレン (PO)		50,000		40,000	未定
Butadiene				50,000	湖南石油化学
SBR			40,000		
スチレンモノマー (SM)	70,000	100,000	100,000		
アクリロニトリル (AN)	50,000		50,000		
PS	60,000				
PVC	100,000				
オクタノール	100,000		45,000	40,000	未定
TPA/DMT	20,000		100,000		
MMA			23,000		
カプロラクタム			100,000		
公表時期	1973.6	1973.11		1974 末	
完工予定時期	1976-1978	1976		1978	
所要資金 (百万ドル)	427	1513		920	

資料：前掲「石油化学과 国民生活2」、72頁。

設が1973年9月に事業参加を表明したDow Chemical N.V社と韓洋化学に渡された[83]。すでに蔚山において合弁で石油化学工場を運営していたDow Chemicalと韓洋化学は、同年10月に事業計画書が認可を受けると両社が責任を持って投資金を調達し、LDPE工場とEDC/VCM工場の運営は合弁で行うが、電解工場の建設および運営はDow Chemical社の単独にすることにした。また、外資の誘致が難しかった合繊原料のカプロラクタムとTPA/DMTにおいて、遅延して

---

83 「日本미쓰비시社 대신 미다우케미칼社 内認」『東亜日報』1974年10月29日。

も民間実需要者を選定して推進する方針を取ったものの、それまでは麗水石油化学が単独で担当することとなった。

韓国側（麗水石油化学）と三井との間で合弁投資契約が1975年2月に締結され、50対50の出資の上、「麗川石油化学」を設立することとなった[84]。これを受けて、韓国側は1975年4月に韓国総合化学工業の直接出資で35万トン級のNCC事業を推進する湖南エチレン（社長金弼相、前麗水石油化学社長、資本金2億ウォン）を設立した。その後、麗水石油化学は三井系の第一化学工業とともに4つの石油化学系列工場の設立に専念した。ここで、三井グループは石油化学コンビナート計画の企業化条件として「韓国政府に①日本側企業が投資を回収できるよう合弁会社の収益を確保するように配慮する、②日本側の資金負担は出資分とプラント機器の延べ払い分だけに限り、運転資金は合弁会社が韓国内で調達する、③日本側は輸出義務を負わない」と提示した[85]。このような条件は投資の収益性に対する韓国政府の保障を要請するものであったことは言うまでもなく、韓国政府側はこれを受け入れた。これに応じて、第一化学工業は1975年7月に日本政府に海外投資認可を申請する一方、通産省、大蔵省、輸出入銀行との間で2億ドルの借款交渉を進めた。しかし、日本政府は両国間の外交問題のほか、三井、三菱はイラン、サウディアラビアなどの中東産油国でも石油化学工業を合弁で進めたことから、海外投資が重複しており、麗川コンビナートが日本市場に及ぼす影響に鑑み、第一化学工業の海外投資認可を保留した[86]。

これに対し、韓国政府は外交問題に一応のケリがつき、両国関係が「正常化」に踏み出したことから、1975年9月に第8回日韓定期閣僚会議を前に「日本政府に対し石油ショック以来延期されていた韓国の麗水石油化学コンビナート建設に対する協力を要請し」た[87]。さらに、韓国総合化学工業、麗水石油化学、湖南エチレンなどからなる社長団が派遣され、日本政府との交渉に当たった。河本敏夫通産相は同年9月16日の記者会見で石油化学コンビナート建設には「前向きに協力していきたい」との意向を明らかにした[88]。その後、日韓経済協力事務者会議が開かれ、韓国政府側は第二コンビナート建設を最優先プロジェクトとして

84　三井東圧化学株式会社社史編纂委員会編纂『三井東圧化学社史』三井東圧化学、1994年、579–580頁；鄭範植「내가 본 韓国石油化学産業 1」『石油化学』第221号、2013年5・6月、18–25頁。

85　「韓国側、三井グループの麗水油化コンビナート計画の企業化条件を受け入れる」『日本経済新聞』1975年8月1日。

86　湖南石油化学株式会社『湖南石油化学十年史　1976-85』1986年、63頁。

87　「石油化学コンビナート作り　韓国が資金協力要請」『毎日新聞』1975年9月12日。

表6　日本通産省の事業推進方針（1975 年 11 月 26 日）

区分	主要内容
借款規模	現金支払の契約分 2,000 万ドル 借款契約分 3 億ドル 総額 3 億 2,000 万ドル
年度別 借款金額	1976 年：2,000 万ドル 1977 年：2 億 2,000 万ドル 1978 年：6,000 万ドル
着手金	借款供与の慣例に従って 15%
供与方式	一括契約するが、年度別借款計画に従って分割供給

資料：湖南石油化学株式会社『湖南石油化学十年史　1976-85』1986 年、
　　　64-65 頁。

提示したこともあり、1973 年 11 月に日本の通産省が 3 億ドル借款提供を決めた[89]。それによって、1976 年 3 月に麗水石油化学と第一化学工業を投資機関とする湖南石油化学が設立され、系列工場の建設に取り組むようになった[90]。その反面、三菱系では三菱商事、三菱油化、信越化学、旭硝子、三菱石油の 5 社が出資し、日本総合化学を 1973 年に設立したにもかかわらず、「一時進出を断念」したため、韓国側は三菱に代わり、既述のように Dow Chemical の進出を決めた[91]。そのため、三菱系は麗川コンビナートの進出機会を失ってしまった。

　コンビナート造成および付帯施設（道路、港湾など）を建設するために産業基地開発公社が全南麗川郡三日面一帯 129 万坪の敷地を買入れ、そのうち 76 万坪を 1976 年 4 月に分譲した。湖南エチレン、湖南石油化学、韓洋化学、Dow Chemical の 4 者は 1976 年 11 月に合同起工式を挙行した[92]。合同起工式以降、湖南エチレンは工場建設に必要な資金調達のため借款および技術導入契約を締結したあと、

88　「韓国麗水油化コンビナート建設に前向きに協力―河本通産相が記者会見」『日本経済新聞』1975
　　年 9 月 16 日。
89　「湖南石油 4 月発足　麗水石油化学콤비나트에 日輪銀融資 3 億弗確定」『毎日経済』1976 年 2 月 21
　　日；湖南石油化学株式会社『湖南石油化学十年史 1976-85』1986 年、64-65 頁。
90　「三井グループ、日韓合弁の誘導品生産会社「湖南石油化学」を設立」『日本経済新聞』1976 年 2
　　月 11 日。
91　「石油化学コンビナート作り　韓国が資金協力要請」『毎日新聞』1975 年 9 月 12 日。
92　「麗川基地 8 個石油化学工場起工」『東亜日報』1976 年 11 月 10 日。

第 9 章　韓国石油化学産業の形成と展開 ｜ 313

表 7　麗川石油化学コンビナートの竣工工場の現況（1979 年 11 月）

企業	工場および規模（年産千トン）	投資額（億ウォン）		
		国内資金	外国資金	合計
湖南エチレン	NCC350	862	960	1822
湖南石油化学	HDPE70、PP80、EG80	716	614	1330
韓洋化学	LDPE100、VCM150、EDC286	239	435	674
韓国ダウ	塩電解工場（塩素 210、苛性ソーダ 231）	275	520	775
韓国合成ゴム	Butadiene50、BR25	110	139	249
合計		2202	2668	4870

資料：韓国石油化学工業協会「麗川石油化学合同竣工式挙行」『石油化学뉴우스』1980 年 1 月、
　　　14-16 頁。
注：工場のうち、韓国合成ゴムの BR 工場は当時建設中。

建設に着手し、1979 年 11 月に年産エチレン 35 万トンの NCC、年産 14 万 8 千トンの BTX 工場の完工を見た[93]。さらに、湖南エチレンはコンビナート内のユーティリティ供給のために支援施設の建設も担当した。系列工場においてはまず、湖南石油化学はブタヂエン工場の建設を国内需給のため延期し、HDPE、PP、EG といった残りの 3 つの工場建設のための借款および技術導入契約を完了し、国内の外貨資金 3 億ドルを投入し、1979 年 11 月に年産 7 万トンの HDPE 工場、年産 8 万トンの PP 工場、年産 8 万トンの EG 工場を完工した[94]。次に、韓洋化学は年産 10 万トンの LDPE 工場、年産 15 万トンの VCM および年産 28 万 6000 トンの二塩化エチレン（EDC）工場を 1979 年 12 月に完工した。一方、EDC 工場に必要な塩素供給のために Dow Chemical は単独で 1979 年 12 月に年産 21 万トンの塩素と 23 万 6000 トンの苛性ソーダ生産能力を持つ電解工場の完工を見た。その後も、錦湖化学（現、錦湖シェル化学）が年産 2 万 5000 トンのフェノールと年産 1 万 5000 トンのアセトン工場を 1980 年 11 月に工場建設を完了した。当初湖南石油化学が計画した年産 5 万トンのブタヂエン工場は蔚山にブタヂエンと SBR 工場を保有していた韓国合成ゴムの事業となり、年産 2 万 5000 トンの BR 工場とともに建設された。

93　韓国石油化学工業協会企画部「石油化学과 国民生活：韓国石油化学産業의 歴史 2」『石油化学』1997
　　年 12 月号、68-73 頁。
94　「三井グループ、韓国麗水油化コンビナート計画まとめる―ブタジエン当面延期」『日本経済新聞』
　　1975 年 8 月 16 日。

表 8　蔚山石油化学コンビナートの新増設計画

工場名	事業主体	生産規模 （千トン／年）	所要資金（千ドル）			建設期間
			国内資金	外国資金	計	
NCC	大韓石油公社	100→150	10,299	10,250	20,549	1976-77
TPA	三星石油化学	100	35,255	54,745	90,000	1976-78
SM	蔚山石油化学	60	12,936	17,000	29,936	1976-77
石油樹脂	Kolon 油化	5	2,230	1,070	3,300	1977-79
O-X/P-X	高麗合繊	30/70	14,940	5,250	20,190	1976-79
AN	東西石油化学	27→77	16,728	30,581	47,309	1976-78
SBR	韓国合繊ゴム工業	25→50	7,016	3,166	10,182	1975-78
PA	三敬化成	8.4→23.4	3,701	7,020	10,721	1976-77
合計			103,105	129,082	232,187	

資料：前掲「石油化学과　国民生活 2」73 頁。

　一方、韓国政府は麗川コンビナートの建設と平行して 1975 年には表 8 のよう
な蔚山コンビナートの新増設計画を確定した。ところで、表 4 のナフサ供給方案
で見られるように、当初の第一案は第 4、5、6 の精油所の建設の上、30 万トン
級の NCC3 基を確保する計画であった。第一次オイルショックによって精油所
の追加建設が不可能になったため、NCC 規模を縮小して油公は別の会社として
アジア石油化学を設立して年産 15 万トン級のナフサ分解能力を確保し、油公の
施設拡充とともに、蔚山コンビナートのエチレン年産規模を従来の 10 万トンか
ら 30 万トンへ引き上げるつもりであった[95]。しかしながら、アジア石油化学は発
起準備委員会の発足をみたものの、その実現には至らなかった。その一方、韓国
政府は油公の NCC への投資拡大を慫慂したが、Gulf Oil の反応は収益性がない
として投資を忌避し、かえって精油部門以外の NCC 部門に関する持分を売却し
ようとする動きに出た[96]。これは当時実現されることはなかったとはいえ、油公
による大規模な NCC の拡大は期待できず、表 8 のように蔚山コンビナートの新
増設計画は油公の NCC 規模を年産 10 万トンから 15 万トンへ拡張した上、テレ
フタル酸（TPA）工場を含む 8 系列工場を新増設する程度に止まった。系列工場
の新設は TPA 工場、スチレンモノマー(SM)工場、石油樹脂工場、o-キシレン・

95　「年内 6 個工場着工 DMT 等石油化学系列化 위해」『東亜日報』1975 年 3 月 12 日；韓国石油化学
　　工業協会「韓国의 石油化学産業 30 年」1993 年 12 月、22 頁。
96　「日工業新聞報道 油公合作나프타分解工場 等」『京郷新聞』1974 年 5 月 28 日。

表 9　韓国石油化学工業の民営化

会社	外国人持分	韓国側持分の民営化
湖南エチレン	0%	忠肥 100%→　大林 80%、ロッテ 20%
湖南石油化学	三井 50%	忠肥 50%→　ロッテ 80%、大林 20%
大韓石油公社	GULF OIL50%	忠肥 50%→　SK
韓洋化学	DOW50%	忠肥 50%→　韓火
東西石油化学	Skelly50%	忠肥 100%→　韓一合繊

資料：鄭範植「내가 본 韓国 石油化学産業 1」『石油化学』第 221 号、2013 年
　　　5・6 月、18-25 頁。
注：資料上、忠肥となっていたが、民営化時には韓国総合化学工業であった。

p-キシレン（O-X/P-X）工場からなっており、それ以外は既存工場の増設であった。第二次オイルショックの影響もあり、TPA やキシレンといった一部の工場建設には若干の遅延があったものの、遅くても 1980 年には竣工を見た[97]。

　韓国政府は石油化学工場の建設が進むにつれ、政府持分の売却を完工した。1978 年 11 月に忠肥の後身として持株会社の役割を果たしてきた韓国総合化学工業の持分が公開売却された。湖南エチレンと湖南石油化学の場合、ロッテと大林の公開競争入札ではロッテが優位を占めた。当時政府はロッテの事業基盤が日本であり、三井の持分を考慮すれば、国家基幹産業が日本企業の影響下に入ることを懸念した。政策当局の指示に従ってロッテを一括落札者と宣言し、ロッテが湖南石油化学の内国人の持分 20% と湖南エチレンの持分 80% を大林に譲渡し、1979 年 4 月に民営化作業は完了した[98]。そのほか、Gulf Oil の撤退に伴って政府の油公持分が SK に渡され、SK が Gulf Oil の 50% 持分も引受けると油公は完全に民族系企業となった。韓洋化学と東西石油化学は早くも 1970 年代前半にそれぞれ韓国火薬と韓一合繊に民営化された。新産業部門たる石油化学工業が移植される段階で、資本・技術面で民間セクターが担当できないことから、政府がリスク・テイカー（risk-taker）となり、外国からの資本と技術を直接投資や借款の形で誘致し、独自的事業展開の兆しが見えたところで、財閥へ引き渡したのである。

　ともあれ、第二コンビナートが完成され、本格的工場稼動に入ると、内外の事

97　「코오롱油化、石油樹脂工場竣工」『京郷新聞』1977 年 6 月 21 日；「三星 PTA 工場竣工 蔚山団地内美・日과 合作」『毎日経済新聞』1980 年 4 月 29 日；「高麗合纖키실렌工場 2 年만에 完工」『毎日経済新聞』1980 年 11 月 3 日。
98　前掲『三井東圧化学社史』654-655 頁；前掲「내가 본 韓国 石油化学産業 1」18-25 頁。

316　第二部　産業政策と産業発展

業環境は厳しいものであった。1979年10月に開催される予定であった麗川石油化学工場の合同竣工式が朴大統領の暗殺（1979.10.26）のため延期され、崔圭夏大統領の参席下で1980年1月に開かれた[99]。その際、崔大統領は「政府は最近の世界的経済難局などによる重化学工業の隘路と問題を解決するため、最善の努力を注いでいる」ことを前提に重化学工業の質的水準を高めなければ、韓国の工業化がより高い段階へと発展することができないという戒めを述べた[100]。こうして、蔚山に継いで麗川石油化学時代の幕が開かれたものの、イラン革命に触発され、第二次オイルショックが発生し、もはや政府投資機関ではない石油化学会社の経営状況は深刻なものであった。図5で見られるように、ナフサ価格の急騰に伴って石油化学産業の収益性は1980年に悪化し、総資本純利益率と売出額純利益率がそれぞれ−6.9%、−8.1%であった。とりわけ、合成樹脂製品は内需を中心として全体の7割を占めたが、需要不振にもかかわらず、供給能力はむしろ大幅増大した。そのため、稼働率は低下し、高金利問題も加えられ、深刻な経営難が生じたのである[101]。

そのため、1981年3月13日には徐錫俊商工部長官招聘で湖南エチレン、韓洋化学、東西石油化学、湖南石油化学、韓国合成ゴム、韓国カプロラクタム、韓国ダウケミカル、三星石油化学、協会専務理事などが参加して石油化学業界の懇談会が開かれた[102]。石油化学業界の、1980年に稼動した23社中17社が赤字を示し、総欠損額は1181億ウォンに達し、深刻な経営難を招来した。これは国内外の景気沈滞も重要な原因であったが、生産製品の約60%以上を輸出用原資材として供給する中、総原価の約80%を占めるナフサなど国内原料価格が過去1年間で約2倍へ上昇した反面、輸出用原資材は外国ダンピング製品の投売価格にあわせて供給したからである。輸入制度上、ダンピング輸入価格水準にあわせなければ、投売品の流入を防ぐことはできないことから、輸出用原資材に対して出血低価で供給しなければならなかった。業界は国内軽工業に原料を供給している素材産業

99 　前掲『三井東圧化学社史』654–655頁。

100 　「崔大統領 麗川石油化学工場竣工致辞 産業合理化로 危機克服」『東亜日報』1980年1月29日；
　　「崔大統領、麗川石油化学竣工式参席 "重化学質向上努力"」『京郷新聞』1980年1月29日。

101 　たとえば、稼働率は1979年から1981年にかけて合成樹脂100.5%→71%→78%、合繊原料109.5%
　　→101%→109%、合成ゴム原料120.7%→81%→75%であった。韓国開発研究院「石油化学工業의 問題点과 合理化方案」1982年4月。

102 　「石油化学業界、商工部長官招請懇談会 油化工業 当面問題 및 対策建議」韓国石油化学工業協会『石油化学뉴우스』6-43、1981年3月、5-6頁。

第9章　韓国石油化学産業の形成と展開 ｜ 317

図5　ナフサ価格の動向と韓国石油化学業界の利益率
資料：前掲『石油化学工業統計』。

たる石油化学工業が危機に直面していると説明し、①輸出用原資材の輸入制限基準面の上向調整、②原料ナフサの特別配慮（低価格策定）、③最近国産化された品目（フェノール、アセントン、軟性アルキベンゼン、TDI、O-X/P-X）に対する内需用輸入制限などを措置するよう建議した。これに対し、徐長官は「熟知」し「石油化学業界の隘路を打開する方案を研究・検討する」ことにした。

具体的には韓国政府は2-3年内に需給改善が進み、正常化できると見て、商工部は産業経済技術研究院とともに、「専担研究班」を設置し、石油化学工業の合理化対策を講じた[103]。石油化学製品を輸入監視製品として指定し、国産品の使用を優先し、国内価格の管理あるいは関税の弾力的運用を通じて一時的に量的質的輸入規制を加えた[104]。その一方、国際価格より若干高くなっているナフサ価格を

「国際化」し、すなわち引き下げて生産原価の上昇を防ごうとした。石油化学の誘導品輸出に対しても国産原資材供給の実績が確認されれば、金融支援を受けることが可能となった[105]。さらに、企業レベルでは生産合理化や経営改善を進めることを提案した。個別企業レベルでは、たとえば、湖南石油化学においてはエネルギー節減運動が展開され、消灯・隔灯制の実施はもとより、ナトリウム灯への交替、可変電圧可変周波数制御装置（VVVF）の導入、熱回収熱交換機、クリーンルームの改造、PE工程転換（CP→CX）などが実施されており、スチーム使用量は設計基準の1時間当り120トン→40トン水準へ節減できた[106]。HDPE工程変更が1年半ぶりに行われ、既存設備を一部活用し、新しい工場を建設することもできた。エネルギーセービングの結果はスチーム節減率−65.2%（1983年度製品単位当り使用量1.38÷1980年度3.97）や電力節減率−28.7%（1983年度製品単位当り使用量0.87÷1980年度1.22）を記録するに至った。

　石油化学の各社とも原価節減と製品開発を図り、1980年代半ばには石油価格が安定し、競争力の差が縮小した。その中で、1986年4月にチェルノブイリ原発事故が発生すると、原発の稼動中断・建設中止が生じ、大量のガスが発電用として投入された。また、イランはアメリカとの摩擦のため、ほとんどの石油化学工場の建設において蹉跌が生じ、また完工後のイラン・日本石油化学（IJPC）もイラクとの戦争のため稼動が不可能となった。それに伴い、韓国のナフサを原料とする石油化学も価格競争力を回復し、好況期を迎えた[107]。その中で、韓国でもそれまでの石油化学工業育成法に代わって工業育成法（1986）が制定され、投資自由化政策が実施され、石油化学業界は過剰・重複投資問題を抱えながらも、規制緩和の軌道に乗ったのである。

---

103 「苦痛들고 넘긴 사이 赤字2千億 石油化学」『毎日経済新聞』1982年1月14日；「商工部 石油化学経営合理化作業 本格化」『毎日経済新聞』1982年2月18日。

104 「1百6個品目 딤핑輸入規制」『毎日経済新聞』1982年2月11日；「石油化学等 56品目 輸入価格評価強化」『毎日経済新聞』1982年3月2日；前掲「石油化学工業의 問題点과 合理化方案」。

105 「国産原資材供給実績確認에 의한 金融支援에 9個追加：品目中 HDPE、TPA、BR 등 油化製品 7個品目 包含」韓国石油化学工業協会『石油化学뉴우스』6-43、1981年3月、6-7頁。

106 鄭範植「내가 본 韓国石油化学産業 2」『石油化学』第222号、2013年7・9月、18-19頁。

107 前掲「내가 본 韓国石油化学産業 2」21頁。

おわりに

　最後にここまで見た韓国石油化学産業の経緯をまとめ、結論を述べたい。軽工業の自立化のため、ADLのカウンセリングを得て石油化学工業の育成が推進された。その具体化をめぐってアメリカ側は最終消費財工業より市場の拡大を図ることを推薦したものの、韓国政府はNCC工場と誘導品の系列工場を中心とする計画を樹立した。これを新しいビジネスのチャンスとして認識したUnion Oil側は韓国火薬との合弁を通じて参入を希望して余剰原油の処理が可能なNCCと系列工場を仁川に建設しようとしたのに対し、蔚山に精油所を設けたGulf Oil側は当然合弁企業たる油公を基盤としてNCCへの参入に出た。これが経済企画院と商工部の対立となり、事実上財閥を意味する民営と油公を意味する国営という経営体制をめぐる論争にも繋がった。しかしながら、経済企画院と商工部の計画を折衷する形でダウンストリームは韓国火薬の系列工場となっていたが、立地は蔚山と決定された。

　この折衷案に対して立地の変更を含む見直しが企画院によって行われ、Union Oilへの支持が著しくなった。これに対し、危機感を有したGulf Oilは政治献金を提供するなど積極的なロビー活動を行って、商工部の案たる蔚山コンビナートが確定された。それに伴い、既存の系列工場の選定が取り消され、新しい系列工場の選定が行われた。油公と忠肥が系列工場への参入をめぐって競争し、忠肥の石油化学経験が認められ、油公はNCCに限定された。忠肥は外資誘致を図り、ダウンストリームを担当し、一部の工場に対して財閥の参入を受け入れた。とはいえ、韓国市場への事業規模を限定し、規模の経済が実現できず、石油化学業界は弱い経営基盤を免れなかった。これを政策的に補うため、石油化学製品の国際価格に対して価格競争力を持つように価格設定が行われ、それに加えて輸入制限、減免税、関税優遇、金融支援が図られた。これを法律的に支えるのが石油化学工業育成法であった。これが第一次オイルショックのなかで有効な政策手段であったことは確かである。

　さらに、10月維新をきっかけとして開発独裁の強化を図るため、重化学工業化の推進が決定され、その一環として石油化学工業の拡大が決定された。前回の経験に鑑み、規模の経済を図るため、既存NCCを10万トンから15万トンへ拡充し、さらに30万トンとしようとしたが、新しいものとして麗川に30万トン級

320 ｜ 第二部　産業政策と産業発展

を新設しようとした。この石油化学工業育成基本計画の推進に際して、忠肥と湖肥を合併して韓国総合化学工業が設立され、外資導入を図るなか、三井、三菱からの参入希望を受けて、NCC2基の麗川コンビナートを内容とする石油化学工業推進計画が決定された。NCCと系列工場への合弁のため、それに当たる一連の会社を設立するため、持株会社として韓国側は麗水石油化学、三井は第一工業、三菱は日本総合化学をそれぞれ設立した。さらに、原料調達のため、第4、5、6精油所を設けることにした。

　ところが、第一オイルショックが発生して事業環境が悪化し、金大中の拉致事件が日韓両国間の外交問題となり、借款提供が不透明となり、三井、三菱は事業保留を示した。その結果、事業縮小が余儀なくされた韓国政府は湖南精油の投資会社LGとCaltexからの共同投資を受け入れ、NCCの建設が図られたが、それも滞り、政府出資による単独経営にならざるを得なかった。三井は系列事業への残留を選択したが、三菱は保留したため、それに代わってDow Chemicalと韓洋化学が参与し、三菱が投資することはなかった。日韓の国交正常化に伴って日本輸出銀行からの借款が実現でき、麗川コンビナートの造成が可能となった。その一方で、蔚山コンビナートではGulf OilがNCC売却の動きに出たこともあり、15万トンへのNCCの拡充に止まった。第二コンビナートの造成につれ、民営化が実現され、大林、ロッテ、SK、韓国火薬、韓一合繊といった財閥が受け皿となった。工場の稼働が始まったところで、第二オイルショックが発生し、経営不振に陥った。そのため、政府側の輸入規制、金融支援、ナフサの低価供給、企業側のエネルギーセービングが行われ、1980年代半ばより経営改善がようやく実現されることとなった。

　こうして、石油化学産業が国家主導によって育成されたが、初期費用をリスクテイカーとしての国家が負担しながら、各種政策手段を通じて事業の確立を見て、財閥への払下げを実現した。とはいえ、事前的計画がそのまま実現されず、政策的介入は状況対応的に行われた。その事業者の選定をめぐってオイルメジャー、外国政府（米・日）、財閥、国営企業、政府機関が競争・協力し、その中で二回にわたるオイルショックが発生し、事業展開の複雑性を増したことから見て、石油化学工業の育成は既存研究のように外資の資金力と技術力を一方的に利用するような歴史像ではなかったのである。

第 10 章

中国の産業政策と企業成長[1]
——鉄鋼業からのエビデンス——

張紅詠

はじめに

　鉄鋼業は工業化を代表する産業である。英国、フランス、ドイツ、米国、日本、韓国などの主要国の発展段階において鉄鋼業が非常に重要な役割を果たしていた。鉄鋼製品の技術向上と普及は経済成長と発展だけでなく、工業化と現代化に必要不可欠な機械産業、インフラストラクチャーの成長と拡大にも大いに寄与する。鉄鋼業は中国の経済成長においても最も重要な基幹産業であり、中国政府が1949年建国から重点的に育成してきた産業である。1978年改革開放まで鉄鋼生産量は徐々に増えていたが、生産性が非常に低かった。改革開放後、とくに1990～2000年代、鉄鋼生産量は急激に増加した（図1）。1980年は中国の生産量が約3.7千万トン、世界総生産量の5％しか占めていなかったが、1990年代後半から急激に増加し、中国WTO加盟2年後の2003年に2億トンを突破し、2014年に8億トンを超え、世界総生産量の約半分を占めている。とくに、2000年から2007年までの間に毎年15％以上の成長率で規模が拡大している[2]。急激な成長は言うまでもなく投資によるところが大きかったが、それと同時に生産性も大きく上昇した。一人当たりの年間粗鋼生産量でいえば、1970～80年代の15トン程度から、1990年の21.1トン、1995年の27.9トン、2000年の51.0トン、2005年の125.7トンまで大きく上昇した[3]。興味深いのは、こうした生産量と生産性が大きく上昇した

1　本章の原案に対して、科研費研究会のメンバー、RIETI矢野ゼミの方々から多くの有益なコメントを頂いたことに謝意を表したい。

2　ちなみに、1980年から2014年まで粗鋼生産量の年平均成長率が9.1％であり、同期間の中国GDP成長率の9.8％にほぼ匹敵する成長ぶりだった。

3　Brandt, L., T. Rawski and J. Sutton, 'China's Industrial Development', in L. Brandt and T. Rawski eds. *China's Great Economic Transformation*, Cambridge University Press, 2008. を参照。

323

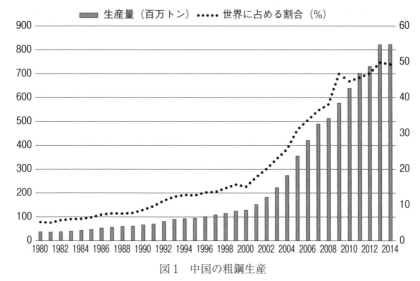

図1　中国の粗鋼生産

資料：World Steel Association.

時期は、鉄鋼業では国有企業（SOE）改革、外国技術導入、補助金など様々な産業政策を実施した時期でもある。政府主導のもとで、企業改革や外資導入により生産効率が改善し、規模の経済を発揮するとともに産業連関の効果を通じて産業発展と経済成長に大いに貢献したと考えられる。例えば、大塚・劉・村上の研究によれば、1980年代の国有企業改革と価格改革が鉄鋼企業の生産性向上に大きく寄与した[4]。その一方、1980～1990年代より「諸侯経済」（いわゆる地方保護主義）が根強くて国内市場が分断されており、地方政府が直接経営管理していた小規模な鉄鋼メーカーも非常に多かった[5]。その規模の経済の効果はあまり期待できなかったが、当時規模の小さい郷鎮企業の生産需要に応えて地域経済の発展を支えてきた可能性は否定できない。2000年代以降中央政府が小規模企業の整理など生産抑制的な政策を繰り返してきたが、地方政府が税収や雇用を確保するため、その政策に協力的ではなく、あまり効果がなかったこともあり、今でも全国に数千社の鉄鋼メーカーが存在している。中国鉄鋼業の発展に関する先行研究は

---

[4] 大塚啓二郎・劉徳強・村上直樹「国有企業の改革と鉄鋼業の発展」『中国のミクロ経済改革―企業と市場の数量分析』日本経済新聞社、1995年。
[5] 杉本孝「鉄鋼産業―規模の経済と諸侯経済のせめぎ合い」丸川知雄編『移行期中国の産業政策』アジア経済研究所、2000年。

多いが、政府が実施していた様々な産業政策が有効だったのか、産業政策が鉄鋼業の産業発展にどのように寄与したのかについては定量的に評価する研究は少なく、産業政策と産業発展・企業成長との関係はまだ検証する余地がある。本章では、産業政策として国有企業改革、外資導入、補助金、政策融資・減免税を同時に取り上げてこれらの政策と企業成長（生産性向上など）との関係を検証することを目的とする。産業政策の定義は政策担当者や研究者の間で議論が分かれていて必ずしも一致していないが、本章では基本的に伊藤・清野・奥野・鈴村が提唱した定義に従う[6]。彼らによれば、産業政策とは、一国の産業間の資源配分、または特定産業内の産業組織に介入することにより、その国の経済厚生に影響を与えようとする政策である。具体的には、次のような政策が含まれている。1）一国の産業構造に影響を与えようとする政策。すなわち、貿易・直接投資など海外諸国との取引に介入したり、補助金・税制などの金銭的誘因を使うことによって、発展産業を育成・保護したり、衰退産業から資源の移転を調整・援助する政策。2）技術開発や情報の不完全性などに伴う市場の失敗を是正する諸政策。すなわち、的確な情報を提供したり、補助金や税制による政策手段を用いることにより市場の失敗を是正し、資源配分を望ましい方向に誘導する政策。3）個別の産業組織に行政的に介入し、経済厚生を高めようとする政策。具体的に、不況カルテル・設備投資カルテルなどを通じて産業内の競争構造や資源配分に直接介入しようとする政策[7]。このように、本章の取り上げた政策は産業政策の範疇に入っていると言える。

本章の分析で使用しているデータは、中国鉄鋼業企業 1998～2007 年の個票データである。各年 3000 社以上もあり、各企業に売上高、雇用者数、中間投入、固定資産、所有形態（国有、民間、外資）、補助金等の情報が含まれているため、企業の生産活動、生産性、さらに産業政策の効果を分析することが可能である。分析結果から、1）国有企業改革、外資導入を通じて産業・企業の生産性が大きく上昇したこと、2）国有企業、地方政府に属する企業、大企業、輸出企業が補助金を受ける傾向が高いが、補助金が生産性、新製品開発、輸出に正の効果を有すること、3）減免税が生産性の向上に寄与したが、政策融資が負の効果をもたら

6　伊藤元重・清野一治・奥野正寛・鈴村興太郎「産業政策とは何か」『産業政策の経済分析』東京大学出版社、1988 年。

7　他には、4）経済的な根拠というよりはむしろ、主として政治的要請に基づいて取られる政策。つまり、貿易摩擦などに対処するための、輸出自主規制や多国間協定などの政策がある。

すことが明らかになった。本章はいつくかの先行研究に関連し、中国鉄鋼業の研究に貢献するものとなる。まず、中国鉄鋼業の発展については、Brandt, Rawski and Sutton（2008）（注3参照）で明快に整理されている。彼らは豊富な統計資料を用いて1978年から2006年までの鉄鋼業の発展を概観し、産業規模の拡大、生産性の向上及び技術進歩を示している。また、企業間、所有形態間パフォーマンスの格差、市場競争と政府主導の混在、大企業、国有企業に対する優遇政策などの問題点を指摘しているが、データを用いて定量的に産業政策を評価していない。1990年代の企業規模政策、設備規模政策の効果については、1998年の規模政策は業績の悪化した小規模企業の整理閉鎖、企業再編に成功したこと、1995年に政府規制により小規模高炉が大幅に減少したことなどから、政策の効果があったと評価している[8]。ミクロデータを用いた先駆的な研究として、G. Jeffersonブランダイス大学教授は、1985年の中国鉄鋼企業120社のデータを用いて生産関数を推定し、そこで得られた資本・労働の弾力性の推定値を用いて鉄鋼業の成長会計分析を試みた。改革期間（1980～1985年）に全要素生産性（Total Factor Productivity, TFP）が2.5%上昇したと試算した[9]。また、国有企業制度改革と市場制度改革と企業パフォーマンスとの関係については、企業改革の一環としての利潤分配制度の導入が企業の利潤動機を刺激し、経営者の労働意欲を高めた結果、この制度を採用した企業の生産性がそうでない企業より15～30%程度高くなったと報告している[10]。より最近の研究では、本章と同様に1998～2007年の鉄鋼業企業データを用いて企業のTFPを推計し、生産性の決定要因（所有形態、企業規模、研究開発、市場集中度など）を議論した研究もある[11]。本章は、国有企業改革だけでなく、外資導入、補助金、政策融資などの産業政策に注目し、政策の効果を検証し、先行研究を補完するものとなる。さらに、近年、中国鉄鋼業の過剰生産能力問題が深刻と指摘されているが、その点は本章の分析範囲外となっている[12]。

　戦後日本は様々な産業政策を駆使した経験がある。大橋弘東京大学教授は1950～60年代の日本鉄鋼業の企業データを用いて輸出補助金政策の効果を検証した結果、輸出補助金が産業成長に果たした貢献が非常に小さかったこと、それより

8　前掲杉本（2000）を参照。

9　Jefferson, G., 'China's iron and steel industry: Sources of enterprise efficiency and impact of reform,' *Journal of Comparative Economics*, 33, 1990, pp.329–355.

10　前掲大塚・劉・村上（1995）を参照。

11　Sheng, Y. and L. Song, 'Re-estimation of firms' total factor productivity in China's iron and steel industry,' *China Economic Review*, 24, 2013, pp.177–188.

326　第二部　産業政策と産業発展

も学習効果（learning by doing）、つまり、累積生産量とコストと負の相関関係があり、学習効果が大きかったことを主張している[13]。また、アメリカ鉄鋼業を対象とした研究では、1963～2002年の事業所レベルデータを用いて技術導入（minimill、電炉）の効果を検証し、新しい技術の代替効果、産業内の競争効果（競争に勝ち残った事業所は、古い技術のままでも競争効果で生産性を上昇させることで生き残ってきた）という二つの効果によって産業の生産性が大きく上昇したと報告している[14]。これらの文献は、産業政策よりも技術進歩の効果を強調したものである。それに対して、本章は中国鉄鋼業の生産性を分析しつつ、国有企業改革や外資導入などの中国特性に注目し、地域研究や産業分析に貢献する内容となる。

本章の構成は次の通りである。次節では、実証分析に用いる鉄鋼業の企業データを説明する。第2節はデータを用いて産業政策に関する観察から得られた事実を提供する。第3節は産業政策が企業の生産販売、生産性、雇用、輸出、新製品開発に与える影響の実証分析結果を示し、第4節で全体をまとめる。

1. データと変数

本章は、中国国家統計局が毎年調査した「規模以上鉱工業統計」（Annual Survey of Industrial Firms）の個票データを用いる。この統計は、鉱工業に属するすべての国有企業と売上高500万元以上の非国有企業を調査対象とする。国家統計局はこのミクロデータを産業レベルで集計し、その結果は毎年『中国統計年鑑』（China Statistical Yearbook）で公表されている。今回の分析では鉄鋼業のデータを使用している。各企業に、所在地、所有形態（国有、私営、外資）などの基本情報、生産高、売上、雇用者数、中間投入、輸出額といった産業活動に加え、固定資産、負債、利益、税金、賃金などの財務情報など、合計100以上の変数が含

---

12 過剰生産能力問題については、European Union Chamber of Commerce in China Overcapacity in China : An impediment to the Party's reform agenda 2016. ; Kawabata, N. Where is the excess capacity in the world iron and steel industry? –A focus on East Asia and China–, RIETI Discussion Paper 17-E-026. 2017. ; 渡邉真理子「中国鉄鋼産業における過剰生産能力問題と補助金―ソフトな予算制約の存在の検証」RIETI Discussion Paper Series 17-J-058、2017年を参照。

13 Ohashi H., 'Learning by doing, export subsidies, and industry growth : Japanese steel in the 1950s and 1960s,' *Journal of International Economics*, 66, 2005, pp.297-323.

14 Collard-Wexler, A. and J. De Loecker, 'Reallocation and technology : Evidence from the US steel industry,' *American Economic Review*, 105 (1), 2015, pp.131-171.

第10章 中国の産業政策と企業成長 | 327

表 1　鉄鋼企業数の推移

年	製鉄	製鋼	圧延加工	その他の鉄鋼業
1998	1,030	296	1,699	550
1999	904	265	1,640	537
2000	893	273	1,575	560
2001	952	251	1,696	607
2002	923	235	1,832	647
2003	816	261	2,167	870
2004	1,067	413	4,119	1,531
2005	1,010	398	3,642	1,482
2006	1,036	379	3,998	1,576
2007	875	384	4,339	1,555
変化(2007-1998)	−155	88	2,640	1,005

資料：中国国家統計局「規模以上鉱工業統計」より筆者作成。

まれている。各企業には ID が振られているため、パネル化している。データは 1998 年から 2007 年までの 10 年間、企業数は 1998 年約 3575 社、2007 年約 7153 社があり、鉄鋼業の研究で一番包括的なミクロデータである。また、データセットには欠損値や入力ミスによる異常値が含まれているため、先行研究に従ってデータのクリーニングと実質化を行った[15]。具体的には、雇用者数が 8 人未満の企業、固定資産、付加価値あるいは売上高が正でないサンプルを除外した。資本デフレーター、4 桁産業別の投入デフレーター、産出デフレーターを用いて中間投入、売上、付加価値額、固定資産など実質化した。

　表 1 は鉄鋼業 4 桁産業分類での企業数の推移を示している。製鉄と製鋼の企業数が比較的に安定しているが、圧延加工とその他の鉄鋼業では参入が旺盛で、企業数が 1998 年から 2007 年にかけて急激に増加したことが分かる。

　実証分析では企業成長は、基本的に労働生産性、全要素生産性を指す。労働生産性は、付加価値額を雇用者数で割ったものである。全要素生産性に関しては、実質付加価値額、労働投入、資本ストックを利用して、企業レベルの TFP を推計した。具体的には、Levinsohn and Petrin によって提案された方法に沿って、

15　Brandt, L., Van Biesebroeck, J., and Y. Zhang, 'Creative accounting or creative destruction? Firm-level productivity growth in Chinese manufacturing,' *Journal of Development Economics*, 97 (2), 2012, pp.339–351.

実質中間投入額を生産性ショックの代理指標に利用して推計を行った[16]。生産性の向上というプロセス・イノベーションに対して、プロダクトイノベーションの指標として、新製品生産比率（新製品売上が総売上に占める割合）を利用する[17]。また、輸出は基本的に品質の高い財と考えられるため、輸出集約度（輸出額が総売上に占める比率）の指標も用いる。

　本章で使われる産業政策を代理する変数の定義を述べておきたい。まず、国有企業は各企業に与えられた所有形態の登録番号をもって識別した。具体的には、国有企業、国有聯営（合弁）企業、国有独資公司が含まれている。各企業に国有資本比率（0~100％）も分かるため、インディケーターの代替的な指標として使う。分析では国有から非国有へのオーナーシップの変化や民営化、国有資本比率の低下は、国有企業改革を意味していると想定している。オーナーシップは、国有企業以外、私営企業（民営企業とも言い、外資を除く）、外資企業がある。

　データでは所有形態以外、各鉄鋼メーカーの管轄主体、つまり、企業が中央政府、省や特別市政府、地方の市・県・郷鎮政府、その他のどの組織の下で管理されているかが分かる。政府に直接管理されている企業、国有企業は従来から政府との結びつきが強く、産業全体の生産活動、供給、市場価格までに大きな影響を与えている。改革開放から30年が経っても鉄鋼業において市場の力が弱くて政府の関与が過剰であり、とりわけ大企業が政策融資、減免税などの利益を享受している一方、様々な面で政府の監督を受けなければならないと指摘されている[18]。表2は、中央、省・特別市、地方政府の傘下に置かれた企業の数を報告している。データ期間中に、政府に属していない企業の数は3千社以上も増えていたが、政府に管理されている企業の数はほとんど減っていない。注意しないといけないのは、政府に所属しているこれらの企業は必ずしも国有企業あるいは国有資本が入っているわけではない。直接中央、省・特別市の指示を受ける企業はほとんど国有企業であるが、非国有企業でも日常的に地方政府の監督や行政指導などを受けたりすることが多い。

16　Levinsohn, J. A., and A. Petrin (2003) Estimating production functions using inputs to control for unobservables, *Review of Economic Studies*, 70（2）：317-341.

17　新製品とは、新しい技術やデザインで作られた斬新なもの、あるいは製造過程の改善・新しい材料の使用などによる品質向上を実現したもののことを指す。新製品と称される期間は、通常、生産開始から1年以内とする。

18　Brandt, L., T. Rawski and J. Sutton, 'China's Industrial Development,' in L. Brandt and T. Rawski eds. *China's Great Economic Transformation*, Cambridge University Press, 2008.

表2　政府管轄企業数の推移

年	中央	省・特別市	県	その他
1998	30	177	964	2,190
1999	52	154	920	2,056
2000	49	148	876	2,056
2001	46	151	772	2,371
2002	38	147	727	2,572
2003	34	155	796	3,001
2004	43	183	809	5,889
2005	43	154	851	5,372
2006	39	143	932	5,703
2007	39	144	994	5,873
変化 (2007-1998)	9	- 33	30	3,683

資料：中国国家統計局「規模以上鉱工業統計」より筆者作成。

　それから、外資企業（外商企業）は法律上外国資本比率が25％以上でなければならない。独資、合弁・合作などの形があるが、各企業に登録番号が与えられているため、その番号を用いて特定した。また、外資企業は源泉国によって香港・マカオ・台湾系外資企業とそれ以外の国・地域の外資企業に分かれているが、本章の分析では特に区別しない。それより外資資本比率の情報が重要であり、外資比率が高いほど、外国からの技術導入、先進のマネジメントやノウハウが多く含まれていると考えられる。

　最後に、この企業データのユニークなところは、補助金に関する情報が入っていること。ここでは補助金は、生産量や売上などに基づいて政府が決まった補助金定額を定期的に支給した収入、あるいは徴収した付加価値税の返納額を指す。曖昧な定義であるが、基本的に生産補助金のことである。実際どういう目的で支給したのか、どういう用途に使われているのかは不明である。分析では、ある企業が補助金を受けているかどうか示すダミー変数の他、補助金集約度（補助金が売上に占める割合）を用いる。補助金以外の金銭的誘因としては、政策融資（低金利ローン）や優遇税制がある。ここでは、それぞれの代理変数として、実効利子率（支払利息が流動負債に占める比率）と減免税額（＝利潤×法人税率－実際納付した法人税）を企業ごとに算出した。また、法人税率は25％である。

2. 産業政策

この節では、①国有企業改革、②外資導入（技術導入を含む）、③補助金、④政策融資（低金利ローン）・減免税の順に、企業データを用いてこれらの産業政策に関する観察事実を提供する。

国有企業改革

中国の国有企業改革は 1978 年改革開放から長い期間に渡って行われてきたが、未だに進行形である。本章で使用するデータ期間でも鉄鋼業の国有企業改革が進み、とくに、1997 年に中国政府は「大を掴み、小を放つ」を打ち出し、大きな政策変化があった。つまり、国有大企業をしっかり管理して強く大きく育成し、生産性の低い、負債の多い国有中小企業を民営化あるいは倒産させる戦略である。その政策を実施した結果、国有企業が鉄鋼業の生産活動に占めるシェアも急速に縮小した。図 2 で示したように、国有企業が産業全体の付加価値、雇用、利潤に占めるシェアが 1998 年の 60% 強から 2007 年の 30% 以下まで低下した。企業数で言えば、国有企業が 1998 年の 668 社から 2007 年の 146 社に、約 522 社も減少した。それに対して非国有企業の参入が非常に旺盛であり、私営企業が 2483 社から 6337 社まで、外資企業も 210 社から 567 社まで大きく増加した[19]。

図 3 は国有企業と非国有企業の労働生産性の分布を示している。1998 年に国有企業の労働生産性が非国有企業に比べて低かったが（分布がより左側に位置している）、2007 年の時点になると、両者の差が縮まって国有企業の生産性がまだ若干低いが、生産性の分布がほぼオーバーラップしていることが分かる。これは、国有企業改革によって生産性が上昇していることを示唆している[20]。国有企業生産性上昇のチャンネルとしては、1）1990 年代半ばには現代企業制度（株式会社

---

[19]　鉄鋼業だけでなく、同期間中に同じ基幹産業である電子産業においても国有企業は 2024 社から 476 社へと大幅に減少した一方、私営企業と外資企業の企業数が急増した。Wakasugi, R. and H. Zhang, 'Impacts of the WTO accession on Chinese exports,' *Journal of Chinese Economic and Business Studies*, 14, 2016, pp.347–364. を参照。

[20]　生産性の指標は全要素生産性を使っても同じような結果である。この結果は、中国製造業全体を分析対象とした先行研究の結果と一致している。Hsieh, C. and Z. Song, 'Grasp the large, let go of the small : The transformation of the state sector in China,' *Brookings Papers on Economic Activity*, 2015, pp.295–346. を参照。

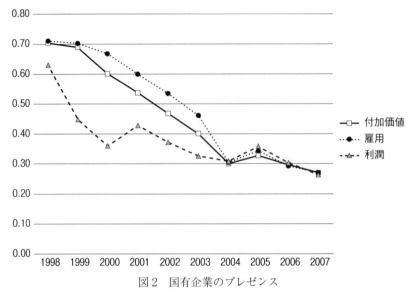

図2　国有企業のプレゼンス

資料：中国国家統計局「規模以上鉱工業統計」より筆者作成。

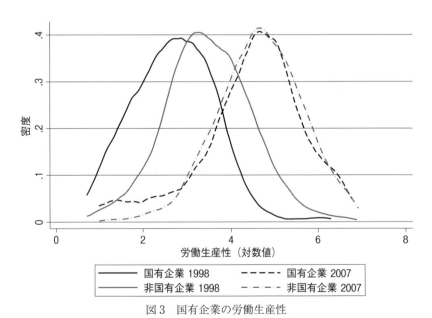

図3　国有企業の労働生産性

資料：中国国家統計局「規模以上鉱工業統計」より筆者作成。

制度）が導入され、国有企業に法人財産所有権、自主的経営権限を認め、非国有資本の参入も認め、経営管理の効率が良くなったこと、2）国有企業が雇用規模を維持しないといけないという政治的な圧力は徐々に弱まり、大量の人員削減を行い、労働を資本に代替させることによって生産性を伸ばしたこと、3）規模が小さくて生産性の低い国有企業は、合併、リース、請負、売却あるいは破産などの方式で民営化し、比較的に生産性の高い企業が残ったこと、4）旺盛な市場参入により国有企業が激しい競争に直面し、生産性の向上に努力したこと、5）WTO加盟に伴う貿易自由化と輸入関税の削減により、品質の高い原料・中間財・資本財を生産に投入して生産性を伸ばしたことなどが考えられる。

外資導入

　鉄鋼業は国家の安全保障にも係わる非常に重要な産業であるため、外資参入が少ないと思われるかもしれないが、実際中国の鉄鋼業では外資の利用が非常に早い段階ですでに始まって外資企業の数も意外と多い。外資導入の事例としては、例えば、1972年に武漢鉄鋼公司は、日本と西ドイツから機械設備を導入した。また、1978年に上海市は、新日鉄から全面的な技術導入により、最新鋭の設備を備えた一貫製鉄所(宝山鉄鋼公司)を新設した。中国の体系的な外資政策は、1995年に公布した「外商投資産業指導目録」（以下「目録」）だった。そこで、産業・製品を「奨励」「制限」「禁止」に分類し、それぞれのカテゴリーに属する品目をリストアップした。「奨励」類の投資プロジェクトは、法律と行政法規に従って外国企業に対する優遇措置を設けた。WTO加盟の翌年（2002年）に中国は「目録」を大きく改訂し、ハイテク産業、基礎産業、付帯産業への投資を奨励するのと同時に、外資が参入可能な業種を拡大させた。487の産業（4桁分類）のうち、117の産業を外資に開放するようになった。そのうち、鉄鋼業の一部業種と製品も「奨励類」に入っていた。具体的には、50トン以上の高性能の電炉（精錬と連続鋳造ができるもの)、ステンレス製鋼、冷延鋼板、石油用鋼管などがある。その後外資が急速に増加し、2002年に鉄鋼業が製造業全29の2桁産業のうち、もっとも外資を受け入れる産業の第13位となった。表3は外資企業数の推移を示している。外資企業が2003年まで200社台だったが、2004年以降500社ぐらいまで急増した。

　地場企業より外資企業の生産性が平均的に高いと一般的に知られている。中国の鉄鋼業も例外ではない。図4は外資企業の労働生産性の分布を示している。1998

第10章　中国の産業政策と企業成長 | 333

表3 外資企業数の推移

年	国有	私営	外資
1998	668	2,483	210
1999	603	2,364	215
2000	497	2,408	224
2001	409	2,683	248
2002	352	2,891	241
2003	264	3,461	261
2004	247	6,173	504
2005	183	5,757	480
2006	165	6,113	539
2007	146	6,337	567
変化(2007-1998)	−522	3,854	357

資料:中国国家統計局「規模以上鉱工業統計」より筆者作成。

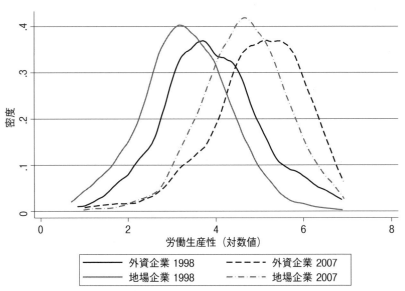

図4 外資企業の労働生産性
資料:中国国家統計局「規模以上鉱工業統計」より筆者作成。

年と 2007 年ともに、地場企業の生産性に比べて外資企業の分布がグラフの右側に位置しており、全体の生産性が高いことが分かる。また、両者の差が安定しており、2007 年時点で差があまり縮まっていない。ここでは、外資導入の因果関係、つまり、同一企業が実際外資を導入した後の生産性の変化と仮に導入しなかった場合の生産性の変化との比較を厳密に分析したものではないが、全体として外資参入が活発化して産業全体の生産性の向上に寄与していると考えられる。

補助金

　補助金は発展途上国においても先進国においてもよく使われている政策ツールである。中国政府の補助金に関する公表データは少なく、非常に不透明であることもあり、補助金が過剰生産能力をもたらした可能性があると指摘されている[21]。先行研究では、中国製造業企業レベルのデータを用いて、生産補助金について産業別の分布、所有形態別の分布を示したうえ、補助金のアロケーションの決定要因を分析し、補助金と輸出との関係について検証した[22]。しかし、鉄鋼業における補助金に関する観察事実はまだ不十分であり、また、産業発展段階における補助金が生産性などにもたらす効果、すなわち、補助金が鉄鋼業育成を目的とする場合、幼稚産業保護論で議論されている補助金の動学的な効果の有無を検証する必要がある。

　ここでは、データから以下の三つの観察事実を示したい。第一に、生産補助金が急速に増加していたが、サンプルの期間では鉄鋼業企業が 3000 社から 7000 社まで増えたにもかかわらず、実際、毎年補助金を受けている企業は約 10% しかなかった（図5）。また、補助金はすべて国有企業に配分されているわけでもなく、むしろ国有企業の数は少なく、それより多くの非国有企業が補助金を受給している。第二に、補助金対売上比率から言えば、1998 年から 2007 年までの平均は、補助金を受けている企業に限って 2.61%、産業全体が 0.26% だったため、非常に高いとは言えない。第三に、補助金を受ける企業はほんの一部の企業であるが、

21　例えば、鉄鋼業上場企業約 30 社のデータを用いた分析結果、補助金などを通じた救済を受けた国有企業は、救済を受けた翌年度も赤字を継続させるという、ソフトな予算制約が起きていた可能性があることが指摘されている。渡邉真理子「中国鉄鋼産業における過剰生産能力問題と補助金—ソフトな予算制約の存在の検証」RIETI Discussion Paper Series 17-J-058、2017 年を参照。

22　Girma, S., Y. Gong, H. Gorg, and Z. Yu, 'Can production subsidies explain China's export performance? Evidence from firm-level data,' *The Scandinavian Journal of Economics*, 111 (4), 2008, pp.863-891.

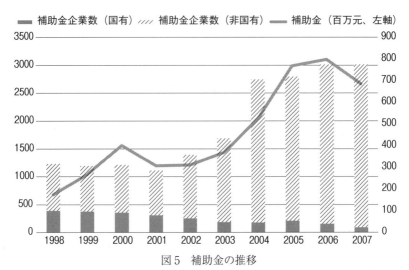

図5 補助金の推移
資料：中国国家統計局「規模以上鉱工業統計」より筆者作成。

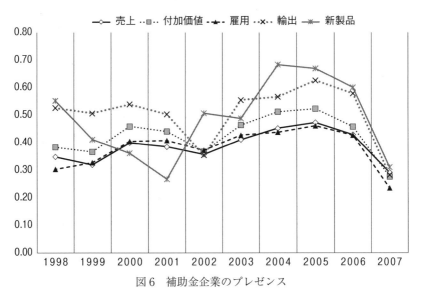

図6 補助金企業のプレゼンス
資料：中国国家統計局「規模以上鉱工業統計」より筆者作成。

これらの企業は産業全体におけるプレゼンスが大きい。図6で示したように、補助金を受給している企業が産業全体売上の約3〜4割、付加価値の40%ぐらい、雇用の30%以上、輸出の約半分、新製品生産の3割から6割を占めている。

　実際、補助金をどのように配分しているのか、どのような企業に配分しているのかは検討する余地がある。ここで、補助金の配分（受ける企業が1、受けていない企業が0）の決定要因について、企業レベルデータを用いてプロビットモデルを推定した。紙面の都合もあり表でまとめていないが、その結果から、1）国有資本比率が高く、外資資本比率が低いほど、補助金を獲得する確率が高いこと、2）地方政府の管轄する企業は補助金を受けている確率が統計的に有意に高いこと、3）売上の高い大企業、生産性の低い企業、利益率の高い企業に配分される傾向があること、4）輸出企業、新製品生産企業に補助金が配分されていること、などが明らかになった。さらに、受けているかどうかではなく、どのぐらいの金額を受けているかについての推定結果は、以上の結果と整合的である。これらの結果から、補助金の配分は国有企業を優遇する傾向があるが、生産や輸出規模の拡大、新製品開発のために投入される可能性もある。

政策融資・減免税

　補助金以外、中国政府は鉄鋼メーカーに低金利の融資を行ったり、減免税などの政策パッケージを提供したりすることもある。その目的は、設備投資、生産規模の維持や拡大、赤字の填補など一概には言えないが、それを受けている企業の生産活動にとって非常に有利であることは間違いない。ここでは、P. Aghion ハーバード大学教授らの研究に従って、企業データの財務情報を用いて、企業ごとに実効利子率（支払利息／流動負債）を算出し、借入金利が中央値（median）より低い企業は、政策融資（低金利ローン）を受ける企業と定義している[23]。同様に各企業の減免税額（＝利潤×法人税率−実際納付した法人税）を算出し、その額が正である場合、減免税を受ける企業と定義している。

　図7は、政策融資や減免税を受けている企業数と金利の時系列推移を示している。低金利の企業数と減免税の企業数は、1998年の1000社程度から2007年の

23　Aghion, P., J. Cai, M. Dewatripont, L. Du, A. Harrison, and P. Legros, 'Industrial policy and competition,' *American Economic Journal : Macroeconomics*, 7（4）, 2015, pp.1-32.

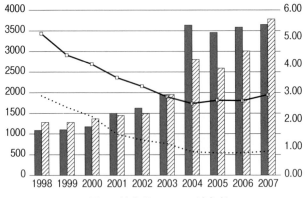

図7 低金利ローン・減免税

資料：中国国家統計局「規模以上鉱工業統計」より筆者試算。

3500社まで急増し、両者は2004～2006年を除き、企業数に大きな差はない。産業全体に占める割合でいえば、両方とも30％台から50％台以上に増え、過半数の企業が政策融資あるいは減免税を受けている。当然、両方を受けている企業もあり、2007年には1975社もある。実効利子率に関しては、平均値が1998年の5.1％から2007年の2.9％まで低下し、中央値が同期間に2.8％から0.8％まで下がった。流動資金や短期借入の場合、一年間の法定貸出金利の6.3～7.9％（1998年）、6.3～7.5％（2007年）に比べて非常に低い水準となっている[24]。ただし、2004年以降実効利子率が低下しておらず、政策融資を受けている企業数も安定しており、生産規模の急拡大や過剰生産を抑制する政策が実施された結果を示唆している。

3. 産業政策と企業成長

この節では、企業パネルデータを用いて産業政策と企業成長との関係について回帰分析を行い、政策の効果を検討した。具体的には、被説明変数は、企業の生産性（TFP、労働生産性）、労働集約度、新製品開発、輸出、在庫などとし、説明

---

24 法定貸出金利は『中国統計年鑑』1998年版、2008年版による。

変数は産業政策の代理変数を用いる。回帰分析の際、4桁産業間の違い（設備や中間投入の違いなど）、地域間の違い（地方政府の管轄や保護、経済特区など地域ベースのポリシー）を考慮し、産業固定効果と地域（市レベル）固定効果をコントロールしている。また、すべての企業にとって同じだが、マクロ経済の変動やショック（例えば、2001年WTO加盟）をコントロールするため、年の固定効果を入れる。

分析結果（表4）は下記の通りである。

1）生産性：国有企業改革が行われて生産性の向上が観察されたが（図3）、私営企業に比べ、国有企業の生産性が依然として低く、TFPは統計的に有意ではないが、労働生産性が平均的に40％も低い。一方、外資企業の生産性が私営企業に比べて平均的に約30％も高い。補助金を受けている企業、減免税を受けている企業の生産性が高いが、政策融資を受けている企業が受けていない企業より生産性が有意に低い。同じ金銭的誘因であるが、低金利ローンより減免税のほうが、生産性向上への政策として有効である可能性を示唆している。補助金と政策融資・減免税に関する結果は、製造業全体を分析対象としたAghion, Cai, Dewatripont, Du, Harrison, and Legros（2015）（注23参照）の結果と一致している。

2）資本集約度：私営企業より国有企業、とくに外資企業の資本集約度は50％以上高く、資本や設備投資が多いことを伺える。また、補助金を受けている企業の資本集約度が高いが、低金利ローンを受けている企業のそれは比較的に低い。

3）輸出：国有企業、外資企業は輸出傾向があり、外資企業は私営企業より輸出が10％ポイントほど多い。補助金を受けている企業は輸出比率が高いことは、Girma, Gong, Gorg, and Yu（2008）（注22参照）の分析結果と一致している。彼らは、生産補助金が1社当たりの輸出規模の拡大（intensive margin）に寄与したと報告している。ただし、本章は彼らの研究と同様に、資源配分の視点から生産拡大や輸出促進のための補助金の妥当性を分析するものではない。

4）新製品：私営企業と比較して国有企業、外資企業の新製品生産比率が統計的に有意に高い。所有形態によって最終財や製品の違いがあると考えられる。補助金を受けている企業も新製品生産比率が高い一方、政策融資を受けている企業は新製品生産にはつながっていないようである。

5）在庫：在庫は製品の出荷（売上）に対する在庫の割合を指す。私営企業より国有企業や外資企業の在庫が多いことは、規模の効果を表していると考えられ

第10章　中国の産業政策と企業成長　|　339

表 4 産業政策の効果

	(1) TFP	(2) 労働生産性	(3) 資本集約度	(4) 輸出	(5) 新製品	(6) 在庫
国有企業	-0.055	-0.419***	0.572***	0.010**	0.024***	0.044***
	[0.043]	[0.034]	[0.043]	[0.004]	[0.004]	[0.005]
外資企業	0.284***	0.337***	1.069***	0.102***	0.007**	0.024***
	[0.033]	[0.033]	[0.047]	[0.008]	[0.003]	[0.004]
補助金	0.359***	0.156***	0.235***	0.016***	0.006***	-0.012***
	[0.024]	[0.021]	[0.027]	[0.003]	[0.002]	[0.002]
低金利ローン	-0.191***	-0.148***	-0.314***	-0.008***	-0.008***	0.012***
	[0.013]	[0.012]	[0.016]	[0.002]	[0.001]	[0.002]
減免税	0.218***	0.261***	0.013	-0.001	0.000	-0.024***
	[0.012]	[0.011]	[0.015]	[0.002]	[0.001]	[0.002]
4桁産業固定効果	Y	Y	Y	Y	Y	Y
年固定効果	Y	Y	Y	Y	Y	Y
都市固定効果	Y	Y	Y	Y	Y	Y
観測値	45410	45638	47531	47693	47693	47203
決定係数	0.236	0.28	0.153	0.167	0.05	0.113

注：被説明変数では、TFP、労働生産性、資本集約度は対数値、輸出、新製品、在庫は比率である。説明変数では、国有企業と外資企業はダミー変数、比較の対象は私営企業である。補助金は補助金を受けている企業を示すダミー変数、低金利ローンは政策融資を受けている企業を示すダミー変数、減免税は減免税を受けている企業のダミー変数である。OLSによる推定。***、**、*はそれぞれ1%、5%、10%水準で有意。括弧内は企業レベルでクラスタリングした標準誤差。

る。面白いことに、補助金や減免税を受けている企業は在庫比率が低いが、政策融資を受けている企業の在庫比率が高い。政策融資は、生産性、資本形成、輸出、新製品には寄与していないと同時に、在庫だけを増やしていた。

　全体としては、外資導入、補助金、減免税が企業成長、特に生産性向上に寄与している一方、国有企業改革の限界、政策融資の負の効果があることを示している。

おわりに

　本章では、中国鉄鋼業企業レベルのデータを用いて、国有企業改革、外資導入、補助金、政策融資・減免税などの産業政策が企業成長に及ぼす効果について分析した。分析結果に従うと、1990年代後半から2000年代後半までの鉄鋼業における産業政策は全体として企業成長（生産性の向上など）に効果があったものとして大いに評価するべきである。

　まず、「大を掴み、小を放つ」という国有企業改革が、生き残った国有企業の利潤動機を刺激し、生産効率が改善し、生産性向上に一定の効果が見られた。1998年の時点で非国有企業に比べて国有企業の生産性が非常に低かったが、国有企業が非国有企業にキャッチアップしつつ、2007年時点で両者の生産性（分布）がほぼ同じ程度となった。それに、生産性の低い国有企業が市場から退出したり、私営企業や外資企業に転換したりしたことによって国有企業が産業全体の生産高や利潤に占める比重が低下し、市場競争も激化し、産業全体の生産性が向上した。国有企業改革と同時に、積極的な外資導入により先端設備や技術だけでなく、先進の経営管理の知識やノウハウも吸収することができて鉄鋼業企業の生産性向上に寄与した。外資を導入した企業が外資を導入していない企業より生産性が高いことが確認された。産業政策として外資と外国技術の導入が非常に重要であることを示唆している。

　それから、補助金に関しては、国有資本比率が高い企業、地方政府に属する企業、大企業、輸出企業が政府の生産補助金を受ける傾向が高いが、生産補助金は生産性、新製品開発、輸出など企業のパフォーマンスに統計的に正の効果を有することもわかった。中国のような途上国においては鉄鋼業の発展段階では企業に一定の補助金を提供することが有用であることを示唆している。さらに、減免税

が生産性向上に正の効果がある一方、低金利ローンが生産性向上に対して負の効果を有することが明らかになった。同じ金銭的インセンティブであるが、政策手段としてどちらを用いるのが効果的なのか見極める必要がある。

　本章の分析結果は、中国鉄鋼業における産業政策が企業成長に正の効果があることを示したと同時にその限界と副作用もあることを明らかにしている。例えば、政策融資がソフトな予算制約や過剰生産能力問題をもたらす可能性もある。従って、産業政策としては様々な政策手段があるし、具体的にどの政策手段が、どの国・産業・期間に、どの程度有効なのかは一概には言えず、特定のコンテクストの中で検証することが必要であろう。最後に、本章ではデータの制約により（設備に関する企業データがないため）、杉本（2000）（注5参照）で議論している設備規模政策を分析することはできなかった。これを今後の課題にしたい。

終章

日本の経験からみた東アジア高成長

武田晴人

はじめに

　高度成長期の日本経済の分析は、私たちが続けてきた一連の戦後史に関わる共同研究（武田晴人編『日本経済の戦後復興』、同『戦後復興期の企業行動』[1]）のなかで、当然取り組むべき研究課題であり、その成果の一部が、武田晴人編『高度成長期の日本経済』（有斐閣、2011年）であった。その基本的なテーマは、第二次大戦後に日本経済が高成長を実現するようになる条件が如何に形成されるかであった。『日本経済の戦後復興』が「未完の構造転換」との副題を付されているように、このような条件の形成は、戦後の10年では完了せず、1950年代後半に進展する産業構造の変化によって本格的に完了したと私たちは考えるようになった。1950年代前半から高成長経済がスタートしたとする見解もあるが[2]、この見解では50年代前半と後半の違いが捉えられていないという問題が残るからである。具体的には、戦後復興期における経済拡大は、輸出志向の貿易収支の改善への努力や基幹産業における合理化投資などに成果が見られたものの、高成長経済を実現する基礎的な2つの条件を満たしてはいなかった。その条件とは、1つは、自律的な投資拡大に基づいて生産力的な面で耐久消費財生産が可能になるような産業構造が形成されることであり、その前提としての機械工業の基軸産業化（機械工業化）の進展であった。そして、もう1つは賃金水準の緩やかな上昇を許容するような資本・賃労働関係の形成であった。

　高度成長期を検討するなかで、私たちが得たもう一つの重要な視点は、序章で

1　武田晴人編著『日本経済の戦後復興』有斐閣、2007年；同『戦後復興期の企業行動』有斐閣、2008年。
2　代表的な見解は、中村隆英『日本経済　第3版』東京大学出版会、1993年がある。

343

も指摘したように、第二次世界大戦後の日本の「高度経済成長期」が、「歴史上の出来事」として日本の固有のものであると同時に、東アジアの工業化の展開を目の当たりにした現在では、例外的な出来事ではないとの認識に基づいて分析することであった。そのため、戦後史で通例となっている「高度成長期」という言葉とは別に、こうした経済発展の特定の局面を表現するために、「高成長経済」という言葉を用いて、東アジアに共通する経済発展の一局面に共通する特質を捉えることが必要と考えるようになった。それが本書にまとめられた共同研究の問題意識となっている。

　本章では、以上のような分析視点をより明確にするために、まずは日本における高成長経済の特質を明らかにするとともに、それが形成される過程で、経済政策などを介した政府の役割を論じることにしたい。高成長経済が示す自律的な経済発展の様相は、市場経済のなかから何の政策的介入もなしに生み出されるわけではなく、民間企業とともに試行錯誤を続ける政策官庁などが重ねた政策的な措置も大きな役割を、特にその形成期において果たしたと考えているからである。市場経済が活発な企業行動を促すといっても、それによって進展する経済規模の拡張が、その社会の成員それぞれにとって豊かな生活を保障しうるようになるために、政治的な判断に基づいた分配面での補整が必要であることは現代経済史の経験が示している。特に後発資本主義国である東アジアの工業化、経済発展については、これまでも政府の役割の重要性が指摘されている。こうした見解も踏まえて、前章までの検討から示唆される産業発展に対する政府の役割を論じたうえで、東アジアにおける「日本モデル」の普遍性と特殊性を確認してまとめに代えることとする。

1. 日本における高成長のメカニズム

投資需要の内圧と資金制約

　『高度成長期の日本経済』の序章において論じたように、日本において高成長経済が始動した基盤には、戦後復興期に強い資金制約の下で投資需要の内圧が極めて大きくなっていたことがあった。この潜在的な投資需要は、復興期において原材料やエネルギーなどの資源制約が強かったこと、さらに戦時体制下で進行し

た設備の更新投資の繰り延べや補修の不完全さによって、既存の設備が陳腐化していたことを背景としていた。

　高い成長が未だ予測の視野には入っていない時代に、拡張的な投資は常に将来の設備過剰、過剰生産のリスクを伴うものであったから[3]、高いコスト構造を改善するためのエネルギー原単位の改善や原料原単位の改善に資するような方向に、投資目的の焦点が定められていった。近代化・合理化の実現が技術革新を伴う投資の目的に求められながら、その拡張的な投資の結果には警戒的であった。通産省も過剰設備に対して警戒的であったが、第１章で論じたように、外貨制約を小さくするために産業の競争力を向上させる目的でさまざまな政策的な助成措置を実施し、逡巡する企業行動の背中を押す役割を果たした。

　しかし、貯蓄率が低く投資資金の社会的基盤が貧弱であったことから、金融機関の融資は財政投融資などを基礎とする政策金融に先導される重点産業に専ら配分され、一般の製造業企業では、必要な投資資金が確保できず、内部留保などの限られた財源によって設備の改善に努める以外にはなかった。

投資拡大と生産性上昇

　1955年の数量景気は、このような制約条件が大きく緩和に向かったことを明らかにした。金融機関では預金増加を背景に余剰資金が生じてその運用先を求めるようになった。1954年から55年にかけて財政投融資や日本開発銀行融資の見直しが金融業界から要請されるようになり、政策金融は「量的補完から質的補完」へ転換することが求められたことが、このような金融状況の変化を端的に表現していた。投資資金の調達に困難があった民間企業は大企業部門を中心に都市銀行からの協調融資を受けることが可能となり、企業集団の形成のなかで存在感を増していた銀行部門がメインバンクとしての役割を果たすようになって、円滑な企業金融を支えるようになっていった。

　資金的な制約が緩和するとともに、投資が活発化したことはいうまでもない。それが「投資が投資を呼ぶ」と言われた内部循環的な経済発展の基礎となった。こうして動き始めた高成長経済が持続的な成長軌道を維持できたのは、後述するような景気調整政策によって景気変動の極端な振幅を抑制されることで、投資が

3　前掲『戦後復興期の企業行動』で明らかにしたように、製粉業や綿紡績業など経済統制のなかで拡張へのつよいインセンティブが与えられた産業分野では、統制解除とともに過剰設備が顕在化していたから、このような状況への危惧は、他人事ではなかった。

終　章　日本の経験からみた東アジア高成長 | 345

持続したからであった。国民経済の高い成長率は、労働力人口の増加の寄与を別にすれば、高い投資率が資本形成を促し、それによって各部門の生産性が上昇していくことによるものであった。この生産性の上昇には、二つの側面があった。その一つは、国民経済を構成する諸部門のなかで低生産性部門から高生産性部門へと経済資源が移動し、高生産性部門の比重が高まることであった。たとえば、農業国から工業国へ、付加価値生産性の低い繊維産業中心の産業構造が重化学工業部門中心に転換することがそうした結果をもたらした[4]。もう一つは、個々の産業部門において生産性が上昇することであり、それが産業構造の転換の起動力でもあった。この場合も先導的な部門の生産性の上昇にリードされる側面だけでなく、それに牽引されて相対的に低い部門の生産性が引き上げられる側面も重要であった[5]。以上のように国民経済レベルで供給側から見た場合には、①マクロ的には高成長部門が相対的に比重を高めることと、②ミクロな視点でみた各部門内での生産性が上昇すること、この両者が合成されて高い成長が実現することになった。

消費拡大の条件

　他方で、需要面からみると、高成長経済を特徴づけるような「大衆消費社会」の形成という家計部門の消費行動の基盤として高成長とともに勤労者所得がゆっくりと上昇を始め、より「豊かな」生活水準へと動機づけられていったことが重要な要素となった。この基本的な条件は、賃金水準の上昇であり、それに加えて租税負担の軽減などによる可処分所得の増加などの政策面の貢献も大きかった。ただし、可処分所得の増加がどのような消費行動に向かうのかは一義的には定まらない。一般的には、所得増加が日々の消費生活での消費の水準を引き上げるだけでなく、家具や家電製品などの耐久消費財の購入に向かい、家計のストックの一層の増加が「豊かさ」の象徴として捉えられていくことに消費行動の特徴を見出すことができる。それは、家事の合理化などを介して余暇時間の増加につながっ

　4　このような変化が市場経済の自律的な展開過程で生じるのは、付加価値生産性の差異によるものであって、物的な生産性それ自体の差によるものではないことはすでに指摘したことがある。詳しくは、武田晴人編『高度成長期の日本経済』有斐閣、2011年、第1章、10頁、注16を参照。要点は、産業構造の変化が資源利用の効率性の改善を意味しないということである。

　5　この点では、日本経済が機械工業中心の産業構造へと向かう中で生じた「二重構造問題」は、これを逆方向から照射し、これらの部門の近代化なくしては経済全体の発展が制約されると指摘したものであり、そこにも成長経済のもつ構造的な特徴を見出すことができる。

たり、より広い選択肢を生活面に与えるような側面をもっていたからであった。

こうした消費行動の方向づけに際しては、耐久消費財では買い換え需要を喚起するような供給側からの働きかけにも注目すべきだろう[6]。繁雑なモデルチェンジや上位機種の発売などによって追求される製品の差別化戦略が、買い換え需要を喚起し、同時に新規需要を開拓していくことになった。確実な品質の向上は消費者に買い換えへの誘因を与え、より上位の機種への変更がある種のステータスの上昇を象徴するものと受け止められた可能性もある。しかも、このような変化は、自動車などでは中古市場の形成というかたちで下支えされていた。下取りによる買い換えへの誘導は、下取りした中古品を安価であるが故に購入の入り口とする消費者を市場に参入させる一方で、買い換えを望む消費者の負担を軽減するものだったからである[7]。

しかし、このような供給側の働きかけは、重大な問題を内在するものであった。繁雑な製品モデルチェンジや製品のフルライン化は、品種毎の規模の経済性が発現しうる範囲を小さくした。市場拡大が続く限り顕在化しにくいものであったために、高度成長期にこうした問題が明確にはならなかったが、このような生産＝販売のサイクルによって多品種少量生産という性格を強めれば強めるほど、コスト上昇圧力に苛まれることになる。自動車産業の需要拡大を高度成長期の個人消費拡大の典型的な事例としてみたとき、そこにはこのようなかたちでの「成長の限界」が埋め込まれていた[8]。

6　家電市場でも同様の買い換え需要を促すような製品戦略と下取り制度が考案され普及するが、下取り価格は極めて少額であり、家電製品の使用年限は比較的長く、それらが中古品として市場に出回る比率は1990年代までは極めて少なかった。耐久財の場合には、時間とともに劣化する市場の評価価格が中古品の取引とともに成立すれば、その分だけ市場の拡大の底を上げる側面もあるが、耐久消費財でこのような循環を本格的に作り出したのは自動車と住宅であった。

7　中古市場の形成は、より広い視点でみると、耐久財が使用年数とともに経済的価値を減じていくという、経過時間に対応した価格を持ちうるからであるが、それはアパレル産業などのブランド品が、トップシーズンから順次値引きされて消費者に提供される状況と近似している。時間の経過が、アパレルの場合は当年度の流行を追う消費者だけでなく、流行の頂点を過ぎていてもブランド品を選好する消費者の購買を促すことによって、売れ残りを極小化することになる。この点については、石井晋「アパレル産業と消費社会」『社会経済史学』70巻3号、2004年を参照。

8　1980年代に「トヨタ生産方式」が「リーン生産方式」として注目され、多品種少量生産の効率的な実現の手段と見なされたのは、先進工業国が、ここで指摘するような消費のあり方の変化によって生じた生産面への圧力に直面していたことを示唆しているとみることができるだろう。

終　章　日本の経験からみた東アジア高成長　347

産業発展の基盤

　個々の産業企業のレベルで見ると、高い企業成長率は持続的な投資拡大を促すような誘因の形成と、それを可能とする資金的な基盤と市場的な基盤とによって支えられた。まずどのような投資が企業によって選択されたかについては、①規模拡大のための投資、②エネルギーや原材料などの資源を節約しうるような投資、③労働を節約するような投資、④新製品・新市場の創造のための投資などがあったが、それらは複合的に実態的な投資に含み込まれるとはいえ、投資の選択は時代の制約のもとに変化した。

　高度成長期には、完成品では耐久消費財などにおいて新製品開発・新市場創造が進む一方で、素材面でも石油化学による新素材の供給などの技術革新が重要な要素になった。しかし、こうした投資誘因のもとで産業間の連携を強めながら投資拡大が連鎖していった背景には、強い資源制約の中で進められた合理化・近代化投資が、後には労働節約的な投資を焦点の一つにするように推移しながら、持続的に克服すべき課題を見出していったことにあった。そして、こうした投資がこの時期には一般的には規模の拡大を同時に達成するものであっただけに、連鎖的に規模の拡張を促した。

　この設備投資の資金源泉については、「間接金融」「メインバンク」などの表現によって示される銀行貸出が重要な資金的な基盤であった[9]。ただし、このような資金的基盤によって各企業が競争的に拡張投資を続けたと捉えうるためには、企業金融の側面からは未解明の問題点が残っている。すなわち、仮に借入依存度の高い投資が持続したとすれば、問題はその資金コストが収益にどのような影響を与えたかを検証する必要がある。企業の収益率が圧迫されれば、賃金上昇も制約され、投資拡大にも制限が生じうるからである。そして、現実に進行した資金コストの低下は金融市場における金利低下が進展したことを前提としているとはいえ、利益の増大に伴う内部留保の充実、これに基づく大企業部門の自己金融化によって進展した面が大きかった[10]。メインバンク・システムが審査コストを社会的に節約する役割を果たしたことを否定するわけではないが、経済成長の原動力となっていた重工業大経営の借入金依存度は成長とともに低下し、標準的な配

　9　代表的な見解が示されているものとして、とりあえず青木昌彦・ヒューパトリック、白鳥正喜監訳『日本のメインバンク・システム』東洋経済新報社、1996 年を参照。
　10　武田晴人「日本の産業発展—高度成長期を中心に」（近刊）、基礎となるデータは日本開発銀行編『財務データでみる産業の40 年』による。

当以上を強く求めることがない「静かな株主」のもとで、潤沢な内部資金が経営者の裁量によって積極的な投資のための資金として機能したのである。

　他方で企業の高成長が持続した市場的な基盤については、第1に量産化が進んでコストが低下することに伴う製品価格の低下が需要を開拓し市場を拡張したことが指摘できる。初期の家電製品の普及にはこうした特徴が備わっているが、こうしたかたちで拡大する市場に投入された製品群は、たとえば14型のテレビのように消費者から見れば選択の余地の小さいものであった。比喩的に言えば、高成長の初期に耐久消費財産業で見られた市場拡大は、ちょうどT型フォードのような量産モデルの製品群であり、GMの実現したような選択の幅の大きいフルライン製品モデルではなかった。その限りで、日本の高成長はアメリカに比べると一段遅れのスタートであった。上述の自動車に見られるようなフルライン化、製品差別化、新製品の開発による潜在的需要の獲得は、高成長の果実が家計に行き渡り大衆消費社会が出現した後のことであった。

　第2に中間財の市場的基盤は基本的には国内市場の拡大に大きく依存していた。輸入貿易の管理が続いた1950年代後半まで、保護的な措置によって中間財生産企業は、国内市場をある程度まで占有できた。鉄鋼や石油化学などの素材生産を担う産業にとっては、これが有利な市場条件となった。同時に、このような仕切られた国内市場での拡張では、有力取引先を囲い込むことが重要な競争手段となりうることから、長期相対取引による寡占的な相互依存関係が強められた。それは拡張的な設備投資による合理化効果を需給両サイドがシェアするような価格関係を作り出し、中間財の安定的な価格低下を実現した。また、緊密な技術交流に基づく関係特殊的な投資による協調的な取引関係が作り出されたからであった。しかし、そうした関係は中間財では投資による収益改善の余地が狭いという制約を課すことになり、それ故にこれらの産業部門では、自己金融化が遅れ、間接金融への依存が機械工業などの耐久財生産に比べると持続することになった。

高成長のメカニズム

　以上のような条件の下で進展した日本の高成長経済を図式的に示すと、図1のようになる。

　産業構造に注目すれば、機械工業主軸の産業構成を実現したことに日本の高成長が達成されたことをこの図は示している。すなわち、設備投資主導の成長軌道にのるなかで、投資が投資を呼んだ活発な設備投資は、機械工業を中心とする重

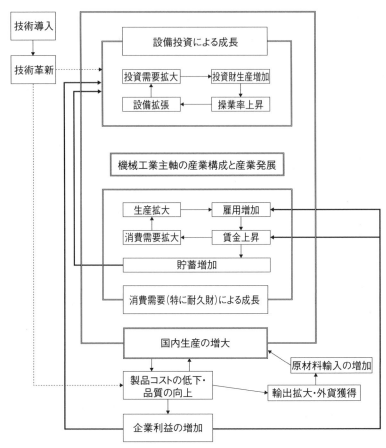

図1　高成長経済のメカニズム

工業の需要拡大をもたらす一方で、雇用の拡大と賃金上昇にともなう耐久消費財需要の拡大も機械生産の拡大を促した。この機械工業の生産拡大は、鉄鋼や石油化学などの大規模な資本投資を要する産業と比較すると、雇用拡大の効果が大きく、それが投資財と消費財の両面で展開することによって大衆消費社会と表現されるような経済成長の成果に結びついた。第1章でも触れたように、産業政策は生産性の上昇を介して中間財の価格低下をもたらし、機械の部品や組み立て工程の生産技術の改善につながることによってこの成長に重要な役割を果たした。

　以上の説明は、国内市場の変化を強調し、対外関係を軽視していると受け止められるかもしれない。しかし、経済発展への貢献という点では輸出の貢献は相対

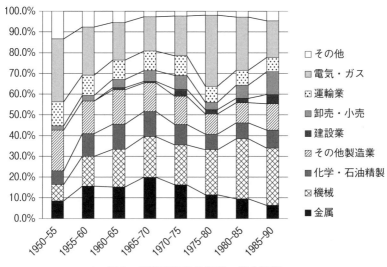

図2　産業別設備投資額の構成推移
資料：武田晴人「日本の産業発展―高度成長期を中心に」（近刊）、データは日本開発銀行編『財務データでみる産業の40年』による。以下の図7まで同じ。

的に低く、貿易依存度は戦前の日本と比べても低く、他の東アジアが高成長期に実現した貿易依存度と比べるとはるかに低水準であった。その意味で、日本の高成長は国内市場に注目して説明されることが妥当と考えている。

　さて、国内市場拡大の原動力となった設備投資の構成変化をみると(図1)、1955～70年に金属、機械を中心に製造業が構成を高め、化学・石油精製を加えた三部門で1960年代後半には設備投資の半数を占めるようになったことが知られる。これらの三部門の高い比率はその後も継続するが、70年代から80年代にかけて金属部門の急激な比率低下とともに機械工業が設備投資の主役を占め続けるようになった。産業構造の重化学工業化を支える投資が、このように当初は金属や化学なども含めて展開し、時期が下がるにつれて機械工業へと集中していった。

　これに対し、非製造業では電力部門の占める地位が高かったが、戦後復興期から高度成長期にかけてその地位が低下したあと、1970年代前半に比重を一時的に大きく高めた。大気汚染などの公害対策や石油危機の影響などが考慮されなければならないが、電力業は、豊富で低廉なエネルギー供給という公益事業としての役割を果たすために積極的な投資を続けるとともに、高い投資額によって経済成長にも貢献していた。とくに高成長期が終焉を迎えた70年代には製造業の設

備投資の鈍化を補って日本経済の減速の程度を緩和する役割も果たしていた。

　活発な設備投資行動は、主要大企業の売上高の増加に直結した。とくに1955～60年には機械工業の設備投資の急増を反映して電気機械、輸送機械の二部門の売上げ急増が目立っていた。主要大企業の売上高に占める構成比では、電機機械は1955年の4.8%から90年には7.8%に、輸送機械は4.7%から8.8%に増加した[11]。これに対して設備投資に占める比率が高かったにもかかわらず、鉄鋼業や電力業では売上比率は横ばいであった。鉄鋼や電力などの産業活動の基礎的資材を提供してきた2つの部門では低廉な供給が求められた結果ではないかと考えられる。

　以上のことから産業構造の変化は、設備投資がどのような部門に集中的に行われたかという要因と同時に、製品価格間の相対価格変化によって影響を受けたと推測できる。ただし、この点は、慎重に検討を要するだろう。なぜなら、一般的には相対価格の変化は、割高になった部門の収益性を好転させて追加投資や新規参入を促すと考えられるが、高度成長期に観察されるのは、低廉で豊富な供給を求められ、それ故に相対価格が不利化しかねない基礎資財・中間財について積極的な追加投資が行われていたことだからである。これを実現した基盤には日本開発銀行などからの低利資金の供給などの政策的補助措置が大きな意味をもったことは言うまでもない。

　機械工業化を主導した大手電機企業と自動車産業が早くから内部留保による設備資金調達比率が高く、60年代前半には調達の過半を占めていた[12]。これに対して、鉄鋼業では、投資拡大に伴う生産性の向上が収益性の向上を通して内部資金依存度を高めるという関係は、高度成長期には未だ十分には見いだせなかった。とくに高炉5社にとっては金融機関との取引関係は設備資金面でもこの時期まで決定的な意味をもち、財務上のバランスでは、長期資金の調達だけでは固定資産等をまかなえないという関係が1960年代後半まで続いていた。また、復興期に銀行借入金を大量に動員していた電力業は、60年代には長期借入金の比率を大きく減らしたが、それは社債発行による調達が増加したためであり、その引受・保有が都市銀行を中心とした金融機関であったことを考慮すれば、実質的には金融機関借入の変形であった。

11　前掲武田晴人「日本の産業発展—高度成長期を中心に」（近刊）による。
12　前掲武田晴人「日本の産業発展」。

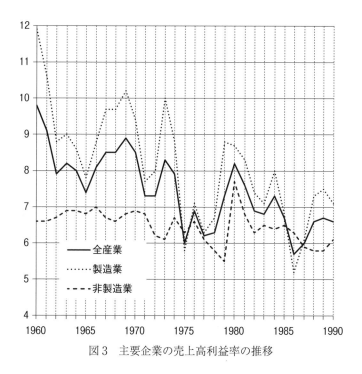
図3　主要企業の売上高利益率の推移

　従って、鉄鋼業や電力業など経済活動の基礎資源を提供する部門では、長期資金における銀行借入の役割を強く残す一方で、豊かな社会への発展を牽引しつつあった耐久消費財生産の先頭に立っていた機械工業の各部門では自己金融化が先行して進展していた。

設備投資の効果

　設備投資の効果を、第1章でも用いた大企業部門を中心とする財務的なデータを利用して確認すると、投資主導の経済は、全産業レベルでみると売上高利益率が図3のように1960年代には8〜9％の水準にあった。その後の大きな落ち込みと対比すると、高成長期が高い収益力に支えられていたことは間違いないだろう。とくに設備投資の主役となった製造業の利益率は非製造業と比べてかなり高かった。電力を含む非製造業の相対的低収益は、これまでみてきたような内部留保の比率の低さ＝長期借入金依存度の高さと整合的であった。
　次に付加価値生産性（従業員一人当たり付加価値額）の推移をみると（図4）、1980

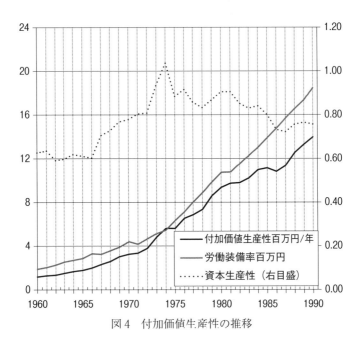

図4 付加価値生産性の推移

年前後で増加が鈍化するまで、確実に上昇していた。この動きは1960年代後半から70年代前半にかけて顕著であった資本生産性の上昇が70年代後半以降低下傾向に入ったことによる影響が認められる。言い換えれば、設備投資によって装置された固定資産の単位あたり産出量が高成長期には急増していたこと、つまり設備投資が産出量の増加に直結していたことを示している。成長率の鈍化は、70年代後半からはそうした効果がみられなくなったことが大きな要因となっていたと考えられる。

この間、製造業の産業別利益率は産業間での格差が目立っていたが、繊維、高炉では全産業の平均利益率を挟んで激しい振幅を記録し、傾向的には低落していたのに対して、化学、電気機械、自動車は全産業の平均利益率より高い水準を記録しながら、同様に傾向的には下落していた。この収益性の低下の要因を探るために、図5によって付加価値構成をみると、全産業レベルでは、1960年代には人件費比率が横ばいであったことから、高成長期には労働分配率を高めることなく、多額の原価償却などの内部留保を可能にするような利益の拡大が持続していたことが判明する。

第1章でも指摘したように、大企業部門全体では、従業員一人当たりの人件費

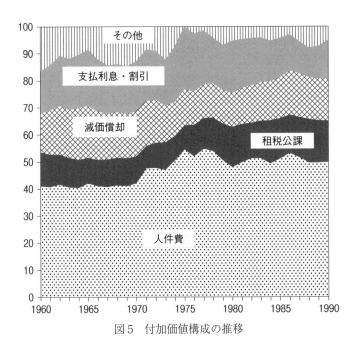

図5 付加価値構成の推移

は傾向的に増加しており、そのなかで、1973〜74年の大幅な賃上げが記録されている。つまり、労働分配率の安定は、賃金上昇を吸収しうる労働生産性の上昇が実現されたからであった。また、同じく第1章で示したように、製品価格は1970年代初めまで全般的に安定的に推移し、第一次と第二次の石油危機前後に急騰した。この間、エネルギー価格は第一次石油危機まで卸売物価の水準とほぼ同一水準に安定していたこと、それに対して製造業の各部門では50年代の前半には若干の上昇局面がみられるものの、全般的には傾向的な低落を示しており、とくに高成長期には基礎素材である鉄鋼価格の相対的な低価格化が際だっていた。素材価格の低落傾向は下流の部門の生産拡大の追い風となった。つまり、高成長期には産業発展を主導する鉄鋼業、化学工業、機械工業などの分野では、安定した卸売物価水準を維持しうるような製品価格、それを可能にする生産原価の低下が実現されていた。

しかし、このような価格の安定の基盤となる原価を推測するために、産業別に立ち入ってみると、異なる様相をはらんでいた。図6は、主要企業の付加価値額に占める人件費比率を図示しているが、これによると電気機械・自動車と鉄鋼（高

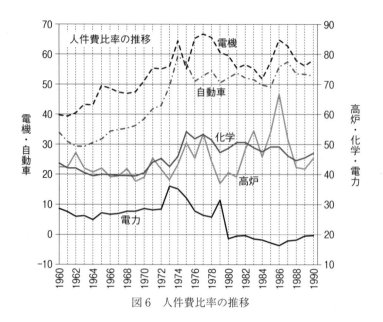

図6　人件費比率の推移

炉)・化学・電力との差異が明確であった。高成長期には設備規模の大型化が進んだ高炉や化学、電力などでは人件費比率が比較的安定していたが、機械工業の2部門（電機・自動車）は人件費比率が遅くとも60年代半ば以降には上昇傾向を見せていた。その後いずれの産業でも石油危機期に人件費率が大きく上昇し、これを吸収することはできず、機械工業では50％台、高炉と化学では40％台の後半に落ち着くことになった。従って、機械工業では労働分配率が上昇しているにもかかわらず、高成長期にも原価が安定的に推移していたのである。

詳細な産業別分析は別稿に譲るが[13]、高炉で化学では賃金の上昇を吸収しうる生産性の上昇が実現していたのに対して、電気機械では60年代半ばからの賃金上昇が大きく、そのことが人件費比率を上昇させていた。つまり、生産性上昇が労働コストの上昇を吸収し得なかった。同様の傾向は自動車でも見られ、機械工業の主要2部門では賃金の上昇に伴う労働コストの上昇を避けることはできなかった。これは角度を変えてみれば、これらの部門では設備の拡張とともに賃金の上昇によって労働力を吸引していたことを示している。機械工業化が進展するなかでこの部門の雇用吸収力が高かったことは、こうしたかたちで現れているが、

13　前掲武田晴人「日本の産業発展」。

それは機械工業化が賃金上昇を容認する、その意味で日本経済の労働分配率を改善しうるような位置に立っていたことを意味する。

2. 東アジア経済成長と産業・経済政策

対照基準としての日本の経験

　日本における高成長経済の出現には企業の活発な投資行動とこれを支える産業諸政策だけでなく、大衆消費社会の基盤となるような賃金上昇が実現することが必要であった。その原動力となったのが、産業構造面では「機械工業化」であり、機械工業が裾野の広い雇用吸収力が大きかったことが重要な意味を持った。税制面からの優遇だけなく、低利資金の供給によって資本蓄積の不足が補われながら基礎素材（鉄鋼、エネルギーなど）の豊富で低廉な供給力が涵養され、その成果が機械製造などのコスト低下、競争力強化に結実した。政府は、しばしば独占禁止法の適用除外（法）などの措置をとることで、過剰能力の発生や過当競争の弊害を回避する道を用意することにためらいはなかったから、その都度公正取引委員会との間で独占禁止法の運用上の対立を生んだとはいえ、そうした可能性が開かれる限り、民間企業は積極的な投資のもたらす悪影響を恐れる必要はなかったというべきであろう。企業は、その活発な投資行動に対して、政府がそうした意味でセーフティネットとなると期待できた。

　ただし、こうした一連の政策体系は時限付きであり、日本の産業企業を温室的な環境の中に長く保護し続けるものではなかった。自由化措置は当然の目標であり、予測された近未来であった。自由化が実行されるまでの経過期間のうちに国際競争力をつけることが求められており、それ故に企業のコスト改善のための投資行動は積極的となった。サンセット条項のある政策措置は、こうして成長志向の強い日本経済の特徴を生み出した。

　政府の役割はそれだけではなかった。マクロ的には、金利の低下を推進しながら、景気変動を平準化するなど循環的な側面で安定的な活動の舞台を提供した。それだけでなく、成長の成果である税の自然増収を基盤に所得税の減税が繰り返し実施され、さらに国民皆保険などの社会政策的な施策の充実が図られた。これらは分配面での不平等度を緩和し、家計の所得増加を助ける措置であった。これ

終　章　日本の経験からみた東アジア高成長　357

は「日本モデル」において経済発展の軌跡が大衆消費社会につながっていくうえ
で欠くことのできない潤滑油となった。

初期条件と経済政策の目標設定

　以上のような日本の経験は、これに追随する韓国、台湾、そして中国の工業化、
経済発展に重要な影響を与えていた。

　序章で指摘したように、比較すべき東アジアの国々は日本の高成長経済の展開
とは「初期条件」において大きく異なっていた。すなわち「日本は戦時中の遅れ
をキャッチアップする形で重化学工業化を進め、特に機械工業化に力を入れるこ
とになったのに対して、台湾や韓国は軽工業を育成したあと、重化学工業への産
業構造の高度化を図った」ことに示されるように、産業構造上の成熟度に違いが
あった。中国も「軍需中心の経済から民需中心の経済へ」と移行するなかで軽工
業から重化学工業へと移行している。

　このことは、前掲図1で示した日本の「高成長メカニズム」と対比すると、設
備投資中心の成長のエンジンが国内重工業の未熟のために作用しがたく、設備財
の輸入などを必要としたことを意味し、各国はこうした制約からの脱却が課題で
あった。それだけでなく、この初期条件の違いは、「国民一人あたりの所得水準
が異なることから高成長の進行と大衆消費社会の登場にギャップが生じる」こと
にもなった。それは資本蓄積が優先された経済政策のもとで、所得の分配面で勤
労者所得の改善に限界があったからということができる。しかも、資本蓄積を優
先する経済政策は、投資主体の形成に政府の代位や政策の助成・関与が不可欠な
状態にあった。このことも成長のために克服すべき障害があることを意味してい
た。

　各章でそれぞれに論じられたように、韓国、台湾、中国の経済発展、高成長経
済の形成は、このような共通する制約条件の下でも、それぞれに個性的な様相を
呈した。そのなかで、産業政策・経済政策は日本の高成長に学び、日本の高成長
に自らの将来像を重ね合わせるように、高成長経済への移行を進める手段として
参照されることになった。しかし、その政策的な枠組みは、序章でも指摘したよ
うに、日本の場合には1950年代半ばに「完全雇用」を設定し、それによって成
長志向の強い経済構造を目標とすることになったのに対して、東アジアの他の
国々とって当面の課題は「自立経済」の達成であった。

　「自立経済」が意味したのは、厳しい外貨事情の下で国際収支の改善を図るこ

とであり、その改善に資するような政策運営が求められていた。その点では1960年代前半までの日本にも同様の制約があったが、日本の場合には当初はともかく50年代半ばからは産業構造の重化学工業化による輸入代替、輸出産業拡大によって克服されていった。これに対して、冷戦体制下の韓国と台湾に対してはアメリカを中心とした経済援助などの外貨補充によって外貨制約を凌ぎながら、基礎的には輸入代替から外貨獲得産業の育成によって対外収支を改善する必要があった。それは特需に依存してそこからの脱却を図ろうとしていた50年代前半の日本と構図としては類似していた。しかし、初期条件の差異もあって日本は短期にこの制約を緩和し得たのに対して、他の国々はより長期の格闘が必要となった。その結果、台湾と韓国は日本と比べると格段に外需依存度の高い経済構造を作り出すことになった。そしてこのような構造転換のために日本の産業育成政策が重要な参照基準となった。第1章で明らかにしたように、日本経済の高成長は実態的には「内需主導」の成長パターンと捉えるべきものであったが、通商産業政策を中心とする政策展開は、「貿易立国」という政策目標が示すように、外貨制約を強く意識したものであり、そのために幼稚産業の育成による輸入代替や合理化投資・技術導入などを通した国際競争力の強化、輸出振興を主眼とするものであった。それ故にそこで設定された政策目標、対象産業の選択、そして採用された政策手段などは自立経済を目指す国々にとって学ぶべき点が多かったのである。そして日本の場合もそうであったように、こうしたかたちで推進される政策展開がもたらす産業発展、産業構造の転換がその目標を超えて「大衆消費社会」をもたらしてきたということになる。

　たとえば第2章で明らかにしたように、台湾では「紡織業、化学工業、電気・電子機器製造業の発展効果」が大きく、これらの「労働集約的輸出産業における低賃金労働力の吸収→低・中所得層への分配増加→個人消費の拡大というように外需拡大が内需拡大をもたらし」、賃金上昇にともなう国際競争力への悪影響は「設備投資による生産性上昇」がカバーして成長軌道からそれることはなかった。当初から政策的には重化学工業育成にも力を入れていた韓国でも――それは1950年代の日本の産業政策体系のより忠実なフォロワーであったが――、第3章や第8章で論じたように、現実の産業構造変化は軽工業から重化学工業へと産業構造の高度化が順次進むものであり、そのなかでアメリカの圧力を受けながらも強力な政策的バックアップによって繊維産業などが輸出産業化することによって外貨の制約が緩和されていくことになった。ただし、韓国の場合には「政権維

終　章　日本の経験からみた東アジア高成長　｜　359

持のため、社会全般の民主化は抑圧された中、労働者の団結権などは大きく制約され、これが労使関係の権威主義的安定化をもたらし、財閥の資本蓄積に対して有利な条件」となったことから、国内における消費拡大は 1970 年代後半以降のこととなった。韓国では 1960 年代半ばの日韓国交正常化とベトナム特需とによって外貨事情が好転したなどの対外関係の変化も重要であったが、そうした冷戦体制下の対外関係のもとで生じた国際的な緊張の高さが、韓国や台湾にとっては、民主化の遅れに伴う労働分配率の改善を制限し続けていたことを意味する。そして、そのような視点から中国が共産党政権下の強権的な国民統合を続けていたことが、長期にわたって中国経済の浮揚に制約を課していた可能性があるということも示唆している。日本も冷戦体制という国際的枠組みから自由ではなかったが、分断国家を余儀なくされた韓国や台湾・中国が政治的には強権的な統合を不可避としていたのに対して、日本は戦後改革によって労働者を民主化の担い手として認める占領政策のもとで労働者政党が公認され、それらが欧州の社会民主主義のように政権を担うまでには成熟しなかったとはいえ、その政治的影響力のもとで国内における融和的な経済政策の必要性が認識されることによって大きな違いが生じていた。

　韓国や台湾の工業化過程で観察される貿易依存度の高さは、日本とは大きく異なっており、この二つの国が海外市場を市場的な基盤とする経済発展を実現したことは明らかであった。中国も含めて海外市場が大きな意味を持つ工業化と日本の内需主導型の成長とでは異なる特質を持ったというべきであろう。

　このような相違点は、産業発展を主導する産業部門にも微妙な違いをもたらしている、日本における家電・自動車などの機械工業生産と中心の発展と対比すると、韓国では造船から自動車、石油化学、そして電子工業などに注目が集まった。これに対して台湾では、化学繊維工業などが電子工業とともに重要な産業基盤となった。重要なことは、これらは共通して雇用吸収力が高いことであった。高成長経済が、単に産業発展によって高い成長率を記録しつづけるだけでなく、付加価値生産性の高い部門へと産業構造を転換させつつ、日本のように大衆消費社会、つまり家計部門に豊かな生活を可能とするような所得上昇が実現されることを特質の一つとするとすれば、それぞれの工業化の進展によって結果的には雇用吸収力が強く、同時に高い国際競争力を実現できた産業を見いだしたことに注目する必要がある。その意味では、「機械工業化」は日本に即した特質規定であったということになるが、高成長の実現には雇用面への影響が重大な意味をもつという

ことは否定できないであろう。

産業政策の役割

　違いをもたらす要素の一つは、高成長に向かう過程で政府が果たした役割、とりわけ産業発展に対する政策的な関与のあり方にあった。もちろん、政策的な影響は、産業構造の変化などに止まるわけではない。上述のように政治体制の専制的な性格、国民統合の権威主義的で非民主的な性格は、産業発展にもかかわらず所得分配に制限的な影響を与え、高成長の成果を「大衆消費社会」という到達点にまで引き上げる上では障害になったことは間違いなかった。つまり、序章で指摘した「ギャップ」は初期条件の違いだけではなく、それぞれの国が国際政治体制のなかでどのような位置を占め、どのような政治体制を選択せざるをえなかったのかによっても影響されていた。

　そのことを認めたうえで、経済的な側面に限定して分析成果の要点をまとめると、第一に注意しなければならないのは、産業政策がそれぞれの国で試行錯誤を続けており、そこから「成功する」「有効な」政策パッケージを共通するものとして見出すことは難しいということであろう。

　たとえば、第6章では台湾における外貨統制と繊維産業の輸出産業化の過程が分析されているが、そこで強調されているのは、「輸入代替」を目指した政策枠組みが——これまでの研究の評価とは異なり——輸出拡大をもたらしたわけではなかったことである。台湾の外需依存度の高さを実現した輸出産業の拡大は、大陸と分断された際に中国から移転された技術的基盤によって発展の基礎を与えられた繊維工業が台湾ドルの切り下げと戻税制度によって後押しされて発展したことによるものであった。また、第7章では1970年代に輸入代替から輸出産業へと転換した合成繊維産業では戻税制度や設備投資促進に関わる政策助成が有効であったことが指摘されている。この場合に特徴的なことは、この時期にはこれらの政策助成がいずれかといえば「産業横断的」な政策手段として提供されていたことであった。日本が合成繊維の育成政策に着手した1950年代前半に、それは特定の産業をターゲットにした育成政策であったが、台湾ではそのような枠組みとは異なる政策手段が有効であった。正確に言えば、そのような政策手段を有効に活用して国際競争力を強化しえた産業・企業だけが、従って、そうした経営能力を自ら備えることができた経済主体だけが、成功者として経済構造の支柱へと発展し、高成長を支えることになったのである。

終章　日本の経験からみた東アジア高成長　361

1970年代には先進工業国の成長率が鈍化するなかで、それを脅かす存在となった新興工業国の成長に注目が集まり、その産業成長を促す政府の関与が問題視された。「日本株式会社論」を典型として、産業政策の果たしてきた役割に対して批判的な意見が強まり、政策手段の選択とその枠組みが再構築されることになっていた。第1章でふれたように1960年代にかけて日本では「誘導的行政」が模索されていったのは、そうした批判を先取りした面もあった。さらに70年代にはOECDなどで産業政策のあり方についての検討も行われ、それまでのような特定産業をターゲットとする政策介入を見直すことが求められた。このような流れが「産業横断的な政策手段」の採用には反映していた。その一方で、変動相場制への移行とともに次第に国際間の資本移動の自由度が高まっていったから、経済発展のための新しい枠組みとして外資の受け入れにも抵抗感が小さくなり、それが常態と受け止められるようになった。このような変化は、成熟しつつある市場経済メカニズムと親和的で、その有用性を引き出すように政策手段の選択への転換が必要であったことが示唆される。歴史的に先行する日本の経験は、国際経済社会の変容に伴ってそのままの形で他の国々が受け入れる余地は狭められていった。

　第4章の中国では、1990年代の国営企業改革などによって経営の効率性が高まり、技術革新を促す政策が加わって生産性が上昇し、貿易の自由度が高まるにつれて着実な産業発展が見られた。ここでも市場経済メカニズムが重要な意味をもったことは否定できないが、この中国の成功は、政策的な介入の度合いが高い経済からの転換に伴う出来事であったことに注意する必要がある。国営企業の改革の意義は、第10章の中国鉄鋼企業の分析でも確認されている。すなわち、改革は「生き残った国有企業の利潤動機を刺激し、生産効率が改善し、生産性向上に一定の効果」をもたらした。ただし、そこでは全面的に市場経済メカニズムに委ねられたわけではなかった。外資導入に関する誘導的な措置や外貨の管理などの、より一般的な形での政策手段が採用され、産業発展を促しうるような外枠を固めていたからである。

　このような経験は、より広い視野から見ると、内外の経済状況・条件に対応して政策パッケージが選択される必要があることを示唆している。この点では第5章の日本における機械工業・電子工業の振興政策が、外見的に共通点の多い政策パッケージの下で着手されながら、対象産業の発展の程度の差異に規定されて電子工業では「試験研究」などに対する政策助成が重要な役割を果たしたことにも

共通するところであった。これに対して、第7章の台湾合成繊維産業の発展において、当初政府が「成功モデルを提示」して民営企業の参入を呼び起こした後、政策的な参入抑制が行われなかったために石油危機後には操業短縮や企業合併を促す措置が必要であったこと、第9章の韓国石油化学工業の育成が1960年代後半に第二次五ヵ年計画の核心事業とされて育成を図られたとはいえ、国民経済の規模に規定されて規模の経済性が実現されず、経営的な基盤が弱体であったことから、価格設定に対する介入だけでなく、輸入制限や税制・金融などの支えが必要となったことなどにも表れている。また、第8章の韓国の産業政策では、それぞれの産業状態に応じ、その産業サイドと政策立案者との間で適切な情報が共有されている場合にのみ政策の有効性が発揮される一方、造船業のように不適切な情勢判断の下に行われた政策選択が失敗することも珍しくはないことにも留意する必要がある。「状態依存」型の選択が不可欠であるということは、その意味では透徹した経済状態の把握に基づいた判断を必要とするという限りで、産業政策には可能性も限界もあることを示すものであろう。

　以上のような本書の検討は、国民経済を単位としてその産業構造の高度化を促す産業政策を、それに目標を与えるような経済政策構想などを視野に入れつつ検討するという限られた範囲のものであることはいうまでもない。その意味では、このような枠組みを超えた分析、たとえば近接するこれらの国々相互関係と、それによって促される経済発展の特質や、アメリカを中心とする国際経済秩序の中での東アジアの位置づけを踏まえた分析などを進めることは、これからの我々が取り組むべき研究課題である。

終　章　日本の経験からみた東アジア高成長 | 363

あとがき

　本書の構想は、実際には「高度成長期研究会」の活動から始まった。2000年代後半、当時としては日本経済史の観点からの高成長史分析が本格化していない中、武田晴人先生を中心として高度成長期研究会が組織され、高度成長期の日本の構造的な特質を、経済構造が段階的に「遷移」するという観点から明らかにしようとし、その成果として『高度成長期の日本経済』（武田晴人編著、有斐閣、2011年）の公刊を見た。それから、後続研究プロジェクトとしていろいろなアイディアが提案されたが、その一つとして執筆陣の構成から見て分析対象を日本に限定せず、東アジアに拡げたらどうかという話が出てきて、「留学組」がその具体化に取り組んだ。だが、これがなかなか捗らなかった。

　構想のみが一人歩きしていたところ、（独）経済産業研究所（RIETI）の政策史・政策評価プロジェクト「経済産業政策の歴史的考察：国際的な視点から」（研究代表者・武田晴人、2014年8月～2016年3月）が立ち上げられ、ある種のパイロットプロジェクトとして稼動し始めた。この共同研究には高度成長期研究会の一部が中心となって日本、台湾、韓国、中国の専門家7人が集まり、「東アジア高度成長史研究会」を組織して東アジア四ヵ国を取り上げ、「高成長の出現とその展開メカニズムの共通性と異質性」について考察を始めた。

　その成果の一部を発表するため、2015年度政治経済学・経済史学会秋季学術大会（於福島大学、2015年10月17日）において次のようなパネルディスカッションが設けられた。

「東アジアの高成長と産業政策―日本、台湾、韓国、中国の比較研究―」

趣旨説明　武田晴人（司会・組織者）

報告1.　河村徳士「日本の高成長経済に及ぼした産業政策の影響」

報告2.　湊照宏「台湾経済高成長期における需要構造」

報告3.　呂寅満「韓国の産業構造変化・産業発展・産業政策」

報告4.　張紅詠「中国の産業・貿易政策と経済成長」

コメント　山崎志郎「日本経済史の視点から」、林采成「アジア経済史の視点から」

これらの成果を確実なものにしたいということで、RIETI のディスカッショ
ン・ペーパーが作成された。林采成「戦後韓国における高度成長の起動と展開—
『漢江の奇跡』—」16-J-020、呂寅満「韓国の産業構造変化・産業発展・産業政
策」16-J-025、湊照宏「高成長期における台湾経済の需要構造」16-J-027、河村
徳士・武田晴人「機械工業化と産業政策」16-J-029、呉聡敏「From Economic
Controls to Export Expansion in Postwar Taiwan：1946-1960」16-E-028、
張紅詠「中国の産業貿易政策と経済成長」16-J-043 である。これらの研究が本
書の柱となっていることはいうまでもないが、林が東京に転職したこともあり、
それまでの成果を踏まえて「東アジアの高度経済成長史に関する国際比較研究：
日本、韓国、台湾、中国」（基盤研究（B）17H02554、研究代表者・林采成）が開始
された。研究会の既存メンバーのほか、日本、台湾、韓国からの研究者 5 人を招
いて、第一次史料分析に基づく共同研究の進捗を図っている。
　2017 年度政治経済学・経済史学会秋季学術大会（於大阪商業大学、2017 年 10 月
15 日）に際しては再びパネルディスカッションを設けてさらなる議論の場を設け
た。
「東アジア産業政策と高度経済成長—政府と市場—」
司会　山崎志郎
趣旨説明　武田晴人（組織者）
報告 1.　河村徳士「日本における電子工業振興臨時措置法の意義」
報告 2.　湊照宏「台湾合成繊維産業の発展と産業政策」
報告 3.　呂寅満「韓国における自動車産業の形成と産業政策」
コメント　渡邊純子「日本経済史の視点から」、林采成「アジア経済史の視点
から」
　さらに、研究会は東京滞在の既存メンバーを中心に日常的会合を開くとともに、
補強された研究グループをもって東京、台湾、ソウルで国際ワークショップを開
催して個別分析を強固にしながら、現地研究者よりコメントをいただく機会を
作った。そのための第 1 回目の国際ワークショップが 2017 年 11 月 25 日に立教
大学で開催された。
　　「2017 年度東アジア高度成長史ワークショップ」
　　第 1 セッション：投資調整と電子産業（司会　武田晴人）
　　　呉聡敏「Taiwan's Postwar High Growth Economy：From Textile
　　　to Electronic Industry」

朴基炡「1960-70 年代電子産業の育成」

　　　　討論：湊照宏、河村徳士

　　第 2 セッション：重化学工業化と産業政策（司会　山崎志郎）

　　　洪紹洋「高度成長期台湾自動車工業の生成と制限」

　　　朱益鍾「浦項総合製鉄の建設」

　　　張紅詠「中国鉄鋼業における産業政策の展開と影響」

　　　　討論：武田晴人、韓載香

　　第 3 セッション：開発計画と外資の導入（司会　湊照宏）

　　　蔡龍保「戦後から米国援助時期までの台湾鉄道の動力革命（1945-

　　　1965)」

　　　林采成「高成長期韓国における石油化学産業の形成と展開：政府と外

　　　資と財閥」

　　　　討論：河村徳士、山崎志郎

　　総合討論（司会　林采成）

　第二回目の国際ワークショップは国立陽明大学で 2018 年 1 月 27 日に同大学人
文与社会教育中心との共催として開催された。

　　「東アジア史における高度成長のメカニズムと国家政策」

　　第 1 セッション：高度成長の軌道と経済史的解釈（司会　郭文華）

　　　林采成「歴史としての東アジア高度成長：研究の必要性とその意義」

　　　武田晴人「『高度成長期の日本経済：高成長実現の条件は何か』から

　　　見た東アジア高度成長史」

　　　　討論：李為楨

　　第 2 セッション：高度成長と産業育成（司会　韓載香）

　　　河村徳士「高度成長期日本の電子工業：産業政策を中心に」

　　　湊照宏「台湾化学繊維産業の成長と産業政策」

　　　呂寅満「1960～70 年代韓国における自動車産業政策の形成と展開」

　　　　討論：林蘭芳

　　総合討論（司会　洪紹洋）

　第三回目の国際ワークショップは梨花女子大学校で 2018 年 8 月 25 日に同大学
校経済学科との共催として開催された。

　　「東アジア高度成長における政府と企業」

　　第 1 セッション：電子産業政策と企業（司会　李明輝）

あとがき｜367

呉聡敏「台湾電子産業の発展：対内直接投資、輸入代替、アメリカの対台援助」

朴基炡「韓国の電子産業：三星とLG」

　討論：湊照宏、河村徳士

第2セッション：政府と重工業（司会　林采成）

洪紹洋「輸入代替と企業行動：台湾における自動車産業の発展史（1953−1985）」

朱益鍾「初期韓国総合製鉄所の競争力」

張紅詠「中国鉄鋼業の発展と産業政策の役割」

　討論：李明輝、河村徳士

第3セッション：外資と産業発展（司会　武田晴人）

蔡龍保「台湾におけるインフラ推進の構造的分析：曾文ダム」

韓載香「韓国経済発展と直接投資の再考」

林采成「韓国肥料産業の育成と展開：石油化学産業と食糧増産の交叉」

　討論：湊照宏、呂寅満

総合討論（司会　武田晴人）

　以上のような学会パネルや国際ワークショップを通じて研究メンバーは有益なコメントを受けて個別分析の改善を図るとともに、研究会としては共同研究の総合性を高めたことは言うまでもない。一国史的視点を乗り越えて、地域や時代は異なるものの、各地域の高成長の中で現れたマクロ経済の動向分析を行ったうえ、高成長の初期条件、産業政策の定立、国家と市場との関係、各産業別の市場制度の変容、外資の役割などといった諸部門にわたる議論が包括的に忌憚なく交わされ、研究者同士でそれまで知らなかった他の地域や時代に対する理解度を高めることができたのである。当然、同じ漢文圏でありながら、やや異なる用語使いのために誤解を招くこともあったものの、互いの通訳を挟んで、テキスト的な知見を克服して、高成長史における共通の性質が浮かび上がってくることを確認できた。国際的に諸国間対立の局面が強くなっている今日において、こうした経験は研究会に参加してきた各国のメンバーにとって極めて忘れ難いものになっている。

　RIETI政策史・政策評価プロジェクトから始まり、科研費基盤研究プロジェクトに至って研究成果は蓄積されつつ研究規模も拡大されていくことから、今までの研究成果の一部を一冊の共著として上梓した。東アジアを対象とする経済史家だけでなく、アジア経済論や開発経済論を研究している専門家の方々から率直

なコメントと厳しい批判を乞う次第である。こうしたコメントや批判を踏まえて、本書では掲載できなかった研究メンバーの論考をもってよりいっそう広い視角より次なる共著の公刊を模索させていただきたい。

　本書の刊行に際しては京都大学学術出版会の鈴木哲也氏、大橋裕和氏にたいへんお世話になった。草稿段階よりとても繊細なチェックをいただき、一つ一つの文章が一般読者にとって読みやすくなっている。また、本書刊行にあたっては平成31年度独立行政法人日本学術振興会科学研究費補助金（研究成果公開促進費「学術図書」19HP5145）の支援を受けており、ここに謝意を表明する。

　最後に研究会の私事であるが、武田晴人先生は共同研究の立ち上げとその進捗において至大なる影響力を発揮し、個別報告に対してはいつも親切かつ厳しいコメントを下さっている。古希をお迎えになられる武田先生に、学恩を被った研究会メンバーらは本書を古希記念集としても上梓し、心よりお祝いを申し上げたい。

　　　2019年10月18日　　　　　　　　　　　執筆者を代表して　林采成

事項索引

【1-】
10 月維新　265, 303, 320
1997 年の経済危機　103
3 白産業　261, 272
4 大核心工場建設計画　276
8・3 措置　255

【A-Z】
AID 借款　294
Arthur D. Little（ADL）　289, 320
Allied（E. Booth）　296
Caltex　290, 310
Crony capitalism　16
Dow Chemical　296, 313, 314, 321
FDI　→　外国直接投資
Gulf Oil　288, 290, 293, 294, 305, 315, 316, 320
Harrod-Domar Model　10
Lummus　296
NCC（ナフサ分解施設）　315, 320
NIES　7, 13
OECD　99
SK　321
Solow Model　10
TFP　→　全要素生産性
Union Oil　290, 292–295, 297, 309, 320
USAID　→　国際開発局
USOM　289
WTO（世界貿易機関）加盟　125, 148, 152

【あ】
アジア通貨危機　3
アメリカ援助運用委員会　208, 212
維新体制　302
一般貿易　144, 146
インフラ整備　138
円切り上げ　228, 242
エンジニアーリング・アプローチ　253
援助　15, 104, 202
大林　316, 321
隠密な膨張　105

【か】
海外貯蓄　104
外貨管理　32, 48
改革開放　4
外貨制約　29, 32, 39, 40, 43, 46, 345, 359
外貨通貨危機　4
外貨割当　33, 40, 45

外国直接投資（FDI）　134, 140
外資政策　137, 140
外資導入　32, 126, 333, 362
外資導入策　88, 90
外資導入審議委員会　290, 292
外資導入法　257
外資誘致　125
外商投資産業指導目録　140, 149, 333
開発借款基金（DLF）　106
開発独裁　320
カウベル効果　160, 162
科学技術園（科技園）　134
韓一合繊　293, 316, 321
雁行型経済発展論　9
漢江の奇跡　99
韓国外換銀行　109
韓国開発金融　109
韓国開発研究院（KDI）　108
韓国化成　292, 295
韓国カプロラクタム　317
韓国火薬　291, 295, 309, 316, 321
韓国合成ゴム　298, 314, 317
韓国産業銀行　109
韓国住宅銀行　109
韓国石油化学工業協会　287
韓国石油株式会社案　288
韓国総合化学工業　287, 304, 307, 312, 316, 321
勧告操短　35, 40
韓国ダウケミカル　317
韓国土地金庫　109
韓国水資源開発公社　309
韓国毛紡　293
韓国輸出入銀行　109
関税削減　150
関税保護　72
完全雇用　27, 28, 33, 74, 358
韓洋化学　298, 313, 316, 317, 321
機械工業化　56, 62, 343, 352, 356–358, 360
機械工業振興臨時措置法　33, 36, 42, 51, 53, 56,
　　157, 159–161, 165, 166, 168, 263
機械設備投資　79, 83
機械輸入関税　236, 240
企業合理化促進法　37
企業集団　52, 53
技術導入　72, 88, 94, 135, 223, 229, 232
規模の経済（economy of scale）　55, 111, 303, 347,
　　363
救済金融　269

共栄ビニル　292
行政指導　35
協調融資　38, 52, 345
京仁エネルギー　309
錦湖化学　314
クラーク（C. Clark）の経験法則　258
九老工業団地　257
軍事革命委員会　288
経済開発計画　120, 253
経済開発三ヵ年計画　107
経済企画院　108, 122, 289, 291
経済長官会議　291
経済特区　137, 138
月間経済動向報告会議　108
現代自動車　277
現代重工業　276
公営銀行による融資　85
公害対策　46, 49
工業育成法　319
工業技術院　172, 176, 178, 184
工業発展法　270, 278
鉱工業試験研究補助金　176, 178, 181, 184, 187, 189
硬性国家　254
合繊原料自給化　246
合同経済委員会　107
後発国産業化論　252
後発性の利益（利得）　9, 252
国際開発協会（IDA）　107
国際開発局（USAID）　107, 289
国際通貨基金（IMF）　100
国際復興開発銀行　31
国泰産業　293
国民銀行　109
国民車育成要綱案　51
国民投資基金　109, 310
国民投資基金法　267
国有企業改革　125, 129, 329, 331
護送船団方式　30, 109, 122
国家再建最高会議　107, 288
湖南エチレン　312, 313, 316, 317
湖南石油化学　287, 313, 316, 317
湖南肥料　304
雇用吸収　27, 64, 76-78, 83, 356, 357, 360

【さ】

最恵国待遇　152
産学連携　187, 189
産業横断的な政策手段　361, 362
産業開発委員会　107
産業基地開発公社　309, 313
産業基盤整備政策　47
産業経済技術研究院　318
産業構造政策　268

産業合理化　268
産業合理化審議会　36, 37
産業政策審議会　272
産業調整政策　268
三敬化成　298
三星石油化学　287, 317
サンセット条項　357
三陟化学　292
三養社　293
三洋タイヤ　293
時限付保護措置　31, 33, 45, 62
下請けシステム　280
自動車工業育成計画　280
資本自由化　36, 53
社会主義計画経済　3, 106
社会主義市場経済　13
ジャストインタイム　59
重化学工業育成計画　265
重化学工業化　50, 51, 122, 351, 358, 359
重化学工業化宣言　120, 276
重化学工業推進委員会　303
重化学工業の投資調整　269
修正主義（Revisionism）　8
従属理論　7, 13
十大建設　81
消費革命　51
奨励投資条例　86, 235, 237
所得格差の是正　73, 74, 79
所得倍増計画　27, 28, 46
新台湾ドルの切り下げ　194, 195, 205, 216
垂直的系列化　280
水平的系列化　280
政策金融（融資）　255, 337
精油工場建設委員会　288
セーフティーネット　42, 357
世界銀行　8
石油化学工業育成基本計画　321
石油化学工業育成法　263, 297, 301, 319
石油化学工業審議委員会　297
石油化学工業推進委員会　306
石油化学工業の育成対策　41
石油化学支援公団　298, 300
石油化学実務団　306
石油化学推進計画　289
石油危機（オイルショック）　3, 70, 72, 103, 123, 224,
　　228, 235, 237, 238
繊維工業近代化促進法　263
繊維工業施設に関する臨時措置法　275
繊維工業設備臨時措置法　41
全要素生産性（TFP）　5, 6, 104, 126, 326, 328
造船工業振興法　263

【た】

第一化学工業　310
代織　208, 212
対外援助法　107
対外指向的成長戦略　256
大韓石油公社　287, 288, 294, 295
大韓造船公社　276
大韓プラスチック　292
大韓油化　298
耐久消費財　71-74, 79
大衆消費社会　64, 122, 346, 350, 358-361
第二次電振法　180, 181
代紡　208, 210
台湾区生産事業管理委員会　199, 208, 209, 211
大を掴み、小を放つ　129, 132, 331
多品種少量生産　347
中央情報部（KCIA）　309
中央信託局　208-210, 213
忠州肥料　287, 293, 295, 304, 316, 320
中小企業銀行　109
長期経済開発計画　107, 122
長期自動車工業振興計画　280
長期相対取引　54, 59, 349
朝鮮重工業　275
朝鮮戦争　1, 99, 103
鉄鋼工業育成法　263
デモンストレーション効果　248
電子工業振興臨時措置法　36, 43, 53, 157, 168, 169,
　　172, 176, 187, 263
天友社　293
東西石油化学　298, 316, 317
投資主導型の経済成長　35
東信ポリマ　293
東洋カプロラクタム　293
東洋合繊　293
独占禁止法　35, 36, 44, 357
特定産業振興臨時措置法　36
トヨタ生産方式　59, 347

【な】

内国民待遇　44
内需主導　359, 360
内部循環的な経済発展（拡大）　34, 345
内包的工業化戦略　101, 107, 288
梨樹化学　293, 295, 298, 299
二重経済発展モデル　7
二重構造　33, 48
日韓協力委員会　305
日韓経済協力事務者会議　312
日韓国交正常化　257
日本開発銀行　30, 31, 38, 40, 42, 56, 160, 162, 176,
　　345, 352
日本株式会社論　362

日本モデル　344, 358
農業協同組合中央会　109

【は】

比較優位　147, 217, 219, 220
非関税障壁　149
非国有企業　130
非鉄金属製錬事業法　263
複数為替相場制度　195, 201
不実企業問題　255
米国との貿易摩擦　228, 232
貿易為替の自由化　36, 45, 46, 48, 126
ホフマン（Hoffman）法則　259

【ま】

馬山輸出自由地域　257
三井　305-307, 309, 310, 312, 321
三菱　305-307, 309, 310, 313, 321
民営化　316
民主共和党　294, 296
メインバンク　52, 345, 348
戻し税　85, 194, 217-219, 221

【や】

誘導的行政　47, 48, 362
油公　320
輸出会議　45
輸出拡大月例会議　257
輸出加工区　92
輸出自家補償制　273
輸出志向型工業化政策　13, 16
輸出指向工業化　32, 63
輸出主導型軽工業　260
輸出振興拡大会議　110
輸出振興型大量生産体制　14
輸出振興政策　26, 27, 41, 43, 122
輸出責任制　273
輸出増値税還付　147
輸出入銀行　106, 312
輸出入取引法　44
輸入自由化率　258
輸入代替　26, 223, 359
輸入代替工業化　32, 63
輸入代替政策　261
輸入統制の解除　194

【ら】

ラッキ財閥（LG）　310
ルイス転換点　117
ルイスモデル　7
麗水石油化学　310, 312
労働集約　14, 78, 147
労働集約的産業　95, 96, 219, 220

労働生産性　328
労働分配率の改善　360

ロッテ　316, 321

人名索引

【A–Z】
Alice H. Amsden　8
Aliyev Vasif　286
Charles Wolf　7
Carter J. Eckert　101
Edward Chen　7
Howard Pack　8
David Hundt　13
Jitendra Uttam　13
Kim Seungseok　287
Paul Krugman　6
Larry E. Westphal　8
Robert Wade　8
Walt. W. Rostow　106
Walter C. Dowling　107
William E. Warne　107

【あ】
青木昌彦　8
青木洋　159
呂寅満　36
石井晋　347
伊丹敬之　158
林鐘雄　12
林采成　10, 15
植田浩史　33
袁穎生　12
太井辰幸　9
岡崎哲二　165
奥野正寛　8
尾高煌之助　157

【か】
姜明憲　102
姜光夏　101
河本敏夫　312
韓載香　54, 58, 59
橘川武郎　40
木宮正史　12, 101
金允基　294
金泳三　120
金光熙　101
金大中　309
金宝賢　101
金瀅基　8
金昌男　11, 16

金容度　54, 158
金洛年　115
香西泰　10
黄乗泰　291
孔提郁　12
小堀聡　40
呉源哲　303

【さ】
崔圭夏　317
崔相伍　101
沢井実　33
佐脇紀代志　39
徐錫俊　317
末廣昭　9
曺喜昤　101

【た】
武田晴人　11, 14, 25, 30, 46, 52, 58, 59, 158, 343, 346, 352
張基栄　292, 294
趙錫坤　12
趙利濟　101
張基栄　291
陳正茂　12
鶴岡重成　159
鄭章淵　102
丁振聲　39

【な】
中島裕喜　191
中村清司　158
中村隆英　52, 343

【は】
朴永九　12, 102
朴基炷　102
朴正熙　103, 107, 110, 289, 292, 294, 317
白善燁　304, 307
朴泰均　12
朴忠勲　294
橋本寿朗　158
長谷川信　157
林毅夫　16
原朗　10
平本厚　157

374

文馨瑩　12
堀和生　10

【ま】
馬景錫　296
丸川知雄　13
孟元起　291

【や】
山崎澄江　40
吉川洋　10

【ら】
李栄薫　101
李炳天　12, 101
李完範　101
劉進慶　12, 13, 16
李相哲　12

【わ】
渡邊純子　40
渡辺利夫　11, 16

著者一覧（五十音順、★は編者）

★林采成（いむ・ちぇそん）
　立教大学経済学部教授。東京大学大学院経済学研究科博士課程修了、博士（経済学）。専門は経済史。主な著作に、『鉄道員と身体─帝国の労働衛生』（京都大学学術出版会、2019年）、『戦時経済と鉄道運営─「植民地」朝鮮から「分断」韓国への歴史的経路を探る』（東京大学出版会、2005年）などがある。

河村徳士（かわむら・さとし）
　城西大学経済学部准教授。東京大学大学院経済学研究科博士課程修了、博士（経済学）。専門は日本経済史、日本経営史。主な著作に、『日本における小運送業の発展と小運送問題への対応』（雄松堂書店、2015年）、「消費をめぐる議論の意義と音楽産業分析の可能性」（『城西大学経済経営紀要』第37巻、2019年）などがある。

呉聡敏（ご・そうびん）
　國立台湾大学名誉教授。Ph.D., University of Rochester。専門は台湾経済史、経済成長。主な著作に、「大租權土地制度之分析」（『經濟論文叢刊』45（3）、2017年）、「從貿易與産業發展看荷治時期台灣殖民地經營之績效」（『經濟論文叢刊』44（3）、2016年）などがある。

★武田晴人（たけだ・はるひと）
　東京大学名誉教授。東京大学大学院経済学研究科博士課程単位取得退学、博士（経済学）。専門は日本経済史。主な著作に、『日本経済史』（有斐閣、2019年）、『異端の試み─日本経済史研究を読み解く』（日本経済評論社、2017年）などがある。

張紅詠（ちょう・こうえい）
　独立行政法人経済産業研究所研究員、京都大学東アジア経済研究センター外部研究員。京都大学大学院経済学研究科博士後期課程修了、博士（経済学）。専門は国際経済学、中国経済。主な著作に、"Understanding the International Mobility of Chinese Temporary Workers"（*The World Economy*, Vol. 42, Wiley, March 2019, pp. 738–758)、"Markups and Exporting Behaviors of Foreign Affiliates"（coauthored with Lianming Zhu, *Journal of Comparative Economics*, Vol. 45, Elsevier, August 2017, pp. 445–455）などがある。

湊照宏（みなと・てるひろ）
　立教大学経済学部教授。東京大学大学院経済学研究科博士過程満期取得退学、博士（経済学）。専門は台湾経済史・産業史。主な著作に、『近代台湾の電力産業』（御茶の水書房、2011年）、「台湾電力業と米国援助─ECA援助からMSA援助へ」（『東アジア高度成長の歴史的起源』京都大学学術出版会、2016年）などがある。

呂寅満（よ・いんまん）
　江陵原州大学校国際通商学科教授。東京大学大学院経済学研究科博士課程修了、博士（経済学）。専門は日本経済史。主な著作に、『日本自動車工業史─「小型車」と「大衆車」による二つの道程』（東京大学出版会、2011年）、「産業史研究の意義と方法」（武田晴人・石井晋・池元有一編『日本経済の構造と変遷』日本経済評論社、2018年）などがある。

歴史としての高成長
——東アジアの経験

2019 年 12 月 25 日　初版第一刷発行

編　者　　武　田　晴　人
　　　　　林　　　采　成
発行人　　末　原　達　郎
発行所　　京都大学学術出版会
　　　　　京都市左京区吉田近衛町 69
　　　　　京都大学吉田南構内（〒606-8315）
　　　　　電話 075（761）6182
　　　　　FAX 075（761）6190
　　　　　URL http://www.kyoto-up.or.jp
印刷・製本　　亜細亜印刷株式会社
装　幀　　谷なつ子

ⓒ Haruhito Takeda, Chaisung Lim 2019　　　　Printed in Japan
ISBN978-4-8140-0247-4　　　　定価はカバーに表示してあります

本書のコピー，スキャン，デジタル化等の無断複製は著作権法上での例外を除
き禁じられています．本書を代行業者等の第三者に依頼してスキャンやデジタ
ル化することは，たとえ個人や家庭内での利用でも著作権法違反です．